혁신교육지구와 마을교육공동체는 어떻게 만들어지는가?

어쩌다 공무원의 좌충우돌 마을교육공동체 만들기

혁신교육지구와 마을교육공동체는 어떻게 만들어지는가?

어쩌다 공무원의 좌충우돌 마을교육공동체 만들기

초판 1쇄 발행 2019년 10월 10일
초판 4쇄 발행 2021년 10월 31일

지은이 김태정
펴낸이 김승희
펴낸곳 도서출판 살림터

기획 정광일
편집 조현주
북디자인 꼬리별

인쇄·제본 (주)신화프린팅
종이 (주)명동지류

주소 서울시 양천구 목동동로 293, 22층 2215-1호
전화 02-3141-6553
팩스 02-3141-6555
출판등록 2008년 3월 18일 제313-1990-12호
이메일 gwang80@hanmail.net
블로그 http://blog.naver.com/dkffk1020

ISBN 979-11-5930-116-2 03370

이 도서의 국립중앙도서관 출판예정도서목록(CIP)은 서지정보유통지원시스템 홈페이지(http://seoji.
nl.go.kr)와 국가자료종합목록 구축시스템(http://kolis-net.nl.go.kr)에서 이용하실 수 있습니다.
(CIP제어번호: CIP2019036556)

혁신교육지구와 마을교육공동체는 어떻게 만들어지는가?

어쩌다 공무원의 좌충우돌 마을교육공동체 만들기

김태정 지음

살림터

이론적 실천가의 마을교육공동체 만들기

심성보_마을교육공동체포럼 상임대표, 부산교대 명예교수

촛불혁명 마을교육공동체운동이 전국에 걸쳐 불길처럼 일어나고 있다. 새로운 사회 출현을 예고하는 징후로 보인다. 이 불길이 어느 방향으로 향할지는 아무도 알 수 없다. 그런데 김태정 선생은 어디로 갈지를 잘 알고 있을 것 같다. 마을교육공동체에 대한 이론과 실천을 모두 겸비하고 있기 때문이다.

실천가들은 책을 보지 않고 경험에 토대를 둔 행동가 또는 활동가인 경우가 많은데 김 선생은 그렇지 않다. 김 선생은 실천을 하면서도 꾸준히 책을 본다. 토론회장에서 김 선생이 작성한 발표물을 보면 독서량이 만만치 않음을 쉽게 알 수 있다. 그 어려운 사회과학 도서를 잘 숙지하여 곧바로 실천에 잘 녹여 내고 있었단 말이다. 그는 경험만으로 현실을 말하지 않는다. 경험이 많은 사람은 자신의 경험을 절대화하고 신념화하여 고집스러운 경우를 많이 보게 되는데, 김 선생은 자신의 생각을 곧바로 수정하기도 한다. 책을 많이 읽음으로써, 즉 경험을 재해석하는 독서를 많이 함으로써 교육 사태를 잘 읽어 내며 전략적 판단도 잘한다. 아마 이것은 평소 책을 멀리하지 않은 결과일 것이다. 이런 성찰적 과정을 통해 새로운 행동에 돌입하는 과감성을 보면 놀랄 때가 있다. 학자들은 경험의 재해석을 위해 독서한 후 논문을 쓰는 경향이 있어 관념론자 내지 탁상공론가가 되기 쉬운데, 그는 이와는 정반대의 모습을 보여 주고 있다. 이런 모습을 보면 김 선생을 가히 '이론적 실천가'라고 불러도 무방할 것이다.

이론을 주로 탐구하는 교수인 나는 이런 김 선생으로부터 많은 것을 배운다. 김 선생은 나보다 실천을 더 많이 한다. 나는 학자로서 책을 많이 읽는 편이고 논문을 많이 쓰는 편이지만, 공리공담을 하는 학자보다, 교육 및 사회의 혁신을 위한 '실천적 이론가'가 되려고 노력하고 있다. 이때 실천적 이론가는 김 선생과 같은 이론적 실천가를 통해 많은 것을 배우게 된다. 이론적 실천가와 실천적 이론가가 만나면 늘 천하를 노래하고 이상을 꿈꾼다. 김 선생과 나는 촛불혁명 이후 더욱 자주 만났다. 이상국가의 건설을 꿈꾸면서 말이다. 국가가 올바로 성장하려면 시민사회의 대안적 담론 생산력과 함께 지역사회의 민주적 힘을 기르는 것이 매우 중요하다는 것에 뜻을 같이했다. 학교교육의 혁신과 지역사회의 혁신을 위해 교량 역할이 매우 절실하다는 데 공감했다.

이런 과정을 통해 탄생한 '마을교육공동체포럼'은 김 선생이 없었으면 거의 불가능했다고 해도 과언이 아니다. 김 선생이 일등공신이라고 해도 과언이 아니다. 그만큼 김 선생은 열정적이다. 말도 잘한다. 글도 잘 쓴다. 추진력이 강하다. 일단 시작하면 그 일의 끝장을 본다. 김 선생의 이런 저력이 '마을교육공동체포럼'의 결성을 가능하게 했을 것이다.

이 책은 김태정 선생의 혁신교육지구사업과 마을교육공동체운동의 현장을 생생하게 기록하고 있다. 민·관·학의 미묘한 갈등과 문제점도 잘 적시하고 있다. 김 선생의 글을 읽으면 마을교육공동체가 직면할 난관과 그 해결을 위해 무엇을 할 것인지를 짐작케 한다. 김 선생은 에둘러 말하지 않는다. 직설적이다. 그래서 그의 말은 잘 들린다. 쉽게 빨려든다.

김 선생의 노동운동과 시민사회운동 경력이 구청에서 교육정책보좌관으로서 '어공' 역할을 잘했을 것이다. 어공으로 일하면서 시민사회 활동가로서의 직언도 서슴지 않았다고 한다. 이 책을 읽으면 그 직언의 흔적을 쉽게 확인할 수 있다. 그 결실이 하나의 책으로 나왔다. 축하할 일이다. 이 책의 출판을 계기로 더 나은 세상의 도래를 위해 더욱 일취월장하는 계기를 되기를 고대한다.

혁신교육지구와 마을교육공동체를
이해하기 위한 필독서

조희연_서울특별시 교육감

삶에서 이론과 실천을 겸비한 운동가를 만나는 건 복된 일이다. 우리 교육운동 울타리 안에는 다행히도 교육개혁의 이론과 실천으로 무장된 고수들이 꽤 존재한다. 그 가운데 오래전부터 교육개혁의 길에서 만남을 이어가고 있는 벗 김태정 선생이, 자신의 경험을 바탕으로 우리에게 소중한 이야기 꾸러미를 선사했다.

김태정 선생은 양천구에서 교육행정가와 교육운동가의 경계를 넘나들며 교육개혁운동의 실천을 해 왔다. 그 마중물로 '혁신교육지구'에 천착하여 연구와 실천을 병행해 온 것이다. 근대국가의 산물인 기존의 제도교육이 일정한 한계에 직면하면서 대안적 흐름으로 등장한 것이 혁신교육지구 정책이다. '혁신교육지구'는 학교의 울타리 안에 머물러 있던 배움을 삶의 터전인 마을로 펼쳐, 앎과 삶을 일치시키는 전인적 교육의 장을 만드는 것이다.

사람 사는 세상에 대한 깊은 고민을 언제나 행동으로 보여 주는 김태정 선생은 절박한 우리 사회 현실의 대안을 끊임없이 실천하고 연구하기 위해 운동가와 행정가라는 경계인의 삶을 선택한 것 같다. 김태정 선생이 경계에서 끌어올려 우리에게 제시하는 대안이 혁신교육지구를 넘어선 '마을교육공동체'이다.

"왜 단지 마을교육이 아니고, 마을교육공동체인가? 그것은 공동체성을 복원하는 것을 통해 인간의 유적 본질인 협력의 본성을 되살리기 위함이다. 또한 경쟁이 아닌 협력을 통한 발달을 꾀할 수 있는 사회·역사·문화적인 환경을 조성하고자 하기 위함이다"라는 글에서 확인하듯, 김태정 선생은 자본주의 경쟁 체제 문제의 대안으로 마을교육공동체를 제시하고 있다.

나는 경쟁사회의 폐단을 다각도의 협력적 교육 환경을 만들어 풀어 가야 한다는 그의 대안에 전적으로 동의한다. 더불어 이 책은 '협력적이고 연대적인 인간을 만들 수 있는 사회 역사 문화적 조건'의 디딤돌이 되어 온 혁신교육지구 정책을 이해하기 위한 필독서로도 손색이 없다. 절박한 우리 사회의 대안을 향한 몸부림의 산물로서, 김태정 선생의 책을 보다 많은 사람들이 향유하여 더불어 살아가는 세상으로 함께 나아가길 희망한다.

마을교육공동체의 길라잡이가 만들어지다

도성훈_인천광역시 교육감

마을교육공동체의 길라잡이라고 불러도 부족하지 않은 책이 나온 것 같다. 저자인 김태정 선생은 시민사회운동가로서 교육운동의 주요 현안에 적극적으로 개입하고 실천해 온 분이다. 그러던 그가 이른바 '어쩌다 공무원'이 되어 서울 양천구에서 교육정책보좌관을 했던 경험을 잘 담아냈다.

무엇보다 마을교육공동체에 대한 깊은 성찰과 경험을 가지고 쓴 글이기에 지역별로 마을교육공동체 사업에 참여하는 이들에게 많은 도움과 영감을 줄 것으로 믿어 의심치 않는다. 왜냐하면 저자가 근무했던 양천구에서의 '좌충우돌'의 경험을 매우 진솔하게 공유하고 있을 뿐 아니라, 서울 사례를 통해 혁신교육지구 전체를 꿰뚫어 그 성과와 한계를 제시하고 있기 때문이다.

특히, 마을교육공동체와 관련하여 과거의 향수 어린 마을공동체로 돌아가자는 것이 아님을 분명히 밝히면서, 빠르게 변화하는 교육 현실과 사회 현실 속에서 마을교육공동체가 어떻게 조응해야 하는지 차분한 어조로 설명하고 있다.

또한 마을교육을 넘어 교육으로 세상을 변화시키기 위한 해법을 교육운동가로서 살아왔던 경험으로 말하고 있다. 현재의 입시경쟁 교육이 쉽게 해소되지 않는 원인을 분석하고 한국 사회 교육문제 해결을 위해서는 어떠한 조치들이 필요한지 제안하고 있다. 특히 북유럽 교육 탐방 후기를 통해 한국 교육이 타산지석으로 삼을 바를 조리 있게 설명하면서, 교육의 변화는 사회 변화에 뒤따르는 것이 아니라 교육개혁이 사회개혁을 이끌 수 있음을 주장하고 있다. 마을교육공동체에 참여하는 사람들뿐만 아니라, 교육에 몸담고 있는 사람들이라면 꼭 읽어 볼 필요가 있다.

김태정 선생이 우리 인천광역시교육청에서 일을 시작한 지 벌써 1년이 지났다. 시민운동가 출신이라 그런지 여전히 삶 속에서 치열함을 엿볼 수 있다. 지금까지 그래 왔던 것처럼 앞으로도 이론과 실천 모두에서 균형을 이루는 삶을 이어 가길 바란다.

다시 한번 출간을 진심으로 축하한다. 초심을 잃지 않고 마을교육공동체의 활성화와 혁신 미래교육의 지속가능한 발전을 위해 더 많은 역할을 해 주길 기대한다.

마을교육에 대한 현장 지침서를 만나다

박원순_서울특별시장

'어쩌다 공무원의 좌충우돌 마을교육공동체 만들기'라는 부제처럼, 이 책은 저자가 직접 겪은 우리의 교육 현실에 대한 날카로운 성찰에서 출발하고 있다. 혁신교육이란 무엇이며, 그것이 우리에게 왜 필요한가? 우리는 혁신교육에 대해 충분히 이해하고, 또 개혁의 필요성에 진심으로 공감하고 있는가? 저자는 우리에게 끊임없이 질문을 던진다.

이 책은 한 운동가의 활동 기록이자 마을교육에 대한 현장 지침서가 되기에 더욱 반갑다. 현장에서 이론과 실천, 이상과 현실의 균형을 맞추고자 고군분투했던 경험이 생생하게 담겨 있다. 9년 전, 나도 『마을이 학교다』를 집필하면서 생활 속, 풀뿌리에서 시작되는 마을교육이 얼마나 중요한지 온몸으로 깨달은 적이 있다. 그런 까닭에 교육정책의 영역에서 민·관·학의 경계를 넘어 사회운동을 펼쳐 온 김태정 선생의 책이 더없이 고맙다. 나는 우리 교육이 아이들의 잠재력을 발견하고, 또 키워야 한다는 이 평범하고 당연한 일을 위해서라도 혁신교육이 필요하다고 확신한다. 교실에서 교과서로만 공부하던 시대, 집과 학원만 오가는 시대와 결별하고 아이들이 부모와 교사의 품에서 마을로 달려가는 사회, 마을이 아이들의 놀이터이자 배움터가 되는 시대를 희망하고 있다.

우리 사회에 가장 필요한 대안을 제시하는 김태정 선생의 책을 통해 더 많은 사람들이 그 희망을 공유하고, 함께 꿈꿀 수 있기를 기대한다.

나는 왜 이 책을 썼는가?

결론부터 말하면 혁신교육지구사업, 마을교육공동체운동에 대한 현장의 기록이 필요하기 때문이다. 글을 쓴다는 것은 자신을 드러내는 것인지라, 일정한 용기를 요구한다. 때문에 책을 내기까지 적지 않은 고민을 했다.

이 책은 그동안 각종 강연을 위해 준비한 원고, 필자가 참여했던 연구에 제출했던 원고의 일부 내용, 대학원에 다니면서 제출했던 과제물 등을 기초로 하여 재구성했음을 미리 밝혀 둔다. 난삽하기 짝이 없는 원고들을 모아 한 권의 책으로 묶을 수 있는 용기를 낸 것은 그동안 내가 대단한 성과를 만들었다거나, 이대로만 하면 혁신교육지구사업이나 마을교육공동체가 잘될 것이라는 따위의 오만함의 발로가 아니다. 오히려 필자의 좌충우돌 경험을 독자들과 공유함으로써 타산지석他山之石이 되길 바라기 때문이다. 또 더 많은 사람들이 혁신교육지구사업과 마을교육공동체의 취지와 의미에 공감하여 동참하길 고대하기 때문이다.

2014년 10월 서울시와 서울시교육청이 글로벌 교육도시 선언을 했다. 그 가운데에는 2013년 구로, 금천이 선도적으로 진행한 혁신교육지구사업을 서울 전역으로 확대하는 계획이 담겨 있었다. 그 결과 2015년 구로, 금천, 관악, 은평, 도봉, 노원, 강북 등 7개 자치구가 '혁신형'이라는 이름으로 자치구가 5억 원, 서울시와 교육청이 각각 7억 5,000만 원의 예산을 받아 총 20억 원의 혁신교육지구사업을 시작했다. 강동, 동작, 서대문, 종로 등은

‘우선형’으로 지정되어 자치구 부담금 없이 서울시로부터 3억 원의 지원을 받아 사업을 전개했다. 2015년 지정 공모에서 혁신형, 우선형으로 지정받지 못한 자치구들은 ‘예비형’이라는 이름으로 1년의 준비 기간을 갖도록 했다. 여기에 양천구가 포함되었다.

2016년에는 혁신교육지구사업은 더욱 확대되어 총 20개의 자치구가 참여했고, 2017년을 기점으로 22개로 늘어났다. 2018년 서울시의 총 25개 자치구 중 22개 자치구가 참여했고, 2019년에는 전 자치구로 확산되었다. 또한 혁신교육지구는 2018년 기준으로 전국에서 100여 개의 자치구가 참여하고 있으며, 2019년 현재 142개가 되었다. 이는 혁신교육지구와 마을교육공동체가 비가역적인 것임을 보여 주는 것이다.

서울시에는 자치구가 25개나 되지만 ‘교육정책보좌관’을 둔 곳은 그렇게 많지 않다. 특히 나와 같이 ‘시민사회운동’을 오래 하다가 이른바 ‘관官’의 영역으로 들어와서 사업을 추진하는 사례는 그리 많지 않다. 때문에 이러한 경험은 어떤 식으로든 기록되고, 공유되어야만 향후 혁신교육지구사업과 마을교육공동체의 발전, 나아가 주민자치와 교육자치의 발전에 도움이 되지 않을까 생각하게 되었다.

2016년 12월 서울시와 서울시교육청이 공동으로 『서울형혁신교육지구가 뭐예요?』라는 책을 발간했다. 물론 필자도 함께 참여했으나, 아쉽게도 제한된 지면으로 충분히 나의 이야기를 하지 못했다. 이제 혁신교육지구사업이 현장에서 어떻게 전개되었는지 실제 그 일을 수행하는 사람들의 문제의식을 더욱더 생생히 담은 자료들이 더 많이 만들어지고 공유될 필요가 있다. 연구자들만 읽는 딱딱한 형식의 보고서가 아니라 좀 더 대중적으로 읽힐 수 있는 저서들이 많이 출판되어야 한다.

대체로 연구자들은 문헌연구나 참여관찰, 심층 인터뷰를 통해 설명하고 해석한다. 이에 비해 나는 실제 이 사업을 수행해 왔던 실천가의 포지션에서 연구를 해 왔다. 또 나는 지금도 현장을 일구고 직접 마을교육공동체를 조성하고 있다. 동시에 그 실천을 다양한 이론적 자원을 활용하여 해석하려고 안간힘을 쓰고 있다. 지금도 나는 마을교육공동체와 연계될 수 있는 다양한 분야의 실천가들, 이론가들과 공부하면서 그간의 실천을 반추하며 의미를 부여하고자 하는 이론적 실천을 경주하고 있다. 그 일환으로 나는 2018년 12월 15일 '마을교육공동체포럼'이라는 전국적인 배움의 네크워크를 출범하는 데 힘을 보태었다. 앞으로 마을교육공동체가 지속가능한 발전을 하려면 나처럼 현장에서 사업을 집행하고 있는 사람들의 글은 분명 유의미한 기록물이 될 것이다. 부족한 필자가 큰 용기를 내어 책을 발간하는 이유가 바로 여기에 있다.

사실 혁신교육지구사업이나 마을교육공동체는 어떤 정해진 매뉴얼이 있는 것도 아니다. 마을교육공동체라는 것은 정해진 그 무엇, 도래해야 할 그 무엇이 아니다. 마을교육공동체는 생성적이고 형성적인 것이며, 민·관·학이 함께 만들어 가야 하는 것이다. 그런데 민·관·학은 서로의 존재 조건이나 문화 그리고 이해관계의 차이 때문에 사업을 하는 과정에서 갈등과 시행착오는 불가피하다. 문제는 갈등 자체가 아니라 갈등을 풀어 가는 방법에 있고, 시행착오 자체가 아니라 그 오류를 정정하는 노력이다.

지금도 민·관·학은 서로 치열하게 논의하며 때론 갈등하고 때론 화합하며 앞으로 나아가고 있다. 혁신교육지구사업은 일반행정과 교육행정의 분리를 극복하고 주민자치와 교육자치를 발전시키고 양자를 연계하는 것이다. 그러나 이는 결코 말처럼 쉽지 않다. 거버먼스(협치) 또한 상당한 시간과 노력을 요구한다. 많은 사람들이 거버먼트Government, 즉 통치에서 거번너스Governance, 즉 협치로의 이행은 역사적 대세라고는 하지만 이행기는 늘 그렇듯 소란스럽고, 때론 고통을 수반한다. 그리고 이렇게 우리 사회는 앞으로 조금씩 전진해 나아갈 것이다.

부족하기 짝이 없는 글들이 엮여 한 권의 책으로 만들어질 수 있었던 것은 수많은 분들의 도움의 결과이다.

먼저 김수영 양천구청장님과 주민들께 감사의 인사를 드린다. 특히, 양천구청의 교육정책보좌관으로 일할 수 있게 기회를 주신 것에 대해 진심으로 감사의 인사를 드린다. 그리고 혁신교육지구사업에 참여한 학부모님들과 마을교육활동가님들, 진로교육지원단에 참여하시는 분들에게도 감사의 인사를 올린다. 이분들은 수백 시간에 달하는 강좌와 연수를 함께하고, 서로 머리를 맞대고 프로그램을 개발했다. 뿐만 아니라 마을교육공동체 조성에 이바지하고자, 스스로 출자를 하여 '양천나눔교육 사회적협동조합'을 결성하여 운영 중이다.

관계 기관 공무원들과 서울시 시의원님들에게도 감사의 인사를 전한다. 무엇보다 서울시 조희연 교육감님과 박원순 시장님의 2014년 협약이 없었다면 서울의 혁신교육지구는 지금처럼 확장되지 않았을 것이다. 또한 시청, 구청, 교육청에서 이 사업에 참여한 담당 공무원들, 장학사들의 헌신이 없었으면 혁신교육지구의 확산은 불가능했을 것이다. 이분들과의 지속적인 소통과 교류를 통해서 나는 현재도 끊임없이 영감과 자극을 받고 있다.

특히, 도성훈 인천광역시 교육감님께도 감사의 인사를 드린다. 평소 존경하던 교육운동가 도성훈 선생님은 교육감이 되시면서 내게 인천교육의 혁신과 지속가능한 발전에 기여할 수 있는 소중한 기회를 주셨다. 인천이 다른 지역 못지않게 혁신교육지구사업과 마을교육공동체가 활성화되도록 혼신의 노력을 다해 보답하고자 한다.

한편, 항상 이론적으로 실천적으로 나를 이끌어 주신 심성보 부산교대 명예교수님과 안승문 울산광역시교육연수원 원장님, 언제나 내게 진정 어린 충고를 아끼지 않은 채희태 은평구청 정책실장님, 금천구청의 조성익 주무관님, 서울시교육청 박미향 자문관님, 내가 교육운동에 관심을 갖고 참여하는 데 큰 영향을 미친 전국교직원노동조합의 황진도, 조희주, 김재석, 이현, 천보선, 김학한, 손지희, 박홍순, 이강훈, 조연희, 하동협 선생님과 참교육을 위한 전국학부모회 나명주 회장님, 평등교육실현을 위한 전국학부모회 이빈파 대표님께도 깊은 감사의 인사를 드린다. 또한 부족한 나를 늘 응원해 주고 지지해 주며 힘을 주는 구원모, 황보근석, 조우성, 이광수 보좌관님들과 홍원선 비서실장님에게 깊은 고마움을 표하고자 한다.

뿐만 아니라 최근 내가 마을교육공동체 활동에 더욱 매진할 수 있게 기회를 주신 (사)마을교육공동체 함께배움 이부영 이사장님, 변명기 상임이사님, 김영연 정책위원님, 또 혁신교육지구사업과 마을교육공동체와 관련해 내게 너무 많은 영감을 주셨으며, 서울형혁신교육지구를 설계하신 양영식 교장선생님, 서울형혁신지구협의회 민간대표를 역임하신 김옥성 목사님, 도봉구청 교육정책보좌관을 했고 지금은 서울시교육특별보좌관인 박동국 선생님, 서울교육청의 조대진 장학사님, 전북교육청의 추창훈 교감님, 경기도교육청의 서우철, 서용선 장학사님, 강원교육청의 김익록 장학사님, 충북교육청의 이덕우 장학사님, 학교사회적협동조합연합회 주수원 정책위원장님, 늘 내게 많은 학문적 영감을 주고 계신 외국어대 김용련 교수님과 건신대학원대학 하태욱 교수님 그리고 공주대 양병찬 교수님에게도 진심으로 감사의 인사를 드린다.

강서양천 지역에서 내가 활동할 때 늘 격려와 지원을 해 주셨던 영일고의 이금천 선생님, 마곡중의 김승규 선생님 그리고 양천구진로직업체험지원센터 센터장을 했던 이주현 선생님, 양천나눔교육사회적협동조합 이사진과 조합원 여러분에게도 감사의 인사를 드린다. 최근 인천에서 마을교육공동체를 일구는 데 많은 역할을 하고 계신 현광일, 김용구, 손동혁 선생님 등에게도 감사의 인사를 드린다. 또한 이 졸고를 보고도 흔쾌히 책 출간을 허락해 주신 살림터 출판사의 정광일 대표님께도 깊은 감사의 인사를 드린다. 그리고 바쁜 일정 중에서도 나의 졸고를 교정 교열해 주신 인천광역시 교육청 박광노 장학사님과 인천마을교육공동체 추진단원으로 활동했던 김보규 선생님에게도 정중한 감사의 인사를 올린다.

무엇보다도 20대부터 줄곧 사회운동을 한다고 집안일은 제대로 신경도 못 쓰고 소홀히 했음에도 항상 나를 변함없이 지지해 준 가족들에게도 지면을 빌려 진심으로 감사의 인사를 드린다. 가족들의 응원과 지지가 없었으면 아마 나는 여기까지 오지 못했을 것이다. 감사하고 또 감사할 뿐이다.

이 외에도 지면의 한계로 거명하지 못한 수많은 분들이 있다. 이 점 널리 양해 부탁드린다. 다시 강조하지만 그분들의 도움이 없었다면 이 책은 결코 나올 수 없었을 것이다.

이 글이 만일 조금이라도 혁신교육지구사업과 마을교육공동체의 발전에 도움이 된다면 그 영광은 앞서 언급한 분들, 언급하지 못했지만 나를 도와주신 수많은 분들의 것이다. 반면 이 책에 조금이라도 오류가 있다면 그것은 전적으로 필자인 나의 잘못이다.

2019년 9월
김태정

차례

제1부

왜 혁신교육과 공동체인가?

1장
더 이상 방치할 수 없는 교육 현실

1. 동상이몽

2017년 1월 28일 일산의 한 호텔에서 2017년 서울형혁신교육지구 워크숍이 진행되었다. 22개 자치구에서 최소 15명 이상이 참여했고, 여기에 교육청과 시청의 직원들, 시의원 등을 포함해 약 400명이 참여하는 큰 행사였다. 아침부터 저녁까지 총 3개의 주제로 원탁토론이 진행되었다. 토론에 참여하면서 혁신교육과 혁신교육지구에 대한 구성원들의 이해가 아직도 매우 불균등하다는 것을 느꼈다. 이 사업이 시작된 지 수년이 경과했음에도 아직도 민, 관, 학 각자가 생각하는 혁신교육과 혁신교육지구사업에 대한 상은 매우 달랐다. 아마도 동상이몽同床異夢이라는 표현이 가장 적절한 상황이었다.

이날 워크숍의 주제는 혁신교육지구의 성과와 과제, 지속가능성, 협치를 위한 원칙 등이었다. 각각의 주체들은 혁신교육과 혁신교육지구를 어떻게 이해하고 있을까? 이날 내가 관찰한 것을 요약하면 다음과 같다.[1]

민民으로 참여한 이른바 마을교육활동가들의 경우 대체로 기존의 입시경쟁 교육 패러다임에서 벗어나 협력을 통한 발달을 도모해야 하

---

1. 필자가 참여한 원탁이라는 제한된 공간에서 나온 견해들로 결코 일반화할 수 없음을 미리 전제로 한다.

며, 교육에 대한 책무성이 더 이상 학교에만 있는 것이 아니라 다양한 민의 참여를 통해 삶 속에서 배움을 만들어야 한다는 것을 알고 있었다. 특히 이를 위해서는 관치가 아닌 거버넌스로 전환되어야 한다고 혁신교육지구사업을 이해하고 있었다.

관官으로 참여한 분들은 교육청과 구청에서 온 분들을 지칭하는데, 특히 구청 공무원들은 마을교육활동가인 민들에 비해 상대적으로 혁신교육에 대한 정의나 개념을 명확히 갖고 있지 않았다. 그렇지만 혁신교육지구사업을 통해 공무원들만으로는 할 수 없는 교육 사업이 민의 참여, 학교와의 협력으로 가능해졌다고 이해하고 있었다. 이는 공무원들이 혁신교육지구사업을 도구적인 측면으로 이해하는 경향이 있음을 보여 준다.

학學, 즉 학교에서 참여한 분들은 교사들로서 개인마다 차이가 있었다. 구청이나 마을 주민이 학교를 지원하는 것으로 이해하는 경우가 대부분이었다. 이는 여전히 교육은 전문가인 교사의 영역이라는 관점을 반영한다. 그러다 보니 '교육활동에 참여하는 민이 자격이 있는가'라며 의구심을 표하거나, 혁신교육이 취지는 좋지만 학교를 피곤하게 만든다는 식의 반응으로 이어졌다. 다행히도, 많은 교사들이 '혁신교육은 교사들의 자율성을 확장하고, 학생자치를 보장하며, 학교의 의사결정 구조가 민주화되는 것'이라 이해하고 있었다. 학교의 주체는 교사, 학생, 학부모이다. 그런데 이날 학생들의 참여는 일부 자치구를 빼고 매우 저조했으며, 학부모의 경우 그 소속 경계가 매우 모호하여 주민으로 참여한 경우도 있었다.

아마도 글을 읽는 독자들이 민·관·학 어디에 소속되는가에 따라, 또 교육에 대해 어떤 관점을 가지는가에 따라 혁신교육과 혁신교육지구에 대한 이해가 다를 것이다. 그런데 이렇게 각자의 편의대로 해석하여 이 사업에 임한다면 그 결과는 어떻게 될까? 민·관·학 3주체가 모였으니 산술적으로 1+1+1=3이 될까? 안타깝게도 경우에 따라서는 1+(-1)+(-1)=-1의 결과가 나오지 말란 법은 없을 것이다. 내가 글의 처음부터 '혁신교육과 혁신교육지구란 무엇인가'라는 근본적인 질문을 던지는 이유는 바로 여기에 있다.

서울형혁신교육지구사업에 참여하면서 느낀 것은 혁신교육에 대해 분명한 확신을 가지고 답을 하는 사람들이 결코 많지 않다는 것이다. 또 답을 하는 경우에도 매우 자의적인 방식으로 혁신교육과 혁신교육지구 그리고 마을교육공동체를 이해하는 경우가 많았다. 가장 큰 문제는 혁신교육과 혁신교육지구사업을 잘 안다고 착각하는 경우이다. 교육의 본질에 대한 진지한 고민과 성찰, 교육과 사회의 관계에 대한 총체적인 이해 없이 그저 수행해야 할 하나의 사업으로 이해하는 경우도 있고, 심지어 자신의 이익을 실현하기 위한 수단으로 접근하는 경우도 없지 않은 것 같다. 그 결과 혁신이라는 단어는 하나의 레토릭Rhetoric으로 전락할 위험에 처하고 있으며, 혁신교육지구사업이나 마을교육공동체 또한 왜곡될 가능성을 배제할 수 없게 되었다. 때문에 이 시점에서 우리는 왜 혁신교육인가라고 반문하지 않으면 안 된다.

2. 위기의 한국 교육

왜 혁신교육인가? 그것은 현재의 교육 현실이 더 이상 방치할 수 없는 상태에 놓여 있기 때문이다. 이는 다음 몇 가지 현상으로도 극명히 확인된다.

1) 아동·청소년 행복도
혁신교육에 동의하는 사람도 반대하는 사람도 모두 교육은 아이들을 위한 것이며, 교육은 아이들의 행복을 위한 것이라고 입을 모은다. 그런데 우리 아이들은 과연 행복할까? 경제협력개발기구OECD 소속 30개국을 대상으로 한 2013년 아동 종합 실태 조사(보건복지부 발표)에 따르면 한국 아동·청소년의 '삶의 만족도'(100점 만점)는 60.3점으로 최하위였다. 1위 네덜란드(94.2점)에 크게 못 미치는 것은 물론이고 꼴찌에서 두 번째인 루마니아(76.6점)보다도 한참 뒤처졌다.[2]

2018년에도 상황은 크게 나아지지 않고 있다. 연세대학교 사회발전연구소와 한국방정환재단이 펴낸『한국 어린이·청소년 행복지수 국제비교연구 조사 결과 보고서』에 따르면 한국 어린이·청소년의 '주관적 행복지수'는 10년 만에 30.3점 증가하며 평균에 근접한 것으로 나타났다고 한다. 그러나 주관적 건강과 삶의 만족은 여전히 OECD 국가 중 꼴찌였으며, 외로움은 26개 국가 중 10위였다.[3]

왜 이런 결과가 나왔을까? 그것은 무엇보다 입시경쟁 교육 때문이다. 초등학생 시절부터 대학입시 준비를 시키는가 하면, OECD 최장 학습시간이 보여 주듯이 아동·청소년의 삶은 철저히 입시 준비에 종속되어 있다. 여기서 문제는 학습 강요의 시점, 즉 조기 교육의 시점이 점점 낮아진다는 데 있다. 과도한 교육열은 원정출산을 하고, 태중에서부터 영어교육을 시키고, 영어유치원을 보내는 등 과잉 교육 현상으로 나타나고 있다. 이러한 과잉 교육은 지식·창의성·인성 등을 배우고 익히는 것을 불가능하게 한다. 과도한 학습 분량, 획일적인 교육 내용, 주입식 교육 방식, 암기 및 문제풀이식 학습은 이를 원천적으로 가로막는다.[4]

한편, 한국 부모들의 과도한 교육열은 일종의 중독적 행위이다. 그것은

2. 조선일보(2016. 5. 5).「애들이 울고 있네요… 행복지수 꼴찌」.
3. 연세대학교 사회발전연구소·한국방정환재단(2018).『한국 어린이·청소년 행복지수 국제비교연구 조사 결과 보고서』, 11쪽.
4. 정성원(2013).「태교에서 신위까지, 총체적으로 과잉 교육화된 사회」.『동양사회사상』제27집, 305쪽.

자녀의 교육을 위한 교육적 지원을 통해 부모가 자신의 자아정체성을 구축하려 것과 다른 하나는 자녀의 성적과 학력을 타인의 그것과 비교하면서 생기는 존재론적 불안을 해소하려는 중독적 행위이다.[5] 그래서 우리의 아동·청소년들은 행복할 수 없다.

2) 학생 간 교육격차

많은 사람들이 PISA(국제학업성취도평가) 결과 등을 근거로 한국의 학생들이 국제적으로 공부를 잘한다고 안위한다. 심지어 어떤 사람들은 "비록 입시 준비로 아이들이 힘들지만 다른 나라 아이들에 비해 비교적 공부를 잘하니 뭐가 그리 대수냐?"는 식으로 말한다. 그러나 이들이 침묵하는 것이 있다. 바로 교육격차이다. 예를 들어 보자. 2015년 PISA 결과 한국은 OECD 회원국 가운데 상위권을 차지했다. 읽기 3~8위, 수학 1~4위, 과학 5~8위를 했다. 그런데, 2012년 발표된 결과에 비하면 모든 영역에서 수치가 하락했다. 특히 하위권 학생이 2012년에 비해 두 배 가까이 늘었다. 분야별 수치는 다음과 같다. 읽기 7.6% →13.6%, 수학 9.1% →15.4%, 과학 6.7% →14.4% 등이다. 과연 그 이유는 뭘까? 선행학습을 하지 않으면 따라갈 수 없는 높은 난이도와 방대한 학습의 양이 문제이다. 이로 인해 학습을 포기하는 학생들이 속출하고 있다. 이는 교육부가 발표한 전국 중·고교생의 기초학력 미달 비율로 나타난다. 2012년 2.6%, 2013년 3.4%, 2014년 3.9%, 2015년 4.1% 등으로 계속 확대되고 있다.[6] 대학이 철저히 서열화되어 있는 상황에서 선발에서의 변별력을 만들기 위해 교과의 양을 늘리고 문제의 난이도를 높여서 학생들을 서열화한다. 그 결과 이를 따라가지 못하는 학생들은 수업을 포기하고 낙오자가 되는 결과를 낳으며, 학생 간, 학

5. 류황석(2016). 「부모로서의 정체성과 한국 사회의 교육열: A. Giddens의 하이모더니티(high-modernity)론을 중심으로」. 『교육사회학연구』 제26권 제1호, 12쪽.
6. 연합뉴스(2016. 12. 9). 「'교육 강국' 대한민국? 아이들을 위한 교육은 없다」.

교 간 격차는 더욱 커진다.

3) 교육 불평등

왜 대부분의 학부모들은 사교육에 목을 맬 수밖에 없는가? 그것은 바로 우리 사회가 학력에 따라 사람을 차별하는 학벌사회이기 때문이다. 단적인 예가 학력 간 임금격차이다. 1974년 무렵부터 1987년까지 한국의 4년제 대학 졸업자들이 누리던 임금 프리미엄이 고등학교 졸업자의 200% 이상이었으며, 최근에는 157% 수준으로 줄긴 했지만 여전히 학력 간 임금격차가 뚜렷한 사회이다.[7]

더욱 큰 문제는 그 학력을 좌우하는 것이 학생 개인의 노력이 아니라 부모의 사회경제적 지위가 크게 작동하는 시스템이라는 점이다. 왜 그런가? 입시를 위한 교육은 결국 주어진 지식을 머리에 넣어 주어진 시간에 주어진 정답을 빠르게 찾는 훈련을 요구한다. 게다가 학습할 교과의 양이 많고, 난이도가 높기 때문에 얼마나 오랫동안 학습을 할 수 있는가와 어려운 문제를 효과적으로 풀 수 있는 기술을 얼마나 습득하는가에 따라 성패가 갈린다. 그런데 문제는 이것이 부모의 사회경제적 지위, 가구소득과 연관되어 있다는 점이다.

2016년 한국인구학회가 통계청 자료를 이용해 초·중·고 재학생 6,408명의 하루 평균 학습시간을 분석한 결과, 같은 초등학생이어도 부모의 교육 정도, 가구소득 수준에 따라 학습시간이 평균 60~150분 차이가 났다. 아버지 교육 수준이 중학 이하인 초등학생 자녀의 총 학습시간은 하루 275분, 대학 이상 학력의 아버지를 둔 중학생 자녀의 학습시간은 347분으로 70분가량 차이가 났다. 고등학생 자녀의 경우 아버지 교육 수준이 중학 이하일 경우 380분, 대학 이상일 경우 538분으로 158분이나 차이가 났다. 학

---

7. 김두환(2016. 3). 「한국 교육열의 역설-고학력 청년(에코)세대의 등장과 교육 패러다임의 전환」. 『사회사상과 문화』 19(1), 311쪽.

습시간을 좌우하는 건 부모의 교육 수준만이 아니다. 부모의 사회경제적 지위도 큰 영향을 미쳤다. 위 연구 결과에 따르면 가구소득이 200만 원 미만일 때 초등생 자녀의 학습시간은 279분, 600만 원 이상일 때에는 345분으로 66분 차이가 났다. 고등학생 자녀의 경우 가구소득이 200만 원 미만일 때 399분인 반면, 600만 원 이상일 경우는 520분으로 121분이나 차이가 발생했다. 가구소득이 월평균 200만 원 가구와 600만 원 가구를 비교했을 때, 초등생 자녀의 학습시간 66분 차이 중 61분이 사설학원 등 '학교 외 학습시간'이 차지했다. 고등학생 자녀의 경우에도 '학교 외 학습시간'이 200만 원 미만일 때에는 125분이었으나, 600만 원 이상의 고소득 가구에선 230분으로 급증했다.[8]

뿐만 아니다. 2018년 6월 통계청의 발표에 따르면 소득이 많은 가구가 지출하는 자녀 학원비가 빈곤층 가구 학원비의 무려 27배에 달하는 것으로 나타났다.[9] 이처럼 '학원'을 보낼 수 있는 부모의 능력이 학생들의 학력 차이를 만들고 있는 것이다.

부모의 사회경제적 지위, 즉 사교육비 지불능력이 학력 차이를 만드는 불평등은 신자유주의의 본산인 영국과 미국보다도 더욱 심각하다. 2017년 7월 23일 한국경제연구원 주최 '사회 이동성과 교육 해법' 세미나에서 2000~2015년 국제학업성취도평가PISA 자료를 바탕으로 '가정 배경과 학력의 상관관계'에 관한 국제비교 결과를 발표했는데 그 결과가 매우 심각하다. 학생 가정의 경제·사회·문화 지위지수가 학업성취도평가 결과에 얼마나 영향을 미치는지 '영향력계수'를 산출한 결과, 2015년 한국의 수학·과학·읽기 3과목 평균 계수는 42.75로 집계됐다. 이는 일본(38.70), 홍콩(13.74), 미국(25.98), 영국(34.93) 등보다 높았고, OECD(경제협력개발기

---

8. 매일경제(2017. 2. 6). 「한국 사회 불평등, 가장 심각한 이슈는 '교육격차'였다」.
9. 연합뉴스(2018. 6. 5) 「'배움'도 빈부격차… 고소득 가구 학원비, 빈곤층의 27배」.

구) 평균(29.66)을 크게 웃돌았다.[10] 즉 교육이 누군가에는 부를 대물림하는 수단으로 다른 누군가에는 가난을 대물림하는 사슬이 되고 있는 셈이다.

4) 학벌과 학교서열화

한국은 대학이 철저히 서열화되어 있다. 한마디로 학벌사회이다. 그 결과 사회를 정체시키고 있다. 최근 들어 기업 일부에서 학력과 무관한 블라인드 선발을 시작했다고 하지만, 학벌이라는 현상은 반세기가 넘게 사라지지 않고 있다.

예를 들어 2016년 10월 기준 '고위 공무원단' 1,411명 중 이른바 'SKY'(서울대, 고려대, 연세대) 출신은 780명으로 전체의 55.2%(서울대 33.7%)나 된다. 2013년 48.0%에서 오히려 늘었다. 대법원이 2016년 신규 임용한 경력 법관 가운데 84%, 20대 지역구 국회의원 253명 가운데 48.2%(122명)가 이 3개 대학 학부 출신자이다. 또 2015년 기준 500대 기업 최고경영자의 절반이 이 3개 대학을 나왔고, 2009년 기준 4년제 이상 대학 총장의 30% 이상이 서울대 졸업자로 분석되었다.[11]

우리를 더욱 절망하게 하는 것은 대학에 그치지 않고 고등학교도 서열화되어 있다는 것이다. 중학생들은 실질적으로 고교입시를 치른다고 봐야 한다. 영재학교, 국제고, 특수목적고(특목고), 자율형사립고(자사고), 자율형공립고, 특성화고, 일반고 등으로 학교 다양화라는 미명하에 서열화가 되어 있다. 그런데 상위권 대학 입학, 즉 학벌 획득에 특목고, 자사고가 유리하기에 이들 고등학교 진학을 위한 중학생들의 성적 경쟁이 치열해질 수밖에 없다.

예를 들어 통계청의 '초·중·고 사교육비 조사'(2015년)에 따르면 중학교의 사교육비 지출(27만 5,000원)이 고교(23만 6,000원)보다 더 많은 기현상

---

10. 연합뉴스(2017. 8. 23). 「한국, 집안 배경이 성적에 큰 영향… 美·日·英보다 심해」.
11. 한겨레(2016. 11. 3). 「'학벌타파'에 헛심 쓰다 '금수저 세습' 불렀다」.

도 있었다. 정부는 중학교의 성적 경쟁을 줄이기 위해 2012년부터 절대평가 방식인 성취평가제를 도입했지만, 일선 중학교에서는 내신을 요구하는 고입을 위해 학생들을 1~100등까지 줄 세우는 석차백분율을 내고 있다고 한다.[12]

5) 윤리의식의 하락

경쟁은 인간의 인성을 철저히 파괴한다. 학교폭력이 사라지지 않고 갈수록 교묘하게 자행되고 있는 것은 경쟁으로 인한 인성의 파괴 현상과 무관하지 않다. 아직도 어떤 사람들은 인간은 본래 악하다고 주장한다. 이들은 경쟁은 인간의 본성이며 강자가 약자를 지배하는 것이 당연하다고 주장하거나 이를 받아들인다. 그러나 인간은 원래부터 악하지도 착하지도 않다. 인간의 정체성은 그가 속한 사회 역사 문화적 조건으로 형성되는 것이다. 문제는 우리가 살고 자본주의사회, 경쟁교육이 우리를 파편화 개별화할 뿐만 아니라 지극히 이기적인 존재로 만들고 있다는 것이다. 이는 학생들이라고 해서 예외는 아니다.

2015년 흥사단 투명사회운동본부 윤리연구센터가 초·중·고생 1만 1,000명(유효 응답자 4,820명)에게 설문조사해 도출한 '2015 청소년 정직·윤리지수' 결과를 발표했다. 그 내용은 매우 충격적이다. '10억 원이 생긴다면 잘못을 하고 1년 정도 감옥에 들어가도 괜찮다'는 항목에 대한 응답이 2013년에는 중학생 33%, 고교생 47%였으나 2015년에는 중학생 39%, 고교생 56%가 괜찮다고 답했다. 또, '이웃의 어려움과 관계없이 나만 잘 살면 된다'는 항목에 대해서도 '그렇다'고 대답한 학생이 2013년에는 초등학생 19%, 중학생 27%, 고교생 36%였으나 2015년에는 초등학생 19%, 중학생 30%, 고교생 45%로 늘어났다. 이 연구에 따르면 정직지수는 초등학생

---

12. 한국일보(2017. 1. 30). 「성적 나빠 먼 고교 다녀… 부끄러워요」.

은 88점, 중학생은 78점, 고등학생은 67점으로 학년이 올라갈수록 떨어지는 것으로 집계됐다.[13]

학생들의 윤리의식이 하락하는 것은 학생들 잘못이 아니라 신자유주의 경쟁교육이 만들어 낸 것이다. 이런 점에서 경쟁교육 시스템을 만들어 낸 자들과 그것을 무비판적으로 수용한 자들에게 일차적 책임이 있다. 성적으로 인간을 평가하는 경쟁교육은 연대의식을 훼손시킨다. 게다가 이는 학교에서만 머물지 않고 아이들이 자라나면서 사회 곳곳으로 확산된다. 일례로 학생들 사이에서 일어나던 폭력인 '왕따(집단 따돌림)'가 이제는 거의 모든 일터에서 목격된다.

'왕따'는 자신의 절망을 약자에게 쏟아붓는 무력함의 전형적인 증상이다. 심리학에서는 이를 전위된 공격성이라고 부른다. 실패할지 모른다는 공포가 사람들의 잠재의식에 자리를 잡게 되면서 발생하는 현상이다.[14]

3. 왜 혁신교육인가 계속 자문해야 한다

내가 이 책의 첫머리에 '왜 혁신교육인가?'라는 질문을 던지는 이유는 지금의 교육이 더 이상 그대로 두어서는 안 되는 심각한 상황에 처해 있기 때문이다. 이런 점에서 만일 누군가 혁신교육에 반대한다면 그 사람은 현존 교육 시스템이 문제가 없다고 판단하거나 혹은 이 시스템으로부터 상당한 이익을 얻고 있기 때문일 것이다. 더욱 안타까운 것은 수많은 사람들이 실제로는 그런 이익을 얻을 수 있는 존재 조건을 갖고 있지 못하면서도, 자신의 자녀만은 이 입시경쟁에서 성공할 것이라는 환상을 버리지 못한다는 것이다. 그 결과 경쟁교육 시스템은 재생산되고 있다.

---

13. 뉴스1(2015. 12. 29). 「고교생 56% "10억 생긴다면 죄짓고 감옥 가도 괜찮다"」.
14. 파울 페르하에허 지음, 장혜경 옮김(2015). 『우리는 어떻게 괴물이 되어가는가』. 반비, 190쪽.

과연 이러한 현실을 그대로 둔 상태에서 개혁이 가능할까? 현재의 경쟁교육 시스템 문제를 외면한다면 혁신교육지구사업이나 마을교육공동체는 일종의 대중요법對症療法으로 변질될 위험을 결코 배제할 수 없다. 즉, 대학 서열체제와 입시경쟁이라는 근본적인 문제를 해결하려는 노력과 분리된 혁신교육지구사업이나 마을교육공동체는 자칫 경쟁교육의 폐해를 보완하는 기제로 동원될 수 있기 때문이다. 교육격차가 사실은 사회적 격차에서 출발한다면 그 사회적 격차를 줄이는 노력이 선행되거나 병행되어야 하듯이, 경쟁교육 시스템을 바꾸지 않고, 지역사회 안에서의 노력과 실험만으로 난마처럼 얽힌 교육문제를 해결할 수 없다. 그러므로 우리는 계속 자문하고 또 자문해야 한다. 왜 혁신교육인가? 왜 혁신교육지구사업을 수행하고 왜 마을교육공동체를 만들고자 하는가? 그 시작은 한국 교육 현실에 대한 냉철한 성찰로부터 출발해야 한다.

2장
지능과 발달에 대한 오해와 편견

1. 지능과 재능은 타고나는가?

학부모 교육을 할 때마다 나는 "여러분 자녀의 지능과 재능은 타고나는 것일까요?"라고 묻는다. 이에 대한 대부분의 답은 '지능과 재능은 부모로부터 물려받는다'는 것이다. 자녀가 부모로부터 지능이든 재능이든 뭔가 물려받는다는 것은 분명한 사실이다. 내 아이들만 봐도 이는 분명히 드러난다. 아들은 외모만이 아니라 성격도 나를 많이 닮았다. 딸도 외모는 전혀 다르지만 하는 행동 방식을 보면 나를 상당히 닮았다.

뇌 과학자들도 비슷한 주장을 한다. 마이클 S. 가자니가의 『윤리적 뇌』에 따르면 지능과 개성에 대한 유전자의 영향력은 강력한 것처럼 보인다. 그는 1만 쌍 이상의 쌍둥이를 대상으로 한 30편의 연구를 포함해서, 지능지수의 가족적 유사성에 관한 111개 이상의 유전 연구들이 지능지수의 유전 가능성이 50%가량임을 보여 주었다고 한다. 일란성 쌍둥이들의 지능지수는 가장 높게 상호 관련되어 86%에 이르고, 입양 어린이들과 부모의 지능지수의 상호 관련성은 20%로 가장 낮았다고 한다. 뿐만 아니라 언어 능력이나 공간 능력 같은 다른 인지 능력들은 지능지수처럼 강한 유전성을 보인다고 한다. 개성 또한 다른 유전 가능한 행동 특질이라고 주장한다. 개성과 관련된 다섯 가지 행동 특성(개방성openness, 성실성conscientiousness, 외향성extroversion, 우호성agreeableness 예민성neuroticism은 일명 OCEAN으로

지칭되는데, 그중 50%는 유전적 요인들의 영향을 받는다고 한다.[1]

그런데 좀 더 생각해 보자. 과연 우리 아이들의 행동은 단지 내가 물려준 유전자의 영향일까? 혹시 아이들이 성장하면서 나의 말과 행동, 혹은 학교 선생님이나 친구들로부터 배운 영향은 없을까?

2. 지능과 발달은 사회 역사 문화적이다

일부 부모는 아이의 성적이 나쁘면 부부가 서로 상대방을 닮아서라고 책임을 떠넘기기도 한다. "아빠를 닮아서 수학을 못한다거나, 엄마를 닮아서책 읽기를 싫어한다"는 식의 부부간 말다툼이 그것이다. 만일 지능이 부모로부터 단순하게 유전되는 것이라면 굳이 사교육비 부담으로 허덕이면서공부시킬 필요가 있을까? 또 지능이 곧 성공을 보장할까? 오히려 타고난지능이나 재능보다는 그 아이들이 어떤 환경에 놓여 있는지가 더 중요한것은 아닐까?

타고난 지능이 성공을 보장할 수 없음을 보여 주는 사례는 너무나 많다. 그중 하나가 '터먼의 실험'이었다. 미국 스탠퍼드 대학의 심리학자 루이스터먼은 1921년부터 천재라고 간주되는 아이들의 삶을 추적하여 기록했다. 그는 초등학교와 중등학교 학생 25만 명을 검사해 IQ가 평균적으로 140이 넘고 200에 다다르는 1,470명을 추려 내어 일생 동안 이들의 삶을 추적했다. 그의 연구 가설은 "정신적인 요소를 제외한다면 개인의 성공에 지능만큼 중요한 것은 없다"였다. 그는 이 아이들의 성취를 연대기처럼 기술해『천재 유전학』이란 제목으로 4권까지 출간했다. 그 결과는 어떠했을까? 터먼의 기대와는 달리 그 집단 중 전국적으로 이름을 떨친 사람은 극소수에

---

1. 마이클 S 가자니가 지음, 김효은 옮김(2009). 『윤리적 뇌』. 바다출판사, 73~74쪽.

불과했다. 다수는 평범한 직업에 종사했다. 단 한 명의 노벨상 수상자도 없었다. 오히려 IQ가 충분히 높지 않아 천재로 선발되지 않은 아이들 중 노벨상 수상자가 나왔다. 터먼은 이렇게 말했다. "실제로 천재들은 천재로 남아 있지 않았다. 우리가 본 것처럼 지능과 성취도 사이에는 그 어떤 상관관계도 없었다."[2]

위 사례에서처럼 타고난 지능만으로는 충분치 않다. 그보다 중요한 것은 사회 역사 문화적 조건이다. 사회 역사 문화적 조건이 인간 발달에 얼마나 강력한 영향을 발휘하는가에 대한 사례로 러시아의 심리학자 '비고츠키'의 연구를 들 수 있다.

비고츠키는 알코올 중독자인 엄마 밑에서 자랐던 3살, 5살, 9살 형제의 상태를 관찰했는데, 이 아이들은 또래 연령대의 아이들과 달랐다. 가장 어린 3살짜리 아기는 말 발달이 늦었고 엄마에 대해 '공포'의 이미지가 있었다. 5살짜리 둘째 또한 또래보다 말 발달이 늦었고 엄마에서 대해 '야누스' 같은 이미지를 가지고 있었다. 알코올 중독에 빠지기 전 엄마에 대한 기억과 현재의 엄마가 혼재된 것이다. 그런데 9살짜리는 같은 또래 아이들보다 성숙한 모습을 보였다. 왜냐하면 어린 동생들은 물론 심지어 엄마도 보살펴야 했기 때문이다.[3]

즉 생물학적인 요소보다 강력하게 작동하는 것은 바로 사회, 역사, 문화적 요인인 것이다. 바로 이 지점에서 교육의 공공성이 제기된다. 우리는 교육의 목적은 인간의 전인적인 발달을 돕는 데 있다고 알고 있다. 때문에 국가 및 사회 특히 공공의 이익을 위해 복무해야 할 국가 및 지방정부라면 당연히 국민국가의 구성원들이 사회 문화적인 격차로 발달에 어려움을 겪지 않도록 해야 한다. 지금 한국은 부모의 사회적 지위의 격차가 자녀의 교육격차로 이어지고 이 교육격차가 학력 등을 매개로 사회적 격차를 확대

---

2. 말콤 글래드웰 지음, 노정태 옮김(2014). 『아웃라이어』. 김영사, 92~93쪽, 109~110쪽.
3. 비고츠키교육학실천연구모임(2015). 『관계의 교육학, 비고츠키』. 살림터, 29~30쪽.

하는 악순환이 반복되고 있다. 혁신교육지구사업이 초기에 지역별 교육격차 해소를 주된 목표로 설정한 것도 이러한 현실에 근거한다. 물론 앞장에서 언급한 것처럼 대학서열체제와 입시경쟁이 가장 본질적 문제이다. 그러나 이 문제를 해결하는 과정에서 우리는 가능한 지방정부 수준에서부터라도 더 어려운 곳에 더 많은 지원을 통해 사회 문화적인 격차를 최소화하려는 노력을 확대해야 한다. 즉 중앙정부 수준의 교육개혁과 지방정부 수준의 교육개혁을 동시에 진행해야 한다. 그리고 이 개혁의 중심에는 교육의 본래적 목표인 인간의 전인적 발달이 놓여야 한다. 개별적으로 타고난 지능이나 재능, 부모의 사회적·경제적 조건에 따라 달라지는 학업성취정도나 재능 발달이 아니라 태어난 집은 달라도 배움은 같아야 한다는 보편적 권리로서의 교육을 바라보아야 한다.

3. 지능에 대한 기존의 편견을 벗어나야 한다

우리 사회에서 지능이 우수하다는 것의 기준은 무엇일까? 대부분의 사람은 공부를 잘하는 사람들은 지능이 우수하다고 믿고 있을 것이다. 그러면 공부를 잘한다는 것은 무엇일까? 한국 사회에서 그것은 주어진 문제에 대한 주어진 정답을 주어진 시간 안에 찾아내는 능력이다. 이는 두말할 나위 없이 반세기가 넘게 고착화된 입시경쟁 교육이 만들어 낸 결과이다.

초등학교 교육과정은 그나마 좀 낫지만, 중등과정 특히 고등학교에서는 수업 중 질문은 사치품처럼 여겨진다. 교사는 입시를 위한 교과 진도를 나가기에 바쁘고, 상당수의 학생들은 학원에서 선행학습을 하고 온다. 그 결과 선행학습을 할 수 있는 가정 여건이 안 되거나, 수업을 따라가지 못하는 학생들에게 학교는 고통과 절망, 무기력을 주는 시공간이 될 수밖에 없다. 이렇게 본다면 누가 공부를 잘할 수 있는가의 문제는 그가 어떤 사회적·문화적 조건(예를 들어 고학력 고소득 부모를 둔 경우와 그렇지 않은 경우)에 있는지가 더 결정적일 수 있다. 만일 지능이 비슷하다면 더더욱 그럴 것이다.

우리는 더욱 근본적 질문을 던져야 한다. 과연 주어진 문제, 주어진 정답을 주어진 시간 안에 찾아내는 능력만으로 인간의 지능 측정이 가능할까? 지능이란 무엇일까? 지능은 고정 불변한 것일까?

일반적으로 지능 하면 떠오르는 것은 아마도 IQ 검사일 것이다. IQ(Intelligence Quotient)는 프랑스 심리학자인 '알프레드 비네'가 취학연령에 이른 아동들 중에서 정신지체아를 가려낼 목적으로 1905년 처음 고안한 것이다. 연령대별로 구분된 계산력, 기억력, 어휘력 등 일련의 문제들로 테스트를 하는데, 실제 나이보다도 정신 연령이 크면 IQ는 100보다도 큰 수치로 나타난 표준을 넘게 된다. 앞에서 언급한 루이스 터먼의 경우에도 비네의 검사 방식을 차용하여 '스탠퍼드-비네' 지능검사를 개발했다.

과연 이런 검사도구로 인간의 지능 측정이 가능할까? 이러한 문제의식은 발달심리학자 '피아제'도 마찬가지였다. 1920년 피아제는 파리의 비네 연구소에서 일을 하던 중, 아동들에게서 연령에 따른 특이한 사고의 유형을 발견하게 된다. 피아제는 지능에 대해 다음과 같이 정의했다.

첫째, 지능이란 "유기체와 환경 사이에 끊임없는 적응과 교류가 이루어지도록 하는 평형의 상태이다". 여기서 평형이란 인간의 인지구조와 환경이라는 두 요소 사이에 균형 또는 조화로운 조정을 의미하는 용어이다. 즉, 인간이 새로운 환경에 접하게 되면 그 환경을 받아들임으로써 균형을 이루거나 아니면 그 환경에 자신을 맞춤으로써 조화를 이루게 되는데, 이때 인간이 균형을 이루기 위해 행동하게 하는 것이 지능이라는 것이다. 둘째, 지능은 "살아서 활동하는 조작의 체제이다". 피아제는 지식이란 수동적인 관찰에 의해 주어지는 것이 아니라, 적극적인 활동에 의해 발견되며 조직되는 정신활동으로 보았다. 셋째, 지능은 "생물적 적응의 한 가지 특수한 경우이다". 즉, 인간이 환경과 상호작용하는 적응 과정이 지능이라는 말이다. 이때 생물적 적응이 물질적 적응에 국한된 반면, 지능은 물질적인 적응의 단계를 뛰어넘어 보다 고차원적인 지적 적응을 말한다.[4]

피아제는 비고츠키와 동시대를 살았으며 발달심리학 분야에서 중요한 업적을 남겼다. 그는 비네 식의 표준화된 지능검사 방식을 비판했다. 그는 정해진 정답의 수를 가지고 지능을 측정하는 것은 한계가 있을 뿐만 아니라, 같은 문제라도 연령대별로 답이 다를 수 있음을 지적했다. 또 아동의 연령대별로 답이 다른 것에 착안, 자신의 어린 자녀들의 발달과정에 대한 관찰을 통해 인간의 인지발달이 연령대별로 단계와 특징을 가짐을 발견하게 된다. 피아제가 지적했듯이 지능이 인간이 환경과 상호작용하는 적응 과정이라고 한다면, 그 지능을 지필식 문답을 통해 측정한다는 것은 처음부터 한계가 있을 수밖에 없다. 그렇다면 IQ 검사에서 점수가 조금 낮게 나왔다고 해서 낙담할 이유도 없고, 무엇보다 지능을 이렇게 좁게 정의해 온 기존의 편견에서 벗어나야 할 것이다.

이를 반영하듯 인지심리학 분야에서는 지능에 대한 정의를 재구성하고 있다. 대표적인 것이 스턴버그의 주장이다. 심리학자인 로버트 J. 스턴버그는 지능을 분석적 지능, 창의적 지능, 실용적 지능으로 구분했다. 그의 구분에 의하면 우리가 지능검사를 통해 확인하는 지능, 혹은 지식검사와 같은 학교의 학습을 통해 획득하는 지능은 분석적 지능으로 부를 수 있을 것이다. 분석적 지능이 뛰어나다고 해서 꼭 우수한 것일까? 분명 그렇지 않을 것이다. 그는 이를 실증적 연구를 통해서 입증하고자 했다.

스턴버그와 동료들은 케냐의 한 지방에서 사는 아이들이 일상에서 약초로 만든 약에 대한 지식을 배운다는 것을 발견했다. 이 지식은 학교에서 배우거나 시험으로 평가받지 않았다. 하지만 약초를 알아볼 수 있고 약초

---

4. 정희영(2008). 『피아제와 교육』. 교육과학사, 33쪽.

의 적절한 사용법과 복용량을 아는 아이들은 자신의 환경에 더욱 잘 적응했다. 그런데 이런 토착적이고 비공식적인 지식검사에서 가장 우수했던 아이들은 학교에서 공식적으로 가르치는 과목의 시험에서 가장 성적이 낮았다. 그러면 이 아이들은 "멍청한 아이들"인가? 아닐 것이다. 스턴버그는 또다른 사례로 브라질의 고아들을 대상으로 한 연구를 들었다. 이 아이들은 살아남기 위해 노점상을 열고 운영하는 법을 배워야 했다. 장사를 잘하기 위해 계산을 해야 하는 이 아이들은 똑같은 문제가 필기시험에서 추상적인 형태로 제시되면 풀지 못했다. 이들은 학문이 아니라 실용적인 지식을 강조하는 환경에서 살아가고 이들에겐 현실에서 당장 필요한 지식이 학습의 형태와 중요도를 결정하기 때문이다.

스턴버그에 따르면 인간은 모두 전문성이 발달하고 있는 상태이며 어느 한 시점에서 알고 있는 지식을 측정하는 시험은 잠재력에 대해서는 전혀 알 수 없는 고정적인 측정법이라고 지적했다. 그는 IQ가 측정하지 못하는 영역을 측정하기 위해 성공지능의 삼위일체론을 제안했다. 그에 따르면 분석지능은 보통 시험에 나오는 문제해결 과제를 완수할 수 있는 능력이다. 창의적 지능은 새롭고 비일상적인 상황에 대처하기 위해 이미 존재하는 지식과 기술을 통합하고 응용하는 능력이다. 실용적 지능은 구체적인 환경에서 해야 하는 일을 이해하고 실행함으로써 일상에 적응할 수 있는 능력이다. 우리는 이런 지능이 높은 사람을 가리켜 세상 물정에 밝은 사람이라고 표현한다. 그런데 이는 표준적인 검사나 시험으로 측정되지 않는다.[5]

스턴버그의 연구에서도 확인되었듯이 인간의 지능은 획일적인 검사나 시험문제로 측정될 수 없다. 그럼에도 불구하고 우리는 주어진 문제, 주어진 정답을 주어진 시간 안에 찾아내는 것, 스턴버그 식으로 말자하면 분석

---

5. 헨리 뢰디거·마크 맥대니얼·피터 브라운 지음, 김아영 옮김(2014). 『어떻게 공부할 것인가』. 와이즈베리, 195~198쪽.

지능에 뛰어난 사람을 지능이 높은 사람으로 간주한다. 실제로 그런 사람들에게 유리한 방식으로 선발이 이루어지며, 대학입시는 물론 기업채용에서도 여전히 강력히 작동한다. 그 결과 분석지능은 상대적으로 좀 떨어지지만 인간관계나 임기응변 등 실용적 지능이 뛰어난 사람들, 기존의 지식체계나 관습으로부터 벗어나 자유로운 상상력을 가지고 기존의 것들을 통합하고 응용하는 창의적 지능을 가진 사람들은 선발과정에서 제외되는 어처구니없는 상황이 발생한다.

4. 타고난 지능과 재능보다 사회 역사 문화적 조건이 중요하다

그동안 우리 사회는 오로지 주어진 문제와 주어진 정답을 주어진 시간 안에 찾는 능력 혹은 그러한 훈련에 익숙한 그래서 매우 수동적이며 창의적이지도 않고, 실용적인 능력도 없는 사람들에게 '월계관'을 씌워 주고 있었는지 모른다. 지능에 대한 이러한 오랜 편견과 측정 방식과 선발구조는 인간의 잠재력을 찾아내는 것을 가로막는데, 이는 개인적으로는 물론 사회적으로도 매우 부정적인 결과를 초래한다.

4지선다 5지선다형 위주의 시험문제, 죽은 지식을 주입하는 교육과정, 시험 결과로 줄을 세우는 위계서열화는 1등 이외의 학생들을 모두 패배자로 만든다. 그런 시험들, 평가들이 결코 아이들이 가진 잠재력을 확인할 수 없음에도, 이 시험 평가에서 상대적으로 성적이 나쁜 아이들은 지능이 나쁘거나 무능력한 인간으로 낙인찍히게 된다. 그리고 이는 학교서열화와 학력에 따라 임금과 사회적 지위가 결정되는 학벌체제와 맞물려 평생을 짓누르게 된다.

사람마다 저마다의 다양한 재능이 있음에도, 획일적인 방식으로 평가하고 줄을 세우는 지금의 교육 시스템은 결과적으로 사회 전체에 악영향을 미친다. 태어날 때부터 혹은 사회 역사 문화적 조건의 차이로 분석지능에 취약한 아이들이 억지로 그 틀에 자신을 맞추어야 한다. 의미 없는 반복적인 문제풀이로 고통을 받아야 하고, 그것을 못한다고 비난받는 존재가 된다. 이뿐인가? 아이들이 시험에서 좋은 성적을 받아야 성공할 수 있다는 불안감은 학부모들에게 등허리가 휘어지는 사교육비를 감내하게 만들고 있다. 이는 사회적으로 거대한 낭비가 아닐 수 없다.

주어진 답을 찾는 교육은 창의성을 가로막으며, 다양한 능력을 발휘할 수 있는 잠재력을 찾을 수 없게 한다. 모든 사람들이 주어진 문제 주어진 정답을 찾는 데 몰두하게 만드는 교육. 또 그것을 잘할 수 있는 조건의 사람들에게만 사회적 자원과 기회가 제공되는 시스템은 결국 사회 전체를 정체시킬 것이다. 이러한 교육의 폐해는 학문 영역은 물론, 정치, 경제, 문화 등 모든 영역으로 확산될 수밖에 없다.

이를 단적으로 보여 주는 사례가 있다. 서울대 교수학습개발센터에서 2009~2011년 서울대 2~3학년 1,213명을 대상으로 설문조사를 한 결과, 고학점자일수록 수동적인 학습 방법에 의존하는 것으로 나타났다고 한다. 인터뷰 대상 중 87%가 "강의 시간에 교수의 말을 한마디도 놓치지 않고 최대한 다 적는다"고 대답했고, 대체로 예습을 통해 수업에 능동적으로 참여하기보다 수업시간에 수동적으로 전달받은 내용을 숙지하는 게 고학점의 비결이었다고 답했다. 또 '시험에서 교수의 생각과 다른 견해를 제출할 경우 A⁺를 받을 확신이 없을 때 어떻게 하느냐'는 질문에 압도적 다수가 "자신의 의견을 포기한다"고 대답했다.[6] 이런 조건에서 학문의 발전은 기대할 수 없을 것이다. 이제 한국의 교육은 패러다임의 변화가 요구된다. 인간 발달에서 개인의 지능이나 재능보다 중요한 것은 사회·역사·문화적 조건이다. 또한 지필식 평가로는 결코 아동·청소년의 잠재력을 발견할 수 없다.

---

6. 경향신문(2014. 10. 21). 「비판 창의력 높으면 서울대에서 A+ 받기 어렵다?」.

바로 이 지극히 평범한 사실로부터 혁신교육과 혁신교육지구사업 그리고
마을교육공동체가 출발한다.

3장
기술 발전과 사회 변화 그리고 교육

1. 교육은 사회 변화에 영향을 받는다

혁신교육은 단지 현재의 입시경쟁 교육에 대한 반정립으로 태동한 것이 아니다. 혁신은 낡은 것을 버리고 새로운 것을 만들어 내는 것이다. 혁신은 미래에 대한 전망과 대안을 담고 있어야 한다. 그렇다면 다가올 미래는 어떤 모습일까?

한편, 최근 교육계의 화두 중 하나는 마을교육공동체이다. 혁신학교와 혁신교육지구사업이 전국적으로 확산되면서 자연스럽게 마을교육공동체라는 표현 또한 늘어나고 있다. 그렇다면 왜 마을교육공동체에 대한 관심이 늘어나고 있을까? 왜 전통적인 학교교육을 넘어 마을교육이 회자되는 걸까?

그것은 기존의 제도교육이 일정한 한계에 직면하고 있기 때문이다. 현재의 학교체제는 근대의 산물이다. 자본주의 초기에 산업혁명과 함께 근대학교가 탄생했고, 그 시스템은 크게 변하지 않았다. 그러나 지금 세상은 기술의 발전으로 급변하고 있다. 인공지능, 사물인터넷 등등 기술 발전이 새로운 미래를 만들어 내고 있다. 이를 '4차 산업혁명'이라고 부르는 사람들도 있다.

교육은 미래세대를 위한 것이며, 인간의 전면적인 발달을 도모하게 하고 사회 구성원으로 살아갈 수 있는 역량을 길러 주는 것을 주된 목적으로 한다. 그렇다면 기술 발전은 세상을 어떻게 바꾸게 될까? 이러한 변화는 교육에 어떤 과제를 부여하는 걸까? 또한 미래 사회가 요구하는 역량은 어떤 것일까? 이번 장에서는 기술 발전이 가져올 사회 변화와 그것이 교육에 미칠 영향에 대해 살펴보고자 한다.

2. 기술 발전과 사회 변화

1) 인공지능이 가져올 변화

인공지능은 바둑기사 '이세돌'과 '알파고'의 대결로 세간의 화제가 되면서 이후 산업계는 물론 학계와 교육 영역에서도 관심거리가 되었다. 사실 현재의 기술 수준을 고려한다면 인공지능이라는 표현보다는 인지자동화라는 표현이 더 적절할 것이다. 지금 우리가 인공지능이라고 명명하는 기술은 빅데이터와 강력한 연산기능, 다량의 자료에 대한 통계처리능력을 기반으로 바둑, 번역, 자동차 주행, 기사 작성, 그림 그리기 등 특정 실행능력을 자동으로 할 수 있도록 알고리즘화한 것이다. 이는 인간 의식이 수행하는 주요한 정신기능인 기억, 주의, 생각, 지각의 일부를 고립적으로 모방하는 수준에도 미치지 못한다고 할 수 있다.[1]

인공지능이라는 표현을 둘러싼 논란에도 불구하고 이 기술을 매개로 인간이 아닌 로봇이 인간노동을 대체하는 경향은 빠르게 확산되고 있다. 인공지능학자인 제리 카플란의 연구에 따르면 변화의 속도는 물론 영역도 급속히 넓어지고 있다. 예를 들어 로봇청소기는 이미 시중에 많이 나와 있고, 잡초를 뽑거나, 다양한 크기의 박스들을 싣고 내리거나, 짐을 들고 따라오거나, 곡물을 수확하는 로봇들도 이미 실용화 단계에 있다고 한다. 그

---

1. 진보교육연구소 교육이론분과, 「인지자동화 시대 교육적 관점과 대응」, 2017년 2월 24일 4차 산업혁명과 교육 1차 토론회 발표 논문.

에 따르면 적당하게 익은 과일들만 골라 수확하는 로봇은 물론 건물 내외부의 페인트칠, 식품 조리, 빈 그릇 옮기기, 식탁 닦기, 음식 나르기, 침대 정리하기, 빨래 개기, 애완견 산책시키기, 배관 깔기, 인도 청소하기, 도구 가져오기, 티켓 회수하기, 바느질, 교통정리 등등 생활 곳곳에서 인공지능을 장착한 로봇이 확대될 것이라 한다. 특히 산업 영역에서 로봇의 활용은 두드러질 전망인데 로봇이 주문을 받고 발주하고, 선반을 채우거나 정리하고, 용접을 하거나 절단하고, 광을 내고, 점검하고, 조립하고, 분류하고, 심지어는 다른 로봇을 고치기까지 할 수 있을 것으로 예측된다. 만일 인간이 로봇을 조금 더 편안히 받아들이기 시작하면 머리칼을 자르거나, 마사지를 받는 등 생활 영역 모든 것으로 확장될 것이라 한다.[2] 사실 카플란뿐만 아니라 인공지능 전문가들은 오시이 마모루의 〈공각기동대2: 이노센스〉라는 작품에 나온 애완용 섹스로봇, 스티븐 스필버그의 영화 〈AI〉에서 '주드 로'가 연기한 매춘로봇과 같이 미래 사회에서 인공지능은 삶의 모든 영역으로 확산될 것이라 예측하고 있다.

변화는 여기서 그치지 않을 것이다. 인지자동화는 곧 기계가 학습을 할 수 있음을 의미한다. 이른바 '딥 러닝', 즉 데이터를 바탕으로 컴퓨터가 스스로 특징을 만들어 내는 방법이 활용되면 기계가 새로운 공정을 설계할 수도 있으며, 이는 전통적으로 정신노동이라고 알려진 영역에서도 변화를 가져올 것이다.

마쓰오 유타카의 연구에 따르면 정신노동 영역의 상당 부분을 인공지능이 침투할 가능성이 높아진다고 한다. 예를 들어 마케팅 분야의 경우 현재는 인간이 주도적으로 할 수밖에 없지만 빅데이터 처리능력을 기반으로 시시각각 바뀌는 고객의 요구를 실시간으로 정확히 파악하여 완전자동으로 최적화할 가능성이 있다는 것이다. 또 의료, 법무, 회계, 세무도 인공지능이

---

2. 제리 카플란 지음, 신동숙 옮김(2016). 『인간은 필요없다』. 한스미디어, 63~64쪽.

가장 들어오기 쉬운 분야의 영역으로 예견된다. 의료는 고도의 전문 영역이지만 이미지 진단기술이 향상되면 컴퓨터로 전환되는 부분이 늘어날 것이며, 변호사의 경우도 클라이언트의 정보를 관리하거나, 관련 법령을 체크하고, 과거의 판례를 조사하는 등의 업무에서 인공지능이 더 효과적일 수 있다고 예견된다. 한편 금융은 인공지능의 활약이 가장 기대되는 분야로, 이미 스위스 은행인 USB 그룹이 고객 대응 시스템을 제공하고 있다고 한다. 이는 부동산 영역에서도 마찬가지일 것이다. 뿐만 아니라 교육 분야의 경우도 데이터 분석에서 컴퓨터가 인간을 앞설 수 있다고 예견한다. 예를 들어 교사들이 정년에 이르는 동안 자신만의 교수법을 쌓는 것에 비해 인공지능은 막대한 데이터 분석능력으로 학습 패턴, 방향, 부적합성을 교사들보다 더 정확하게 파악할 수도 있다는 것이다.[3]

인지자동화의 효과는 의료 분야에서도 두드러질 것으로 예측된다. 소프트웨어 전문가 마틴 포드에 따르면 영상처리 기술과 인식기술이 고도로 발전하면서 영상 전문의를 능가하고 있다고 한다. 특히, 영상 검색 소프트웨어 발달로 병리학의 경우 사람이 하는 것보다 진료의 정확도가 높아지고 있고, 진료 속도도 빨라지고 있다는 것이다. 약사를 기계가 대체하는 경우도 등장하기 시작했다. 예를 들어 미국 캘리포니아 대학병원 약국은 매일 1만 건을 처방하지만 약사는 약병이나 알약 하나도 만지지 않는다. 심지어 로봇들이 병원의 복도를 이동하며 약을 가져다준다고 한다. 한편 노인을 돌보는 로봇도 등장했는데, 일본의 HAL(Hybrid Assistive Limb)이라는 동력구동식 체외골격 슈트Suit는 슈트 안에 장착된 센서가 뇌로부터 나오는 신호를 감지하고 해석한다고 한다. 현재 300여 개의 병원과 요양원에서 쓰이고 있는데 향후에는 환자의 행동을 모니터하고, 의사소통을 가능하게 해 완전히 노인을 돌보는 능력을 갖춘 로봇까지 등장할 것으로 예측된다

---

3. 마쓰오 유타카 지음, 박기원 옮김(2015), 『인공지능과 딥러닝』, 동아엠앤비, 223~227쪽.

고 한다.[4]

인지자동화는 제조업 분야에서 인원 감축으로 나타나고 이것은 노동자들에게 일자리의 위협을 의미한다. 대표적인 사례로 최근 거론되는 것이 신발 제조업체인 아디다스의 사례로 몇 주가 걸리던 제조 시간을 5시간으로 단축시켰고 이는 인원 감축으로 이어질 전망이다.[5]

이렇게 로봇이 인간노동을 대체하는 흐름은 확장 추세이다. 중국의 기업들은 로봇 도입을 확대하고 있다. 광둥성의 한 컴퓨터 제조 공장에서는 75대의 로봇이 24시간 쉬지 않고 일을 한다. 로봇 도입으로 3,000명 중 2,000명이 일자리를 잃었다고 한다.[6]

이처럼 인간이 수행하던 노동의 상당 부분을 인공지능과 인공지능을 장착한 로봇이 대체하는 경향은 확산될 것으로 보인다. 그렇다고 해서 인공지능이 인간을 완전히 대체하는 것은 요원할 것이다. 인공지능과 인간의 지능은 비슷한 측면도 있지만 근본적인 차이가 있기 때문이다. 또 인공지능의 문제풀이 능력은 인간의 능력에 비해 아직은 제한적이다.

인공지능은 특정 문제의 해결을 목적으로 인간이 개발했기 때문에, 생존과 번식에 관련된 모든 문제를 해결하는 동물의 신경계처럼 다양한 종류의 문제를 해결하지 못한다. 인간에 의해서 특별한 목적을 위해 개발된 인공지능은 그 목적을 넘어서는 문제에 마주쳤을 때 그 문제들을 융통성 있게 해결하기를 기대하기는 어렵다.[7]

한편, 인공지능의 등장은 인류의 삶을 근본적으로 바꿀 것이라는 전망도 제기된다. 맥스 테그마크는 라이프 3.0 시대를 예측한다. 그에 따르면 생명은 세 단계로 진화해 왔다고 한다. 라이프 1.0은 생명이 생존과 복제는

4. 마틴 포드 지음, 이창희 옮김(2016). 『로봇의 부상』. 세종서적, 238~247쪽.
5. 네이버 뉴스(2016. 9. 28). 「아디다스는 왜 로봇에 신발생산 맡길까」.
6. KBS 〈명견만리〉 제작팀(2016). 『명견만리: 인구, 경제, 북한, 의료』. 인플루엔셜, 109쪽.
7. 이대열(2017). 『지능의 탄생』. 바다출판사, 88쪽.

가능하나, 스스로 소프트웨어나 하드웨어를 설계하지 못한다. DNA가 복제되거나 자연선택에 의해 변이가 이루어지는 수준이다. 라이프 2.0은 소프트웨어의 상당 부분을 스스로 설계할 수 있다. 예를 들어 인간은 언어, 스포츠, 직업 능력 등 복잡한 지식과 기술을 익힐 수 있다. 박테리아가 1.0이라면 쥐는 1.1쯤 될 것이다. 쥐는 많은 것을 배우지만 인간처럼 언어를 만들거나 인터넷을 발명할 수 없다. 이에 비해 인간은 치아를 임플란트로 바꾸거나, 인공 무릎이나 심장박동기도 만들어 내지만, 인간은 자신의 키를 10배로 늘릴 수 없다. 하드웨어 전체를 설계하는 수준에는 도달하지 못한다. 라이프 3.0은 아직 등장하지 않았는데, 고도의 인공지능이 등장하면 소프트웨어는 물론 하드웨어까지 설계하는 단계로 진입할 것이라고 예측한다.[8]

맥스 테그마크의 주장대로 미래에는 인공지능의 수준이 더 높아져 스스로 판단을 하고 하드웨어도 설계하는 단계로 발전할지 모른다. 만일 그렇다면 인류가 생명 자체에 대한 근원적 문제에 직면하게 될 것이다. 그런데 인공지능을 개발하는 주체는 인간 자신이라는 점에서 중요한 것은 기술 발전이 누구를 위해, 무엇을 위해 개발되고 사용될 것인가이다. 즉 사회적 의사결정의 과정이다. 소수의 이익을 위해 소수의 판단으로 이루어질 것인지, 아니면 보편적 다수의 이익을 위해 보편적 다수의 참여를 기반으로 할 것인지가 관건이다. 그렇지 않으면 인공지능은 인간의 존립 자체를 위협할 수도 있다.

2) 적층(積層) 가공기술(3D프린팅)과 사물인터넷

세계경제포럼 회장인 '클라우스 슈밥'은 4차 산업혁명을 이끌 핵심 기술 중 하나로 3D프린팅을 주목해야 한다고 제안했다. 적층가공이라 불리는 이 기술은 3D 디지털 설계도나 모델에 원료를 층으로 쌓아 올려 물체

---

8. 맥스 테그마크 지음, 백우진 옮김(2017). 『맥스 테그마크의 라이프 3.0』. 동아시아, 45~49쪽.

를 만들어 내는 것인데, 정교한 제품을 복잡한 장비 없이도 만들 수 있다. 공장 전체가 가동되어야 했던 일을 3D 프린터가 해낼 수 있게 되었다. 그 결과 생산 비용과 규모가 줄고, 제조기간이 단축된다. 나아가 물건뿐 아니라 인간의 장기도 제작할 날이 올 것으로 예상하는데, 이를 '바이오Bio 프린팅'이라고 부른다.[9]

실제로 미국의 바이오프린팅 업체인 '오가노보'는 인간의 세포가 들어 있는 재료를 이용해 실험적 수준의 인간 간과 뼈 조직을 만들어 냈다. 이는 이식용 장기 부족을 해결할 뿐만 아니라 환자 자신의 줄기세포를 활용해서 장기를 제작할 길을 열어 줄 것이다. 음식물 프린팅도 등장해 이제까지 존재하지 않았던 맛이나 색감을 창출할 가능성이 만들어지고 있다. 건설 분야에서도 활용될 예정이다. 거대한 프린터가 건설공사장에 설치되어 레일을 따라 움직이면서 콘크리트층을 쌓아 올릴 수 있다.[10]

3D 프린터 기술이 가져올 변화를 제레미 리프킨 같은 미래학자는 제조의 민주화로 표현하기도 한다. 3D 프린터는 지역적인 동시에 세계적이다. 또한 기동성이 높아 어디에서든 정보화 제조를 할 수 있고, 사물인터넷 인프라가 연결된 곳이면 어디로든 신속하게 연결될 수 있다. 누구나, 궁극적으로 모두가 생산수단에 접근할 수 있다는 의미이다. 그 결과 소비자이자 제조자가 되는, 즉 프로슈머들이 등장하고, 새로운 경제 패러다임의 등장을 예견한다.[11]

이러한 변화가 가능하기 위해서는 '사물인터넷'이라는 기술이 바탕이 되어야 한다. 사물인터넷은 만물 인터넷Internet of all things라고도 불린다. 이는 사물들이 인터넷을 기반으로 센서를 통해 서로 연결되어 일상생활을

---

9. 클라우스 슈밥 지음, 송경진 옮김(2016). 『클라우스 슈밥의 제4차 산업혁명』. 새로운현재, 234~240쪽.
10. 마틴 포드, 앞의 책, 279~280쪽.
11. 제레미 리프킨 지음, 안진환 옮김(2016). 『한계비용 제로사회』. 민음사, 151쪽.

바꾸는 시스템이다. 슈밥의 전망에 따르면 이는 제조업은 물론 사회기반시설 및 보건의료까지 모든 영역으로 확산될 것이라 한다. 이 기술이 가장 광범위하게 활용되는 것은 원격 모니터링으로 기업은 모든 화물운반대와 컨테이너에 센서와 송신기 혹은 전자태그를 부착해 위치 및 상태를 추적할 수 있다. 이는 소비자도 마찬가지일 것이다.[12]

리프킨의 연구에 따르면 2007년 1,000만 개의 센서가 인간이 사용하는 모든 종류의 장치와 사물인터넷을 연결했다고 한다. 2013년에는 그 수가 35억 개를 넘어섰고, 2030년이면 100조 개의 센서가 사물인터넷에 연결될 것으로 추정된다. 사물인터넷은 놀라운 비용절감 효과를 불러올 것으로 기대되는데, 실제로 항공업의 경우 항로 설정, 장비 모니터링, 수리 등을 효과적으로 수행하기 위해 센서를 부착, 빅데이터 분석을 통해 연료효율을 극대화시키고 있다.[13]

사물인터넷과 이를 매개로 한 빅데이터의 활용은 제조업 분야에서도 예외는 아니다. 일본의 '코마츠'라는 중장비업체는 경쟁 업체인 한국의 두산중공업이 경영 악화로 구조조정을 하는 시기에 10퍼센트 이상의 영업이익률을 유지했다. 그 비밀은 자신들이 판매한 중장비를 점검 관리하는 원격 시스템 덕분이었다. 장비의 각 부품에는 센서가 연결되어 있어 이를 통해 수집된 데이터가 GPS로 실시간 전달된다. 이를 이용해 고객들의 중장비 위치, 가동시간, 기계의 이상들을 실시간으로 체크하여 고장을 사전에 예방해 수리비용을 절감시킨 것이다.[14]

3) 블록체인

미래를 변화시킬 중요한 기술 중 하나로 블록체인이 주목받고 있다. 그

---

12. 클라우스 슈밥, 앞의 책, 41~42쪽.
13. 제레미 리프킨, 앞의 책, 119~120쪽.
14. KBS 〈명견만리〉 제작팀(2016). 『명견만리: 윤리,기술, 중국, 교육』. 인플루엔셜, 134~136쪽.

시작은 '비트코인'으로 알려진 전자결제 시스템의 등장이다. 2008년 소위 서브프라임 사태로 전 세계 금융산업이 붕괴되었을 때, 나카모토 사토시라는 익명의 인물이 P2P식 전자 경제 시스템을 위한 새로운 프로토콜을 구상했다. 이 전자 결제 시스템은 비트코인이라 불리는 암호화폐를 사용했는데, 이는 국가가 발행하거나 통제하지 않는다는 점에서 기존의 법정화폐와는 구별되었다.

블록체인을 이해하려면 해시hash라는 계산식을 알아야 한다. 해시는 한 방향 계산은 쉬운데 역으로 계산하기 어려운 계산식이다. 이는 입력이 X라는 값일 때 해시 결과값인 Y를 계산하기는 쉽지만, 역으로 Y를 가지고 X를 계산하기 어려운 함수이다. 이 함수를 이용해서 고도의 보안성을 담보하는 것이다. 사용자의 거래는 모두 블록체인이라는 하나의 공통장부에 기록된다. 여기서 거래란 가상화폐가 누구에게서 나와서 누구에게로 가느냐는 입력과 출력의 기록이 된다. 이것에 체인 형태로 하나의 공통장부에 기록되고 모든 사람이 이 장부를 가지고 있다. 한 블록은 이전 블록의 해시값을 포함하여 구성한다. 이것은 새 블록을 만들 때 이전 블록 위에 쌓았다는 것을 증명하는 방법이다. 블록을 직접 만들지 않고 전달받은 사람도 블록이 정당한지 이전 블록에서 쉽게 계산할 수 있어 검증하기 쉽다. 블록이 체인으로 연결되기 때문에 아무리 큰 데이터도 차례차례 추가하여 블록체인에 축적할 수 있다. 체인이 길어지면 아래에 놓인 블록은 신뢰도가 점점 더 높아진다고 한다.[15]

블록체인은 중앙 집중형 서버를 배제한 것이다. 블록체인 기술 아래에서는 시스템에 의해 자율적 권한 위임이 가능하므로 승인 권한을 특정 기관이 독점하지 않는다. 블록체인 기술을 사용하면 거래 승인이나 기록 등록을 위해 제3의 공식기관이나 공신력 있는 중재가 개입하지 않아도 거래가

---

15. 김석원(2017). 『블록체인 펼쳐보기』. 비제이퍼블릭, 39, 77, 93쪽.

가능해진다. 그 결과 블록체인 다양한 산업으로 확산된다.[16]

블록체인 기술은 다양한 영역에서 활용될 수 있다. 다소 길더라도 『블록체인 혁명』돈 탭스콧·알렉스 탭스콧 지음, 박지훈 옮김, 을유문화사(2017)을 요약하여 인용하고자 한다.

새로운 디지털원장은 인류에게 중요하고 가치 있는 거의 모든 것을 기록하도록 짜일 수 있다. 출생증명서, 사망증명서, 혼인증명서, 등기부 등본, 졸업 증서, 금융 계좌, 의료 절차, 보험 청구, 투표, 식품 원산지 표시 등 코드화될 수 있는 것들은 모두 기록할 수 있다.

블록체인상에서 사람들은 금융 시스템에 이어질 뿐만 아니라 금융 시스템의 일원으로 포섭되어 구매, 차입, 매각 등의 활동이 가능해진다. 블록체인 기술은 은행권, 증권업, 보험업, 회계법인, 소액 대부업체, 신용카드 업계, 부동산 중개인 등 금융산업을 영원히 혁신할 커다란 비전을 제공하고 있다. 모두가 동일한 분산된 원장을 공유한다면, 며칠씩 걸릴 필요 없이 모든 사람들이 보는 앞에서 단숨에 결제가 일어날 수 있다.

블록체인은 해외 송금 시스템에도 변화를 가져올 수 있다. 개발도상국으로 흘러드는 자금 가운데 가장 큰 비중을 차지하는 것은, 외국의 원조나 직접 투자가 아니라 해외로 나간 이주 노동자들이 본국으로 송부하는 금액이다. 그러한 절차에는 시간과 인내가 수반되며, 때로는 송금 기관을 매주 방문해 똑같은 서류 작업을 하고 매번 7%의 수수료를 지급해야 한다. 그런데 이보다 더 좋은 방법이 나타난 것이다. 일례로 아브라Abra를 비롯한 많은 회사가 블록체인을 이용한 지불 네트워크를 구축했다. 한 국가에서 다른 국가로 자금이 유입되는 과정은

---

16. 조원경(2018). 『한 권으로 읽는 디지털 혁명』. 로크미디어, 152쪽.

일주일이 아니라 한 시간이면 충분하며, 수수료는 2%에 불과하다.

블록체인은 사물인테넷과 연결되어 에너지 체계에도 변화를 가져올 수 있다. 전신주 대신, 전력 계통에서 모든 노드를 전산화하고 전력 생산과 배분에서 완전히 새로운 P2P 모델을 창조한다고 가정해 보자. 모든 사람은 블록체인 기반의 전력망에 참여할 수 있다. 지역별 소규모 전기 생산체계인 마이크로그리드와 여기에서 생산된 전력은 비상 상황에 대응할 수 있는 예비전력을 공급하고 소비자들의 비용을 줄여주는 한편, 공동체 내에서 청정 에너지, 신재생 에너지 비중을 늘리고, 에너지 효율성을 높이며 에너지의 저장 수단을 확대할 수 있다.

블록체인 기술은 정치체제와 국가 운영에도 변화를 가져올 것이다. 일례로 에스토니아 공화국은 오늘날 최고의 전자정부를 구현하고 있다. 모든 에스토니아 국민은 자신의 기록에 배타적으로 접근할 수 있고, 어떤 의사와 가족들이 이러한 데이터 온라인에 접근할 수 있는지 통제할 수 있다. 에스토니아의 사이버 보안은 키 없는 전자서명으로부터 도출할 수 있다. 이는 곧 시스템 관리자, 암호화키, 정부 직원 없이도 블록체인상의 전자활동을 수학적으로 검증할 수 있다.

블록체인 기술은 사물인터넷과 결합하여 공공부문의 효율성을 극대화할 수 있다. 정부 직원들은 수요와 공급을 수시로 맞추고, 자동화된 접근을 통해 보안 및 유지, 에너지에 소요되는 비용을 낮추며 교량, 열차, 터널의 안전 및 차량의 위치, 보수 상태, 적합한 도로를 추적할 수 있다. 공무원들은 인프라 관리, 에너지 관리, 쓰레기 처리, 용수 처리, 환경 모니터링, 에너지 서비스, 교육, 보건 분야에서 더욱 나은 결과를 얻을 수 있다.

블록체인 기술은 선거에서도 변화를 가져올 수 있다. 블록체인 기술은 안전하고 민주적인 투표를 가능하게 한다. 예를 들어 선거관리위원회가 각 후보자나 안건에 대해 디지털 '월렛wallet'을 만들고 승인된

선거권자들은 한 자리에 토큰이나 코인 하나씩을 할당받는다. 시민들은 각자의 개인 아바타를 통해 '코인'을 선택한 후보자의 월렛에 송부하는 방식으로 익명투표가 가능하다. 블록체인은 이러한 거래를 기록하고 확정한다. 가장 많은 코인을 받은 후보자가 승리하게 된다. 실제로 2015년 아테네 국립 카포디스트리안 대학의 데모스DEMOS 시스템은 블록체인과 같은 분산 공개 원장을 사용해 세상 어디에서도 투표할 수 있는 디지털 투표함을 창출했다.

이렇게 블록체인 기술의 적용은 사법체계와 세금 징수 등 국가 운영의 주요 영역으로 확장될 수 있다. 국민들은 세금이 어디에 어떻게 쓰이고 있는지 더 정확히 알 수 있으며, 불법적인 선거자금이나 선거운동도 근본적으로 차단할 가능성이 높아질 것이다. 물론 기술 그 자체가 민주주의와 사회 진보를 가져다주지 않을 것이나 블록체인 기술을 제대로 활용한다면, 상거래 등의 경제 영역은 물론, 에너지 환경 등 공공적 영역, 그리고 민주적인 국가 운영에 상당한 기여를 할 것으로 보인다.

3. 미래 사회와 교육

1) 미래 사회는 어디로 가는가?

인공지능, 3D프린터와 사물인터넷, 블록체인과 같은 기술 변화가 가져올 미래 사회는 어떤 모습일까?

우선 전통적인 육체노동의 상당 부분을 그리고 지식노동의 상당 부분 또한 로봇이나 인공지능 프로그램으로 대체되는 사회가 도래할 것으로 보인다. 이는 대규모 실업과 같은 불안정노동을 확대할 수 있다. 문제는 과거 자본주의 초기 산업화 국면에서 노동자들이 기계파괴 운동을 했음에도 결국 실패한 것처럼, 이러한 경향은 막을 수 없을 것이라는 점이다. 물론 각국마다 상황이 다르고, 기술 발전의 차이로 인해 그 속도가 다를 것이다. 또 국가 간 분업구조와 자본의 우위에 따라 여전히 근대적 생산 방식이 관철되는 국가들도 있을 것이다. 예를 들어 저개발국가들은 인공지능의 도입 비용보다 더 싼 노동력이 존재하기에 앞으로도 당분간 저임금 인간노동에 의존할 것이다. 그럼에도 스포츠 브랜드 아디다스 스피드팩토리의 사례[17]처럼 장기적 전망 속에서는 결국 인공지능을 장착한 기계가 인간노동을 상당 영역에서 대체할 가능성이 높아지고 있다. 그리고 이는 고용 불안으로 이어질 것이다.

이런 경향은 한국도 예외는 아니다. 2017년 취업자 증가 규모는 약 35만 명으로 추산되는데, 이는 기업 차원에서 고용 조정이 용이한 단시간 노동자의 증가, 제조업에서 퇴출된 노동자들이 소규모 자영업으로 전직하면서 증가한 것으로 추정된다. 한국은 30~64세와 15~29세 인구의 고용률 격차가 2015년 기준 32.8%p로 OECD 전체 연령별 고용률 격차인 20.4%p에 비해 큰 편이다. 한국의 고용구조는 높은 교육 투자는 이루어졌으나 이것이 직업으로 연결되지 않는 청년실업, 일자리에서 퇴출당한 중년, 고령층의 자영업 진출 확대로 인한 과잉 경쟁이라는 문제가 중첩되어 있다. 전통적인 직업 영역은 곧 사라질 가능성이 높은데, 여전히 전통적인 교육 시스템과 전통적인 기업의 인재 채용 시스템을 고수하고 있어 불필요한 사회적 비용을 발생시킨다. 여기에 4차 산업혁명으로 기업 간의 경쟁구도가 급변하면서 파생되는 구조조정은 고용을 더욱 불안정하게 만들 것이다.[18]

기계가 인간노동을 대체한다는 것은 임금노동을 기반으로 한 자본주의 사회구조에 심대한 변화를 가져올 것이다. 단기적으로는 기계가 인간노동

---

17. 뉴스1(2016. 5. 25). 「아디다스, 독일에 운동화 로봇 대량생산 '스피드팩토리'」.
18. 이윤철(2017). 「4차 산업혁명과 일자리 구조변화」. 『2017 국가발전 정책토론회 종합보고서』. (재)행복세상, 298~302쪽.

을 대체함으로써 관련 일자리가 줄어들 것이며, 장기적으로는 잉여노동의 문제를 인류가 어떻게 해결할 것인가라는 문제에 직면할 것이다. 또 생산에 필요한 노동시간이 줄어들면서 노동 외의 시간을 어떻게 영위할 것인가라는 난제에 봉착할 것이다.

다음, 상품과 서비스를 생산하는 비용이 줄어들면서 이전의 자본주의가 겪어 왔던 주기적 공황과는 전혀 다른 차원의 국면을 맞이할 가능성이 높다. 즉, 포스트(탈)자본주의로 진입할 수 있는 가능성이 커지고 있다. 주지하다시피 자본주의는 초기의 상업자본주의를 거쳐 산업자본주의로 그리고 1960년대 이후에는 지식정보기술에 근거한 사회로 전환했다. 이를 논자에 따라서는 지식정보자본주의, 지식정보사회, 혹은 인지자본주의로 표현하기도 한다. 그런데 지식과 정보는 본질적으로 공유재이다. 지식과 정보는 공유되지 않으면 재화로서의 가치를 가질 수 없다. 그리고 그것의 재생산에 드는 비용은 거의 제로에 가깝다. 즉 무한한 복제가 가능하다. 물론 현재까지는 저작권 즉 독점을 통해 이윤을 확보하고 있으나, 정보와 지식의 공유재적 성격 때문에 지식과 정보를 독점하려는 것은 어떤 식으로든 모순을 심화시킬 수밖에 없다. 더욱 중요한 것은 지식과 정보의 특징상 비非시장경제 사회로의 진입 가능성을 창출한다는 것이다.[19]

포스트자본주의를 가능하게 하는 것은 에너지체계의 변화이다. 인류의 지속가능한 발전을 위협하는 요인 중 하나인 화석연료 사용이 만든 지구온난화, 그리고 위험천만한 핵에너지이다. 만일 이를 대체할 수 있는 에너지가 상용화된다면 어떻게 될까? 제레미 리프킨에 따르면 반도체 가격 하락의 법칙으로 알려진 '무어의 법칙'이 태양에너지 부분에서도 적용되어 그 생산가격이 계속 하락할 것인데, 2030년 무렵이면 석탄연료 기반 전기 생산 가격이 절반으로 떨어질 것이고, 이 경향은 에너지 산업 전체를 바꿀

---

19. 폴 메이슨 지음, 안진이 옮김(2017). 『포스트자본주의 새로운 시작』. 더퀘스트. 210~215쪽.

것이라고 한다.[20]

만일 인류가 거의 공짜에 가까운 태양을 주된 에너지원으로 사용하게 된다면, 제품 생산의 한계비용은 더욱 절감될 수밖에 없을 것이다. 결국 이러한 변화는 이윤추구를 중심으로 작동되는 자본주의사회 시스템 자체에 근본적인 변화를 강제할 것이다.

즉, 인류는 지금과 같은 기술 발전과 생산력을 기반으로 인권적이고 평등하며 지속가능한 미래, 즉 협력적인 공유사회를 만들 것인가, 아니면 인공지능을 소유한 소수와 특권층과 인공지능보다도 못한 취급을 받는 다수의 프레카리아트(불안정노동자)로 위계서열화되고 불평등이 더욱 심화되는 사회로 퇴행할 것인가라는 선택의 갈림길에 서게 될 것이다. 이러한 기술 발전과 사회 변화에 따라 교육은 어떻게 바뀌어야 할까?

2) 미래 사회와 교육

현재의 학교교육 시스템은 빠른 사회 변화에 조응하기 어려운 것이 사실이다. 우리가 익숙하게 받아들이고 있는 학교교육은 근대의 산물이다. 즉 학교는 자본주의의 탄생과 궤를 같이했다.

그런데 자본주의가 발전하면서 보통학교를 넘어서 중등교육, 고등교육이 점차 대중화되었다. 고등교육이 확대되면서 과거처럼 더 이상 중등교육에서 실업계와 인문계를 구분하는 것은 의미가 없어졌고, 중등교육에서 담보했던 실업교육 즉 노동자 양성교육은 이제 대학이라는 고등교육 영역에서 이루어지게 되었다. 이러한 고등교육의 대중화가 의미하는 바는 무엇일까?

지식정보화 사회로 전화하면서 나타나는 특징 중 하나는 습득해야 할 지식의 총량이 자꾸 늘어나는 경향을 띤다는 것이다. 그 결과 과거 고등교육이 소수에게 독점되던 시절과는 달리 지식에 대한 접근권이 확산되고

---

20. 리프킨, 앞의 책, 133~136쪽.

있다.

한편, 지식정보화사회가 되면서 그 자체가 전통적인 근대 학교의 성격과 충돌하고 있다. 그 이유는 지식의 전수와 가공이 더 이상 학교 안에서만 이루어지지 않고 있으며, 오히려 학교 밖에서 특히 인터넷을 기반으로 지식이 재생산되고 재가공되는 시스템이 구축되었기 때문이다. 그 대표적인 예로 위키피디아를 들 수 있다.

2001년 처음 만들어진 위키피디아는 협업으로 제작된 백과사전이다. 폴 메이슨의 연구에 따르면 위키피디아는 2015년 기준으로만 2,600만 페이지에 달하며, 집필과 편집에 2,400만 명이 참여한 것으로 알려졌다. 그 중 1만 2,000여 명이 정기적으로 편집에 참여한다고 한다. 흥미로운 점은 편집에 참여하는 수많은 사람들이 돈을 받지 않는다는 것이다. 편집에 참여하는 사람들을 대상으로 하는 설문에 71%는 무료로 봉사하는 게 좋아서라고, 63%는 정보는 원래 무료여야 한다는 신념 때문이라고 답했다고 한다. 만일 위키피디아를 상업적으로 운영한다면 연 28억 달러를 넘는 수익이 예측된다고 한다. 그러나 위키피디아는 그런 영리활동을 하지 않으며, 그 어떤 검열, 사이버테러, 사보타주에 굴하지 않고 운영하는 것을 원칙으로 내세우고 있다. 그것은 수천만 명의 사람들이 참여하기에 그 어떤 정부, 이익단체, 해커 집단보다도 강력한 힘을 발휘하기 때문에 가능하다고 평가된다.[21]

앞서 인공지능의 등장으로 인간의 고유 영역이라도 여겨졌던 지식노동조차도 기계로 대체하며, 적층가공기술이 생물공학과 결합하여 인체의 구조도 복제가 가능한 수준의 세상이 도래하고 있음을 확인했다. 이 모든 변화의 중심에는 지식의 전달과 유통이 시간과 공간의 제약을 받지 않고 이루어지는 인터넷이라는 기술 기반이 있다. 위키피디아의 사례에서 보듯이 지식의 전달이라는 측면 하나만 놓고 본다면 이제 학교는 더 이상 효율적

---

21. 폴 메이슨, 앞의 책, 227~228쪽.

이지 않을 수 있다. 실제로 우리들은 수많은 인터넷 포털 사이트를 통해서 우리가 원하는 지식을 얻을 수 있게 되었다.

그 결과 학교교육은 이제 딜레마에 봉착했다. 그동안 학교는 자본이 필요로 하는 노동인력을 양성하기 위한 교육, 즉 공장과 사무실(연구실), 각종 매장과 서비스 영역에서 일하기 위해서 필요한 지식을 전달하는 기능을 수행했다. 뿐만 아니라 명시적 혹은 잠재적 교육과정을 통해서 체제에 순응하는 국민을 양성하는, 즉 지배의 이데올로기를 재생산하거나 주입하는 기능을 수행해 왔다.

후자의 기능이 강조될수록, 학교교육은 그 유연성을 상실한다. 학교교육을 통해서 체제를 옹호하는 교육이 이루어지려면, 그것이 공식적 교육과정이든 비공식적인 잠재적 교육과정을 통해서 이루어지든 결국은 민주적인 토론과 비판적 사고를 어떤 식으로는 차단해야 하기 때문이다. 이것은 필연적으로 권위적이고 위계적인 조직문화에 의존하는데 이는 구성원의 창의성을 억누르고 가로막는다. 또 관료적인 행정 시스템 그 자체의 성격상 새로운 경향을 흡수하거나 빠른 사회 변화에 조응하기가 구조적으로 매우 어렵다. 바로 여기서 학교교육은 한계를 드러낸다.

또한 학교의 사회적 기능 중 하나가 사회가 요구하는 인재를 양성하는 것이라고 할 때, 기술 발전으로 인한 사회 변화는 현재는 물론이고 앞으로도 과거와는 비교할 수 없는 새로운 역량을 요구할 것이다. 앞서 언급했듯이 지식정보화 사회의 특징 중 하나는 다루어야 하는 정보의 양 자체가 늘어나며, 여러 분야의 지식과 기술이 결합해 새로운 기술 발전을 만들어낸다는 것이다. 이는 단순한 정보의 입력과 출력을 넘어서 지식과 정보의 융합을 요구하고, 그러한 지식과 정보의 융합을 위해서는 개인 및 집단 간의 협력을 전제로 한다.

문제는 지식 자체의 입력과 출력 혹은 특정 분야의 데이터를 집적하여 빠르게 연산을 수행하거나 분류하거나 분석하는 능력은 인간보다 인공지능이 더 뛰어나다는 점이다. 또한 고차적인 지능을 요구하지 않는 단순노동은 점차적으로 기계로 대체되고 있다. 이런 점들을 고려하면 전통적인 지식 전달 교육은 더 이상 미래 사회에서 의미를 가질 수 없다. 미래학자 앨빈 토플러가 "한국의 학생들은 하루 15시간 동안 학교와 학원에서 미래에 필요하지 않을 지식과, 존재하지도 않을 직업을 위해서 시간을 낭비하고 있다"고 지적한 것[22]은 그야말로 선견지명이 아닐 수 없다.

사실 산업자본주의 시대의 산물인 근대 학교로는 더 이상 변화하는 현실에 조응할 수 없으며, 때문에 교육 패러다임의 근본적인 변화가 필요하다는 목소리는 오래전부터 제기되어 왔다. 대표적인 것이 2003년 OECD의 『생애 핵심역량 보고』이다. OECD는 핵심역량을 "사회의 구체적인 사태와 대상을 한 개인의 과업이 아니라 다양한 인간관계 가운데에서 협력하고 몰두할 수 있는 능력"으로 규정하고, 상호 교류적으로 도구를 활용하는 능력, 이질적인 집단에서 상호작용하는 능력, 자율적으로 행동하는 능력을 강조했다.[23]

여기서 우리가 주목해야 할 것은 '협력'과 '창의성'이다. 협력에 대한 강조는 도덕적인 당위의 차원이 아니며, 창의성 또한 교육학의 일반론적인 주장이 아니라 현실적인 요구의 산물이다. 즉, 지식정보를 중심으로 하는 사회에서는 지식의 융합이 중요하고, 이는 필연적으로 협력적 문제해결과 창의력, 비판적 사고력 등을 요구하기 때문이다.

이를 반영하는 것이 마이크로소프트 같은 글로벌 기업과 핀란드 등이 참여한 '21세기 역량의 평가와 교육 프로젝트'이다. 여기에는 국제학업성취도 평가를 주관하는 OECD(PISA 주관)와 국제교육협회도 역량중심 평가로의 전환을 위해 관심을 갖고 참여했는데, 이들은 21세기가 요구하는 핵심역량을 다음과 같이 제시했다.

---

22. 민중의소리(2016. 6. 30). 「미래학자 앨빈 토플러 별세, 한국 교육에 일침도」.
23. 비고츠키교육학실천연구모임(2015). 『관계의 교육학, 비고츠키』, 살림터, 220~221쪽.

[표 1] 21세기 핵심역량[24]

범주	사고방식	직무방식	직무수단	생활방식
역량	• 창의력, 혁신능력 • 비판적 사고력, 문제해결 능력, 의사결정력 • 자기주도학습능력	• 의사소통력 • 협동능력	• 정보 문해 • ICT 문해	• 시민의식(지역/글로벌) • 인생 및 진로 개척 능력 • 개인 및 사회적 책임의식

이러한 창의력, 비판적 사고력, 협력적 문제해결 능력을 지금과 같은 입시교육 시스템을 통해서 혹은 현재의 학교교육과정으로 충분히 획득할 수 있을까? 한국의 입시경쟁 교육은 전형적인 선발을 위한 장치로 교육의 기능이 왜곡되고 축소되는 사례가 아닐 수 없다. 게다가 한국 사회 안에는 특권 학교를 옹호하고 '한두 명의 뛰어난 인재가 나머지를 먹여 살린다'는 식의 엘리트주의가 여전히 잔존하고 있다. 이는 전형적인 근대적 세계관의 산물이다.

주지하다시피 한국은 서구가 19세기에 성취한 근대화 즉 산업자본주의 단계로의 진입을 20세기 중엽에 그것도 아주 빠른 시간 내에 권위주의적 국가 주도하에 이루었다. 이는 이른바 '빠른 추격자' 모델로도 불리는데, 당시 한국의 산업화는 최대한 외국의 기술을 흡수, 모방하고 이후 보다 저렴하되 유사한 품질의 제품을 공급하는 데 주안점을 두었다. 이를 위해서는 신속한 의사결정과 일사불란한 행동이 필요한데, 여기에 적합한 인재는 일정 수준 이상의 전문성을 전제로 조직의 위계에 순응하며 근면하게 일하는 것을 최고의 덕목으로 한다. 즉, 당시 권위주의적인 국가는 일정 수준의 전문성을 담보할 수 있는 표준화(혹은 획일화)된 교육훈련 프로그램을 통해 체제에 순응하고 조직에 충성하며 근면하게 일할 수 있는 사람들을 길러 내고자 했던 것이다. 그러다 20세기 후반을 기점으로 상황이 완전히 바뀌었다. 세계화 시대의 새로운 제품, 서비스, 시장 개척은 높은 수준의 불

---

24. 최상덕(2011). 「21세기 창의적 인재상과 인재 양성 방향」. 한국교육개발원 미래교육기획위원회 편. 『한국 교육 미래 비전』. 학지사, 173쪽.

확실성을 전제로 하는데, 이는 기성의 규칙과 기준에 따라 순응적으로 행동하는 사람들로 헤쳐 갈 수 없는 과제다. 이러한 불확실성을 돌파해 내려면 기성의 규칙과 기준에 얽매이지 않고 사고하고 행동할 수 있는 인재가 필요하다.[25]

새 술은 새 부대에 담아야 하듯, 사회 변화는 교육 패러다임의 변화를 요구하고 있다. 미래 사회가 요구하는 역량은 더 이상 주어진 문제의 주어진 정답을 주어진 시간 안에 찾는 능력을 의미하지 않는다. 미래 사회는 새로운 역량을 요구한다. 이에 대해 마이클 풀란은 21세기에 필요한 역량을 여섯 가지로 제시했다.

[표 2] 6Cs[26]

인성교육 (Character)	의지, 끈기, 인내, 회복탄력성이라는 핵심적 성격 특성을 구비하고 심층 학습법을 배우는 것. 학습과 삶의 통합적 접근 능력
시민의식 (Citizenship)	세계시민답게 사고하기, 다양한 가치관과 세계관에 대한 깊은 이해를 바탕으로 글로벌 이슈에 관심을 가짐. 모호하고 복잡한 실생활 문제를 해결할 진정한 관심과 능력의 구비를 통해 인간과 환경의 지속가능성을 높임
협력 (Collaboration)	상호 도움을 주고받으며 일하는 능력, 대인관계기술과 협업능력을 통해 시너지 내기, 팀 역학관계와 도전적 과제를 효과적으로 관리하기, 실질적으로 의사결정 함께하기, 타인으로부터 배우고 타인의 학습에 기여하기
의사소통 (Communication)	다양한 상대에게 맞는 여러 스타일, 방식, 수단(디지털 수단 포함)으로 효과적인 의사소통하기
창의력 (Creativity)	사회경제적 기회에 대한 '기업가적 시선' 갖추기, 새로운 아이디어 창출을 위한 올바른 질문 던지기, 리더십 발휘를 통해 아이디어를 행동으로 옮기기
비판적 사고 (Critical thinking)	정보와 주장을 비판적으로 평가하기, 그 속의 패턴과 연결해 보기, 의미 있는 지식 구성과 실제 사회에 적용하기

---

25. 한국교육개발원(2013). 『미래 인재 양성을 위한 핵심역량 교육 및 혁신적 학습생태계 구축 1』, 36쪽.
26. 마이클 풀란 지음, 이찬승·은수진 옮김(2017). 『학교개혁은 왜 실패하는가』. 21세기교육연구소, 268쪽.

풀란이 제시한 이러한 역량을 어떻게 기를 수 있을까? 과연 기존의 학교 교육만으로 가능할까? 바로 여기에서 학교와 마을의 연계의 중요성과 함께 마을교육공동체의 필요성이 제기된다. 즉 학교와 마을이 만나서 교육과정을 다양화하고 학교를 품고 있는 마을 혹은 지역사회라는 시공간을 통해서 배움이 학교에서만이 아니라 삶 전체를 통해서 일어나게 할 때, 비로소 인성, 시민성, 협력, 소통, 비판적 사고, 창의력이 형성될 수 있다.

4장
왜 공동체인가?

1. 인간은 어떤 존재인가?

혁신교육지구사업을 실행하면서 어려운 것 중 하나는 반공주의적 세계관, 그리고 언론으로 부르기조차 민망한 수준의 황색저널의 세계관을 체화하고 있는 사람들을 상대하는 것이었다. 이들은 혁신을 혁명으로 읽고, 사회적경제를 사회주의 경제로 읽으며, 민주시민교육을 좌익 교육으로 읽는다. 이들이 보기에는 혁신교육은 결코 용납할 수 없는 좌파 진영의 정책처럼 보일 것이다.

물론 이제는 노골적으로 혁신교육을 반대하는 사람은 그리 많지 않다. 대신 다음과 같은 방식으로 교묘히 훼방을 놓는다. "시장이나 교육감, 구청장 바뀌면 다 사라질 것 아닌가요?" "대한민국 교육은 결코 바뀌지 않아요." "경쟁만이 살길이라는 것은 누구나 다 알잖아요? 적자생존도 몰라요?" "인간은 본질적으로 경쟁적인 존재인데 무슨 협력이니 공동체니 뭐니 공자님 말씀을 하나요? 다 쓸데없는 짓이에요." "공연히 혁신교육이니 마을교육이니 쫓아다녀 봐야 댁 자녀만 손해예요. 차라리 그 시간에 좋은 학원이나 알아보세요."

이러한 주장들은 본인들이 의식하든 안 하든 전형적인 보수의 레토릭에 근거하고 있다. 허시먼은 『보수는 어떻게 지배하는가?』에서 지난 200년을 지배해 온 반동의 레토릭Rhetoric of Reaction을 세 가지로 정리했다.

첫 번째는 역逆효과 명제이다. 즉 오히려 정반대의 결과를 낳을 것이라는 협박이다. 신자유주의 창시자인 밀턴 프리드먼의 주장이 대표적인 예이다. 그는 최저임금제를 도입하면 임금이 올라가서 고용이 축소되고 그 결과 노동자의 임금은 더 내려갈 것이라 했다. 그러나 현실에서 그런 일은 일어나지 않았다.

두 번째는 무용無用 명제이다. 이것은 '그래 봐야 기존의 체제는 바뀌지 않을 것이다'라는 식의 조롱이다. 예를 들어 국정농단을 규탄하는 집회 초기에만 해도 보수 언론과 보수적인 세계관을 가진 이들은 촛불을 든 이들을 조롱했다. 혁신교육지구사업 초기에만 해도 그런 태도를 보이는 자들이 많았다. 그러나 박근혜 정권은 무너졌고, 혁신교육지구는 더욱 확산되었고 이제는 마을교육공동체로 진화되고 있다.

세 번째는 위험 명제이다. 이는 '그렇게 하면 우리의 자유와 민주주의가 위태로워질 것이다'라는 식의 거짓 선동이다. 노동자들의 집회와 시위 때문에 경제가 어려워진다는 주장이 그것이다. 청소년 인권을 옹호하면 교사의 권리가 침해된다거나, 학생들의 두발을 자유화하면 공부를 안 할 것이라거나, 고교서열체제를 해소하거나 대학이 평준화되면 교육의 질이 떨어질 것이라는 식의 주장이 그런 예가 될 수 있다. 그러나 경제위기는 재벌의 전근대적 기업지배구조에 근거하거나, 서브프라임 사태와 같은 국제적 금융투기의 결과로 발생했다. 또 대학이 평준화된 유럽이 우리나라보다 대학교육의 질이 오히려 우수하며, 두발이 자유로운 외국 학생들이 우리 학생들보다 공부를 못하는 것도 아니며, 청소년 인권을 보장한다고 교권이 침해된 사례는 찾아보기 힘들다. 오히려 교권을 침해하는 것은 권위적인 학교문화이며, 교사의 교육과정 운영의 자율성을 보장하지 않는 국가 중심 교육정책이며, 교사를 공급자로 학생과 학부모를 수요자로 설정하여 갈등하게 만든 신자유주의 교육정책이었다.

보수의 레토릭은 아주 교묘하다. 허시먼이 말한 보수의 레토릭은 현실에서 끊임없이 변주된다. 역효과 명제는 '그래 봐야 너만 더 힘들어진다'는 협박으로, 무용 명제는 '백날을 해 봐라. 아무 일도 안 벌어진다'는 조롱으로, 위험 명제는 '복지와 평등을 이야기하는 사람은 다 빨갱이다'라는 식의 참주선동僭主煽動으로 현실에서 계속 반복되고 있다.[1]

그러한 참주선동의 하나가 인간은 본질적으로 경쟁적인 존재라는 것이며, 때문에 교육에도 경쟁이 도입되어야 한다는 것이다. 과연 그런가? 혁신교육지구사업과 마을교육공동체에서 계속 강조하는 것은 협력을 통한 발달이다. 이는 인간의 유적 본질을 협력하는 존재로 파악하고, 인간을 연대하는 존재, 공동체적 존재로 설정하는 것에서 출발한다. 이번 장에서는 이를 다루고자 한다.

2. 인간은 이기적인 존재인가?

1) 인간은 인간에 대해 늑대이다

인간을 이기적인 존재로 설정한 대표적인 논자로 영국의 홉스(1588~1679)를 들 수 있다. 홉스가 보기에 인간들은 자연상태에서는 서로 동물과 같다. 인간은 각자가 원하는 것과 남을 거슬리는 것을 할 수 있으며, 이 상태에서는 이익이 권리의 척도가 된다. 그가 보기에 인간은 본성적으로 평등한데, 이 평등한 개인들은 언제나 자기가 원하는 대로 즐길 수 있기 때문에, 또한 언제나 남을 두려워하지 않을 수 없다. 이런 상태에서 각자가 자기 자신에 대한 재판관이 된다.[2]

그는 "인간은 인간에 대해 서로 늑대이다"라고 말했다. 따라서 "만인은

---

1. 앨버트 O. 허시먼 지음, 이근영 옮김(2010). 『보수는 어떻게 지배하는가?』. 웅진지식하우스, 8~10쪽.
2. 요한네스 힐쉬베르거 지음, 강성위 옮김(2002). 『서양철학사(하)』. 이문출판사, 266쪽.

만인에 대해 적이다." 홉스의 이 같은 주장은 당시 등장한 부르주아사회의 특징, 즉 경쟁과 전쟁, 무정부상태, 인간에 대한 인간의 억압 상태와 만연한 개인주의를 반영하는 것이었다. 그는 당시 청교도 혁명 시기에 수평파가 지지했던 인민주권에 반대했으며, 군주제를 옹호했다. 그런데 그가 옹호한 전제정치는 봉건적인 귀족을 위한 것이 아니라 부르주아 상층과 부르주아가 된 귀족의 이익을 위한 것이었다.[3]

다시 말해 홉스가 말한 인간은 인간에 대한 늑대라는 식의 주장은 인류의 전 역사를 관통하는 것이 아니며, 당시의 자본주의 태동기의 사회상에 근거한 것이다. 즉, 식민지에 대한 약탈, 상업적 부를 축적하기 위한 음모와 술수가 만연하고, 중세가 해체되면서 다양한 인간 군상들의 생존을 위한 싸움이 난무한 시대적 특성을 반영하는 것이다. 그러나 인간의 본질은 특정 사회, 특정 시대의 사회상으로 규정할 수 있는 것이 아니다.

2) 경제적 인간

인간을 이기적인 존재로 규정하는 것에는 경제학자들의 영향도 크다. 주류 경제학에서는 모든 개인은 합리적인 선택을 한다고 가정한다. 합리적이라는 것은 어떤 목적을 이루기 위해 가장 효율적인 수단을 선택하는 것을 말한다. 즉 어떤 선택을 했을 때 얻을 수 있는 이익과 그에 따른 비용을 끊임없이 비교해서 이익을 극대화하는 것이 합리적인 것이다. 주류 경제학은 인간은 이기적인 존재라고 설정한다. 이에 따르면 인간은 경제적 인간 Homo economicus이 된다. 또한 인간은 자신의 물질적 이익 추구를 최우선의 목표로 두며, 이것을 가능하게 하는 뛰어난 판단력을 가지고 있다고 가정한다.[4]

경제학의 아버지라고 불리는 애덤 스미스(1723~1790)는 인간에 대해 어

---

3. 러시아과학아카데미연구소 편집, 이을호 옮김(2009). 『세계철학사 2』. 중원문화, 164~165쪽.
4. 정태인·이수연(2013). 『정태인의 협동의 경제학』. 레디앙, 31~37쪽.

떤 견해를 가졌을까? 그는 사회적 분업을 발생시키는 것은 인간의 본성 내부에 있는 '교환성향'이라고 생각했다. 그는 분업이 교환의 원인이 아니라 교환이 분업의 원인이라고 보았고, 인간은 타인으로부터 도움이 없으면 생존할 수 없는 존재라고 생각했다. 그런데 애덤 스미스가 보기에 이러한 교환은 반드시 다른 사람에 대한 애정이 없더라도 가능하다. 오히려 교환은 자기 자신에 대한 사랑, 자애에 근거한 것이다. 이를 표현하는 것이 『국부론』 1편 2장의 그 유명한 말이다. "우리가 매일 식사를 마련할 수 있는 것은 푸줏간과 양조장, 빵집 주인의 자비심 때문이 아니라, 그들 자신의 이익을 위한 그들의 고려 때문이다." 그는 시장을 다수의 사람이 참가하여 서로 도움을 주는 호혜의 장소로 보았다. 따라서 호혜의 장소로서 시장에 참가한다는 것은, 타인을 강탈하지 않고 타인을 노예처럼 다루지 않겠다고 약속하는 것이다.[5]

애덤 스미스 이후의 경제학은 페어플레이와는 점점 거리가 멀어졌다. 그 결과 최소의 비용으로 최대의 이익을 얻기 위한 인간의 행동은 항상 정당화되며, 대량해고나 실업, 무임승차자의 행동도 경제적 인간이라는 관점에서는 아무런 문제가 되지 않는다. 이러한 관점에 따르면 자신의 이익을 극대화하는 것이 인간의 본성이므로 타인을 배려하거나 돌보는 것은 지극히 비합리적인 것이며, 어리석은 행위가 된다. 그런데도 인간은 자신이 아닌 남을 돕고, 심지어 자신의 목숨을 버리면서 내가 아닌 다른 개체의 생존을 돕는다. 왜 그런가? 이를 다음 절에서 살펴보자.

---

5. 도메 타쿠오 지음, 우경봉 옮김(2010). 『지금 애덤 스미스를 다시 읽는다』. 동아시아, 151~154쪽.

3. 인간은 이기적이지 않다

1) 진화심리학이 말하는 인간의 본질

경제학자들의 주장대로라면 인간은 결코 남을 도와서는 안 된다. 오로지 개인의 이익을 극대화하는 존재이기 때문이다. 그러나 인류의 긴 역사를 보아도 그렇고 당장 현실을 보아도 우리는 내가 아닌 다른 존재에게 양보를 하고, 돕고, 심지어 희생을 무릅쓴다. 부모의 자녀에 대한 헌신이 그렇고, 할아버지 할머니들의 손자들을 향한 사랑이 그렇다. 인간만 이런 행위를 하는 것이 아니다. 포유류의 대부분은 새끼를 살리기 위해 희생을 감수하며, 심지어 동료들을 살리기 위해 포식자의 먹잇감이 되는 위험을 무릅쓰는 경우도 있다.

그런데 인간이 아무에게나 기꺼이 도움을 주는 것은 아니다. 진화심리학에 따르면 인간이 자신이 아닌 다른 개체에게 도움을 주는 것은 유전적 근연도近緣度가 높을 때이다. 유전적 근연도는 부모와 자식, 형제는 50%, 조부모와 손자, 다른 형제나 배다른 형제, 이모, 고모, 삼촌, 조카는 25%, 사촌과는 12.5%이다. 이는 그 유명한 해밀턴의 '포괄적합도 이론'을 탄생시켰다. 이 이론(1964)이 나오기 전에는 생물의 이타적 행동은 진화의 관점에서는 설명하기 힘든 수수께끼였다. 왜 땅 다람쥐는 포식 동물을 만났을 때 경고의 울음소리를 내질러 자신을 위험에 노출시킬까? 왜 어떤 사람은 자신의 형제를 살리려고 신장을 기증할까? 해밀턴의 포괄적합도 이론은 이러한 질문에 답을 주었다. 해밀턴의 공식은 다음과 같다.[6]

> c < rb
> c 행위자가 부담하는 비용
> r 행위자와 수혜자 사이의 유전적 근연도
> b 수혜자에게 돌아가는 편익
> ※ 비용과 편익은 모두 번식 자산 단위로 측정한다.

포괄적합도 이론의 함의는 인간이 결코 이기적인 존재가 아니라는 것이다. 인간은 자신의 종의 재생산을 위해 유전적 근연도가 가까울수록 이타적인 행동을 하도록 진화했다는 것이다. 그런데 인간은 유전적으로 가까운 사람에게만 이타적일까? 바로 여기서 호혜적 이타성이 등장한다.

2) 호혜적 이타성

호혜적 이타성을 대중적인 논의의 주제로 확장한 것은 그 유명한 리처드 도킨스의 『이기적 유전자』이다. 1976년 초판이 나온 이후 이 책은 커다란 논란을 불러일으켰다. 30주년 기념판 서문에서 도킨스는 자신의 책은 '이기성'이 아니라 '이타성'에 주목하고 있음을 다시 강조한다. 그렇다면 그는 왜 제목을 '이기적 유전자The Selfish Gene'라고 했을까? 그것은 그 이타적인 행동이 종 전체의 이익을 위한 유전자의 이익이라는 생물학적 측면을 강조하기 위함이었다. 그럼에도 그는 자신의 저서가 "인간은 이기적으로 태어났다"고 오해받을 것을 우려해 실제 내용은 이타성을 다룬 것임을 끊임없이 강조했고, 때문에 책의 제목을 '협력적 유전자The Cooperative Gene'로 하면 어떻겠냐는 식의 언급도 했다.[7]

리처드 도킨스는 저서에서 "마음씨 좋은 놈이 일등 한다Nice guys finish first"라는 과감한 주장을 한다. 그가 여기서 가장 적극적으로 인용한 것은 로버트 액설로드의 이른바 '죄수의 딜레마' 게임에 대한 연구이다. 죄수의 딜레마는 다음과 같은 상황을 전제로 한다.

여기에 공범혐의로 투옥된 두 명의 죄수가 있다. 각각 독방에 갇혀 동료를 배신할 것을 강요받고 있다. 만일 한쪽만 자백하면 다른 한쪽이 긴 형량을 살아야 한다. 둘 다 자백을 하면 중간형을 살아야 한다. 둘 다 자백을 거부하면 가장 짧은 형량을 살 수 있다. 과연 당신이라면 어떤 선택을

---

6. 데이비드 버스 지음, 이충호 옮김(2012). 『진화심리학』. 웅진지식하우스, 370~373쪽.
7. 리처드 도킨스 지음, 홍영남·이상임 옮김(2010). 『이기적 유전자』. 을유문화사, 11쪽.

할 것인가? 어떤 선택이 가장 현명한 것일까?

액셀로드는 컴퓨터 프로그램을 통해 죄수의 딜레마 게임을 반복했고, 가장 승률이 높은 전략을 찾아냈다. 그것은 놀랍게도 가장 단순하고, 가장 덜 교묘해 보이는 것으로 '이에는 이, 눈에는 눈', 즉 'Tit for Tat'이라는 보복 전략이었다. 이는 상대방이 협력하면 나도 협력하고 상대방이 배신하면 나도 배신하는 것이다. 상대방이 배신할 때만 보복으로 배신하는 것이다. 액셀로드는『협력의 진화』를 통해 호혜주의야말로 인간 진화의 정수임을 강조한다. 그는 협력은 창발emergence되는 것이라고 주장한다. 그는 배반을 비생산적으로 만드는 데는 호혜주의만으로도 충분하며, 호혜주의라는 성공적인 전략은 이기주의자한테서도 협력을 이끌어 낼 수 있다고 주장한다. 그는 협력은 서로 알아보는 작은 무리에서, 이들끼리의 상호작용의 비율이 아주 작더라도 일어나기만 하면 창발創發할 수 있다고 주장한다.[8]

이렇게 인간은 '호혜적 이타성'을 갖는 존재임이 과학적으로 밝혀졌음에도 여전히 이를 인정하지 않는 사람들이 있다. 이들은 이렇게 말한다. "무슨 소리냐? 진화론의 아버지인 다윈의 적자생존도 모르냐? 인간을 비롯한 모든 종은 적자생존의 원리에 지배받는다." 자, 이제 다윈의 이야기로 돌아가 보자.

3) 다윈과 적자생존

적자생존適者生存. 우리는 아주 오랫동안 다윈의 이론을 적자생존으로 받아들였다. 아주 거칠게 표현하면 "강한 놈만 살아남는 것이고, 약육강식의 논리가 인간세계에도 그대로 적용되는 것"이라고 오랫동안 교육받아 왔다. 부자는 원래 강해서 부자가 된 것이고 가난뱅이는 원래 약해서 그렇다는 식이다. 그런데 이것이 사실이 아니라면? 다행히 최근의 백과사전은 이에

---

8. 로버트 액셀로드 지음, 이경식 옮김(2009).『협력의 진화』. 시스테마, 206~207쪽.

대해서 친절하게 오류를 정정해 주었다.

적자생존, 이 말은 다윈C. Darwin의 진화론에 대한 원리로 잘 알려져 있지만, 다윈이 처음 사용한 말이 아니며 영국의 철학자이자 경제학자인 스펜서H. Spencer가 1864년 『생물학의 원리Principles of Biology』라는 저서에서 처음 사용했다. _네이버 지식백과

그렇다면 왜 우리의 머릿속에는 다윈 하면 적자생존이 떠오르는 것일까? 여기에는 다윈의 책임도 없지 않다. 제레미 리프킨에 따르면 다윈은 『종의 기원』 5판에 스펜서의 서술을 삽입하는 실수를 저질렀다. 즉, 다윈은 "구조나 체질 혹은 본능 면에서 어떤 식으로든 유리한 종들이 생존 투쟁에서 살아남는 것을 나는 '자연선택'이라 칭했다. 그런데 허버트 스펜서는 이와 동일한 생각을 '적자생존'이라는 말로 잘 표현했다"라고 했던 것이다. 이 실수를 계기로 다윈의 '자연선택'은 스펜서의 '적자생존'으로, 다윈이 말한 "당장의 현지 환경에 보다 잘 적응하는 것"에 대한 은유는 스펜서의 "최상의 물리적 형체를 갖춘 것"이라는 의미로 뒤바뀌게 되었다. 다윈은 이후 스펜서의 주장과 거리를 두려고 부단히 노력하고, 그 표현을 사용한 데 대해 사과까지 했지만 아무런 효과가 없었다.[9]

허버트 스펜서의 사회진화론은 잘 알려진 것처럼, 제국주의 침략을 정당화하고자 하는 이데올로기였다. 그는 다윈의 자연선택설을 도용해, 제국주의 폭력과 인종주의를 마치 과학인 것처럼 포장했다. 때문에 다윈의 자연선택설을 적자생존으로 가르치거나 주장하는 것은 다윈의 주장과는 거리가 멀 뿐만 아니라, 심각한 왜곡에 동참하는 것이다. 그렇다면 정작 다윈은 인간의 본질을 무엇이라고 보았을까?

---

9. 제레미 리프킨 지음, 안진환 옮김(2014). 『한계비용 제로사회』. 민음사, 106~107쪽.

다윈 또한 인간 진화의 수수께끼인 이타주의를 다루었다. 그는 『인간의 유래The Descent of Man』에서 현대의 진화심리학자들이 밝힌 주장과 매우 유사한 가설을 제시한다. 그는 "같은 부족 내에서 고결한 덕목을 갖춘 사람의 숫자가 증가하는 것은 각 구성원은 동료를 도와주면 자기도 그 답례로 도움을 받게 된다는 것을 알게 되고 그 단순한 동기로 동료를 돕는 습관을 획득한 결과"라는 가설을 제시했다. 이어 그는 "높은 수준의 애국심, 충실성, 복종심, 용기, 동정심이 있어서 항상 남을 도울 준비가 되어 있고 공동의 이익을 위해 자신을 희생할 준비가 되어 있는 사람들이 많은 부족은 다른 부족에 비해 성공을 거둘 것이다. 이것이 바로 자연선택이다"라고 단언했다.[10]

우리는 오랫동안 다윈의 주장에 대해 매우 왜곡된 교육을 받아 왔다. 그것은 마치 소크라테스가 '악법도 법이다'라고 말하고 사약을 먹었다는 식의 거짓말만큼이나 매우 강력하게 영향을 미쳤다. 다시 말해 일본제국주의와 군부독재정권이 우리에게 악법도 법이니 따르라고 강요하면서 소크라테스 이야기를 믿도록 한 것처럼, 그동안 우리는 공식 교육과정, 비공식 교육과정을 통해 인간은 생존을 위해 타인을 물어뜯는 이리와 같은 존재라고 믿을 것을 강요받았다. 다윈이 적자생존을 말했으니 인간은 이기적이며, 강한 자가 약한 자를 지배하는 것은 자연의 섭리라고 강요받았던 것이다. 이제 이런 허구로부터 벗어날 때가 되었다.

4) 인간은 공동체적 존재이다

인간의 이타성을 집중적으로 다룬 책을 쓴 매트 리들리는 인간이 이기적인 존재라는 주장의 상당 부분이 허구이거나 잘못된 지식에 근거한 것임을 지적한다. 예를 들어 이런 식이다. 개런 하딧이라는 권위주의 성향의

---

10. 마크 리들리 지음, 김관선 옮김(2007). 『HOW TO READ 다윈』. 웅진지식하우스, 109~111쪽.

생물학자가 중세의 공유지를 들어 공동 소유의 비극을 주장했다. 하딧은 사유지와는 달리 공유지는 과잉 방목으로 쇠멸했다고 주장했다. 즉, 인간은 이기적이어서 자기 욕심을 채우기 위해 양을 마구 풀어 놓아 풀이 자라나기도 전에 양들이 풀을 뜯어 공유지가 황폐화되었다는 주장이다. 한마디로 공유는 불가능하다는 것이다. 리들리는 이것이 잘못된 지식임을 비판한다. 중세 공유지는 재앙이 예정된 주인 없는 땅이 아니었다고 한다. 당시에는 불문율이 있어서 공유지에 자신의 양만을 위해 마구 풀을 뜯게 하는 것은 그리 쉽지 않았다. 중세에서 영주는 공유지의 소유권자였으나 그 소유권은 공유지 이용자들의 권리를 방해하지 않는 경우에만 인정되는 것이었다. 목축권에서부터 자갈 모래까지 권리를 가진 자들 모두의 공동 소유였던 것이다. 이러한 공동 소유권이 왜곡, 유린되고 무효로 되는 과정이 바로 자본주의로 넘어가는 시기의 엔클로저enclosure 운동이었다는 것이다. 그는 영국 북부의 평야지역에서는 지금도 스틴팅(정량준수)이라는 중세적 규율이 있어, 목동이 양을 풀어 놓을 수 있는 수가 제한되어 있다고 하였다. 이는 풀의 고갈을 막기 위한 것이다. 리들리는 공유지는 얼마든지 잘 관리될 수 있음을 제시했다. 그는 터키의 연안어업, 스페인 발렌시아 관개 시스템, 인도의 산림보호, 케냐의 목동 등등의 예를 들면서 인간들이 상호 협의를 통해 파국을 막아 왔음을 논증했다.[11]

리들리의 말대로 인간은 세상에 태어날 때부터 협동의 방식을 계발하고, 믿을 만한 사람과 그렇지 못한 사람을 구별하고, 스스로 믿을 만한 사람임을 과시해 좋은 평판을 쌓고, 재화와 정보를 교류함으로써 노동 분화를 이루는 것 같은 소양들을 타고난다. 이것은 인간만이 갖고 있는 능력이다. 즉, 인간은 지극히 공동체적 존재이며, 지극히 협력적인 존재로 진화해 왔다. 최근 뇌 과학의 연구 성과를 통해서도 이는 밝혀지고 있다. 이를 다

---

11. 매트 리들리 지음, 신좌섭 옮김(2001). 『이타적 유전자: The Origins of Virtue』. 사이언스북스, 321~322, 324쪽(원서는 1996년 출판).

음 절에서 살펴보겠다.

4. 인간은 협력하는 존재이다

1) 신자유주의와 인간성

혁신교육지구사업과 마을교육공동체운동은 지난 반세기 동안 한국 사회와 교육을 철저히 파괴시켜 온 신자유주의, 나아가 자본주의적 경쟁 시스템과 한국적인 특수성인 입시경쟁 교육에 대한 대안으로 공동체성의 회복을 제시하고 있다.

그렇다면 신자유주의는 인간성을 어떻게 파괴하는가? 정신분석학자 파울 페르하에허는 다음과 같이 신자유주의 문제점을 신랄하게 비판한다.[12]

독일의 한 주간지에 실린 '출세를 위하는 사람이라면 갖추어야 할 몇 가지 특징'을 다음과 같이 제시했다고 한다.

"일단 말을 잘해야 한다. 그래야 많은 사람을 내 편으로 만들 수 있다. 이런 만남이 피상적이긴 하지만 요즘엔 대부분의 인간관계가 그렇기 때문에 크게 신경 쓸 필요가 없다. 이처럼 느슨한 만남에서는 무조건 자기 능력을 자랑해야 한다. 엄청나게 많은 사람을 알고 있다고, 이런저런 직책을 맡았다고, 대규모 프로젝트에 참가했다고 침을 튀기며 자랑을 늘어놓아야 한다. 나중에 허풍으로 밝혀지더라도 이 역시 또 하나의 능력이니 염려할 것 없다. 설득력 있게 거짓말을 잘하는 것도 능력이니까 말이다. 죄책감 따윈 느낄 필요가 없다. 그러니 자신의 행동에도 절대 책임을 지지 않는다. 일이 잘못되면 항상 남 탓이다. 심

---

12. 파울 페르하에허 지음, 장혜경 옮김(2015). 『우리는 어떻게 괴물이 되어가는가?』. 반비, 189 ~190쪽.

지어 남 탓이라고 다른 사람들이 믿게 만들 수도 있어야 한다. 일이 뜻대로 풀리지 않을 땐 효과가 입증된 도구적 폭력을 사용한다. 여기서 도구적이라는 합리적이라는 말과 같은 뜻이다. 감성 같은 통속적인 것에 흔들리지 말고 폭력 사용을 정당화한다. 감정 따위 느끼지 않는다. 하지만 감정이 있는 것처럼 꾸미는 것도 성공의 고정 레퍼토리이다. 나아가 유연하고 충동적이어야 하며 항상 새로운 자극과 도전을 쫓아야 한다. 모험에도 과감하게 뛰어들어야 한다. 물론 그 모험이 깨뜨린 도자기의 파편은 남들이 치우게 한다."

이 멋들어진 목록이 어디서 나왔는지 알고 싶은가? 출처는 바로 '사이코패스 핸드북'이다.

우리는 이런 유형의 사람들을 어렵지 않게 만난다. 타자를 이용하여 자신의 이익을 취하려는 사람은 도덕적으로 비난받을 만하나, 현실에서는 이러한 사람들이 성공한 인물로 추앙받는다. 놀랍게도 성공한 CEO의 적지 않은 수가 '사이코패스'로 진단된다고 한다. 즉, 신자유주의가 탄생시킨 인격은 사이코패스나 소시오패스인 것이다. 그런데 이는 소수 몇 명의 문제가 아니다. 즉, 신자유주의는 인간의 유(類)적 본질 중 하나인 공동체적 연대성을 파괴한다. 자본주의 경쟁 시스템은 언제든지 누구라도 경쟁의 낙오자가 될 것이라는 공포와 불안을 형성하게 한다. 그 공포와 불안을 해소하기 위해 우리 아이들은 또래의 친구들에게 마치 포식자처럼 행동한다. 그런데 이것은 교육현장에서만 나타나는 것은 아니다. 신자유주의 노동유연화도 인간성을 파괴한다.

예를 들어 리처드 세넷은 두 세대의 노동자들의 의식변화의 과정을 추적하였다. 아버지 세대의 노동자들과 달리 아들 세대의 노동자들이 노동유연화 공세로 자신의 정체성을 잃어버리게 되었다는 것, 심지어 일회용 휴지처럼 취급될까봐 두려워하는 처지가 되었다는 것이다. 그에 따르면 신자유주의 노동 유연화로 노동자들은 '신뢰 대신에 방어적 반응들이 지배하고, 죄책감이나 수치심을 느끼지 않는 심리적 상태에 내몰린다는 것'이다.[13]

그럼에도 불구하고 신자유주의는 모든 인간의 인간성을 파괴하지 못했다. 그 이유는 인간은 유類적인 존재이며, 그만큼 강력한 군집적 행동양식과 공동체성이 진화의 과정에서 인간 안에 내재되어 있기 때문이다.

2) 사회성과 인간 진화

인간은 다른 동물들처럼 강한 이빨, 억센 발톱, 질긴 피부를 가지고 태어나지 않는다. 인간은 다른 포유류와는 달리 아주 오랜 세월 동안 부모 혹은 누군가의 보살핌을 받아야 성체가 될 수 있다. 말과 인간을 비교해 보라. 망아지는 태어난 지 얼마 안 되서 걷지만, 아기는 태어난 지 1년이 지나야 겨우 걸음마를 시작한다. 또 인간은 17~18세의 사춘기 후기에 이르러야 성체가 된다. 인간은 그 긴 시간을 통해서 사회화되며, 다른 개체들과의 협력을 통해서만 성장하고 발달할 수 있다. 즉 협력이 발달과 성장을 이끄는 인간은 그 자체로 매우 사회적인 존재이다.

로빈 던바 등이 주장한 사회적 뇌 이론에 따르면 사회성은 인간의 진화와 지능 발달에서 매우 중요한 역할을 했다. 이를 요약하면 다음과 같다. 잘 알려진 것처럼 각 개체 간 차이에 따라 자연선택이 발생하는데, 이때 진화가 일어난다. 이런 차이가 적응도(후손의 수)와 관련이 있기 때문이다. 그래서 더 큰 뇌를 가진 개인이 사회적으로 더 성공해서 더 많은 자녀와 후손을 남기며, 세대를 거듭할수록 그들의 뇌 크기가 점진적으로 커진다는 가설을 세울 수 있다는 것이다. 그런데 집단생활은 개체에게 상당한 스트레스를 동반한다. 이런 스트레스는 집단의 크기가 커지면 부득이 함께 증

---

13. 리처드 세넷 지음, 조용 옮김(2002). 『신자유주의와 인간성의 파괴』. 문예출판사, 204~205쪽.

가한다. 개별 사건은 별것 아닐지라도 이것이 매일 모이고 쌓이면 스트레스를 유발한다. 코르티솔cortisol과 같은 스트레스 호르몬은 정신은 물론 육체에도 매우 부정적인 영향을 미친다. 흥미로운 것은 이런 스트레스를 이겨 내게 하는 것이 또 사회성이다. 한편, 개코원숭이 연구에 따르면 친구가 더 많은 암컷의 새끼들이 비사교적인 암컷에 비해 새끼들에 비해 더 많이 살아남게 된다고 한다. 친구는 집단생활에서는 몰려오는 스트레스를 완충해 주는 역할을 하기 때문이다. 또한 사회생활을 영위하기 위해서는 엄청난 지력이 소비된다. 뇌 조직은 매우 비경제적(근육조직보다 그램당 20배를 더 소비한다)이다. 만일 더 큰 뇌로의 진화하려면 그것을 선호하는 강한 선택 압력이 작용해야만 한다. 즉, 강력한 포식자가 존재하는 위험한 곳에서 대량 서식하기를 원했던 유인원들은 사회적 대응 전략을 개발하도록 압력을 받으며 진화한 것이다.[14] 그것은 높은 수준의 협력과 사회성이다. 바로 이 협력을 통해 인간은 자신들보다 몇십 배나 큰 매머드(맘모스) 같은 동물을 사냥할 수 있었고, 만물의 영장이라는 지위를 얻을 수 있었다.

인간이 사회적인 존재로 진화해 온 과정에는 공감능력이 중요한 역할을 했다. 스티븐 핑거에 따르면 마음 읽기는 두 능력으로 구성된다. 하나는 생각을 읽는 능력(자폐증은 이 능력이 손상된 경우)이고, 다른 하나는 감정을 읽는 능력(사이코패스는 이 능력이 손상된 경우)이라고 한다. 그런데 대부분의 사람들은 타인의 고통을 목격하기만 해도 괴로움distress를 느낀다. 우리가 싸울 때 가급적 상대를 다치지 않게 하려는 것, 스탠리 밀그램의 그 유명한 실험[15]에서 피험자들이 자신이 가하는 충격으로 인해 타인이 받을 고통을 걱정했던 것, 나치 예비군이 처음으로 유대인을 근접 총살하면서 역겨움을 느꼈던 것은 모두 이 반응 때문이라고 설명한다. 핑거는 감정 이입을 많이 하는 사람일수록 죄책감을 많이 느끼고 상대방이 감정 이입이 되

---

14. 로빈 던바·클라이브 갬블·존 가울렛 지음, 이달리 옮김(2016). 『사회성, 두뇌 진화의 비밀을 푸는 열쇠』. 처음북스, 62~63쪽, 86~87쪽.

는 대상일수록, 죄책감을 많이 느낀다고 주장한다. 예를 들면 사람들에게 죄책감을 느꼈던 사건을 떠올리라고 주문하면, 93퍼센트는 가족, 친구, 연인과 관련된 사건을 떠올린다고 한다. 그냥 아는 사람이나 낯선 사람과의 사건을 떠올린 사람은 7퍼센트뿐이었다. 왜인가? 공감과 죄책감은 공동체 관계의 범위 내에서 작동하기 때문이다. 단순한 교환 관계라면 그런 감정을 덜 느낀다는 것이다. 대표적인 교환관계는 고객과 서비스 제공자가 맺는 관계인데, 여기서는 진심 어린 공감이 아니라 공정성이 더 중요한 규범이 된다고 한다. 공동체적 관계가 아닌 교환관계에서는 명시적으로 벌금, 환불금, 배상금을 논하여 피해를 바로잡는 협상을 벌일 수 있다. 만일 그게 불가능하면 우리는 그들과 거리를 두거나 그들을 비난함으로써 마음의 괴로움을 덜려고 한다는 것이다.[16]

공감능력은 인간의 도덕성 형성에서도 매우 중요한 역할을 한다. 메리 고든은 유치원 교사로 오랜 교직생활에 근거한 연구를 통해 공감능력과 인격 형성이 깊은 관계가 있음을 설득력 있게 제시했다. 그녀는 공감 능력이 발달한 아이는 타인에게 인간애를 느끼며, 공감능력이 없으면 갈등을 해결하지도, 이타심을 발휘하지도, 평화를 추구하지도 못한다고 주장한다. 그녀는 '공감의 뿌리'라는 프로그램, 즉 어린 유아를 대동한 교육을 통해서 공격적이었던 아이들이 바뀌는 과정을 세세하게 묘사하면서, 사랑이 뇌

---

15. 1961년 예일 대학교의 심리학과 조교수 스탠리 밀그램(Stanley Milgram)이 실시한, 권위에 대한 복종에 관한 실험이다. 밀그램은 권위에 대한 복종을 연구하던 중, 사람들이 파괴적인 권위에 굴복하는 이유가 성격보다 상황에 있다고 믿고, 굉장히 설득력 있는 상황이 생기면 아무리 이성적인 사람이라도 윤리적, 도덕적인 규칙을 무시하고 명령에 따라 잔혹한 행위를 저지를 수 있다고 주장했다. 밀그램은 '징벌에 의한 학습 효과'를 측정하는 실험에 참여할 사람들을 모집하고 피실험자들을 선생과 학생으로 나누었다. 그리고 선생 역할과 학생 역할의 피실험자를 각각 1명씩 그룹을 지어 실험을 실시했다. 학생 역할의 피실험자를 의자에 묶고 양쪽에 전기 충격 장치를 연결했다. 그리고 선생이 학생에게 문제를 내고 학생이 틀리면 선생이 학생에게 전기 충격을 가할 수 있도록 했다. 그러나 사실 학생 역할의 피실험자는 배우였으며, 전기 충격 장치도 가짜였다(위키백과사전).

16. 스티븐 핑거 지음, 김명남 옮김(2016). 『우리 본성의 선한 천사』. 사이언스북스, 975~976쪽, 986~987쪽.

를 키운다고 단언한다. 그녀는 다른 사람의 의도를 읽어 내는 능력은 중요한데, 행동장애를 보이는 학생은 대개 충동적이고 다른 사람의 기분을 파악하지 못한다고 한다. 상대방의 기분을 정확히 파악하고 그 사람의 사회적 행동을 이해하는 능력은 갓난아이 때부터 배우기 시작하고, 성장 환경에서 주어지는 긍정적 경험에 의해 강화된다고 한다. 그런데 자녀를 학대하는 엄마들을 관찰하면 대개 공감 능력이 부족해서 남의 감정을 이해하지도 못하고 적절히 반응하지도 못하며, 상대방의 표정에 드러난 감정을 정확히 읽어 낼 줄도 모른다고 한다. 그들은 대체로 두려움과 분노를 혼동한다고 한다. 메리 고든은 '공감의 뿌리'라는 프로그램을 통해 청소년들이 아이들에게 아기의 신호를 읽는 법을 가르치고, 이를 통해 공감능력을 향상시킬 수 있다 주장했다.[17]

3) 사회적 고통은 실재한다

인간은 사회적 동물이며, 인간의 뇌 또한 사회적으로 진화했다. 인간의 뇌가 사회적이라는 매우 강력한 증거는 사회적 고통의 존재이다. 왜 인류는 동서고금을 막론하고 심리적인 고통을 육체적인 고통으로 은유하는가?

조지 레이코프 등에 따르면 은유의 본질은 한 종류의 사물을 다른 종류의 사물의 관점에서in terms of 이해하고 경험하는 것이다. 개념이 은유적으로 구조화되고, 행위가 은유적으로 구조화되며, 따라서 언어가 은유적으로 구조화된다. 은유는 단순한 언어의 문제가 아니다.[18]

여기서 하나의 가설이 성립할 수 있다. 심리적 고통을 육체적인 고통으로 은유하는 것은 단지 은유가 아니라 실제로 심리적인 고통이 존재하는 것은 아닐까? 연인관계가 깨지면서 남겨지는 이는 "가슴이 찢어질 것 같

---

17. 메리 고든 지음, 문희경 옮김(2010). 『공감의 뿌리: Roots of Empathy』. 샨티, 96~97쪽.
18. 조지 레이코프·마크 존슨 지음, 노양진·나익주 옮김(2006). 『삶으로서의 은유』. 박이정, 24~25쪽.

다"고 고통을 토로한다. 또 자식을 잃은 슬픔을 "가슴에 대못이 박힌다"고 표현한다. 왜 우리는 심적 고통을 육체적 고통으로 표현할까? 혹시 육체적 고통을 느끼듯이 심적인 고통이 실재하고, 그것을 뇌가 느끼는 것은 아닐까?

우리는 사랑하는 누군가로부터 분리되면 심적인 고통을 느끼며, 애착관계에 있으면 안정을 느끼고 분리되면 불안을 느낀다. 이는 포유류 동물 대부분, 특히 영장류에서 두드러지게 나타난다. 그 유명한 해리 할로우의 원숭이 실험이 이를 증명했다.

1950년대 미국의 심리학자 해리 할로우는 갓 태어난 원숭이들을 출생 몇 시간 만에 어미와 분리시켰고, 인형들이 있는 방에 놓아 두었다. 당시 할로우는 두 종류의 인형을 배치했는데 하나는 철사로 만든 인형에 우유병을 매달아 놨고, 다른 하나는 나무로 제작하고 천을 씌웠다. 그러나 우유병은 없었다. 할로우 팀의 가설은 원숭이 새끼들은 아무런 영양분을 주지 않는 천 인형보다는 우유병이 있는 철사로 된 인형에 매달릴 것이라는 것이었다. 그런데 결과는 반대였다. 원숭이들은 천으로 된 인형에 매달렸다. 연구팀은 천보다 철사인형이 차가워서가 아닐까 싶어 철사 인형 내부에 전구를 장착해서 열을 냈으나, 아주 어린 새끼를 제외하곤 계속해서 천으로 만든 인형에 매달렸다고 한다. 후속된 연구에서 고아로 자란 새끼들은 필요한 모든 영양을 제공했음에도 정서장애가 생겼으며, 원숭이 사회에 적응하지 못하고, 높은 수준의 공격성과 불안에 시달렸고, 소통에 어려움을 겪었다고 한다.[19] 즉, 인간을 포함한 포유류, 영장류에게 애착은 발달에 매우 중요하며, 애착관계가 해체될 경우 고통을 느낀다. 뇌 과학자들은 이를 다른 방식으로 증명해 냈다.

매튜 D. 리버먼에 의하면 뇌에서는 오피오이드opioid라는 수용체가 나오

19. 유발 하라리 지음, 조현욱 옮김(2015). 『사피엔스』. 김영사, 487~489쪽.

는데 이는 뇌에서 자연적으로 생산되는 진통제로 모르핀처럼 고통의 느낌을 감소시키는 작용을 한다고 한다. 여러 종류의 포유동물들을 대상으로 한 실험에서 어미와 새끼를 강제로 분리시키면 양쪽 모두 극심한 고통을 느끼며 우는데, 이때 적당량의 모르핀을 주입하면 분리고통의 울음소리가 감소된다는 사실이 증명되었다. 또 어미가 새끼와 다시 만나면 양쪽 모두에게 오피오이드 수준이 증가한다는 사실이 관찰되었다. 이를 근거로 그는 신체적 고통을 경감시키는 작용을 하는 신경화학물질은 사회적 분리의 고통을 경감시키는 데도 중요한 역할을 한다는 것을 알 수 있다고 주장한다. 또한 모든 아편제가 그렇듯 모르핀도 강한 중독성을 지니고 있는데 동물의 사회적 애착과정도 모르핀의 작용과 유사하게 작동한다고 한다. 즉, 사회적 분리는 약물의 금단 현상과 비슷한 고통을 야기하는 반면, 사회적 재결합은 진통제와 비슷한 작용을 하며 새끼와 보호자가 보이는 상호 헌신의 행동은 중독 과정과 유사한 특징들을 지닌다는 것이다.[20]

이는 단지 포유류 새끼와 어미와의 관계에만 성립하지 않을 것이다. 우리는 사랑하는 연인이나 우정 어린 친구관계, 친밀한 가족관계 등을 통해 행복감을 느낀다. 사랑하는 사람과 이별을 하거나, 가족이나 친구가 죽는다면 우리는 극심한 심리적 고통을 겪는다. 이처럼 분리와 고립은 고통을 유발하나 결합과 애착은 행복감을 가져다준다. 그 결과 우리는 마치 중독 현상처럼 강력하게 사회적 결합을 갈망하는 것이다.

앞서 필자는 심리적 고통과 육체적 고통의 유사성에 대해 질문한 바 있다. 당신은 발을 문지방에 부딪쳐 본 적이 있는가? 아마 눈물이 찔끔 날 정도로 고통을 느꼈을 것이다. 그런데 문지방에 부딪친 그 부위에는 통점만 있을 뿐 고통을 느끼는 곳은 바로 뇌이다. 즉 우리가 다쳤을 때, 고통을 느끼는 것은 뇌이기 때문에 의사들은 약물 등으로 뇌에 영향을 미쳐서 환자

20. 매튜 D. 리버먼 지음, 최호영 옮김(2013). 『사회적 뇌: 인류 성공의 비밀』. 시공사, 78~79쪽.

의 고통을 느끼지 못하게 하거나 덜 느끼게 할 수 있는 것이다. 그렇다면 뇌에서 육체적 고통을 느끼는 부위가 있을 것이고, 심리적 고통을 느낄 때 그것을 느끼는 부위가 있지 않을까? 또 심리적 고통이 실재한다면 육체적 고통을 느끼는 부위가 같지 않을까? 현대의 과학기술은 이러한 가설을 실험을 통해 입증해 내고 있다.

특히 최근에는 기능성자기공명영상장치fMRI라는 기계가 등장하면서 육체적 고통을 느끼는 부위와 심리적 고통을 느끼는 부위와 같음이 증명되었다. 즉, 사회적 거부를 당한 사람들의 뇌 영상과 신체적 고통을 당한 사람들의 뇌 영상을 비교 분석한 결과 둘 다 모두 뇌의 '배측 전대상 피질'의 활동이 더 활발한 것으로 발견된 것이다.[21] 이처럼 심리적 고통은 실재하며, 인간은 누군가로부터 분리되거나 배제될 경우 심각한 고통을 느낀다. 즉 인간은 사회적 존재이며, 우리의 뇌 또한 사회적인 뇌로 진화해 온 것이다.

4) 인간은 공동체적 존재로 진화했다

최근 조너선 하이트는 '인간이 왜 경쟁보다는 협동하는 존재로, 사회적인 존재로 진화해 왔는가'라는 질문에 대해서 기존의 도킨스류의 집단선택 이론만으로 이른바 '무임승차'의 문제가 해결되지 않는다며 '다차원적 선택 이론'을 제시했다.

그에 의하면 인류의 진화 과정에서는 다음과 같은 특징이 발견된다. 첫째, 중대과도기를 통해 초개체가 만들어지는데, 이러한 초개체는 노동분업, 협동, 이타주의 등의 새로운 특성을 가진다. 둘째, 공통된 의도를 통해 도덕 매트릭스가 생겨나는데, 인간은 다른 사람의 머릿속 생각을 읽는 고유한 능력을 가지고 협동하고, 분업하고 공통의 규범을 만들어 낼 수 있게 되었다. 셋째, 유전자와 문화는 공진화하는데, 새로운 관습과 규범, 제도들

---

21. 매튜 D. 리버먼, 앞의 책, 90~91쪽.

이 형성되는 것에 따라 우리가 일련의 부족적인 공동체적 본능을 가지게 되었다. 넷째, 진화는 빠른 속도로 이루어질 수 있는데, 인류의 진화는 5만 년 전에 멈춘 것이 아니라 최근 1만 2,000년 사이에 빠르게 이루어졌으며, 이러한 인간의 진화는 환경적 변화만이 아니라 문화적 변화와 밀접히 연관되어 진행된다고 주장했다.[22]

하이트의 주장은 매우 의미심장하다. 인간이 계속 진화하는 존재임에 틀림없고, 그 진화에는 환경적 변화만이 아니라 문화적 변화가 작동한다고 하면, 그리고 유전자와 문화가 같이 진화한다고 한다면, 우리가 어떤 관습과 규범, 제도 그리고 문화를 만들 수 있는가에 따라 인간의 본성 또한 변화될 가능성이 있을 것이다.

이를 뒷받침하는 것이 데이비드 슬론 윌슨의 연구이다. 진화생물학자이자 인류학자인 그는 이타성이 진화되는 조건과 원리에 대한 이해를 바탕으로 자신이 사는 미국 뉴욕주 빙엄턴 지역사회에서 이웃 간의 삶의 협력 방안을 모색하는 사회 실험 프로젝트를 수행했다. 이 프로젝트는 지역사회의 교육, 문화, 휴식 공간에 대한 시민적 참여를 기반으로 하여 도시를 재설계하는 것으로 지역사회를 유기체로 간주하고 보건, 사회복지, 환경, 범죄, 학교 문제를 통합적으로 재구성하고자 했다. 윌슨은 '소규모의 인간집단은 적어도 적절한 조건 아래서는 자발적으로 유기체처럼 기능하지만, 더 큰 집단들이 유기체처럼 기능할 수 있으려면 추가적인 문화적 진화가 필요하다'고 강조한다.[23] 즉 인간이 사는 도시와 마을 그리고 인간 또한 진화할 수 있다는 것이다.

다시 강조하지만, 인간은 매우 사회적인 동물이다. 인간은 매우 협력적인 존재로 진화해 왔다. 이 장점이 가장 잘 발휘되는 영역 중 하나가 바로 양육이다. 앞서 언급했듯이 인간은 다른 포유류에 비해 유년기, 청소년기

22. 조너선 하이트 지음, 왕수민 옮김(2014). 『바른마음』. 웅진지식하우스, 392~394쪽.
23. 데이비드 슬론 윌슨 지음, 황연아 옮김(2017). 『네이버후드 프로젝트』. 사이언스북스, 587쪽.

가 매우 길다. 때문에 인간에게 양육은 매우 집단적인 노동과 협력의 산물이다. 즉 인간의 성장과 발달 자체는 상호이타성과 관계성에 기초하기 때문에 경쟁교육으로는 인간의 전인적 발달을 성취하기가 매우 어렵다. 마을교육공동체가 단순히 마을의 자원을 학교로 연계하거나, 학교라는 공간을 지역사회에 개방 공유하는 수준을 넘어서는 개념이 되는 것은 바로 공동체, 즉 인간의 유적 본질인 사회성과 공동체성을 회복하는 것에 있기 때문이다.

5. 공동체와 협력이 발달을 이끈다

1) 일상적 개념과 과학적 개념의 결합의 중요성

교육심리학 분야에서 피아제와 쌍벽을 이루는 혹은 피아제의 한계를 뛰어넘은 것으로 평가되는 학자가 비고츠키다. 그는 인간의 고등정신 발달의 원천이 인간 내면이 아니라 사회에 있다고 보았으며, 인간의 발달에서 사회적 관계와 상호작용을 매우 중시했다.

비고츠키의 주장은 '내 밖에 나를 만든 수많은 내가 있다'는 표현으로 함축할 수 있다. 그는 '인간의 본질은 사회적 관계의 총체'라는 개념을 잘 설명한 학자로 평가된다.[24]

그렇다면 '나를 만드는 내 밖의 나'라는 의미는 무엇일까? 그것은 한 사람의 발달은 수많은 사람들과의 관계 맺음 속에, 그리고 어떤 사회 역사 문화적 조건에 있는가에 따라서 달라질 수 있음을 의미한다. 다시 말해 어떤 가정환경, 어떤 학교환경, 어떤 사회환경인가에 따라 개인의 발달은 지연될 수도, 손상될 수도, 또는 현격히 진전할 수 있다.

---

24. 비고츠키교육학실천연구모임(2015). 『관계의 교육학, 비고츠키』. 살림터, 35~36쪽.

또한 협력을 통해 혼자서는 못하지만 누군가의 도움을 얻어 도달할 수 있는 근접발달영역Zone of proximal Development의 창출이 일어날 수도 있다. 발달은 누군가, 즉 교사, 부모, 학생(동료)와의 협력적 관계 맺음의 산물인 것이다.

비고츠키의 주장을 다시 해석하면, 그러한 협력적 관계 맺음은 단지 학교 안에서만 일어나지 않는다. 고등정신의 발달, 즉 개념적 사고의 능력은 단지 학교 안의 교육만으로 이루어지지 않는다는 것이다. 이를 비고츠키는 일상적 개념과 과학적 개념의 결합으로 표현했다.

잘 알려진 것처럼 비고츠키는 자연발생적인 일상적 개념과 비자연발생적인 과학적 개념을 구분했다. 왜냐하면 과학적인 개념을 획득하는 경로는 일상적 개념과는 다르기 때문이다. 비고츠키의 표현을 빌리면 과학적인 개념인 '아르키메데스의 법칙'을 배우는 것과 일상적인 개념인 '형제'라는 개념을 배우는 경로는 다르기 때문이다. 비고츠키는 "사물의 외양과 그 본질이 일치한다면 모든 과학은 쓸모가 없을 것이다"라는 마르크스의 언급을 인용하면서, 자연발생적인 일상적 개념은 비체계적이고, 반면 과학적 개념은 체계를 전제로 한다고 지적했다. 그리고 과학적 개념의 획득은 본질적으로 학습과 발달의 문제임을 지적했다. 즉 교수-학습은 발달을 뒤따르는 것이 아니라 오히려 발달을 선도한다는 것이다.[25]

나아가 그는 일상적 개념과 과학적 개념이 서로 지속적으로 영향을 미치면서 상호작용을 한다는 것을 강조했다. 이는 다음과 같이 재해석 될 수 있다.

첫째, 변증법의 법칙 중 하나인 양질전화量質轉化의 법칙이 의식의 발달, 즉 과학적 개념형성에도 적용될 수 있다. 비고츠키가 '과학적 개념발달은 자연발생적 개념이 일정 수준에 도달했을 때 가능하다'고 강조한 것이 그

25. 비고츠키 지음, 배희철·김용호 옮김(2011). 『생각과 말』. 살림터, 430, 441, 445쪽.

것이다. 둘째, 과학적 개념은 단지 외부에서 이식될 수 없으며, '교수-학습'이라는 협력적 관계, 즉 사회적 실천의 산물로 파악될 수 있다. 그리하여 과학적 개념은 일상적 개념을 통해 추상에서 구체로 하향 성장하며, 일상적 개념은 과학적 개념에 의해 구체에서 추상으로 상향 성장을 의미한다.[26]

그렇다면 비고츠키의 논의가 함의하는 바는 무엇일까? 그것은 고등정신기능이 발달함에서 첫째, 경험에 기초한 일상적 개념만으로 불충분하며 '교수-학습'을 통해 과학적 개념을 획득해야 한다는 것이며, 둘째, 자연발생적인 일상적 개념이 어느 정도에 도달하지 않고는 과학적 개념의 획득은 불가능하며, 과학적 개념은 일상적 개념을 통해 비로소 의미를 갖는다는 것이다.

진정한 배움이라는 것은 단지 일상의 경험의 영역만도 아니다. 또한 교과 중심 교육, 진도 빼기 수업, 심지어 반복적 입시 문제풀이로는 진정한 고등정신의 발달에 도달할 수 없다.

다시 말해 자연발생적이고 일상적인 경험의 영역을 도외시하고 이루어지는 교육은 한계를 갖는다는 것이다. 죽은 지식을 전달하는 것은 아무리 그 앞에 과학이라는 포장을 씌운다고 할지라도 그것은 과학적 개념의 획득과는 거리가 멀 수밖에 없다. 반대로 '교수-학습'의 중요성, 개념의 획득, 개념적 사고, 학문적 체계의 중요성을 간과한 채 이루어지는 경향, 예를 들어 체험활동만을 강조한다거나 경험만능주의에 빠져서는 과학적 개념 획득에 실패할 수밖에 없다. 이런 편향 역시 진정한 발달, 고등정신 함양을 이룰 수 없다.

다시 강조하지만, 일상의 시공간의 마을과 교수-학습이 이루어지는 학교가 조우해야 한다. 마치 일상적 개념과 과학적 개념이 만나듯, 일상의 시공간인 마을과 과학적 개념을 획득할 수 있는 학교가 만날 때 우리는 인간

---

26. 비고츠키교육학실천연구모임(2013). 『생각과 말 쉽게 읽기』. 살림터, 276~285쪽.

의 고등정신발달, 전인적 발달이라는 교육 본래의 목표에 가까워질 수 있는 것이다.

2) 학교와 마을의 결합을 통한 전인적 발달의 도모

'Community'는 지역사회로 혹은 공동체로 번역할 수 있다. 북유럽에서는 코뮌을 부락이나 마을 단위, 지역정부를 지칭할 때 사용하기도 한다. 이러한 커뮤니티, 즉 마을은 공동체성을 함양하는 데 매우 중요한 시공간이 된다. 그리고 마을과 학교의 협력적인 관계 맺음은 전인교육과 매우 밀접한 연관성을 갖는다. 특히 미래 사회가 요구하는 핵심역량인 인성, 시민성, 창의력, 비판적 사고력, 협력적 문제해결 능력, 의사소통능력 등을 기르려면 일상의 시공간인 마을, 즉 공동체가 중요한 역할을 할 수 있다.

창의력이 대표적인 예이다. 적지 않은 사람들이 창의력은 개인의 특별한 능력인 것처럼 간주하는데 이는 사실이 아니다. 미하이 칙센트미하이가 강조했듯이 창의력은 개인적인 산물이 아니다. 어떤 사람이 창의적이 될 것인지를 결정하는 요인은 개인의 '창의적'인 성향만으로는 부족하다. 창의성은 영역, 현장, 그리고 개인과의 상호관계로 이루어지기 때문이다.[27] 즉 그가 어떤 사회 역사 문화적 조건에 놓여 있는가를 간과하고 창의성을 논할 수 없다. 만일 우리가 창의적인 인재를 양성하고자 한다면 그것이 가능한 사회적·문화적 조건을 형성해야 할 것인데, 그러한 사회적·문화적 조건을 형성하는 것은 그리 거창한 것이 아니다. 바로 일상의 시공간인 지역사회에서부터 시작할 수 있다. 마을교육공동체 조성이 바로 그것이다.

한편, 우리는 학생들의 배움이 단지 학교에서만 일어나지 않는다는 점에 주목해야 한다. 존 듀이는 '가르치고 배우는 것을 지나치게 제도화된 것, 학교에서 책으로 배우는 것으로 생각해서는 안 되며, 학교의 교육은 어려

---

27. 미하이 칙센트미하이 지음, 노혜숙 옮김(2003). 『창의성의 즐거움』. 북로드, 33쪽.

가지 방법 중의 하나'라고 했다.[28] 즉, 우리는 사회 전체가 교육적 기능을 수행하고 있음을 인정해야 한다.

실제로 우리 아이들은 가정에서 부모, 형제로부터 그리고 마을에서 만나는 수많은 사람들로부터 영향을 주고받으면서 생활하고, 성장하고, 배워나간다. 아주 특별한 경우를 제외하고, 대부분의 사람들은 이른바 생활권 안의 시·공간의 영향, 그 시공간 안의 사회적 관계로부터 크게 영향을 받는다.

입시경쟁 교육은 이러한 상호 간에 긍정적인 영향을 주고받는 관계를 파괴시켰다. 특히 대도시에서의 학생들의 일상은 지극히 무미건조하며 단조롭다. 집-학교-학원-으로 이어지는 반복적인 사이클 안에서는 '삶을 통한 배움'은 일어나기 어려우며, 타인과 소통하고 협력하고 공감하는 일상의 경험들을 갖기가 어렵다.

공감능력의 문제는 사실 한국만의 문제는 아니다. 자본주의의 기술 발전이 인간의 능력을 발전시키지 않고 오히려 퇴행시키고 있는 것 중 하나가 공감능력이다. 콜빈 제프에 따르면 1979년에서 2009년 사이에 미국 대학생을 대상으로 진행한 연구 결과 2000년 이후 대학생들의 공감능력이 급격히 감소했다고 한다. 여러 연구는 텔레비전과 휴대폰, 온라인 소셜 네트워트 사용 시간의 증가도 공감능력의 쇠퇴에 일조한다고 지적되었다.[29]

왜 단지 마을교육이 아니고, 마을교육공동체인가? 그것은 공동체성을 복원하는 것을 통해 인간의 유적 본질인 협력의 본성을 되살리기 위함이다. 또한 경쟁이 아닌 협력을 통한 발달을 꾀할 수 있는 사회·역사·문화적인 환경을 조성하고자 하기 위함이다. 다시 말해 마을이라는 공동체의 교육적 기능을 회복하는 것이며, 마을을 통해 사회성을 기르며, 공동체의 구성원으로 성장하는 것이다. 이런 측면에서 마을을 통한, 마을에 관한 마

---

28. 존 듀이 지음, 이홍우 옮김(2013). 『민주주의와 교육』. 교육과학사, 43쪽.
29. 콜빈 제프 지음, 신동숙 옮김(2016). 『인간은 과소평가되었다』. 한스미디어, 131~132쪽.

을을 위한 교육에서 마을은 행정적인 단위로서 지역사회가 아니라 공동체 community로서의 마을을 의미한다. 때문에 공동체성을 상실한 마을교육, 마을학교, 마을교육과정, 마을-학교연계 사업은 학교가 마을을 활용, 동원하는 것으로 그칠 수밖에 없다.

물론 신자유주의가 파괴한 인간성을 회복하려면 입시경쟁 교육을 근본적으로 해소하기 위한 국가수준의 교육개혁이 필수적이다. 최근 수능시험 절대평가와 대학서열체제 해소 등이 제기되는 이유가 여기에 있다. 동시에 지역적 수준에서도 실천이 필요하다. 이제는 경쟁교육이 아닌 협력교육을 실천해야 한다. 그것은 마을과 학교의 협력적 관계 맺음을 통해, 마을교육공동체를 조성하는 것에서 출발할 수 있다. 이를 통해 일상의 시·공간인 마을에서 배움이 일어나게 함으로써 전인적인 발달과 민주시민으로서의 성장을 도모할 수 있다. 창의적인 미래 인재 양성, 민주시민의 육성은 우리가 살아가는 바로 이곳, 즉 학교를 품은 마을에서부터 시작되어야 한다. 조너선 하이트가 말했듯이 유전자와 문화는 공진화한다. 협력적이고 연대적인 사회는 협력적이고 연대적인 인간을 만들 수 있는 사회 역사 문화적 조건을 만드는 것을 통해 가능할 것이고 지속적으로 발전할 수 있다. 그리고 그것은 공동체를 통해 가능하다.

제2부

혁신교육지구와 마을교육공동체

1장

혁신교육지구와 마을교육공동체에 대한
이해를 위하여

1. 혁신교육지구와 마을교육공동체가 늘어나고 있다

1990년대 중반 입시경쟁 교육으로 왜곡된 초중등교육의 한계를 극복하고자 비제도적 영역에서 대안학교가 등장하고 이후 꾸준히 확산되었다. 2010년 민주진보 교육감의 등장 이후 대안학교의 실험의 성과들은 혁신학교를 통해 꽃을 피우기 시작한다. 혁신학교가 단위학교 수준에서 공교육의 혁신을 꾀하는 것이라면, 2014년부터는 기초지방자치단체 단위의 공교육 혁신을 목표로 한 혁신교육지구사업이 본격화되었다. 특히 이른바 민주진보 교육감들이 대거 등장하면서(17개 광역시도 중 13개 지역에서 당선) 이미 2011년부터 경기에서 시작한 혁신교육지구사업이 2013년 서울(구로, 금천)로 확산되기 시작했고, 최근에는 전국적으로 확산되고 있다. 2019년 현재 226개 지방자치단체 중 145개에서 '혁신교육지구'가 운영되고 있다.

혁신교육지구사업은 교육청과 지방정부(자치단체)의 협력을 기초로 하며, 지역사회의 주민들이 교육의 주체로 참여하는 민·관·학 협력사업으로 이를 통해 마을교육공동체의 조성을 통해 공교육을 혁신하는 사업이다.

혁신교육지구와 마을교육공동체 관련 연구는 경기, 서울, 강원 등의 교육청 산하 연구기관과 서울시 산하 연구기관 등에서 진행되었다. 이들 연구와 필자의 현장 실천 경험에 근거하여 혁신교육지구와 마을교육공동체의 주요 개념과 쟁점, 과제를 정리해 보고자 한다.

2. 혁신교육지구와 마을교육공동체의 개념 형성을 위해

1) 혁신교육지구란?

먼저, 혁신교육지구란 무엇일까? 경기도와 서울에서는 이에 대해 아래와 같이 언급했다.

[표 3] 혁신교육지구에 대한 개념 정의

경기	혁신교육지구는 경기도교육청과 경기도 내 기초지자체가 협약을 통해 경기혁신교육 정책을 추진함으로써 모두에게 신뢰받는 공교육 혁신을 이룰 수 있도록 교육감과 지자체장이 상호 협력하여 지정한 시 군 또는 시군의 일부 지역을 의미한다. 출처: 2011년 혁신교육지구 관리 및 운영계획
서울	모두에게 신뢰받는 공교육 혁신을 이루기 위해 교육청, 서울시, 자치구, 지역 주민이 참여하고, 지역사회와 학교가 협력하여 새로운 교육모델을 실현하도록 서울시와 교육청이 지정하여 지원하는 자치구 출처: 2017년 서울형혁신교육지구 지정운영계획

서울형혁신교육지구의 개념을 본격적으로 제시한 사례로는 2013년의 『서울교육 발전을 위한 학교혁신 방안 연구』를 들 수 있다. 여기서는 혁신교육지구를 다음과 같이 규정했다.

> "마을이 학교다"라는 기치하에 지방자치단체, 교육청, 지역사회, 단위학교의 협력과 연계를 강화하고, 지역사회의 다양한 인적 물적 자원을 조직하고, 단위학교가 학교혁신에 전념할 수 있는 기반을 조성하는 지역교육공동체.[1]

이는 기본적으로 교육에 대해 학교만 책무성을 갖는 게 아니라 학교-가정-지역사회가 함께 책임져야 할 문제로 설정하는 것이며, 교육청만이 아니라 자치구청 등 지방자치단체가 책무성을 가져야 함을 강조하는 것이다.

한편 서울시교육청은 혁신교육지구 운영의 목적으로 첫째, 교육청, 서울시, 자치구, 지역 주민, 학교의 유기적 협력체제 구축으로 교육공공성을 전면화하고 교육격차 해소를 위한 교육생태계를 조성하는 것. 둘째, 지역의 인적·물적 자원의 체계적 조직을 통한 효율적인 학교교육 지원 및 지역과 함께하는 학교문화를 조성하는 것. 셋째, 지역 여건을 반영한 혁신 교육지구를 지정하여 보편적 교육복지 추진 및 교육 인프라 체계화로 학교교육 정상화와 교육의 질적 제고를 꾀하는 것. 넷째, 서울형혁신교육지구 운영 모델 정립을 통한 서울교육 혁신 방향 제시 등을 제출했다.[2]

잘 알려진 것처럼 서울형혁신교육지구는 서울특별시라는 광역시와 서울시교육청의 공동선언에 기초한다. 즉, 2014년 10월 서울시와 서울시교육청이 '글로벌 교육도시 선언'을 했는데, 여기에는 2013년 구로, 금천이 선도적으로 진행한 혁신교육지구사업을 서울 전역으로 확대하는 계획이 담겨 있었다. 이후 혁신교육지구사업은 더욱 확대되어 2016년 20개, 2017년 22개로 늘어났다. 2019년 현재 서울의 총 25개 자치구 중 25개 자치구 모두가 참여하고 있다. 이는 서울시가 혁신교육도시로 전환하고 있음을 보여 주는 것이다.

앞서 살펴본 것처럼 혁신교육지구는 공교육의 혁신을 이루기 위해 교육청과 자치단체가 협력하여 지정하는 자치구를 의미한다. 이 말은 교육청과 자치단체의 협력이 없는 경우에는 혁신교육지구로 지정될 수 없다는 말이다. 즉, 교육청이 의지가 있어도 자치구의 이해나 의지가 없으면 혁신교육지구 운영이 불가능하다. 이것이 함의하는 바는 무엇일까?

혁신교육을 위해서는 자치단체장의 의지가 중요하다는 것이다. 물론 더욱 중요한 것은 그 자치단체장을 선출하는 주민들의 교육혁신에 대한 관심과 의지이다. 만일 주민들이 교육혁신에 대한 관심이 적을 경우에는 언제

---

1. 서울특별시의회 연구용역 최종보고서(2013). 『서울교육 발전을 위한 학교혁신 방안 연구: 혁신학교 운영성과를 중심으로』, 261쪽.
2. 서울특별시 교육연구정보원(2015). 『2015 서울형혁신교육지구사업의 현황 분석 및 발전 방안 연구』, 9쪽.

든지 학력지상주의를 표방하거나 경쟁교육체제를 유지 온존하려 하고, 심지어 교육에 대해 무관심한 자치단체장이 등장할 수 있다.

또한 우리가 간과하지 말아야 할 것은 혁신교육지구의 목적이 공교육의 혁신이라는 점이다. 이는 현재의 공교육이 그만큼 난제에 봉착해 있다는 것이고, 이 문제를 해결하기 위해서는 학교나 교육청의 노력만으로 한계가 있음을 보여 준다. 그런데 현재의 공교육이 가진 문제가 갑자기 발생한 것이 아니라는 점을 상기한다면, 공교육의 혁신 또한 상당한 시간을 요구하는 것임을 알 수 있다. 또 그 가운데는 지방정부 수준에서 해결할 수 없는 사회구조적인 요인들과 착종된 것들이 많다. 이런 점에서 공교육의 혁신을 목표로 하는 혁신교육지구사업은 몇 년 하다가 접을 수 있는 그런 사업이 아니다.

나아가 공교육혁신을 관(官)이 하는 것은 거의 불가능하다. 세계사적으로 보더라도 모든 제도교육의 혁신 과정은 제도 내의 관료들에 의해 추동되기보다는 비제도적 영역의 요구와 투쟁의 산물이었다. 예를 들어 중세에는 교육이 종교기관에서 운영되다가 부르주아 혁명 이후 시민사회와 국가의 영역으로 전환되는 과정이 그러했고, 자본주의 발달과정에서 기존의 상류층 자제들을 위한 인문교육이 국민국가 구성원 모두를 위한 보통교육으로 전환하는 과정이 그러했으며, 서구에서 1968년 혁명을 통해 대학의 서열화가 해소되고 고등교육에 대한 접근성이 확장되는 과정이 그러했다. 공교육 혁신의 진정한 동력은 관이 아니라 선출직을 뽑는 진정한 주권자인 시민들에게 있다. 다시 말해 공교육의 혁신은 시민들의 요구와 행동의 수준에 비례해서만 이루어질 것이다.

그렇다면 혁신교육지구사업을 통해 목적하는 공교육 혁신의 구체적인 내용은 무엇일까? 그것은 바로 지역사회와 시민의 참여로 교육의 공공성을 확장하는 것이며, 동시에 다음 인용문처럼 마을의 교육적 기능을 회복하는 마을교육공동체의 조성이라 할 수 있다.

서울형혁신교육지구 정책은 학교 안에 머물러 있던 교육의 공공성을 학교 밖 마을로까지 확대하여 '교육의 공공성을 전면화'하는 정책이다. 이는 잃어버린 마을의 교육적 기능을 회복하여 아이들의 삶을 총체적으로 돌보는 교육복지 시스템을 만드는 일이다. 마을의 교육기능을 회복하는 것은 '마을의 공동체성'을 살리는 길이기도 하다.[3]

간혹 혁신교육지구와 마을교육공동체가 어떻게 다르냐는 질문을 받는다. 그러면 나는 혁신교육지구사업은 수단이고 마을교육공동체 조성이 목적이 될 수 있다고 답하곤 한다. 혁신교육지구사업은 전술이고 마을교육공동체는 전략이 될 수 있다고 답하기도 한다.

이 말은 혁신교육지구사업 자체를 목적으로 삼을 수 없음을 전제로 한다. 사실 혁신교육지구사업을 자치구나 교육청의 수백 가지 업무 중 하나로 설정하는 순간 이는 언제든지 박제화될 위험에 놓인다. 형식상 혁신교육지구사업은 '예산을 편성하고 돈을 나눠 주고 나중에 정산을 받는' 다른 사업들, 예를 들어 지방자치단체가 민간에게 지원하는 민간경상보조금사업이나 학교에 지원하는 교육경비보조금사업과 크게 다르지 않기 때문이다.

혁신교육지구사업은 교육의 책무성을 학교에서 지역으로 확장하는 것이다. 교육은 교육청과 학교의 권한이었다는 기존의 상식을 뒤엎는 것이다. 곰곰이 생각해 보면 교육의 책무성이 학교의 몫으로만 제한된 것은 그리 오래된 것이 아니다. 교육을 상품으로 설정하고, 교사와 학교를 공급자로 학생과 학부모를 수요자로 호명한 신자유주의는 교육의 책무성을 학교로 제한시켜 버렸다. 그리하여 책무성은 Responsibility가 아니라 Accountability로 왜곡된다. 즉 내가 교육비를 지불했으니 그에 대해서 책임을 묻겠다는 지극히 시장주의적인 발상으로 갇히게 되었다. 그 결과 학

---

3. 성열관·이윤미·백병부·홍기복·최민선·김남희·전아름(2016). 『서울형혁신교육지구 중장기 발전방안 연구』. 서울특별시교육연구정보원, 1~2쪽.

교는 지역사회로부터 고립된 섬이 되어 버렸고, 교육의 공공성 또한 섬처럼 제한되고 말았다.

그런데 혁신교육지구사업은 교육의 책무성을 확장한다. 지방정부를 끌어들이고, 시민들의 참여를 늘려 나간다. 그 결과 공공성은 학교 울타리를 넘어 지역사회로 시민사회로 확장된다. 교육정책의 의사결정이 관료의 탁상에서 벗어나 기관 간의 협의 테이블로, 시민이 참여하는 협치의 테이블로 옮겨 가기 시작한다. 이렇게 교육의 공공성이 확장되는 것이다.

또한 혁신교육지구는 마을의 교육적 기능에 주목한다. 마을의 공동체성을 복원하는 것을 목적으로 한다. 앞서 강조했듯이, 인간의 유(類)적 본질인 협력의 본능은 50년 정도의 신자유주의 공세로, 불과 수백 년 된 자본주의 시스템으로 사라질 수 없다. 다시 강조하지만 혁신교육지구사업은 마을교육공동체 조성을 위한 것이며, 이는 마을의 교육적 기능을 살리고, 교육을 매개로 마을의 다양한 구성원 간의 협력을 이끌어 내는 것, 이를 통해 공동체성을 복원하고 확장하는 것이다.

때문에 혁신교육지구사업을 관청 간의 업무협력이나, 좀 더 많은 예산을 기존의 교육 관련 기관이나, 법인들 혹은 학교에 지원하는 것으로 이해한다면 그것은 다른 관치사업들과 다르지 않을 것이다. 즉 마을교육공동체의 조성을 목적으로 하지 않고, 그것이 가능하도록 설계되고 운영되지 않는다면 그 혁신교육지구사업은 실패할 수밖에 없을 것이다.

2) 마을교육공동체란?

마을교육공동체. 산술적으로 보면 이는 마을+교육+공동체의 조합이다. 이를 풀어내면 '일상의 삶의 이루어지는 시간과 공간인 마을에서, 교육을 함께 고민하고 실천하는 공동체 혹은 공동체적 관계와 활동'을 의미할 것이다.

마을교육공동체에 대한 개념은 주체에 따라 약간씩 강조점이 다르기도

하다. 마을에서 주민들이 아이들을 돌보는 주민자치모임이나 공동육아활동으로 인식하는 경우도 있고, 마을 주민들에 의한 돌봄과 방과후활동이 이루어지는 공간, 혹은 대안적인 교육활동과 그것이 이루어지는 공간으로 인지하는 경우도 있다. 대표적인 예로 서울 마포구 소재 성미산학교의 '마을학교' 만들기 프로젝트[4]를 들 수 있다. 이 경우 마을교육공동체는 자조적인 공동체의 성격을 강하게 갖는 것으로 보인다.

그런가 하면 마을교육공동체를 지역사회가 학교교육을 지원하는 시스템으로 파악하는 경우도 있다.

"마을이 학교다"라는 기치하에 지방자치단체, 교육청, 지역사회, 단위학교의 협력과 연계를 강화하고, 지역사회의 다양한 인적 물적 자원을 조직하고, 단위학교가 학교혁신에 전념할 수 있는 기반을 조성하는 지역교육공동체를 의미한다.[5]

학교를 중심에 두고 마을의 자원을 연계하는 관점은 서울형혁신교육지구사업의 '마을결합형학교'나 '마을-학교 연계 사업'이 대표적이다. 이는 경기도의 경우도 비슷한데, 2015년 11월 제정된 '경기 마을교육공동체 활성화 지원에 관한 조례' 제2조 4항에는 마을교육공동체를 '학생, 교직원, 학부모, 마을 주민 등이 함께 학생의 교육활동 지원을 위해 자발적으로 참여하는 공동체'로 규정하고 있다.

때론 연구자가 어떤 이론적 자원을 활용하는가에 따라 마을교육공동체의 개념에 약간의 차이점이 존재한다. 예를 들어 2015년 경기도교육연구원에서는 마을교육공동체에 대한 연구가 진행되었는데, 논자에 따라 약간씩

4. 박복선(2014). 「성미산학교의 '마을학교' 만들기 프로젝트」, 『마을로 간 인문학』. 당대, 200~228쪽.
5. 이윤미·백병부·성열관·송순재·이형빈·정광필(2013). 『서울교육 발전을 위한 학교혁신 방안 연구』. 서울특별시의회, 261쪽.

그 정의에 차이가 있다. 다음의 두 문장을 비교해도 분명히 드러난다.

교육에 대한 공통의 신념과 가치를 실현시키기 위하여 '우리'라는 정서적 친밀감과 연대를 통해 서로 협동하고 상호작용하여 지속가능성을 유지해 가는 유기적 집단.[6]

마을교육공동체는 학교와 지역사회의 구성원들이 공동의 정체성을 가지고 주인이 되어 능동적으로 만들어 가는 교육공동체이다.[7]

이후 연구에서도 그 개념은 비슷한 것 같으면서도 미묘한 입장 차이가 있다. 흥미로운 것은 초기 학교의 필요에 의해 혹은 학교를 중심에 놓고 마을과의 연계를 중심에 놓는 입장에서 학교와 마을의 상호작용과 상호 협력을 강조하거나 마을과 학교의 구분을 없애고 하나의 공동체로 보는 경향으로 점차 바뀌어 나가고 있다는 점이다.

마을교육공동체의 기본은 학교와 지역사회가 만나는 것이다 아이들이 학교에서의 배움을 마을에서 실천하고 마을에서의 경험을 교실 속 토론의 장으로 옮겨오기 위해서는 학교의 안과 밖에서 지역사회의 교육적 협력과 참여가 중요하다.[8]

마을교육공동체의 개념에 대해 논의할 때 '마을+학교'가 주된 개념

6. 서용선·김용련·임경수·홍섭근·최갑규·최탁(2015). 『마을교육공동체의 개념정립과 정책방향 수립연구』. 경기도교육연구원, 31쪽.
7. 이승준·박철희·김지영·정형철·천무영(2015). 『마을교육공동체 연수체계 개발연구』. 경기도교육연구원, 16쪽.
8. 박상현·김용련·조예진·양영식(2016). 『혁신교육지구 및 마을결합형학교의 종합발전 방안』. 서울특별시교육연구정보원, 23쪽.

틀이 될 수밖에 없겠지만 '마을+교육'의 차원에서 학교가 아닌 곳에서 벌어지는 교육 관련 사례도 마을교육공동체에 포함시켜 개념 정의가 필요할 것이라고 본다. 이런 의미에서 마을교육공동체의 개념을 재정리한다면 마을교육공동체란 '배움이 벌어지는 일정 범위의 공동체'라고 정의할 수 있을 것이다.[9]

또한 이러한 학교와 마을의 상호작용과 협력이 교육과정의 변화로 이어져야 함을 강조하는 주장도 제기되기 시작했으며, 학교와 마을의 구분을 넘어서 하나의 공동체라는 비전을 공유하고 실천하는 것에 방점을 찍는 연구도 이루어졌다.

혁신교육지구사업은 '마을교육생태계 조성을 통한 공교육 혁신'이고, 전략 목표는 '마을과 함께하는 학교교육과정 운영'이다. (그동안) 마을과 학교의 변화상으로 '삶이 있는 학교, 배움이 있는 마을'이 제시되었지만 이는 여전히 마을과 학교를 분절적으로 바라보는 관점이 있다는 비판이 제기되었다. 이러한 분절적 개념을 넘어서 마을의 교육적 역량 증진과 인프라 구축을 통한 균형 있는 학교-마을교육공동체 구성을 위한 비전을 제시해야 한다는 논의가 있었으며 '참여와 협력으로 아동청소년이 행복한 마을공동체'라는 비전을 합의하게 되었다.[10]

한편, 마을교육공동체를 교육 거버넌스로 이해하는 경우도 있다.

마을교육공동체를 협력적 교육 거버넌스로 바라보아야 하는 이유

---

9. 이기원·나정대·손상달·권순혜·국영주·조경자·김익록·이상녀·이호준(2016). 『강원도형 마을교육공동체 운영실태 및 활성화방안연구』. 강원도교육연구원, 2쪽.
10. 김세희·김옥성·안승문·박경현·이준범·김태정·박동국·강민정(2016). 『2017 서울형혁신교육지구 주요 운영방침 연구』. 서울특별시교육연구정보원, 11쪽, 57쪽.

는 지방교육 체제에서 마을에서 이루어지는 교육과 관련하여 참여하는 주체가 다양하고 이들 간에 협력관계가 형성되기 때문이다. 즉 마을교육공동체는 교육청, 지자체, 학교, 교사 및 학생, 학부모, 지역사회 주민, 지역사회단체 구성원이 자율적으로 참여하고 호혜적이며 상호 의존성을 기반으로 협력하는 체제이기 때문이다.[11]

마을교육공동체를 교육 거버넌스로 이해하는 경우는 기본적으로 학교를 교사와 관리자의 것으로 제한하는 것이 아니라, 학생, 학부모는 물론이고 지역사회 구성원 모두의 것으로 이해하는 것을 전제로 한다. 즉 학교는 지역사회의 일부로 기능해야 하며, 이를 위해서는 지역사회의 구성원들이 학교를 통제할 수 있어야 한다는 것을 전제한다고 할 수 있다.

마을교육공동체는 생성적이고 형성적인 것이기에 그것이 무엇인가에 대해 아직까지 합의된 것은 없다고 해도 과언은 아닐 것이다. 그럼에도 불구하고 공히 강조하는 것은 학교와 마을의 협력적인 관계이며, 주민의 참여이다. 즉 마을교육공동체는 다양한 주체들의 참여와 협력으로 만들어지는 것이다. 그리고 이는 혁신교육지구사업에서도 마찬가지다. 이제 이를 보다 구체적으로 살펴보고자 한다.

3. 혁신교육지구와 마을교육공동체의 주체, 범위, 운영원리

1) 주체

혁신교육지구사업과 마을교육공동체의 주체는 누구일까? 관일까? 민일까? 혁신교육지구사업의 경우 여전히 이 문제는 논란 중이다. 물론 명시적

---

11. 조윤정·이병곤·김경미·목정연(2016). 『마을교육공동체 실천사례 연구: 시흥과 의정부를 중심으로』. 경기도교육연구원, 31~32쪽.

으로는 이 사업의 주체는 어느 일방이 될 수 없다. 서울의 경우에도 혁신교육지구사업은 단지 자치구가 아니라 교육청 그리고 지역사회, 특히 학부모 등을 참여의 주체로 설정하고 있다.

　학부모와 지역사회가 학교교육에 함께 참여하여 교육복지, 방과후 활동, 청소년 문화 활동, 청소년 상담 지원 등 지역 인프라를 체계적이고 효율적으로 조직하고 학교와 연계하며 지자체 지역사회의 적극적인 지원하는 것을 목적으로 한다.[12]

때문에 관의 관료들만이 아니라 지역사회의 참여를 강조한다.

　각 지구별로 교육지원청, 기초지자체, 시민사회단체, 학부모 대표, 초·중·고 교직원 대표 등으로 이루어진 '지역혁신교육협의체를 구성'하여 운영하여야 한다.[13]

즉, 적어도 명시적으로 혁신교육지구사업은 관청이 아니라, 민·관·학, 즉 지역의 교육 주체를 모두 포함하고 있다.

　그러나 현실은 어떠한가? 이 사업을 실제로 수행해 본 필자의 경험, 그리고 이 사업에 참여하는 주민들과의 다양한 네트워크를 통한 확인하는 바에 의하면, 명시적으로는 주체는 민·관·학 모두이지만, 실제는 그렇지 않다는 것이 중론이다.

　특히, 예산 편성과 집행의 권한을 가지고 있는 공무원들은 때론 명시적으로 때론 묵시적으로 이 사업의 주체는 민이 아니라 관료, 즉 자신들이라

---

12. 이윤미·백병부·성열관·송순재·이형빈·정광필(2013). 『서울교육 발전을 위한 학교혁신 방안 연구』. 서울특별시의회, 261쪽.
13. 백병부·김현우·원덕재·채현우(2014). 『경기도혁신교육지구 평가연구』. 경기도교육연구원, 14쪽.

고 전제로 하는 경우가 없지 않다. 게다가 교사들의 상당수는 여전히 교육은 학교 고유의 영역으로 인식하기에 마을 주민이 참여하는 것 자체를 매우 불편해하기도 한다.

그 결과 문서상에서는 민·관·학이 주체라고 되어 있으나, 실상 학생과 학부모, 주민들은 주체로 대접받지 못하는 경우가 허다하다. 심지어 앞서 언급한 혁신교육지구에 대한 개념, 즉 '서울시와 교육청이 지정하여 지원하는 자치구'라는 문구를 빌미로 하여, 혁신교육지구사업의 주체는 자치구이며, 담당 공무원이 주도해야 한다고 주장하는 사람들도 있었고, 실제로 예산집행 권한을 가진 공무원이 일방적으로 사업을 주도하여 민과의 갈등을 만들어 온 사례가 적지 않다. 그리고 이는 앞으로도 반복될 가능성이 매우 높다.

그렇다면 마을교육공동체의 주체는 누구일까? 이는 마을교육공동체를 어떻게 이해하는가에 따라 다를 수 있다. 만일 마을교육공동체를 학교를 중심에 놓고 마을의 자원을 단지 연계 활용하는 경우라면 학교가 주체가 되고 마을은 대상이 될 것이다. 다행히도 마을을 대상화하고 학교만을 주체로 설정하는 경우는 명시적으로는 없다. 대부분의 논의에서는 다음 인용문처럼 마을교육공동체의 주체는 혁신교육지구가 그러하듯이 민·관·학 모두가 거명된다.

> 마을교육공동체의 운영이 학교와 지역사회의 연계와 협력하에 이루어진다는 점을 고려할 때 마을교육공동체의 실천 주체를 학교 안의 교사, 학부모, 학생 그리고 학교 밖의 지역 주민(활동가 포함), 행정가 등으로 설정해야 한다.[14]

---

14. 이승준·박철희·김지영·정형철·천무영(2015). 『마을교육공동체 연수체계 개발연구』. 경기도교육연구원, 20쪽.

마을교육공동체는 혁신교육지구사업과 달리 민을 더욱 강조할 필요가 있다. 왜냐하면 기존에 교육청과 학교가 독점하던 권한과 책임을 지방정부와 나누고, 시민의 참여를 통해 교육의 공공성을 확장한다고 했을 때, 마을교육공동체는 더 이상 관이 주도하는 것을 의미하지 않는다. 즉, 아래 인용문에서처럼 마을(주민)이 중심이 되어야 한다.

> 마을교육공동체는 공공의 자원 중심이 아닌 마을의 자원 중심으로 전개되어야 한다. 이를 위해서는 마을 주민 주도의 사업 전개가 필수적이다.[15]

혁신교육지구사업은 어떤 수준에서든 '지구'라는 이름에서 보듯이 관이 상당한 책무성을 가진다. 그러나 마을교육공동체는 마을이 더 큰 책무성을 가진다. 즉 주체가 관이 아니라 마을이다. 그런데 중요한 것은 마을은 단일하지 않다는 점이다. 마을교육공동체라고 했을 때 그 주체는 단수가 아니라 복수이며, 매우 다양한 주체들이 존재할 수 있음을 전제로 해야 한다.

마을에는 다양한 사람들이 있다. 그곳에는 전통적인 교사, 즉 공무원 신분을 가진 학교교사도 있으며, 그보다 월등히 많은 수의 학부모도 있다. 다양한 교육 콘텐츠를 지닌 마을교육활동가도 있고, 예술가도 있다. 학생들의 배움을 도울 수 있는 대학생 등 청년도 있으며, 아이들의 진로탐색에 도움을 줄 수 있는 사업가와 다양한 직종의 노동자도 있다. 또 수많은 종류의 자영업자, 상인들도 있을 것이다. 만일 이들이 교육을 중심으로 협력적 관계망 안으로 들어온다면 이들 모두가 마을교육공동체의 주체로 호명될 수 있는 것이다.

만일 인구수가 많고, 노년층보다 청장년층이 많은 도시라면 학부모가

---

15. 이기원·나정대·손상달·권순혜·국영주·조경자·김익록·이상녀·이호준(2016). 『강원도형 마을교육공동체 운영실태 및 활성화 방안 연구』. 강원도교육연구원. 113쪽.

마을교육공동체의 주체로 참여할 수 있는 가능성이 높다. 그러나 학부모라고 해서 모두 마을교육공동체의 주체가 될 수는 없다. 오로지 내 아이의 상급학교 진학, 일류대학 진학에만 관심이 있는 학부모의 경우 오히려 마을교육공동체의 걸림돌이 될 수도 있다. 교사와 학교를 공급자로 설정하고 스스로를 수요자로 호명하는 학부모도 마찬가지다. 내 아이만 중요하고 다른 아이들의 삶에는 전혀 관심이 없는 학부모의 입장에서는 혁신교육, 혁신학교, 마을교육공동체 등은 불필요한 것일 수 있다. 왜냐하면 자녀들이 자신의 소유물과 다를 바 없으며, 자신의 욕망을 실현하는 도구인 경우에는 혁신교육이나 마을교육공동체 등은 상급학교 진학에 전혀 도움이 되지 않는 장애물처럼 여겨질 수도 있기 때문이다.

학교의 창의체험활동이나 방과후활동, 진로체험 활동 등에 참여하는 등 다양한 활동을 전개하고 있는 이른바 마을교육활동가 혹은 마을교사로 불리는 사람들의 경우에도 그들 모두가 마을교육공동체의 실질적인 주체가 되지 않을 수도 있다. 왜 마을교육공동체가 요구되는지, 마을교육공동체를 통해서 무엇을 도모할 것인가에 대해서 충분한 공감대를 가지지 못한 채 참여하는 경우 오히려 역효과를 낳을 수 있기 때문이다. 처음에는 약간의 수고비를 받는 정도였는데 나중에는 그것 자체가 목적이 될 수도 있으며,[16] 그런 활동 자체를 자신을 과시하는 수단으로 이용하는 경우도 발생할 수 있다. 사실 마을교육활동가는 직업적인 활동을 하는 방과후강사와는 다르다. 만일 마을교육활동가가 되려는 동기가 돈을 버는 것에 있다면 더 많은 수업을 나가 더 많은 수입을 얻으려는 욕망의 덫에 빠질 수밖에 없다. 또 마을교육활동으로 방과후강사와 같은 수입을 기대하기도 어렵다. 이런 점

---

16. 마을교육공동체 운영에서 마을교육활동가나 학부모활동가들을 위한 활동비의 설정은 매우 어려운 과제이다. 사실 국민들의 삶의 수준이 평균적으로 안정화되지 않은 한국 사회에서, 즉 복지 제도가 매우 취약한 상태에서는 오로지 자원봉사만으로 마을교육에 참여할 수 있는 계층은 매우 적다. 또 삶의 여유가 있는 계층이 마을교육에 참여한다고 해도 정기적으로 일정한 노동을 수행한다면 그들에게 무보수 자원봉사를 강요하는 것도 옳지 않다.

에서 마을교육활동가는 교육활동에 대한 참여를 통해 자아실현을 하고, 선의를 가지고 아동청소년의 발달을 돕겠다는 그런 동기를 가진 사람들로 구성하는 것이 가장 바람직하다. 만일 그런 사람들이 없다면 그런 사람들을 찾아내고 양성을 해야 할 것이다.

마을교육공동체의 주체를 논하면서 빠뜨릴 수 없는 것이 교사이나 또한 주체가 되기가 어려운 것도 교사이다. 서울과 경기 등의 대도시의 경우 교사들은 사실 그 지역사회에 정주하는 주민이 아닌 경우가 있기 때문이다. 즉 교사가 그 지역사회 그 마을에 살지 않는 것이다. 물론 모든 교사가 지역사회 주민이어야 할 필요는 없을 것이다. 그러나 가능한 한 전체 학교 교사의 일정 숫자 이상은 지역 주민으로 살아가야 학교와 마을이 장기적이고 안정적으로 관계 맺음을 갖는 것이 용이할 것이다. 이런 점에서 중소 도시나, 농산어촌에 거주하는 교사의 역할은 매우 커질 수 있다. 이들 지역에서는 인구밀도 자체가 높지 않고, 학부모들의 숫자도 도시에 비해 적고, 부부가 모두 일을 하는 경우가 많기에 실상 교사가 유기적 지식인으로 지역사회 안에서 중요한 역할을 할 수밖에 없기 때문이다. 그런데 교사가 그런 역할을 하려면 과도한 행정업무로부터 자유로워져야 하며, 대학서열과 입시경쟁구조가 해소되어야 하며 그를 통해 교사의 자율권이 확보되어야 한다. 동시에 교사가 이데올로기적 국가장치의 말단 부속품으로 기능하길 거부하고, 유기적 지식인으로 자기정체성을 설정할 수 있어야 한다. 그런데 오랫동안 교사들은 학생들을 통제하는 관리자, 지식 전달자, 교육 서비스의 공급자로 강요받아 왔고 그러한 역할을 내면화한 교사들의 경우 마을교육공동체의 주체로 참여하는 것은 그리 쉬운 일이 아니다. 이런 점에서 제도개혁과 의식개혁이 같이 진행되어야만 한다.

한편, 마을교육공동체 주체와 논의에서 목적의식적으로 강조할 것은 청소년이다. 마을교육공동체는 마을을 위한 교육이기도 하다. 이는 아동청소년들이 지역사회의 주민으로 살아갈 수 있도록, 지역사회의 주체로 성장할 수 있도록 지원하는 것을 의미한다. 만일 마을교육공동체에서조차 아동청소년을 훈육과 통제의 대상이나 성인에 의해 일방적으로 교육받아야 할 대상으로만 설정한다면 그것은 마을교육공동체가 될 수 없다. 마을교육공동체는 아동청소년의 전인적 발달을 위한 것이다. 주어진 문제의 주어진 정답을 주어진 시간 안에 찾는 낡은 교육이 아니라, 아동청소년이 배움의 주체, 삶의 주체로 자라는 교육활동, 지역사회 참여활동을 보장하기 위한 협력적 관계망과 지원체계를 만들어야 한다. 학생회활동, 동아리활동, 청소년 참여자치위원회, 청소년 의회와 같이 청소년들이 '교복 입은 시민'으로 학교와 지역사회에 참여하고, 주권자로 성장할 수 있도록 도와야 한다. 교육정책의 입안 과정에 청소년들이 참여할 수 있어야 하며, 청소년들이 지역사회에 대해 발언하고 실천할 수 있도록 해야 한다. 다시, 강조하지만 청소년을 대상화하는 한 그것은 마을교육공동체가 될 수 없다.

그런데 주체의 문제는 사실 마을의 범위와 맞물려 있다. 즉 마을을 어떻게 규정하고 구획하는가에 따라 주체 또한 변화할 수 있기 때문이다. 이를 다음 절에서 살펴보자.

2) 마을의 범위

마을은 행정단위와 일치하지 않을 수 있다. 마을은 일상의 시공간이다. 여기서 우리는 마을의 범위를 어떻게 설정해야 하는가라는 문제에 부딪친다. 만일 마을을 행정단위로 규정한다면 우리는 여러 가지 어려움에 봉착할 것이다. 실제로 필자는 "인구가 수십만 명을 훌쩍 넘어 50만 명을 넘는 곳도 있는데 과연 이런 대도시를 마을로 명명할 수 있는가?"라는 문제제기를 종종 받아 왔다. 그러나 대한민국이 모두 대도시로만 구성된 것은 아니며, 도농복합도시, 농어촌도 존재한다.

물론 대도시화, 즉 도시의 확장으로 직주職住(직장과 주거지) 분리 현상이 심화되면서, 집은 그저 잠만 자는 공간에 불과하다고 말할 사람도 적지 않을 것이다. 그러나 적어도 아동청소년들은 집과 학교를 중심으로 동선이 형성되고, 대부분의 일상은 그 동선 안에서 이루어진다. 학교를 오가는 길, 학원을 오가는 길에서 우리 아이들은 옆집 아줌마, 아저씨를 만나고, 슈퍼마켓 주인을 만나고, 아파트 경비원을 만나며, 친구들과 맛있게 먹는 분식을 파는 가게 점원과도 만난다. 이 크고 작은 만남 속에서 우리 아이들은 일정한 공동체적 규범을 획득하고, 상호 영향을 주고받으면서 성장해 나가게 된다.

이는 아동청소년만 그런 것이 아니다. 사실 대도시라고 하지만, 우리들이 일상적으로 만나는 사람들의 숫자는 그리 많지 않다. 특히 그가 누구인지 단번에 떠올릴 수 있으며, 친근감을 갖는 사회적 관계를 맺을 수 있는 사람의 숫자는 아주 특이한 직업군의 특별한 능력을 가진 소수의 사람들을 제외하고는 제한적이다.

그 이유는 이른바 '수용 한계 능력' 때문이다. 인지 심리학에 따르면 우리 인간은 한꺼번에 수용할 수 있는 정보량이 제한되어 있다. 이와 관련하여 인류학자들은 인간이 사회적인 관계를 가질 수 있는 최대한의 개인적 숫자를 약 150명으로 추측한다. 만일 이 이상의 숫자의 집단을 유지하려면 복잡한 위계질서와, 강력한 규칙과 규율이 부과되어야 한다. 인류학자들은 150명 이하의 경우 이러한 것에 의존하지 않는 관계 맺음이 가능하다고 본다. 즉 공동체가 유지되는 기본적인 숫자는 150명을 넘기 어렵다는 것이다.[17]

나는 여기서 착안하여 마을과 마을공동체를 직선적인 거리 개념(예: 걸어서 15분 이내)으로 구획하려 든다거나, 마을교육공동체는 대도시에서는 불가능하며 중소도시나 시골마을에서나 가능한 개념이라는 비관적인 주장을 대신하여, 마을을 우리가 일상생활에서 만나고 상호 영향을 주

---

17. 말콤 글래드웰 지음, 임옥희 옮김(2004). 『티핑 포인트』. 21세기북스, 175~180쪽.

고받는 150명 이하의 사회적 관계망이 이루어지는 시공간으로 설정하고자 한다.

즉, 인류학자들이 주장하듯 위계질서와 강제적인 규칙이 없어도 무언가를 도모하고 함께할 수 있는 공동체가 유지될 수 있는 150명 이내의 인간관계가 형성될 수 있는 시공간을 마을, 즉 커뮤니티Community로 설정하고자 한다. 이에 입각하여, 우리의 일상을 되돌아보자. 이제 그동안 사라진 것처럼 여겨진 마을, 마을과 공동체가 눈에 들어오지 않는가?

내가 정작 말하고 싶은 것은 150명이라는 숫자 자체가 아니다. 중요한 것은 위계적이고 강제적이지 않은 사회적 관계들이다. 그런 점에서 수십만 명이 넘는 지방자치단체 즉 시·군·구 단위로 운영되는 혁신교육지구 자체를 마을교육공동체로 명명하는 것은 온당치 않아 보인다.

이제 혁신교육지구사업의 민·관·학 거버넌스는 더욱 작은 단위에서 만들어질 필요가 있다. 실제로 혁신교육지구사업이 상대적으로 잘되는 지역은 동 단위 혹은 그보다 더 작은 지역단위로 다양한 공동체들이 형성되어 있었거나, 그러한 공동체를 조성하는 방향으로 진화하고 있다. 즉, 위계적이지 않고, 강제적이지 않은 적정 규모의 사회적 관계가 형성될 수 있는 교육적인 공동체Community가 많이 만들어질 수 있도록 지원하는 것이다.

즉, 도시에서 마을교육공동체를 조성하고자 한다면, 그 공간 구획을 좀 더 작게 설정할 필요가 있다. 인구 수만 명의 도시와 수십만의 도시가 같은 방식으로 혁신교육지구사업과 마을교육공동체 조성을 할 수 없다. 또 혁신교육지구사업은 시·군·구와 같은 행정단위로 운영한다고 할지라도 마을교육공동체조성사업의 경우 좀 더 미시적인 단위로 내려갈 필요가 있다. 가장 적당한 것은 동 단위 크기 이하로 설정하는 것이 보다 적당해 보인다. 즉, 초등학교 2개 중학교 1개 정도를 포괄하는 규모가 일상적인 교류와 협력이 이루어지는 데 용이하기 때문이다. 물론 더 작은 것이 좋겠지만 예산이 집행되고 운영되는 측면에서 현재의 동 단위는 매우 유효해 보인다.

동 단위 수준에서 그 동에 존재하는 학교들과 동 주민자치위원회(혹은 주민자치회)가 협력한다면 새로운 방식의 마을교육공동체가 활성화될 수 있을 것이다. 왜냐하면 마을교육공동체는 일상을 공유하는 시간과 공간의 산물이기 때문이다.

3) 운영원리

이번에는 혁신교육지구와 마을교육공동체의 운영원리에 대해 살펴보자. 서울, 경기 등 혁신교육지구사업을 하는 자치구들은 공히 지역사회의 모든 교육 주체들이 참여하여 협의를 하는 것을 원칙으로 제출하고 있다. 그런데 이는 기존처럼 단지 주민들의 의견을 일부 수렴하는 것이 아니다. 교육이라는 보편적 권리를 실현하기 위해 관청만이 아니라 주민들이 사업의 기획, 집행, 평가 과정에 참여하는 것이다.

지역사회의 모든 교육 주체들이 민주적 참여와 연대(네트워크)를 통하여 학교공동체, 배움공동체, 교육자치 공동체를 이끌어 나가야 한다. (또한) 참여적인 의사결정체계를 구축 운영하여 한다. 그 안에는 교육청, 교육지원청, 지자체, 학부모, 학생, 시민단체 등을 포함한다.[18]

운영원리에도 지역마다, 논자마다 약간의 차이가 있다. 기존처럼 관청이 중심이 되나, 지역사회와 함께 계획하고 실행하는 것을 운영 방식으로 이해하는 경우도 있다.

교육청과 지자체가 중심이 되고 학교와 마을의 교육 관계자들이 협력적 관계를 통해 마을 특성에 맞는 마을교육 시스템을 만들어 가는

---

18. 서용선·김용련·임경수·홍섭근·최갑규·최탁(2015). 『마을교육공동체의 개념정립과 정책방향 수립연구』. 경기도교육연구원, 49~50쪽.

과정이다. 이는 단지 교육청이나 지자체가 학교나 마을 청소년을 대상으로 교육 프로그램들을 일방적으로 제공하는 것이 아니라, 마을 내 교육 관계자들이 함께 계획하고 실천하는 과정을 통해 마을교육을 새롭게 창조하는 것이기 때문에 교육을 중심으로 지역의 공동체성이 회복되는 과정이기도 하다.[19]

한편, 민주주의의 발전과 확대한 관점에서 민으로의 권한이양 혹은 민의 역량 강화를 강조하면 임파워먼트Empowerment를 주요한 운영원리로 제시하기도 한다.

임파워먼트 관점에 의한 사업이 운영되어야 한다. 첫째, 자신감은 지역 주민이 기획, 예산, 운영 등 지역사회 교육활동에 대한 토론에 자신 있게 참여할 수 있는 유능감을 말한다. 둘째, 참여를 희망하는 지역 주민이면 누구나 참여할 수 있는 권리가 보장되어야 한다. 셋째, 지역사회 교육활동에 참여하는 사람들이 서로의 장점이나 강점을 활용할 수 있도록 조직화되어야 한다. 넷째, 지역사회 교육활동에서는 협력과 임파워먼트가 깊은 연관을 지닌다. 다섯째, 임파워먼트가 잘 갖추어져 있는 지역사회는 가치지향적 참여를 통해 많은 것을 얻을 수 있으며, 이것이 그 지역사회의 힘으로 남는다. 임파워먼트란 그 과정에서 전문성이 성장하고, 성공을 체험하고, 그래서 새로운 정체성을 재탄생시키는 과정을 의미한다.[20]

교육자치와 지방분권에 입각하여 운영원리를 제시하는 경우도 있는데,

19. 주정흔·강민정·김세희·김보영·최정윤(2017). 『학교와 자치구가 협력하는 마을방과후학교 운영방안 연구』. 서울특별시교육연구정보원, 10쪽.
20. 성열관·이윤미·백병부·홍기복·최민선·김남희·전아름(2016). 『서울형혁신교육지구 중장기 발전방안 연구』. 서울특별시교육연구정보원, 139~141쪽.

이때 핵심은 교육정책의 결정권한이 관료의 손에서 주민들로 넘어가는 '민중 통제'에 있다고 할 수 있다.

교육자치 운영의 몇 가지 기본 원리는 다음과 같다. 첫째 지방분권의 원리는 교육정책의 결정과 주요 시책의 집행에서 중앙집권을 지양하고 지방으로의 권한 분산과 이양을 지향하는 것을 말한다. 둘째 자주성 존중의 원리는 지방교육 행정기구를 일반 행정기구로부터 독립시켜 교육활동의 자주성과 독립성을 보장하기 한 원리이다. 셋째 민중통제의 원리는 교육정책을 민의에 따라 결정하고 운영하여야 한다는 것으로서 구체적으로는 지방 주민의 대표로 구성되는 교육위원회에 지방교육의 정책결정권이 귀속되어야 함을 의미한다. 마지막으로 전문적 관리의 원리는 지방교육 행정조직에서 교육감을 비롯한 중요한 행정적 인사에 교육 또는 교육행정의 전문성이 보장되어야 함을 의미한다.[21]

혁신교육지구와 마을교육공동체 운영원리로 가장 많이 언급되는 것은 거버넌스Governance이다. 이는 민·관·학이 협력하는 것으로 이른바 협치協治라고도 부르는데, 이는 권위주의적 통치에서 지방분권적 협치로의 이행이라는 시대적 흐름을 반영한 것이라 할 수 있다. 이때 핵심은 주민의 적극인 참여를 보장하는 것이다. 아래 인용문들이 그것이다.

일반자치와 교육자치의 협력을 통한 교육 거버넌스 체제를 구축하는 것이다. 이러한 일반자치와 교육자치의 유기적 협력을 이끌어 내기 위해서는 주민자치의 역할이 중요하다 즉, 일반행정과 교육에서 변화를 이끌어 내고 동시에 두 부문이 결합하기 위해서 주민들의 자발 참

---

21. 박상현·김용련·조예진·양영식(2016). 『혁신교육지구 및 마을결합형학교의 종합발전 방안』. 서울특별시교육연구정보원, 51~52쪽.

여를 통한 민주화가 필요하다. 이처럼 주민자치가 활성화될 때 교육 거버넌스 체계 및 마을교육공동체 구축을 촉진할 수 있을 것이다.[22]

혁신교육지구사업의 성공은 민의 참여 정도에 달려 있다. 즉 사업의 구상 기획에서부터 집행하고 평가하는 모든 과정에 민이 관(학)과 함께하고 있는가가 가장 중요하다.[23]

마을교육공동체 사업은 행정 주도로 진행되어서는 한계에 봉착할 수밖에 없다. 단기적 성과주의에 집착하고, 통제하려는 행정기관의 속성과 새로운 사업이 발굴될 경우 기존 사업에 대한 지원이 줄어드는 예산 지원의 제약성이 이러한 한계를 불러온다. 따라서 지역 주민 주도의 사업이 필수적인데, 이를 위해 다양한 이해관계자를 포함하는 거버넌스 구축이 필수적이다.[24]

대체로 혁신교육지구사업이든 마을교육공동체든 민·관·학 거버넌스로 운영되어야 한다는 것에 대해서는 모든 연구가 공히 강조하고 있으며, 실제로 서울은 이를 필수 사업으로까지 지정하여 강조하고 있다. 그런데 서울의 경우에도 이를 필수 사업으로 배치하는 과정은 결코 쉽지 않았다. 예를 들어 2016년에 필자가 참여한 2017년 서울형혁신교육지구 지정운영 방안 연구과정에서는 "거버넌스가 이미 구성되었는데, 왜 그것을 다시 필수 사업으로 배치해야 하는가?" 또는 "거버넌스는 사업이 아닌 운영원리에 불과한 것인데 왜 거버넌스 운영에 예산까지 배치하는 가?"라는 등의 거버넌스

---

22. 박상현·김용련·조예진·양영식, 앞의 자료, 61쪽.
23. 김세희·김옥성·안승문·박경현·이준범·김태정·박동국·강민정(2016). 『2017 서울형혁신교육지구 주요 운영방침 연구』. 서울특별시교육연구정보원, 72쪽.
24. 이기원·나정대·손상달·권순혜·국영주·조경자·김익록·이상녀·이호준(2016). 『강원도형 마을교육공동체 운영실태 및 활성화 방안 연구』. 강원도교육연구원, 113쪽.

에 대한 이해에서 민과 관 사이에 입장 차이가 존재했다. 또 협치라고 하지만 실제로는 교육지원청사업과 구청의 사업은 각각 별도로 논의되어 집행되기도 한다. 특히 교육지원청 사업의 기획과정에 민의 참여는 일부 자치구를 제외하고는 거의 불가능한 것이 현실이다. 이를 고려했을 때, 혁신교육지구와 마을교육공동체의 운영원리로 거론되는 민의 참여, 임파워먼트, 민·관·학 거버넌스 등은 향후에도 계속 강조될 필요가 있다.[25]

4. 서울형혁신교육지구의 주요 사업

서울형혁신교육지구사업의 마을교육공동체 조성은 크게 두 가지로 구분된다.

하나는 학교를 중심에 놓고 마을을 연계하는 방식으로 마을결합형학교를 들 수 있다. 이는 서울시교육청이 중심이 되어 수행하는 사업으로, 초기에는 혁신교육지구사업에 포함되었다가 교육청이 중심이 되어 추진했다.

다른 하나는 학교 또한 마을의 하나의 구성 요소로 기능하면서, 마을 전체에서 배움을 일어나게 하는 마을교육공동체 조성운동의 성격을 갖는 혁신교육지구사업이다. 이 사업은 학교 또한 하나의 주체이며, 사업의 상당 부분은 민·관·학 거버넌스에 의해 자치구를 중심으로 전개된다. 즉 주민자치라는 측면이 강조되며, 사업의 영역도 학교를 벗어나 지역사회 전체로 확장되며, 결합하는 주체들도 그만큼 더욱 다양하다.

학교와 마을의 협력은 다음 몇 가지 단계로 구분될 수 있다.

우선 낮은 단계이다. 이 경우는 학교의 필요에 의해 마을의 자원을 선택적으로 활용하거나, 학교가 마을 주민을 위해 학교공간의 일부를 개방하

---

25. 거버넌스에 대한 보다 풍부한 논의는 이 책의 2부 3장 〈민·관·학 거버넌스에 대하여〉를 참조하길 바란다.

는 것이다. 예를 들어 학부모가 일일 강사로 수업에 참여한다거나, 생활체
육인들에게 운동장이나 체육관을 빌려주는 것이다.

다음 단계는 교육과정을 운영함에 있어 마을의 역량이나 자원을 연계하
는 것이다. 이는 이른바 마을결합형 혹은 마을연계형 교육과정 운영으로
불리기도 한다. 예를 들어 초등 3학년 교육과정에서 마을탐방을 위해 마
을을 잘 아는 마을 주민들이 마을교사로 참여하는 것이다. 서울의 경우 일
부 자치구들은 '마을해설사' 등을 양성하여, 구청이 제공하는 차량을 이
용해 학생들이 마을탐방활동을 진행하기도 한다. 또 창의체험활동 시간을
활용하여 마을교사들이 만든 프로그램을 운영하기도 하는데, 몇몇 자치구
들은 마을교육 콘텐츠 박람회나 공모를 통해 양질의 프로그램을 선별하여
학교와 연계하기도 한다. 중학교의 경우 자유학기제를 이용해 마을의 일터
체험활동이나 직업인들이 '사람 책' 혹은 '직업 멘토'로 결합하기도 한다.
또한 학부모들이 창의체험활동 프로그램을 만들어 일일 교사로 교육활동
에 참여하는 사례도 있다.

마지막으로 학교와 마을의 경계를 넘어서 마을 전체가 배움과 돌봄의
공동체로 기능하는 단계이다. 예를 들어 학교와 마을이 공동으로 마을교
육과정을 개발하거나, 마을교육공간의 창출을 위해 공동으로 구상하고 실
현하는 것이다. 실제로 교사들이 교과통합 방식으로 뮤지컬 등의 종합예
술활동을 기획하는 과정에 마을의 예술가들이 공동창작활동에 참여하는
사례도 있고, 마을교육활동가들이 마을을 주제로 하는 창의체험 프로그램
이나, 진로탐색 프로그램을 만드는 데 학교교사들이 결합하는 경우 등을
들 수 있다. 학교장, 동장, 마을교육활동가가 동단위로 모여서 마을축제를
기획하기도 하고, 학생들만을 대상으로 하는 사업이 아니라 주민들을 대상
으로 평생교육 프로그램을 공동으로 협의하기도 한다. 그 결과 여러 세대
가 함께하는 문화예술교육이 만들어지는 사례도 나타나고 있다. 또 최근에
는 지방정부나 민이 만든 협동조합이 방과후활동을 운영하는 단계로의 실

험도 이루어지고 있다.

그런데 이들 단계는 반드시 순차적으로 진행되는 것이 아니라 서로 뒤섞이기도 한다. 타 지역의 선진적인 사례를 차용하면서 낮은 단계와 높은 단계가 한 자치구에 공존하기도 하고, 마을과 학교마다의 조건이 달라서 동일한 사업도 자치구마다 다른 속도로 진행되기도 한다. 한마디로 불균등결합 발전하는 양상이다.

한편, 학교와 마을의 경계 넘어서기는 공간을 공유하면서 이루어지기도 한다. 학교도서관을 마을 주민들에게 개방하여, 마을도서관으로 기능하는 경우도 있고, 그곳에서 북 콘서트, 시 낭송회, 작가와의 대화, 북 아트 작품 전시회, 인문학 기행 등을 주민들과 함께 진행하는 사례도 있다. 역으로 자치구가 운영하거나 개인이 운영하는 마을의 작은도서관을 마을방과후교실로 활용하는 사례도 있다. 서울의 경우 동주민센터의 공간을 활용하여 작은도서관을 조성하고 이 공간을 활용하는 마을방과후활동이 전개되는 사례가 늘어나고 있다. 한편 종교시설을 활용하는 경우도 있다. 예를 들어 교회나 성당의 경우 평일을 이용하여 마을방과후교실로 사용할 수 있도록 개방하는 경우가 그것이다. 뿐만 아니라 학교에 목공방을 만들어 학교교육과정에도 운영하고 나머지 시간은 마을 주민들이 이용하기도 하는 사례도 등장하고, 지방자치단체가 공간을 제공하여 마을의 교육문화복합공간이 만들어져서 학생들도 사용하고 주민들도 사용하는 사례도 나타나고 있다. 아래에서는 서울형혁신교육지구사업을 중심으로 이들 유형을 보다 자세하게 소개하고자 한다.

1) 학교중심 마을교육공동체-마을결합형학교

사실, 학교가 마을과 연계하여 교육과정을 운영하는 것은 법적으로 근거가 이미 마련되어 있다. 「초·중등 교육법」 23조 (교육과정 등) ②항에는 "교육감은 교육부 장관이 정한 교육과정의 범위에서 지역의 실정에 맞는 기준과 내용을 정할 수 있다"고 되어 있다. 또한 초·중등학교 교육과정(교육부 고시 제2013-7호. 2013.12.23.)에는 다음과 같은 내용이 있다.

- 학교교육과정을 편성 운영함에 있어서는 교원의 조직, 학생의 실태, 학부모의 요구, 지역사회의 실정 및 교육시설 설비 등 교육 여건과 환경이 충분히 반영되도록 노력한다.
- 학교는 창의적 체험활동이 실질적 체험학습이 되도록 지역사회의 유관 기관과 적극적으로 연계 협력해서 프로그램을 운영해야 한다.
- 교과와 창의적 체험활동의 효율적인 운영을 위하여 지역사회의 인적, 물적 자원을 계획적으로 활용한다.
- 학교가 지역사회의 유관 기관과 적극적으로 연계 협력해서 교과, 창의적 체험활동을 내실 있게 운영할 수 있도록 지원하며, 관내 학교가 활용 가능한 '지역 자원 목록'을 작성하여 제공하는 등 구체적인 지원방안을 마련한다.

학교를 중심에 둔 마을교육공동체를 '마을학교공동체'로 표현하는 경우도 있는데, 이는 공동체성을 가진 학교가 학생의 배움과 성장을 위해 학교뿐만 아니라 마을의 교육적 인프라와 자원을 광범위하게 활용하는 것을 의미한다. 나아가 학생뿐만 아니라 마을의 청소년과 성인들을 대상으로 학교와 마을의 인적·물적 자원을 활용하여 교육적 기회를 제공하는 것을 의미하기도 한다. 예를 들면 학교에는 없지만 마을에 있는 인적·물적 자원을 학교에 제공하여 학교의 교육활동을 돕거나, 혹은 역으로 학교가 마을의 주민들을 위해 학교에서 평생교육 프로그램을 개설하는 경우이다.[26]

서울의 경우 이는 '마을결합형학교'로 보다 구체적으로 추진되었다. 2017

26. 강영택(2017).『마을을 품은 학교공동체』. 민들레. 41~42쪽.

년 서울시교육청의 〈마을결합형학교 운영 지원 계획〉에 따르면 추진체계는 다음과 같다.

[그림 1] 마을결합형학교 추진체계

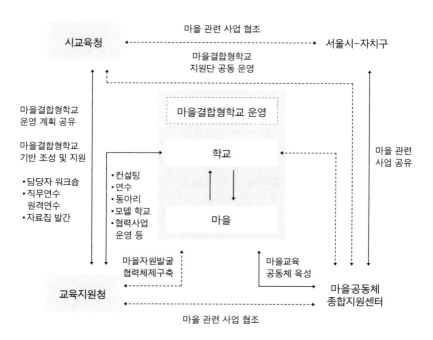

서울시교육청은 마을결합형학교의 추진 목적을 두 가지로 제시했다. 첫째, '학교-마을 간 협력적 교육활동을 통한 학생들의 온전한 성장 촉진'을 하는 것이다. 이러한 목적을 달성하기 위해서는 지역사회의 다양한 자원을 활용한 학생 맞춤형 학교교육 지원, 학교와 마을이 함께 하는 배움과 돌봄의 성장 지원망 구축 등을 강조했다. 둘째, '민·관 거버넌스 구축을 통한 교육자치 실현 및 교육력 제고'를 하는 것이다. 이를 위해 '시민의 변화 요구와 교육 문제 공동 해결을 위한 지속적 민·관 교육 협력 관계의 증진, 교육청과 지자체 간 새로운 분업과 협업 모델 창출을 통한 지역사회의 통합적 교육 역량의 강화' 등을 주요 과제로 설정했다.[27]

앞의 그림에서처럼 마을결합형학교의 추진체계는 비록 사업의 수행단위는 학교라고 할지라도 마을의 자원들이 다양한 방식으로 결합한다. 필자의 경우만 하더라도 자치구의 소속 공무원이었음에도 이들 사업에 적극적으로 지원을 했다. 예를 들어 마을자원 발굴사업을 들 수 있다. 학교와 마을의 연계를 위해서는 무엇보다 마을에 어떤 유관 기관, 어떤 인적·물적 자원이 존재하는가를 먼저 파악하지 않으면 안 된다. 학교가 마을에 어떤 교육자원이 있는지 모르는 상태에서 마을을 연계하는 교육과정을 운영하는 것은 불가능할 것이다. 때문에 교육지원청들은 마을결합형학교 지원을 위한 가장 기초적인 사업으로 마을교육자원 자료집을 만들어 단위학교에 제공하기도 했다. 그런데 이 과정에 마을을 잘 아는 사람들이 결합하기도 하고, 자료집 제작과정에 마을 주민들이 주도적으로 만들 수 있도록 지원하는 방식도 추진되었다. 예를 들어 필자는 교육지원청에서 자원 목록을 만들 때 민·관·학 거버넌스에 참여하는 민간인들이 함께 목록을 만들 수 있도록 지원했다. 즉 마을에 정주하는 마을교육활동가들이 마을의 곳곳을 누비며, 자신들의 관계망을 활용하여 자료집 제작에 참여한 것이다.

양천구의 자원 목록 제작 사례는 매우 의미가 있다. 마을자원 목록을 만들 때 가장 쉬운 방식, 즉 관료적인 방식은 관내에 존재하는 각종 유관 기관 명단을 취합하거나, 중간지원조직이나 특정 법인에 자원 목록 자료집 발간을 위탁 주는 것일 수 있다. 그런데 이렇게 하면 법인이나 단체소속은 아니지만 다양한 활동을 하는 풀뿌리 마을역량들을 발굴하기가 매우 어렵다. 반면 민간인들이 자원 목록을 만드는 작업에 직접 뛰어들면 다양한 역량을 발굴할 수 있을 뿐만 아니라, 몇 년에 한 번, 심지어 6개월 만에도 바뀌는 공무원들과는 달리 정주성을 가진 마을활동가들 사이의 네트워크를 함께 형성할 수 있는 가능성을 연다. 뿐만 아니라 이 과정을 통해 민간

27. 서울특별시교육연구정보원(2015). 『마을결합형학교의 개념과 유형화 연구』, 12쪽.

의 역량이 성장할 수 있다. 마을자원 목록을 만드는 데 민이 참여하는 것 자체가 민을 성장하게 하기 때문이다.

　정말 좋은 방법은 학교가 마을자원을 찾는 일에 직접 참여하는 것이다. 사실 정기적으로 학교를 옮겨 다니는 공립학교 교사들의 입장에서는 마을의 자원이 어디에 있는지 모르는 경우가 태반이다. 그런데 교육과정과 연계하여 마을 곳곳을 찾아다니면서 다양한 마을의 인적 역량과 물적 자원의 탐방하고 인터뷰하여 지역사회지도 제작(커뮤니티 매핑)을 한다면 그것이 가장 효과적인 방안이 될 수 있을 것이다. 사실 초등교육과정을 잘 살펴서 마을과 연계한다든지 중학교 자유학기제를 활용하면 결코 불가능하지 않으며, 실제로 일부 혁신학교들에서 교육과정과 연계하여 마을자원 탐사활동을 하고 있다.[28]

　한편, 마을결합형학교 운영에서는 컨설팅 또한 매우 중요하다. 마을결합형학교를 신청한 학교의 담당 교사가 이 사업을 처음 하는 경우에는 더욱 그렇다. 때문에 마을과 연계하여 다양한 협력사업을 해 본 유관 기관의 경험, 선행 사업을 수행한 학교 교사의 경험, 자치구, 교육청, 학교, 마을 주민 사이를 조정하며 연계하는 필자와 같은 사람들이 함께 머리를 맞대면 학교 혼자서는 할 수 없는 새로운 시도를 할 수 있다. 예를 들어 필자가 근무했던 양천구 관내의 한 고등학교에서는 동아리 활동으로 독거노인과 학생들이 소통하고 공감하며, 어르신들의 자서전을 발간할 수 있도록 돕고자 했다. 그런데 학교 입장에서는 아이디어는 나왔는데, 막상 어떤 경로로 독거노인들을 접촉해야 할지 막막할 수 있다. 바로 그럴 때 지역사회를 잘 아는 교육정책보좌관이나 마을교육활동가와 같은 매개자들이 관련 기관을 찾아내고 안내하여 연계를 도울 수 있는 것이다. 이후에도 지속적으로 이

---

28. 전북 진안의 마령초의 사례가 대표적이다. 혁신학교의 교사가 주민들과 함께 마을의 역사·문화·지리 등을 공부하고 이후 '어린이 마을조사단' 활동을 통해 마을 곳곳을 누비면서 조사를 하고 그것을 마을 교과서로까지 발전시킨 경우이다.

사업에 참여하는 학교들이 모여 상호 컨설팅을 하면서 서로 배울 수 있도록 돕는 자리를 교육지원청이 마련하기도 했다. 이러한 상호 컨설팅의 과정에서 다소 밋밋하게 마무리될 수도 있었던 사업보고회가 작은 마을축제처럼 바뀌었고, 행사의 진행을 학생들이 더욱 주도적으로 진행할 수 있게 하는 등 사업이 더욱 풍부하게 발전할 수 있었다.

필자가 서울의 마을결합형학교 모델 학교의 사례들을 분석해 보니 마을결합형학교 운영은 대체로 다음과 같은 단계를 밟아 운영되고 있었다.

첫째, 교원, 학부모, 마을교육활동가, 주민 등으로 구성되는 거버넌스를 구성한다. 즉 마을결합형학교운영을 학교가 일방적으로 끌고 가거나, 필요에 따라 마을의 자원을 선택적으로 활용하는 것이 아니라 다양한 주체들이 함께하는 논의, 집행, 평가하는 장場을 마련하는 것이다.

둘째, 교원, 학부모, 마을 주민 등 참여 구성원들을 대상으로 하는 연수를 통해, 마을결합형학교의 의미를 공유하고, 서로의 역할을 분담하며, 무엇보다 이 사업을 수행할 수 있는 가장 기초적인 역량을 강화한다. 연수는 교사를 대상으로 하는 연수와 학부모를 대상으로 하는 연수를 나누어서 하는 경우도 있고, 때에 따라서는 마을교육활동가나, 마을교사로 참여하는 분들이 교사집단과 공동연수(동아리활동 포함)를 추진하기도 한다.

셋째, 교육과정을 재구성한다. 교사들은 학년별로 교과와 마을자원에 대한 비교 분석을 통해 지역사회와 연계한 프로그램을 구상하는데, 그 목표에 부합하는 마을의 기관이나 마을교사를 선정하고, 성취기준과 관련활동 등을 설계한다.

넷째, 마을교육과정을 운영한다. 교과교육과정, 창의체험활동, 방과후활동 등으로 운영되는데, 마을의 자원을 활용하는 수준에서, 마을자체를 주제로 하는 프로그램, 그리고 학부모와 지역 주민을 위한 평생학습 등으로 진행된다.

다음은 2016년 서울시교육청 마을결합형 모델 학교 보고서를 토대로 하여 학교별 주요 프로그램을 표로 정리한 것이다.

[표 4] 2016년 서울교육청 마을결합형 모델 학교 주요 프로그램

학교명	주요 프로그램
안평초	마을자원 활용 교과교육과정(수영, 스케이트, 생태탐방) 찾아가는 창의체험활동(경찰서, 소방서, 도서관, 우체국, 구청 등) 온누리보듬 방과후학교(동대문청소년 수련관과 업무협약) 마을에 관한 교육 프로그램(난 우리 동네 행복골목 디자이너, 동대문 나들이) 마을을 위한 학부모교육(집에서 뚝딱 에코캔들 만들기, 엄마랑 함께하는 미술놀이, 엄마도 우크렐레 연주자, MBTI 성격유형검사 및 해석 워크숍)
한서초	지역 자원과 함께 하는 학교 특색 교육 활동 실시(교내 생태텃밭 가꾸기, 학교 주변 생물 및 생태계 이해하기) 지역의 인적 자원을 활용한 창의적 체험 교육 활동(무용, 신체놀이, 오카리나 연주, 리코더 연주, 오케스트라 활동, 우크렐레 연주, 뉴스포츠 활동, 사물놀이 활동, 방 송댄스 활동) 지역 자원을 활용한 다양한 상담 프로그램 실시(상담가, 인근 대학교의 대학생, 인 근 대학교 교수 및 대학원생의 재능기부) 학년 교육과정 재구성을 통한 지역사회 자원 활용 및 지역 이해 교육 지역의 자원을 활용한 학교급 전환기(6학년) '진로 징검다리 프로젝트' 실시(학생들 이 살고 있는 지역의 상권, 직업인을 직접 만나고 자신의 진로와 연계할 수 있도록 교육과정을 재구성하는 프로젝트 활동) 마을 주민을 위한 다양한 교육 프로그램 시행 및 교육적 화합의 장(학부모 동아리 와 평생 교육 프로그램을 연계, 현재 수공예 동아리, 독서 동아리, 기타 연주, POP 글씨 쓰기, 생태 교육, 필라테스 동아리, 지역사회를 위한 한서 인문학 교실 실시, 지 역사회와 함께 하는 오케스트라 운영 등)
천왕초	구로형 마을 체험학습 연구 동아리 운영(천왕마을과 구로구에 관한 마을교육과정 및 체험학습 프로그램 계발을 위해 학생, 학부모, 주민으로 구성된 동아리를 운영) 마을교육공동체 이야기 자리 톡투아 개최 그림책, 협동조합, 발도르프 인지학 등 자율 연수 3학년 교사 중심 전문학습공동체, 충남 홍성 친환경 농업마을 '교류' 수업 마을 강사 양성과정 운영(책놀이, 전래놀이, 수학놀이) 마을의 인적 자원을 활용한 수업(1학년 마을강사단 발도르프 수공예 수업, 2학년 마을강사단 생태교육 수업, 2학년 '마을 어른께 듣는 천왕마을 이야기' 강연, 3학년 구로문화재단 연극놀이 강사 연극 수업) 마을의 물적 자원을 활용한 수업(학교 교정, 학교 주변, 천왕산, 구로 올레길 등을 나들이하는 생태 관찰 수업, 광명텃밭보급소 생태텃밭 감자 캐기, 구로남스포츠센 터 수영 교육, 제니스 아이스링크 스케이트 교육) 중간놀이시간 놀이교육을 생활교육 혁신 마을이 함께 돌보는 방과후학교와 돌봄 프로그램(인성쑥쑥 감성쑥쑥 책놀이, 행복 한 친환경 요리교실, 놀이쌤과 함께 전래놀이, 발도르프 수공예, 천왕 뮤지컬단, 천 왕 사물놀이단, 마을강사 연합 프로그램-별빛달빛 동생캠프) 마을과 함께하는 문화예술 혁신학교(마을 Day-기타 동아리 연합 음악회, 천생연 분 마을 축제, 환경 페스티벌 참여, 천왕 어린이 뮤지컬단 공연 활동)
도봉초	마을 초대 프로그램(정규 교육과정 창의적 체험 동아리 활동에 마을자원이 협력교사 로 교육 기부, 도봉구청 문예체 협력 교사 지원, 마법뜰 놀이터, 책 읽어 주는 엄마) 마을결합형 교육활동(마을을 배워요: 3, 4학년 사회 지역사회 단원 재구성, 마을과 함께하는 세시풍속: 1, 2학년 교육과정 재구성, 마을역사탐방: 5, 6학년 교육과정 재구성, 무수골 행복축제, 마을기자단, 진로상담, 노동인권교육 등)

청운초	지역사회의 특성을 활용한 다양한 체험활동 실시(물적 인프라 활용: 경복궁, 통인시장 등/ 인적 인프라 활용: 미술관, 문화재단, 마을강사/자체단체와 지역사회단체와의 연계, 예술제와 교육활동 연계) 지역사회와 학부모를 위한 연계 프로그램(지역사회를 위한 학교 공간 제공, 지역사회 단체와 연계한 프로그램: 종로아이존, 생활체육회, 도서관, 구청, 경찰서, 국세청 등) 지역사회 연계프로그램('토끼의 재판' 연극관람, 종이접기, 바늘땀 세계여행, 찾아가는 미술관/서울애니메이션센터 체험) 마을자원을 활용한 방과후학교 운영(나도 그림책 작가, 도전 어린이 작곡가, 만들며 체험하는 쉬운 지리 교실, 우당탕탕 놀이연구소, 유리드믹스 yes 1, 판다 중국어) 학부모 취미 동아리 운영
성일초	학교와 함께 크는 마을 마을학교 학습 동아리 운영(피카소와 친구 되기 동아리 운영: 학부모 및 마을 주민) 생존수영 지킴이단 운영(마을 주민, 학부모), 함께 어울리는 도서관 활동(학교 도서관을 개방하여 마을 주민, 학부모의 독서 활동을 지원), 영화로 마을과 공감 소통하는 길 닦기 마을이 키우는 학교 마을학교 덩더쿵(사물놀이 동아리), 마을교사와 함께 튼튼이 키우기(밸런스 워킹으로 건강 UP!), 인성을 키우는 독서활동, 마을 체험학습 활동, 마을과 함께하는 꿈 찾기 여행 함께하여 아름다움 하나 성일 신명나는 놀이 한마당, 마을과 함께하는 추수 체험의 날 운영, 마을 공동체 연수
은정초	꿈과 함께하는 진로교육활동 전개 국악과 함께하는 창의인성교육활동 전개 농촌체험과 마을장터 나눔활동 운영 우리마을 탐방 프로그램 전개 및 마을자원 체험 마을결합형 은정돌봄센터 운영 (마을협력단 및 후원회 조직 운영/저소득층 자녀를 위한 지역돌봄센터 확대 운영/지역 유관 기관과 협력한 인성, 나눔 누리 체험, 심리정서 지원 등/학-민-관 거버넌스 구축으로 미래 선도 은정교육 활성화 네트워크 추진/지역 유관 기관 재능기부 활성화 및 연계 프로그램 개발)
서래초	학부모교육과정위원회 조직 진로체험활동(학부모와 지역 주민이 다양한 현장 직업 전문가가 되어 5, 6학년 학생들을 대상으로 생생한 진로체험활동을 실시) 마을과 함께 하는 플라워디자인 우리 마을 탐방하기(마을투어 동아리 운영, 학년별 우리 마을 탐방) 문화예술 프로그램 운영(문화예술 공방체험활동, 마을축제 참가) 마을협력 어울림 프로그램 운영(평생교육 프로그램 운영, 가족 마을 산행 , 학교담장 벽화 그리기, 학교사랑 어울림 봉사활동 등)

이상에 살펴본 것처럼 마을결합형학교의 운영은 거버넌스를 기초로 하여, 학교교육과정을 마을과의 결합을 통해 재구성하는 것에 핵심이 있다. 위 모델 학교 중 필자는 종로구의 청운초의 컨설턴트로 참여했으며, 양천

구 은정초의 경우 마을결합형 은정돌봄센터의 운영위원으로 결합한 경험이 있다.

청운초의 경우 종로구가 가진 지역적 자원, 특히 문화예술자원을 비교적 효과적으로 연계하여 마을결합형학교를 운영하고 있었다. 수차례 참여한 컨설팅에서 확인한 것은 마을결합형학교의 취지를 정확히 이해하고 추진할 수 있는 담당 교사의 역할이 매우 중요하며, 지역사회와의 일상적인 네트워크가 확보되어야 하며, 무엇보다 학부모들이 마을교육과정 운영을 적극적으로 지원하고 동참해야 한다는 점이다. 청운초의 경우 중부교육지원청이 다각도로 지원을 하고 있었으며, 구청의 담당자 또한 매우 협조적인 자세로 지원을 했다. 뿐만 아니라 학교운영위원회나 학부모회도 이 사업에 많은 관심으로 가지고 학부모동아리활동에 참여하고, 일부 학부모는 방과 후 강사로도 활동했다.

한편 양천구 은정초의 마을결합형학교 운영 중 주목할 만한 것은 마을결합형 돌봄교실 운영 사례이다. 사실 은정초에 마을결합형 돌봄교실이 만들어지는 과정은 결코 순탄치 않았다. 은정초는 서울 신정동의 전철 차량기지 위에 위치하고 있다. 주변에는 저소득층을 위한 임대아파트가 있는데, 이 지역은 북한에서 온 새터민들이 많이 사는 지역이기도 하다. 2001년에 신정차량기지의 노동자들이 생활이 어려운 주변 임대아파트 아이들을 차량기지로 초청해 한두 끼씩 밥을 먹이기 시작하다 자연스레 공부방을 차리자는 데 의견을 모았다고 한다. 400명이 넘는 차량기지 직원들이 한 달에 3,000원~1만 원씩 모은 후원금에다 주변 지역사회와 기업들의 도움을 받아 지역아동센터가 만들어졌고, 처음에는 은정초등학교 1층 주차장 입구의 통로를 막아서 생긴 좁은 공간에서 머물다가 당시 학교장의 도움을 얻어 학교 내 교실을 제공받아 운영 중이었다. 그런데 2015년 학교 측에서 현행법상 지역아동센터가 학교에 있을 수 없음에 따라 퇴거를 요청하면서 갈등이 촉발되었다.[29] 이는 지역아동센터에 예산 지원을 하던 양천구청 입장에서도 매우 난감한 상황이었다.

　당시 필자는 이 문제를 해결하기 위한 학교 관계자, 교육청 관계자, 시청 관계자(차량기지는 서울메트로, 즉 시 소속이므로), 센터 관계자, 그리고 구청 해당과 직원들과 함께 지속적인 협의를 조직했으며 이를 통해 문제를 해결하고자 노력했다. 협의과정에서는 고성이 오가고 회의 중간에 뛰쳐나가는 사람들을 붙잡고 설득해야 할 만큼 당사자들 간에 감정적 대립도 있었다. 지루한 논쟁의 과정을 거치면서 고민 끝에 마침내 나는 하나의 제안을 했다. '국가수준에서 돌봄교실이 확대되는 상황이고, 아이들이 갈 곳도 마땅치 않은데 학교가 기존의 지역아동센터를 돌봄교실의 하나로 받아들여 마을결합형 돌봄교실로 운영해 보자'는 것이었다. 필자의 제안은 학교와 지역아동센터 모두를 움직일 수 있었다. 왜냐하면 신정차량기지 노동자들로 구성된 서울메트로 후원회의 입장이나 지역아동센터 운영자의 입장에서는 비록 센터가 이름은 바뀌지만 지속되는 셈이었고, 학교 입장에서는 후원회의 재정 지원을 받을 수 있고, 당시 양천구청에서 양성된 마을방과후 교사들도 결합하여 프로그램을 다양화할 수 있다면 긍정적인 전환의 계기가 될 수 있는 것이기 때문이다. 제안 이후 갈등을 거듭하던 논의는 급속히 전환되어 마침내 마을결합형 돌봄센터가 탄생했다.

　당시 한 언론은 "아이들을 위한 최선의 방안을 마련하자는 구의 설득 끝에 교육청·후원회·학교·서울시 관계자 등 이를 해결할 전문가들이 빠짐없이 매 회의에 참석해 왔고 그 결과 기존의 지하철 공부방이 '마을결합형 돌봄교실'의 형태로 아이들과 다시 만나게 된 것이다. 정식 명칭은 '마을결합형 은정돌봄센터'로 결정되었으며, 지역사회와 함께 민주적으로 운영될 수 있는 구조를 확보하기 위해 학교장, 서울시의회 의원, 학부모대표 및 서울메트로 후원회와 양천구 관계자 등이 함께하는 운영협의회도 구성했다"고

---

29. 『헤럴드경제』(2015. 3. 25). 「지하철 직원 후원금으로 운영 공부방 학교가 강제 폐쇄」.

보도했다.[30]

이처럼 마을교육공동체를 만들기 위해서는 갈등을 조정하는 사람이 필요하다. 그런데 모두를 만족시킬 수 있는 합의를 이끌어 내는 것은 불가능하기에 이해 당사자들로부터 조금씩 양보를 이끌어 내야 하는데, 이 과정에서 조정자는 무수한 욕을 들어야 하고, 인격적인 모욕이나 음해도 감수해야 한다. 때문에 조정자가 되기 위해서는 혁신교육에 대한 확고한 철학, 결코 포기하지 않고 해결 방안을 찾으려는 끈기, 그리고 삶에 대한 낙관적인 태도가 요구된다. 다시 강조하지만 마을교육공동체를 조성하는 것은 일정한 물리적 시간을 요구하기 때문이다.

2) 서울형혁신교육지구를 통한 마을교육공동체 주요 사업

이번에는 서울형혁신교육지구사업을 통한 마을교육공동체의 주요 사업을 살펴보자. 서울의 혁신교육지구사업은 계속 진화 중이다. '시즌 1'이 구로, 금천의 혁신교육지구사업을 확장하는 것으로 2015~2016년 동안 진행되었다면, '시즌 2'는 2017~2018년 동안 진행되었다. 그리고 이를 위한 준비는 이미 2016년에 준비되었다. 즉, 2016년에 2017~2018년 혁신교육지구 운영방침에 대한 연구가 이루어진 것이다. 필자 또한 이 연구에 연구자로 참여했다.

이 연구에서는 2015~2016년 1기를 경과하고 2017~2018년 2기를 경과하는 시점임을 강조하면서 전략적 목표를 재구성할 것을 제안했다. 즉, '마을과 함께하는 교육과정 운영'이라는 기존의 전략 목표에 다시 두 가지 과제를 강조했다. 첫째는 해체된 마을을 배움과 돌봄이 있는 삶의 근거지로 되살리고 이 과정에서 마을의 공동체성을 복원하는 것이다. 즉, 학교의 변화 못지않게 마을의 변화, 마을의 복원이 필요하며 이를 위해 '배움과 돌

---

30. 헤럴드경제(2015. 7. 20). 「은정초 지하철 공부방 은정돌봄센터로 새 탄생」.

봄의 마을공동체를 형성'하는 것이다. 둘째는, 마을과 함께하는 교육과정 운영과 배움과 돌봄의 마을공동체를 형성하기 위해서는 학교와 마을 간의 긴밀한 소통과 협력 속에서만 가능한데, 이런 점에서 '유기적인 민·관·학 거버넌스 구축 운영'은 마을교육생태계를 만들어 가는 방법론이자 동시에 그 자체가 전략적 목표의 성격을 갖는다고 강조했다.[31] 이 연구는 필수 과제로 민·관·학 거버넌스 운영, 마을-학교연계 사업, 청소년자치사업 등 세 가지로 제시했는데, 이는 [2017년 서울형혁신교육지구 지정운영계획]에 그대로 반영되었다.

[표 5] 2017~2018년 서울형혁신교육지구 필수 사업[32]

필수 사업 제목	주요 내용
마을-학교 연계 사업	마을과 함께하는 교육과정운영 마을의 다양한 인적, 물적 자원과 학교와의 관계망 형성을 통해 학교교육과정을 마을과 함께하는 교육과정으로 재구성하여 운영할 수 있도록 지원함으로써 앎과 삶의 통합 교육을 지원하는 사업 – 중학교 협력종합예술활동 관련 지역 연계 분야 지원(교육청) : 중학교 3년 중 최소 1학기 이상 정규교육과정 내에서 뮤지컬, 연극, 영화 등의 종합예술활동에 모든 학생들이 역할을 분담하여 참여하고 발표하는 학생중심 예술체험교육 – 수업방법 개선 협력교사 지원 사업(교육청) : 수업방법 개선과 수업의 내실화를 위해 정규 교과시간에 교과(학급)교사와 협력하여 특정 영역의 교과 전문성 제고 및 토의·토론 수업, 협동 수업 등 학생 참여 수업 활성화를 위해 보조하는 강사
	마을방과후활동 체제 구축 아동·청소년들이 방과후에 지역에서 안전하고 건강한 여가 및 교육활동을 지원받고 행복하게 성장할 수 있도록 마을의 다양한 인적, 물적 자원을 정비 및 확충하고 마을의 성장을 지원함으로써 마을교육공동체를 이루어 가는 사업
청소년 자치 활동	청소년들이 협력적 인성과 민주 시민 의식을 함양할 수 있도록 지역사회 구성원으로서 스스로 기획, 참여하는 다양한 아동·청소년 자치활동을 지원하고, 창의적이고 자율적인 청소년 동아리 운영을 조장하는 사업
민·관·학 거버넌스 구축 운영 사업	지속가능한 혁신교육 추진을 위해 지구의 민·관·학이 만나 아동·청소년이 행복한 교육을 지원할 수 있는 학교-마을교육공동체를 만드는 사업

31. 서울특별시교육연구정보원(2016). 『2017 서울형혁신교육지구 주요 운영방침 연구』, 58~59쪽.
32. 서울특별시교육청. 〈2017년 서울형혁신교육지구 지정운영 계획〉, 6~8쪽.

이제부터는 서울의 22개 자치구에서 진행되었던 혁신교육지구 필수 사업을 중심으로 마을교육공동체 조성을 위해 어떤 사업들을 전개하였는지 살펴보고자 한다.

가. 마을-학교 연계 사업

학교와 마을의 연계는 학교의 입장에서도, 마을의 입장에서도 모두에게 도움이 되는 부분이 많다.

우선, 학교는 마을의 교육자원을 연계하여 교육과정을 다양화하고 풍부하게 할 수 있다. 모든 것을 다 알고, 모든 것에 능통한 교사는 없다. 게다가 학교 안에서의 교육활동만으로 담보되기 어려운 부분들도 있다. 예를 들어 진로탐색활동이 그러하다. 또 교과서 외의 다양한 체험활동의 중요성도 날로 확대되고 있다. 특정 분야에서는 학교에 있는 교사들보다 더 능력이 뛰어나고 숙련된 분들이 마을과 지역사회 곳곳에 있다. 또한 아동청소년 대상으로 다양한 교육활동을 전개하는 전문기관, 시민단체, 종교단체, 문화예술가 등이 존재한다. 바로 이러한 마을의 교육자원을 통해 학교교육은 더욱 풍성해질 수 있다.

다음, 마을 주민들은 자신의 재능과 경험을 가지고 교육활동에 참여함으로써 보람을 얻을 수 있다. 특히 경력단절 여성들에게는 남다른 경험과 계기가 될 수 있다. 즉, 이들이 학교와 마을을 연계하는 혁신교육지구사업이나 마을교육공동체를 통해 마을교사로 참여하는 경우가 생기고 있다. 방과후수업에 교사로 참여하는 경우도 있고, 문화예술협력교사로 결합하기도 하고, 돌봄교실 프로그램 운영에 함께하기도 하는 등 그 양태는 매우 다양하다. 마을교사 외에도 진로직업체험활동을 매개로 학생들에게 일터 체험 장소를 제공하거나 직업인 멘토로 참여하는 분들도 있고, 예술가들도 다양한 방식으로 학교와 마을에서의 교육활동에 참여하고 있다.

그렇다면, 2017~2018년 서울의 자치구들은 마을과 학교를 연계하기 위해 어떤 사업을 하고 있을까? 이를 표로 정리하면 다음과 같다.

[표 6] 서울형혁신교육지구사업의 마을-학교 연계 사업

자치구	마을-학교 연계 사업 종류
동대문	수업방법 협력교사 지원/문화예술활동 지원/학교별 찾아가는 직업인 강연/초등학교 주말놀이 학교 지원/우리 고장 체험활동 운영/환경생태교육 프로그램 운영/우리마을 교육멘토단 운영/학생상담지원 프로그램/마을결합형 기반학교 운영/교원 마을결합형학교 연구팀 지원/학교-마을교육공동체가 함께하는 사업 지원/마을결합형 학생 동아리 지원/지역대학과 함께하는 마을결합형 학교 지원/학업중단 위기 청소년 및 경계선 지능의 아동청소년 지원/청소년 쿱보드 한마당 및 협동조합 창업아이디어대회/마을과 함께하는 책쓰기 동아리/파워맘 맞춤형 진로교실/약령시장직업탐험대/착한패션학교/마을-학교가 함께하는 사회진출 스토리
마포	학교와 마을이 함께하는 마을결합형 교육과정 편성 운영, 마을교육자원 발굴 및 학교 연계
서대문	협력종합예술활동/수업방법 개선 협력교사 지원/마을결합형 학년교육과정 운영/마을결합형 수업혁신동아리 운영/마을결합형 동아리 운영/교사 학부모 대상 마을결합형학교 이해 연수/민·관·학이 함께하는 마을자원자료집 개발
은평	마을결합형학교 운영/마을결합형 동아리 운영/마을결합형 학교 공감연수/마을결합형 수업혁신동아리 운영/마을결합형 교육과정운영/수업방법 개선 협력교사 운영/중학교 협력종합예술활동 지원/학교 독서토론문화 조성/초등 상담멘토 양성
구로	마을결합형학교 운영, 교사 마을의 친구 되기, 정규수업 문예체 협력교사 지원, 협력종합예술활동 꽃피우기(발표회), 찾아가는 온마을학교-작업장, 전환기 지원, 방과후학교 시범사업, 학생회 동아리 참여예산제, 전환기 구로마을활동, 안전한 온마을119(저학년안전교육), 온마을 놀이터 프로젝트, 청소년 자치주식회사
금천	마을이 참여하는 교육과정운영(초2~고2)/금천형마을방과후학교 운영/지역연계형 정서심리돌봄체계 운영
영등포	마을연계교육과정 초등(학부모 안전연극단 '맘마미아 안전교실', 즐거운 마을여행 '영등포 마을누리', 문래창작예술촌 연계 창의체험활동) 중등(마을과 함께 찾아가는 '진로원정대', 문래캠퍼스-예술과 만남, 학교에 예술더하기, 새로운시작 Remind 프로젝트), 지역현안교육과정(다문화성장지원 '드림투게더 프로젝트', 청소년성장 지원 '드림하이교실') 마을결합형 중점학교, 마을결합형 동아리 운영, 마을연계 방과후 수업 및 활동
도봉	수업방법 개선 협력교사/마을을 품은 학교(교육과정, 동아리)/마을결합형학교 선도학교/우리마을 스포츠클럽/마을과 함께하는 학교자율독서토론/아이들이 행복한 학교제안혁신사업/교외활동 안전지원단/중학교 협력종합예술활동 지원/ 문예체 창체 협력교사/도봉 창의체험 버스/초등 상담 자원봉사자 배치
노원	수업방법 개선 협력교사 지원/마을을 품은 학교(교육과정, 동아리)/마을결합형 선도학교 운영/우리마을 스포츠클럽/마을과 함께하는 학교자율 독서토론 사업/아이들이 행복한 학교제안혁신사업/중학교협력종합예술활동 지원/문예체(식생활) 마을협력교사/초등학교 상담사 배치/집단따돌림 프로그램 지원/학교 내 마을학교 지원/휴먼북과 함께하는 청소년 예술학교/학급자치활동 지원/마중물 프로젝트(학생, 청소년 동아리) 지원/마을참여프로젝트(시작된 변화) 지원/학생창업한마당/ 창의적 코딩프로그램(드론기초활동)

용산	중학교 협력종합예술활동/수업방법 개선 협력교사 지원/마을교육자원활동가 연수/마을결합형학교 운영지원/마을과 함께하는 독서토론(학부모 보늬샘 양성)/우리 동네 사람책/다문화 이해를 위한 독서활동
종로	협력종합예술활동 강사 역량 강화 연수 및 컨설팅/수업방법 개선 협력교사 지원/마을결합형학교 운영 지원/마을과 함께하는 독서 토론문화 조성/학부모 보늬샘 운영 지원/독서와 함께 하는 진로탐색/꿈미래 진로탐색을 위한 드림톡톡/마을강사 역량 강화 연수/찾아가는 음악회
중구	충무아트센터연계 뮤지컬수업/대학연계 전공심화탐구 프로그램/대학연계 부모자녀공감 아카데미/학생건축학교/우리마을(정동) 역사체험 프로그램
강동	마을과 함께하는 학교교육과정 운영(마을탐방 체험학습 버스 지원. 마을탐방코스 개발지원, 마을교사 인력풀 활용 협력종합예술활동), 마을방과후활동(강동마을교사학교, 마을속 선택학교, 주민설계형 학습콜링제 운영, 우리 동네예술인 풍물난타 공연), 마을과 함께하는 독서토론 교육(강동다책맘, 울동네 책방프로젝트, 책방따수다, 내 아이를 위한 엄마표 스토리텔링)
강서	마을연계 학교교육과정 운영(마을결합형 방과후 프로그램 지원, 찾아가는 진로체험 캠프 실시, 마을과 함께하는 전환기교육 실시, 마을결합형학교 운영 지원, 마을체험 및 수업개선 지원, 학교 문화예술 지원, 학교 혁신 문화 조성 지원)
양천	마을-학교 연계 문화예술 창의체험 협력강사 지원, 오감톡톡 건강을 배우는 스쿨팜, 책 읽는 시민 토론하는 사회, 현장밀착형 진로직업탐색 지원, 마을결합형학교 운영 지원(교육과정, 동아리), 마을결합형 선도학교 운영, 지역탐방버스, 수업방법 개선 협력교사 지원, 문화예술동아리 활동 지원, 오케스트라지도강사 지원
서초	마을결합형 교육과정 운영, 마을과 함께하는 동아리 운영, 학교주관 협력종합 예술 프로그램 지원, 학생 참여수업 활성화를 위한 협력교사 운영, 마을알기 교사 연수, 마을결합형 현장학습 차량 지원
동작	마을교육풀-학교연계 사업, 마을결합형 교육과정 운영, 수업방법 개선 협력교사 지원, 마을연계 학교선택사업, 사업 현장 의견 수렴
관악	마을결합형학교 도움 자료집 발간, 마을결합형학교 교육과정 운영, 마을결합형학교 이해를 위한 연수, 중학교 협력종합예술활동 지원, 수업방법 개선 협력교사 사업
성동	LTI(인턴십을 통한 배움)프로젝트 운영, 수업방법 개선 협력교사 지원, 마을결합형학교운영, 중학교협력종합예술, 더함성 심리상담 프로그램, 우리 동네 보물찾기 탐방대 운영, 진성리더 교육, 모의 유엔 국회, 학교로 찾아가는 독서토론 프로그램 운영, 청소년 소프트웨어 교실, 메이커스토리
광진	협력종합예술활동 지원, 마을결합형 학교 운영, LTI(인턴십을 통한 배움)프로젝트 운영, 건강한 학교 만들기 '와락 상담사' 지원, 오감톡톡 광진체험, 에코스쿨 프로젝트, 찾아가는 안전체험 교실 운영, 3대가 함께하는 온고지신 마을학교, 마을교육자원 발굴 및 교육자원 연계 개발
성북	문예체 협력예술교사 지원, 수업방법 개선 협력교사제, 우리 동네 보물찾기, 마을교사 양성, 생각을 키우는 책읽기, 꿈틀꿈틀 프로젝트, 학부모가 주체로 서는 참여활동 지원, 인권이 살아 있는 교실
강북	몸으로 놀아요, 지성 감성 인성 창의교육 협력교사 지원, 마을교사 역량 강화, 마을교사 6·3·3 전환기 교육 프로그램 지원사업, 마을과 함께하는 방과후학교 시범운영

이 내용을 살펴보면 알 수 있듯이, 상당수의 혁신교육지구에서 마을결합형학교를 혁신교육지구사업으로 배치하고 있다. 그리고 이는 거의 대부분 지역교육청의 사업으로 배치되어 있다. 즉 혁신교육지구사업은 자치구와 지역교육청이 협력하여 사업을 설계하고 집행하는데, 지역교육청은 대체로 마을결합형학교를 운영하는 식으로 역할 분담을 하고 있는 것이다.

위 표를 보면 사업의 숫자나 내용이 자치구마다 편차가 있다. 필자가 보기에 그 이유는 첫째, 혁신교육지구사업에 뛰어든 연한이 자치구마다 다르기 때문이다. 예를 들어 신규로 진입한 자치구의 경우 교육청에서 제시하는 사업, 즉 중학교협력종합예술활동 등 최소한의 것을 수행하는 것부터 출발하는 것이 용이하기 때문이다. 둘째, 지역(마을)의 교육력의 차이다. 지나치게 사업의 숫자가 많다는 것은 의도적으로 부풀리기를 한 결과일 수도 있으나, 그보다는 그런 사업을 수행할 수 있는 자치구 내의 역량이 존재한다는 것을 의미한다. 그 역량은 혁신교육지구사업을 하는 담당자의 숫자일 수도 있지만 더욱 중요한 것은 이 사업에 참여하는 민간 역량이 얼마나 존재하는가이다. 예를 들어 영등포의 경우 지역(문래동)의 문화예술활동가들이 많기에 사업에서도 이런 특성이 반영된다. 셋째, 혁신교육에 대한 이해수준과 민간의 역량에 따라 사업의 내용이 달라질 수 있다. 예를 들어 성북과 같은 지역은 '인권이 살아 있는 교실'과 같이 혁신교육의 취지에 매우 부합하는 사업을 펼치고 있는데 이는 성북지역이 전통적으로 시민사회운동이 잘 발달되어 있고 그만큼 영향력을 발휘하는 지역이기에 가능했을 것이다.

2017~2018년 혁신교육지구 운영 방안 중 마을-학교 연계 사업에서 특별히 강조했던 것이 있는데, 그것은 마을방과후활동체제 구축이다. 방과후활동은 혁신교육지구사업에서는 통상 마을방과후로 표현한다. 이는 사익을 추구하는 업체 소속이나 개별적으로 학교와 계약관계를 맺고 있는 방과후 강사들이 하는 수업과 구분하기 위한 것이기도 하다. 마을방과후활

동은 다시 두 가지로 나뉜다.

첫째, 마을의 인적 역량들이 현행 학교의 방과후교실의 강사로 들어가는 방식이다.

이는 학교의 입장에서 보면 한편으로는 기존의 방과후교실에 없던 새로운 프로그램을 제공할 수 있는 가능성도 있지만, 다른 한편에서는 이미 검증된 기존방과후강사가 아닌 새로운 사람들을 받아들여야 한다는 점에서 부담이 아닐 수 없다. 학교의 이러한 태도는 마을의 입장에서는 주민들이 방과후활동에 참여하여 마을교육공동체를 조성하는 데 이바지할 수 있는데도 학교가 미온적으로 대하거나 행정편의주의로 나온다고 오역될 수 있다. 그런데 학교 본연의 임무가 방과후활동이나 돌봄교실 운영에 있지 않았음을 상기한다면 학교의 이러한 반응 또한 결코 이해 못 할 바는 아니다.

중요한 것은 현재의 방과후 시스템을 그대로 두면서 마을교사들을 학교 방과후로 진입시키려는 것 자체에서 문제가 발생한다는 점이다. 이 말은 마을교육활동가들이 학교 방과후에 참여해서는 안 된다는 의미가 아니라, 현재의 방과후가 시장의 논리로 작동되고 있는 현실, 방과후 업무가 정규 교육과정을 방해할 만큼 학교에 부담이 되고 있는 교육 현실을 바꾸려는 노력과 맞물려야 한다는 것이다. 예를 들어 비록 지역의 아동청소년을 위한 공간이 턱없이 부족하고, 맞벌이 등으로 돌봄의 문제가 존재하기에 어쩔 수 없이 학교공간에서 방과후활동이 이루어진다고 할지라도, 그 운영을 학교가 아닌 지역사회 즉 지방자치단체와 시민사회단체가 담보하는 방안을 모색해야 한다.

둘째, 마을에서 방과후활동을 진행하는 것이다.

이는 다시 마을의 다양한 공간을 활용하여 방과후활동을 마을교육활동 가들이 중심이 되어 운영하는 유형과 자치단체나 협동조합이 학교에서 진행하는 방과후학교를 운영하는 형태로 분화되어 발전하고 있다.

마을의 다양한 공간을 활용하는 방과후활동의 대표적인 예로는 노원의 '마을학교'를 들 수 있는데 이는 자치구가 직접 집행하는 사업으로 이는 지역의 협동조합, 개인, 단체, 기관 등이 제안하는 방과후 프로그램에 대한 예산을 지원하는 방식이다. 방과후활동의 장소도 매우 다양해서 놀이터, 가정집, 학원 등 다양하게 제공 활용되고 있다. 한편, 서대문, 동작의 경우 동주민센터를 개방 활용하여 마을방과후를 운영하기도 하며, 관악이나 양천, 은평, 금천 등의 경우 관내의 크고 작은 도서관을 활용하여 방과후활동을 진행하기도 한다.

한편 자치단체가 학교에서 진행하는 방과후활동을 운영하는 실험도 시작되었다. 이는 지난 2016년 11월 11일 서울시교육청이 도봉구와 노원구, 성북구, 강북구, 은평구, 구로구, 금천구, 양천구 등 서울 9개 자치구와 협약을 맺고 마을방과후학교 사업을 올해부터 시범 운영키로 한 것으로부터 본격화되었다. 특히 도봉구는 2017년 2월 서울북부교육지원청과 도봉초등학교 등 4개 초교, 방학중학교 등과 업무협약을 맺고 '도봉형 방과후활동'을 시범 실시하고[33] 계속 확대할 계획이라고 한다.

마을방과후와 관련해 주목할 것은 협동조합을 통한 방과후활동을 담보하려는 시도이다. 이는 다시 학교협동조합과 마을교육협동조합으로 나눌 수 있다. 전자는 학교구성원인 교사, 학부모, 학생이 직접 학교협동조합을 구성하는 것으로 초기에는 매점 운영을 중심으로 형성되다가, 최근에는 방과후 운영을 목표로 하는 학교협동조합이 생겨나고 있다.

사실 학교협동조합은 한국만의 특수한 사례가 아니다. 말레이시아의 경우 1953년부터 학교협동조합이 운영되기 시작했고, 2013년 기준으로 말레이시아에 존재하는 1만 587개의 협동조합 중 2,097개인 전체 1/5이 학교협동조합이며 조합원 수가 177만 명에 달한다고 한다. 사업도 매우 다양해서

33. 서울신문(2017. 2. 10). 「"방과후활동 책임져요" 도봉 마을학교」.

수학여행, 세탁소, 농업, 기념품 제작 등 학교 내에서 소비하고 생산하는 사업의 대부분을 학교협동조합 방식으로 수행하고 있다. 프랑스의 경우에는 1936년 교육부 장관이 학교협동조합을 장려하는 공문이 발표된 후 꾸준히 증가하여 프랑스 학교협동조합중앙회가 공식적으로 활동해 온 지 80여 년이 되는 현재 전국 102개 지역에서 5만 개의 소규모 조합으로 400만 명이 활동하고 있다고 한다. 프랑스 학교협동조합의 핵심은 '학생과 교사의 공동프로젝트'에 있다. 어떤 과업을 수행할지는 학생들이 결정하고, 프로그램 진행이 필요한 재원 마련을 위해 스스로 아이디어를 제시하고 지출과 관련한 사항도 함께 결정한다. 이를 테면 자발적인 기부와 조합원 보조금, 축제, 자선바자회, 졸업 앨범 할인 판매 등을 활용해 자금을 모으는 것이다. 학생들은 다양한 역할과 직무를 수행하는데, 회의 의장, 도서관 관리자, 중재자, 학교 신문기자까지 각자의 역할을 통해 법, 정의, 권리의 관계에 관심을 가지며 성장한다. 이렇게 협동조합은 교육현장과 협동의 가치가 긴밀히 연결되어 자주적이고 연대하는 시민양성을 위한 강력한 교육수단이 되는 것이다.[34]

이러한 흐름과 더불어 서울시교육청도 학교협동조합을 지원하고 있다. 2015년 관련 연구에서는 방과후학교동조합은 무엇보다 학교협동조합의 형식을 취해야 하고, 학교의 3주체인 학생, 학부모, 교직원을 중심으로 하여 뜻을 같이하는 지역 주민 그리고 방과후학교 강사도 조합원으로 참여할 수 있을 것으로 제안했다.[35] 2017년을 기준으로 서울의 학교협동조합은 총 14개이며 그중 4개가 방과후학교협동조합으로 양천구 양화초, 도봉구 월촌조, 송파구 신천초, 성동구 금북초 등이 방과후학교 운영을 한 바 있다.[36]

한편, 마을교육공동체 조성에서 학교협동조합과 더불어 주목할 것은

34. 박주희·주수원(2015). 『만들자, 학교협동조합』. 맘에드림, 151~154쪽, 169~175쪽.
35. 서울특별시교육청(2017). 『방과후학교 협동조합 운영 방안 연구』. 44쪽.
36. 서울특별시교육청. 「2017년 학교협동조합 활성화 추진계획」. 2쪽.

'마을교육협동조합'이다. 혁신교육지구사업을 전후로 교육 관련 협동조합들이 만들어졌으나, 대체로 특정 교육 콘텐츠를 중심으로 하는 일반협동조합이었다. 그런데 최근에는 이윤이 발생했을 때 일반협동조합처럼 조합원들에게 분배하지 않고, 사회적 환원을 목표로 하는 사회적협동조합이 생겨나고 있다. 대표적인 것이 양천구의 양천나눔교육사회적협동조합이다.

2015년 양천구는 마을강사양성과정을 수료한 마을교사, 학부모사업을 통해 결집된 학부모들, 학부모진로코칭단 등 마을의 다양한 인적 역량들을 대상으로 마을교육사회적협동조합 설립을 위한 교육을 진행했다. 교육 프로그램은 사회적경제에 대한 개괄, 마을교육공동체와 교육협동조합, 사회적 협동조합에 대한 이해, 협동조합의 설립과정, 현장 탐방 등으로 구성했으며, 2015년 10월 한 달 동안 총 8회에 걸쳐 진행되었다. 이후 마을교육사회적협동조합에 동의하는 발기인 모집을 가졌으며 10차례가 넘는 토론 끝에 마을교육, 진로교육, 학부모교육 등을 중심으로 분과를 구성하기로 했다. 그리고 2015년 12월 창립총회를 거쳐 2016년 4월 교과부로부터 인가를 받아 법인등록을 했다.

양천나눔교육사회적협동조합은 현재 혁신교육지구사업으로 초등학교 3학년생들의 마을탐방과, 주말 가족탐방, 학부모를 위한 '학교로 찾아가는 인문학 강좌' 등을 위탁 운영하고 있으며, 최근에는 중학생들이 직접 문화 해설사가 되어 자신이 지정한 탐방코스의 유적지를 설명해 주는 '역사 시그널'이라는 프로그램을 개발하여 운영했다. 또한 한 초등학교가 공사 등으로 여름방학 기간 동안 방과후 운영이 불가능해서 학교에서 마을방과후 형태로 운영해 줄 것을 의뢰했는데, 이에 응하여 2017~2019년 여름방학 동안 총 20여 개의 프로그램을 진행했고 향후에도 이어질 전망이라고 한다. 뿐만 아니라 전문가, 교사와의 협력에 기초한 학교폭력예방 교육연극 프로그램 개발, 전래놀이 강사단 양성, 민주시민교육 프로그램 개발 등 다양한 마을교육 콘텐츠를 개발하여 운영하고 있다.

대체로 학교와 마을의 연계에서 학교는 정규수업에 집중하고 방과후와 돌봄은 지자체나 마을이 담보하는 방향으로 설정되는 경향이 힘을 얻고 있다. 앞서 살펴보았듯 방과후학교 운영을 지자체로 이관하는 사례도 나타나고 있고, 학교협동조합이나 마을교육협동조합이 운영하는 실험도 진행 중이다. 또 돌봄교실 운영을 마을과 결합하여 운영하는 사례도 있다. 이러한 사례는 장기적으로 방과후학교 관련 법안 제정 등과 연동되어 교육에 대한 지역사회의 책무성을 확대하는 방향으로 나아갈 가능성이 높다. 그리고 이는 한국만의 특수성이 아니다.

미국만 하더라도 방과후활동을 지역사회에서 지원하는 체계를 갖추고 있다. 예를 들어 클린턴정부 시절부터 21세기 지역공동체학습센터21st Centry Community Learning Centers를 설립하여 방과후활동을 담보하도록 했다. 프로그램 운영을 위한 인적자원은 자원봉사자, 지역사회 인사, 대학생 멘토, 교사, 학부모에 이르기까지 다양하며, 연방정부와 주 보조금, 지역자체 기금 등을 통해 운영되고 있다.[37]

북유럽 교육선진국의 경우에도 방과후활동은 지방정부가 책임지는 경우가 대부분이다. 필자는 2016년 북유럽의 스웨덴, 덴마크, 핀란드 등을 탐방했는데, 이들 나라에서는 학생들의 방과후활동을 위한 교육문화공간을 지방정부가 운영하고 있었다. 필자가 방문한 스웨덴의 나카문화센터NACKA KULTUR CENTRUM의 경우, 1800년대 디젤 공장으로 사용되던 건물을 개조하여, 2002년부터 문화센터로 활용하고 있었다. 이 센터는 지역 역사박물관, 공연장Nacka konsthall-the art gallery, 학교 극장School courses & school cinema, 광장The Arena-the plattform for social innovation과 도서관을 갖추었으며, 휴일 및 학기 과정, 일요일 과정Verkstaden & Creating Sunday을 운영했다. 나카문화센터는 나카 코뮌(지역, 마을)의 학교들과 협약을 맺고, 지역의 학

37. 김홍원 외 공저(2016). 『방과후학교 교육개론』. 동문사, 133쪽.

생들은 1년에 9개의 액티비티 프로그램을 경험할 수 있도록 하는데, 학교에서 경험할 수 없는 다양한 문화, 예술, 체육활동을 제공하고 있었다.[38]

이처럼 학교와 마을의 연계는 장기적으로는 학교와 마을이 각자의 역할을 분명히 하면서도 서로를 보완하는 방식으로, 그리고 학교와 지역사회가 함께 교육에 대한 책무성을 담보하는 방식으로 발전하고 있다. 이 과정은 민·관·학 거버넌스를 통해서 가능할 것이다. 이를 통해 교사, 학생, 학부모, 주민이 서로를 대상화하는 것이 아니라 가르치고 배우며 더불어 성장하는 교학상장敎學相長의 관계를 형성하게 될 것이다.

나. 청소년 자치활동

서울형혁신교육지구의 필수 사업 중 두 번째는 청소년 자치활동이다. 마을교육공동체와 관련하여 우리는 특별히 청소년 자치활동에 관심을 가질 필요가 있다. 미래 사회가 요구하는 핵심역량 중 하나는 자율적으로 행동하는 능력이다. 그런데 이는 자기주도형 학습과 같은 협소한 의미로 이해되어서는 안 된다.

앞서 살펴본 것처럼 기술 발전에 따른 사회 변화는 더 이상 과거와 같은 지식주입교육, 주어진 문제의 주어진 정답을 주어진 시간에 찾는 문제풀이 교육을 시대착오적인 것으로 만들고 있다. 또한 변화의 속도가 빠르고, 그 양상이 매우 불확정적인 사회에서는 나 혼자 똑똑한 사람이 아니라 다른 사람과 소통할 줄 알고 협력하여 문제를 해결할 줄 아는 능력을 가진 사람을 요구로 한다. 이를 반영하듯 최근 대기업들도 인재 선발의 기준자체를 바꾸고 있다.[39]

한편, 교육의 목표는 전인적인 발달을 통해 자율적인 인간을 만드는 것인데, 현재의 입시경쟁 교육은 그것을 불가능하게 만든다. 학교와 교사는

---

38. 목민관클럽(2016). 『북유럽 청소년진로교육 연수 보고서』, 23~24쪽.
39. 『경기일보』(2017. 7. 24). 「스펙보다 열정·직무역량… 블라인드 채용 '옥석가리기'」.

학생들을 통제하고 감시하는 역할을 하고, 학부모들도 더하면 더했지 덜하지 않은 감시자 역할을 하고 있다. 그런데 교사와 학부모가 강제하는 규율에 익숙해진 학생들은 성인이 된 이후에도 스스로 판단하지 못하는 존재가 된다. 이는 사회 전체적으로 보면 체제에 순종하는 수동적인 인간을 양성하게 되고, 그만큼 그 사회는 비민주적으로 퇴행하고 역동성을 상실하고 정체된다.

창의적인 사고, 비판적인 사고, 협력적인 문제해결 능력이라는 미래핵심역량은 어떻게 함양될 수 있을까? 학생들이 자율적인 존재로, 민주시민으로 성장할 수 있는 가장 효과적인 방법은 무엇일까?

그것은 바로 청소년들의 자치활동이다. 청소년 자치활동은 학생들이 타인에 의해서가 아니라, 스스로 자신들의 행동규범을 만들어 나감을 의미한다. 그동안 학생들에게 학칙은 외부적으로 주어진 것이었고, 그것에 대해 수동적으로 따르기만을 강요받았다. 그러나 만일 학생들이 함께 토론과 합의를 통해 규칙을 만들어 나간다면, 상황은 달라질 수 있다. 학생들은 학급회의, 학생회활동, 동아리활동 등 각종 학생 자치활동을 통해 민주적인 토론과 의사결정의 기술을 습득하게 되며, 이를 통해 민주사회의 참여적인 시민이 될 수 있다.

부정직한 행동, 파괴적인 행동, 폭력, 성희롱, 인종적 차별, 스포츠맨십의 결여 등의 문제들은 학생들만의 또래 문화 속에 내재되어 있는 것으로 성인의 개입만으로 해결할 수 없다.[40] 즉, 학생 자치활동으로 통해 스스로 규범을 만들어 해결하는 것이 가장 효과적이며, 이렇게 일상의 학교생활에서 민주주의를 경험하고 실현할 수 있어야 한다.

한국의 청소년 자치활동의 현황은 어떤 수준일까? 2016년 서울시의 연구결과는 이에 대해 매우 부정적으로 진단하고 있다.[41]

---

40. 토마스 리코나 지음, 유병열 외 공역(2016). 『인격교육의 실제』. 양서원, 325~326쪽.

먼저, 학교별 학생회 자치활동을 보면 학생들은 여전히 자치의 주체로 인정받지 못하고 자기결정권을 존중받지 못하고 있다. 청소년 자치활동에 한 낮은 인식과 교사의 업무 부담으로 자치와 자율을 경험할 수 있는 시간이 매우 부족하다. 또 학생회 임원활동(자치활동)을 스펙 쌓기의 기회로 여기는 경향이 있고, 소수를 위한 활동으로 왜곡될 수 있다. 서울시나 교육청 차원에서 학생회 지원을 포함하여 다양한 지원사업이 있음에도 실제로 다수의 평범한 학생들의 의견이 반영되기 어려운 구조이다. 혁신학교를 비롯한 일부 학교의 학생자치활동이 매우 혁신적으로 운영되고 있음에도 불구하고 이러한 사례가 일반화되기에는 관료주의적 학교문화, 청소년에 대한 전근대적인 사고방식으로 많은 어려움을 겪고 있다.

다음은, 학교 밖(지역사회) 자치활동이다. 청소년수련시설을 중심으로 운영되는 청소년운영위원회가 있음에도 대다수 청소년들의 관심 밖에 있으며, 실제 운영에 대한 권한을 부여하고 있지 못하다. 일부 자치구별로 청소년참여위원회나 청소년의회가 활성화되고 있으나, 참여하는 청소년들이 소극적이거나 대학 진학을 위한 스펙 쌓기에 머무르는 경향이 있다. 그나마 혁신교육지구사업과 연계하여 청소년토론과 원탁토론 등이 새롭게 시도되면서 가능성이 확산되고 있으나 아직까지는 다수 학생들의 참여에 기초하여 운영되는 수준으로 확장되고 있지 못하다.

이러한 현실 진단에 근거하여 서울시교육청도 그간 적지 않은 노력을 기울여 왔다. 교육청은 학생 자치활동에 대해 '학교에서 학생 스스로 자율과 참여를 바탕으로 학생조직(학생회, 동아리) 구성 및 주도적인 활동 전개를 통해 학생의 권리 옹호와 민주시민의 자질을 키워 가는 활동 전체, 교사의 지도를 최소화하는 가운데 학생들이 자주적이고 자율적으로 참여하고 운영해 나가는 활동, 자율과 책임이 존중되고 과정과 절차를 중시하는 민주

---

41. 아래 내용은 이를 요약한 것이다. 서울특별시의회(2016). 『서울시 청소년 지원 정책 행·재정 지원 체제 개편 방안』, 11~12쪽.

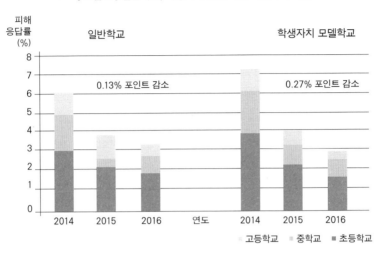

[그림 2] 일반학교, 학생자치 모델 학교 학교폭력 비교

서울시교육청 「2017 학생자치활동 활성화 지원 계획(안)」에서 인용

주의 관점에서 학생들이 자기 삶의 문제 및 공적 관심사에 대해 판단·참여하는 활동' 등으로 규정하고 학생자치법정, 학급회의, 학생회 등의 자치활동을 권장 지원하고 있다. 실제 2016학년도 학생자치 모델 학교 운영 결과 일반학교에 비해 학교폭력 피해 응답률이 2년 연속 줄어드는 긍정적 효과가 나타났으며, 특히 학생자치활동을 통한 학교폭력예방 효과는 학교폭력 피해 응답률이 절반 이상으로 줄어든 초등학교에서 가장 큰 것으로 나타났다.[42]

2017년 서울형혁신교육지구 지정운영 방안 연구에서도 학생자치활동을 필수 과제로 설정하게 했다. 주요하게 학생회활동 외에도 청소년 의회, 청소년 참여위원회, 청소년 참여예산제 등 자치구 특성에 맞는 유형의 개발을 권고했으며, 문화예술, 진로탐색, 학술활동 등의 다양한 동아리활동과 함

---

42. 서울특별시교육청. 「2017 학생자치활동 활성화 지원 계획(안)」, 4~7쪽.

께 지역사회연계 교육봉사활동을 강조했다.[43]

서울형혁신교육지구에 참여하는 자치구들의 아동청소년 자치활동 사업으로 구체적으로 어떤 것이 있을까? 이를 표로 정리하면 다음과 같다.

[표 7] 서울형혁신지구의 청소년 자치활동

자치구	청소년 자치활동 종류
동대문	청소년 기획단 몽땅 프로젝트, 청소년 자치활동 뜰끼
마포	청소년위원회 구성, 청소년 스스로 동아리 프로젝트, 청소년마을운영위원회 시범운영, 청소년 UCC 페스티벌
서대문	청소년 의회 활동 지원, 청소년참여예산제, 청소년연합축제지원
은평	청소년사회참여 프로젝트 '신나는 상상', 청소년참여자치캠프 '꿈꾸라 캠프', 학생회 역량 강화 프로그램, 은평대전(은근히 평범한 대학생 언니, 오빠들의 전공이야기), 청소년기자단 '안다미로', 혁신교육축제 청소년기획단 '다이나마이트'
구로	구로청소년자치연합 운영, ON볼런티스쿨 운영, 구로 청소년 원탁토론회, 구로청소년여름방학자치문화캠프, 학생의날 자치활동 공동캠페인, 구로청소년 축제
금천	학교내 청소년 자치역량 제고사업(학생회보조금) 지역내 청소년 자치역량 제고사업(금천구 청소년의회), 청소년 문화역량 제고(동아리 지원, 학교로 찾아가는 노동인권교육 등)
영등포	청소년자치연합 운영, 자몽 프로젝트 운영, 청소년자치한마당(청소년축제)
도봉	개(開)판 5분전 프로젝트 지원사업, 도봉구 학생회 네트워크 지원사업, 청소년 축제 '도발' 지원, 도봉구 참여청소년 희망총회
노원	학급 자치활동 지원, 마중물프로젝트, 청소년 창업박람회, 시작된 변화, 별별가게
용산	꿈과 끼를 키우는 동아리활동 지원, 마을탐방 연합 동아리활동 지원, 뉴스포츠 페스티벌 지원, 청소년을 위한 노동인권 프로그램 운영, 용산구 청소년의회 준비위원회
종로	청소년 동아리 지원, 학생 자치실 리모델링 지원, 동Go동樂(뉴스포츠페스티벌), 종로通아리 발표회
중구	청소년자치연합회 운영, 우리마을역사체험 운영, 청소년축제 중구야호 운영
강동	학생 자치활동 네트워크 아름드리, 우리학교 문화예술 동아리 및 달달콘서트, 무모한 도전, 청소년 동아리 지원
강서	학생자치연합회, 학생 참여예산제, 연합동아리 지원, 청소년 프로젝트 동아리 지원
양천	청소년참여위원회, 청소년주도형동아리 운영, 교육축제한마당 청소년부스 및 공연운영, 사회 참여형 동아리 활동 지원

---

43. 서울특별시교육연구정보원(2016). 『2017 서울형혁신교육지구 주요 운영방침 연구』, 75~76쪽.

서초	청소년 동아리실 환경개선, 학생봉사 동아리 지원, 학생자치연합동아리 운영, 서초 청소년 JOB 페스티벌
동작	청소년 의회, 혁신교육지구 청소년분과 운영, 학생회연합 프로젝트, 아무거나 프로젝트 운영
관악	청소년 자치 동아리 활동 지원, 청소년 자치의회, 청소년 창업동아리 지원, 청소년 기자단 운영, 학생회실 마련 지원
성동	학생 자치활동 개선 지원, 청소년 연구프로젝트 지원, 청소년 자치연대, 청소년 마을동아리 지원, 성동 별빛캠핑 스쿨
광진	광진 아동청소년의회 운영, 청소년 동아리 열린토론회, 청소년자치 홈페이지 구축, 학생자치활동 환경개선 지원, 연구형학생동아리 지원, 학교 밖 청소년지역활동 동아리 지원
성북	청소년자치활동네트워크 활성화, 청소년 동아리 지원, 아동청소년 마을축제
강북	학생회실 리모델링 지원, 동아리 지원, 학교별 릴레이 토론회, 청소년 연합 페스티벌, 마을속 학생동아리 지원

이와 같이 청소년 자치활동은 매우 다양한 형태로 전개되고 있다. 우선 청소년 자치연합이나 자치위원회를 운영하는 사례를 들 수 있다. 대표적으로 영등포는 '유자청'이라는 청소년자치연합을, 구로는 '그린나래'라는 청소년자치연합을 운영하고 있다. 양천은 청소년참여위원회를, 강서는 자치연합을 운영하고 있다. 다음 청소년의회를 운영하는 사례로 마포, 서대문, 동작, 금천 등을 들 수 있다. 특히 금천의 경우 청소년의회가 청소년 관련 예산에 참여할 수 있는 주민참여예산제도를 활용하고 있다. 이는 주민들이 제안한 교육 및 청소년 사업을 금천구청소년총선거를 통해서 뽑힌 청소년의원이 직접 심의·의결하는 방식이다.[44]

청소년 동아리 지원사업도 매우 활발하다. 일례로 영등포는 '자몽夢 프로젝트'를 진행 중인데 이는 '자유롭게 꿈夢꿔라!'라는 뜻을 가진 청소년 자치 동아리 지원 사업이다. 프로젝트 선정은 서류심사 → 면접심사 → 사전교육의 과정을 통해 이루어지며, 면접심사는 프레젠테이션, 스피치 등

---

44. 『아시아경제』(2017. 8. 24). 「금천구청소년의회, 교육 청소년 예산 13억 3,000만 심의·의결」.

5분 이내의 자유로운 형태의 발표로 진행된다.[45] 이러한 청소년 동아리 지원 사업은 동작구의 '아무거나 프로젝트', 강동구의 '무모한 도전'도 유사한 방식으로 진행된다.

필자는 동작구와 강동구의 청소년 지원사업의 심사위원으로 참여했는데, 초등학교에서부터 고등학교까지 다양한 연령대의 학생들이 톡톡 튀는 아이디어를 가지고 와서 직접 프레젠테이션을 하고 자신들의 만든 프로그램을 설명하고 지원을 호소하는 모습을 보면서 깊은 감명을 받았다. 마을교육공동체는 이렇게 청소년들이 더 이상 통제의 대상이 아니라 자율적인 주체로 민주시민으로 성장할 수 있는 교육여건을 마련해 주고 지원하여 전인적인 발달을 돕는 것에 그 의미가 있다 할 것이다.

청소년 자치활동에 대한 지원은 앞서 언급했듯이 가장 효과적인 민주시민교육일 뿐만 아니라, 청소년들이 미래 사회를 살아갈 수 있는 역량을 기르는 데에서도 매우 효과적일 수 있다. 최근에는 이른바 '학습자 주도성'을 강조하는 경향이 확대되고 있는데, 이는 미래학교의 핵심적인 내용이 된다. 이에 따르면 지금은 교육의 시대에서 학습의 시대로 변화하고 있으며, 이때 학습은 개인이나 공동체로부터 시작되며 반드시 학교와 같은 제도화된 교육기관에서 이루어질 필요는 없는 것으로 간주된다. 즉, 학습하고자 하는 욕구는 자연스러운 것으로 생물 유기체가 생존하고 진화하기 위해 필요한 필수적인 속성으로, 한편에서는 현재에 적응하기 위해 자신을 변화시키는 것과 함께 다른 한편에서 끊임없는 자기 혁신을 통해 현실을 바꾸어 나가려는 미래지향성을 가지는 것으로 파악된다.[46]

이런 점에서 청소년 자치활동은 향후에도 지속적으로 권장되고 배치될 필요가 있을 것이다. 단지 지식을 전달하는 교육이 아니라 삶을 살아갈 수

---

45. 일요신문(2017. 5.1 9). 「영등포구, 청소년 자치 동아리 최대 100만 원 지원」.
46. 조윤정·김아미·박주형·정제·홍제남(2017). 『미래학교 체제연구: 학습자 주도성을 중심으로』. 경기도교육연구원, 39쪽.

있는 힘, 즉 역량을 스스로 기를 수 있도록 돕는 것이 진정한 교육이라면, 청소년 자치활동의 중요성은 아무리 강조해도 지나치지 않으며, 이렇게 자치능력을 스스로 키운 학생들은 체제에 순응하는 수동적인 국민이 아니라, 민주시민으로 우리 사회의 지속가능한 미래를 만들어 나갈 것이기 때문이다.

다. 민·관·학 거버넌스를 통한 마을교육공동체 형성

서울형혁신교육지구사업에서 2015~2016년과 2017~2018년에도 반복적으로 강조되었고 또한 필수 사업으로 빠지지 않은 것은 거버넌스였다. 그리고 그 목표는 지속가능한 혁신교육 추진을 위해 지구의 민·관·학이 만나 아동청소년이 행복한 교육을 지원할 수 있는 학교-마을교육공동체를 만드는 것에 있었다. 그렇다면 이 사업에 참여하는 22개 자치구는 어떤 노력을 하고 있을까? 2018년에 초에 나온 「서울형혁신지구 중간평가 보고서」를 근거로 아래와 같이 정리해 보았다.

[표 8] 서울형혁신교육지구의 마을교육공동체 형성 노력 현황

자치구	다양한 교육자원 네트워크 구축	방과후 아동청소년 활동 지원
동대문	마을교육활동공동체 지원사업, 마을강사 양성과정	전래놀이, 우리 고장 탐방(마을해설사)
마포	의제별 포럼, 주체별 위원회구성, 지역내 교육관련단체 네트워크 구축, 마을교육 콘텐츠 발굴	마을방과후 동아리 거점 확보, 마을돌봄 거점 확보, 마포문화예술 꿈타래 엮기 등 프로그램 운영
서대문	창의체험한마당(학부모분과), 우리마을 강사(아이 엠 샘), 책 읽고 토론하는 마을과학교, 달팽이학교	토요동학교, 누구나프로젝트, 진로직업 체험 확대 운영
은평	학교-마을연계를 위한 협의회체계 구축, 기관(단체)간 협력을 위한 네트워크 구축, 마을교육자원 발굴 및 연계를 위한 웹서비스 구축	마을방과후 시범운영 지원, 마을과 함께 하는 학교전환기 사업, 청소년 위기 지원사업, 지역아동센터방과후교육자원연계, 아동청소년안전망 구축, 마을돌봄생태계 살리기
구로	온마을대학, 주경야독(강연), 다문화협의회	온마을 놀이터(학부모분과), 튼튼교실(마을분과)

금천	엄마가 지어 주는 책복음밥, 우리 동네 척척박사, 텃밭 가꾸기, 몸의학교, 우리학교마음약방, 금천교육복지센터 별별철학원	나래품방과후학교, 포근센터(유휴교실 활용) 설치
영등포	기관과 단체들의 컨소시엄 구성, 문래지역 예술단체 네트워크 강화, 학교부적응 학생지원 통합 시스템 구축(드림하이교실), 다문화지원(드림투게더)	사회적기업연계 방과후학교 운영, 학교 밖 마을방과후(n개의 삶-n개의 학교), 엄마아빠와 함께하는 우리 동네 작은 도서관, 동네배움터
도봉	관내 아동청소년기관 네트워크 형성(진로직업체험센터, 교육복지센터, 지역아동센터, 청소년수련관, 청소년문화의집, 종합사회복지관, 구립도서관, 청소년상담복지센터, 청소년성문화센터, 도봉문화원)	도봉형마을방과후 운영 방과후 마을학교 지정운영
노원	마을학교강사, 문예체협력교사 역량 강화교육	마을학교(1,000개 운영)
용산	지역 내 문화시설연계 다문화가정 적응력 강화 프로그램, 대학연계 마을교과서 개발, 과학동아천문대 연계 청소년 우주과학 프로그램	마을탐방 연합동아리, 만초천 환경보호 활동, 청소년 공연예술 창의 체험활동
종로	마을교육공동체, 교육단체, 마을강사, 문화예술, 독서, 박물관, 미술관, 골목길 해설사 대표로 분과위원회 구성, 진로직업체험센터연계 학부모진로코치단 운영	종로마을학교공모사업 학부모창의혁신프로젝트
중구	마을강사 양성과정 운영	을지로 청년예술가 마을방과후활동 독서캠프운영, 배움한모금(인문학교육)
강동	강동마을교사학교 운영	마을속 선택학교, 주민설계형 학습콜링제, 마을속 대안교실
강서	마을교육자원 네트워크 구축, 마을교육공동동체 네트워크 활성화를 위한 역량강화연수, 학부모 네트워크 조성	마을결합형 방과후 프로그램 지원, 찾아가는 창의인성 체험학교 공모, 지역사회연계 방과후 돌봄 시범운영
양천	공간적 네트워크 확대, 교육자원 네트워크(마을자원자료집, 마을교육 콘텐츠자료집 제작, 교안 제작) 마을강사 보수교육, 마을탐방해설사 보수교육, 혁신교육지구 워크숍	거점형 마을방과후 운영 해누리 마을방과후 운영 신남초 여름방학방과후 시범운영 지역사회우수콘텐츠 방과후 지원
서초	청소년 유관 기관과 협력 공모사업, 청소년진로직업박람회	종합예술 인형극, 학부모 독서 멘토 양성, 북소리 어울마당, 주민참여형 마을학교 지원, 정서 감성 보습 프로그램 '음감미감', 소프트웨어 코딩교육, 3D 세상

동작	마을교육풀 콘텐츠 자료집 발간, 마을 교육자원 현장 탐방 체계 구축, 마을탐방 해설사 양성, 비영리단체와 협업, 학교-동주민센터-교육단체 연계 동마을 운영 협의회, 마을강사 네트워크 역량 강화	삼동이 마을학교(학교, 동, 민) 마을이 학교다 운영
관악	학부모 분과 운영, 부모 독서 동아리 활동 지원, 학부모 보늬샘 양성, 마을강사 문화예술인 워크숍 지원, 진로교사 협의회 운영	마을 유휴공간 활용 거점 마을 방과후, 토닥토닥 마을학교, 진로코칭 모두맘, 심리상담 모두맘, 테마별 우리마을 보물찾기, 지역아동센터 연계 느린성장아동 지원
성동	학부모 보늬샘 양성, 찾아가는 독서토론 교육, 더! 함성 심리상담 프로그램운영, 마을교육컨퍼런스, 혁신교육 온마을 축제, 퍼실리테이터 양성, 마을해설사 양성	진로체험 Youth Navigation, 온마을 체험학습장 및 온마을지도사운영, 지역아동센터 문예체 지원
광진	마을자원 발굴, 학부모 보늬샘 양성	이음강사 홍보책자 제작 배포, 도서관 연계 책 읽는 광진 만들기, 영어나눔학교, 취약계층 청소년 악기지도
성북	안전한 마을품 틈새돌봄, 동교동락(마을-학교-동연계), 공감소통(워크숍, 간담회, 교직원마을투어)	동교동락 마을프로그램 운영, 마을방과후 시범운영
강북	사업별 팀 운영, 마을배움터 간 융합 프로그램 운영, 교사, 마을교사, 배움교사, 학부모 대상 연수 실시, 청소년지원 활동가 역량 강화 아카데미, 협력종합예술활동 강사 인력풀 구축, 강북교육자원 지도 제작, 마을 멘토 협업체계 구축	마을배움터 방과후 프로그램 지원, 작은도서관 공간 활용 틈새돌봄, 장애학생 사회통합지원 파워워킹 프로그램, 지역아동센터 문화예술체육프로그램 지원, 동아리별 마을멘토 지원

마을교육공동체 조성을 위해 자치구 저마다의 특성을 감안하여 진행하고 있음을 알 수 있다. 이를 다시 정리하면 다음과 같은 유형으로 분류할 수 있을 것이다.

먼저 교육자원 네트워크 구축의 경우, 기존의 아동청소년 유관 기관, 단체들과 협의회 혹은 협력체계를 중심에 두는 경우, 마을교사(강사) 양성 및 연수에 중심을 두는 경우, 마을교육자원의 목록 및 콘텐츠 자료집을 만드는 경우, 학부모 대상 교육사업 및 학부모네트워크 조성에 중심을 두는 경우 등으로 나눌 수 있다.

그런데 기관들과 단체들을 중심으로 협의회나 협력체계를 꾸리는 것은 민간의 역량이 충분히 성장하지 못한 경우 초기에는 불가피한 선택일 수 있으나, 장기적으로 볼 때는 반드시 바람직한 모델이라 할 수 없을 것이다. 왜냐하면 아동청소년 유관 기관 거의 대부분은 시청, 구청 소속으로 불가피하게 관의 성격을 갖기에 결국 이런 협의체 구조는 관 중심 논의를 벗어날 수 없을 것이기 때문이다. 또 지역의 비영리단체들, 교육 관련 비영리법인들이 참여한다고 할지라도 이들 법인, 단체에 소속되지 않은 사람들의 의견을 반영하기 어렵다는 단점을 갖는다. 필자가 컨설팅을 위해 민·관·학 거버넌스 회의라고 해서 가 보니, 구청이나 시청에서 운영하는 아동청소년 유관 기관들을 모아놓은 경우도 왕왕 있었는데, 이런 방식은 민간 역량과 자원을 네트워크화하기보다는 제한된 예산을 기존의 사업단위에 재배분하는 것에 그칠 수 있는 위험을 결코 배제할 수 없다.

한편, 교육자원 구축을 위해 마을교사 혹은 마을교육활동가를 발굴하고 양성하는 것은 매우 중요한 사업이라 하지 않을 수 없다. 마을교육공동체 조성을 위해서는 마을의 교육역량과 자원을 학교의 교육과정과 연계하거나, 방과후활동이나 돌봄을 지역사회와 함께 운영하거나, 지역사회로 이관하는 과정을 수반한다. 그리고 이 과정에서 마을교육활동가들은 매우 중요한 역할을 한다. 마을교육활동가들 중에는 협력종합예술활동에 참여하는 분들도 있고, 창의체험활동의 강사로 참여하기도 하고, 진로탐색활동의 멘토나 보조강사로 참여하기도 하고, 방과후활동의 강사나 돌봄교실의 강사로 참여하는 등 실로 마을의 다양한 역량을 가진 분들이 학교와 관계 맺음을 맺는다. 때문에 이들의 교수-학습능력, 인권의식의 수준이 매우 중요할 수밖에 없다. 또, 어떤 분야에서 오랫동안 전문가 역할을 했다고 하더라도 실제 학교와 연계하기 위해서는 일정한 검증과정과 연수가 불가피하다. 더욱 중요하게 마을교육활동가를 발굴, 육성하는 것은 그 자체로 마을교육자원의 연계망을 형성하는 과정이 될 수 있다. 서로 다른 분야에서 전문성을 가지고 활동했던 분들이 마을교육활동가라는 이름으로 만나고 소통하고 학교와 협력하는 과정 자체가 교육자원의 네트워크이기 때문이다. 이를 통해 학교장과의 인맥이나 관청기관과 오랫동안 관계를 맺어온 관변화된 단체나 소수의 명망가들을 중심으로 하는 것이 아니라, 마을 곳곳에 숨겨진 고수들을 찾을 수도 있고, 학교와 관청의 관성으로 도저히 보이지 않았던 마을의 교육역량들이 참여할 수 있는 계기가 될 수 있다.

학부모를 대상으로 하는 교육활동이나, 학부모들의 네트워크를 만드는 사업도 매우 중요하다. 학교와 마을의 연계를 기본으로 하는 마을교육공동체 조성을 위해서는 학부모들의 동의가 충분히 이루어질 필요가 있다. 왜냐하면 학부모들이 여전히 입시경쟁 교육 패러다임이 갇혀 있는 한, 교육의 사회적 기능을 선발로만 이해하고, 교육의 목적을 오로지 상급학교 진학에만 초점을 맞추는 학부모들이 다수인 한, 혁신교육이나 마을교육공동체는 어려움을 겪을 수밖에 없기 때문이다. 이런 점에서 학부모들이 건강한 교육관을 가질 수 있도록 하는 교육활동의 중요성은 아무리 강조해도 지나치지 않다. 나아가 학부모들이 교육을 상품이 아니라 보편적인 권리로 인지하고, 스스로를 교육상품의 수요자가 아니라, 교육활동의 참여자로 설정할 수 있도록 해야 한다. 그런데 이는 단지 몇 번의 교육으로만 가능하지 않으며 실제로 학부모들이 교육활동에 참여할 때 가능하다. 이는 수요자로 학교에 와서 민원을 제기하거나, 학교 관리자의 수동적인 동원자원이 되어 거수기 노릇을 하는 것을 의미하지 않는다. 또, 자녀를 학교에 맡겨 놓고 잘하는지 못하는지 감시하는 것이나, 입시에서 좋은 성적을 얻기 위해 아이들을 효과적으로 통제해 달라고 학교와 교사를 향해 압박을 가하는 것을 의미하지 않는다. 학부모들이 교육활동에 참여하는 것은 민주시민으로 학교가 관리자들이나 교사 중심으로 일방적으로 작동하지 않도록 개입하는 것을 의미한다. 이는 더 이상 학부모들이 동원의 대상이 되지 않겠다는 것을 뜻하며, 관리자와 학교운영위원회에 참여하는 몇몇에 의해 의사결정이 이루어지는 것을 방관하지 않겠다는 것을 의미한다.

최근 경기, 서울, 인천 등에서 학부모회 관련 조례가 만들어진 것도 이같은 취지의 산물이다. 즉 몇몇 소수에 의해 학부모들의 의견이 과잉 대표되는 것을 극복하고, 다수 학부모들의 의견이 수렴될 수 있도록 하는 것이다. 나아가 단지 의견을 제시하는 수준을 넘어서 학교 교육활동에 자발적으로 참여하는 것을 의미한다. 비교적 운영이 잘된다고 평가되는 혁신학교나 마을결합(연계)형 학교의 사례에서 확인되듯이 학부모들은 창의체험활동, 방과후활동, 학교협동조합에 참여함으로서 교육의 대상, 동원의 대상이 아니라 교육의 주체로 참여하고 있다. 이런 점에서 혁신교육지구사업이나 마을교육공동체 조성에서 학부모들을 대상으로 하는 연수, 학부모들의 네트워크는 이와 같이 학부모들의 건강한 교육 참여를 추동하는 것을 목표로 해야 할 것이다. 즉, 내 아이만을 고민하는 학부모가 아니라 내 아이 주변의 아이들의 삶도 살펴볼 줄 아는 학부모가 될 수 있도록 해야 한다.

다음 방과후 아동청소년 활동 지원의 경우, 마을방과후학교 운영이 거의 주류를 이루고 있으며, 마을탐방활동, 도서관연계 독서활동, 지역아동센터 연계활동 등 지역 특성에 따라 다양한 활동이 전개되고 있음을 알 수 있다. 그런데 이러한 활동에서 우리가 주목해야 할 지점들이 있다.

그 가운데 하나가 마을방과후 활동을 위한 마을교육 공간을 마련하려는 노력이다. 도봉이나 양천의 거점형 방과후활동이나 서대문의 '토요동학교'가 그러한 예인데, 지역사회의 유휴공간을 찾는 경우도 있고, 토요동학교의 경우처럼 동사무소 공간을 공유하는 사례도 있다. 이런 노력은 매우 고무적이지 않을 수 없다. 그리고 이는 법적으로도 근거가 충분하다. 예를 들어 청소년 기본법 제48조의2항은 청소년 방과후 활동의 지원에 대한 내용으로 '국가 및 지방자치단체는 학교의 정규교육으로 보호할 수 없는 시간 동안 청소년의 전인적全人的 성장 발달을 지원하기 위해 다양한 교육 및 활동 프로그램 등을 제공하는 종합적인 지원 방안을 마련하여야 한다.'라고 못을 박고 있다. 또한 청소년활동진흥법 11조 1항 3호에 의하면 '시 도 시지사 및 시장 군수 구청장은 읍 면 동에 청소년문화의 집을 1개소 이상 설치 운영하여야 한다'고 의무화하고 있다. 그러나 현실은 법에 한참 못 미치고 있다. 방과후활동이 학교가 아닌 지역사회에서 활발하게 진행되기 위해서는 지방정부가 종합적인 지원방안을 마련해야 하며, 그 출발은 마을교육공간의 확보여야 한다. 무엇보다 성인들 위주로 지역사회 공간이 구획되고 재편되고 사용되는 것에 이제는 제동을 걸어야 한다. 다시 말해, 지방정부가 책무성을 가지고 공공적인 공간을 만들어 내고, 아동청소년들의 방과후활동을 위한 공간을 창출하는 데 더욱 적극적으로 임할 필요가 있다.

우리가 주목해야 할 또 다른 지점은 학교와 마을의 연계에 지자체가 적극적으로 역할을 하고 있다는 점이다. 동작구의 삼동三同(학교, 동, 마을)이학교나 성북구의 동교동락洞教同樂이 대표적인 예가 될 수 있을 것인데, 이들 자치구에서는 동단위로 학교와 마을을 연계하여 함께 사업을 논의하고 기획하고 집행하고자 노력을 하고 있다. 사실 서울의 자치구들의 인구는 수십만을 넘는데, 이는 지방의 작은 시 수준을 넘는 숫자이다. 이런 점에서 구가 아닌 동 단위로 동장과 학교장 그리고 주민들이 만나서 머리를 맞대는 것은 매우 유의미한 시도라 하지 않을 수 없다. 주민생활의 기본적인 행정단위인 동단위에서 학교와 마을이 만나는 것은 마을교육공동체 조성에 많은 도움이 된다. 동주민센터의 작은도서관 등이 마을교육공동체의 거점공간이 될 수도 있고, 동장이 마을 구석구석을 살피면서 학교와 마을을 연계하는 역할도 할 수 있을 것이다. 실제로 동 하나에 대략 3~4개의 학교가 존재하는 것을 감안하면 동을 기본 단위로 하여 마을의 다양한 역량과 자원들이 학교와 연계하는 것은 상당한 장점을 갖는다. 이는 향후 다른 시·군·구에서도 적극적으로 차용하여 창조적으로 재구성할 필요가 있다.

한편, 혁신교육지구사업과 마을교육공동체 조성에서 자치구들의 가장 어려운 지점들, 가장 필요한 지점들은 무엇일까? 2018년「서울형혁신지구 중간평가 보고서」를 근거로 다음의 표로 정리해 보았다.

[표 9] 서울형혁신교육지구 운영 및 해결과정에서 가장 어려움 점, 필요한 점

자치구	운영에서 가장 어려웠던 점	해결과정에서 가장 어려운 점, 필요한 점
동대문	학교선택제 사업에 따른 교사업무 과중 교육청의 특수목적사업과 혁신교육지구의 사업의 중복으로 학교 혼선 혁신교육에 대한 교원 학부모의 이해 부족 방과후 체제 구축을 위한 마을 역량 강화 문제 청소년 자치활동사업을 할 수 있는 청소년주체의 부재 사업추진을 위한 행정인력 부족	혁신교육지구사업 예산의 교부시기 조율 혁신교육에 대한 교원 및 학부모의 인식이 높아져야 함 공동의 목적을 공유하고 활동할 수 있는 분위기 조성 필요 사업 참여 주체가 혁신교육 사업안에서 지속적으로 활동할 수 있는 토대 마련 필요 사업의 성격에 따라 운영인력 재배치 필요
마포	사업 시작 시기가 늦어져 학사일정과 조율이 어려움 혁신교육지구에 대한 마을과 학교의 이해 차이 단위사업 수행 인력 부족, 마을에 따른 교육 기반 편차	홍보 목적에 따른 전략적 홍보계획 수립 필요 사업운영 시기가 지방선거 일정에 영향을 받지 않도록 준비 학교와 마을 공감대 형성을 위한 시도 다양한 주체의 명확한 역할과 각 주체들의 연대
서대문	주도하는 민이 소수이다 보니 너무 많은 역할을 수행해야 하는 어려움 민은 생업 등으로 인해 정보 숙지 활동 시간이 부족 행정은 행정 지원과 민의 주도성을 활성화시키는 역할까지 담당하여 관주도로 비판받음 혁신교육지구와 마을결합형학교에 대한 공감이 확산되지 않아 부가적인 업무로 느끼는 학교가 여전히 많음 학생 모집이 여전히 어려움	상향식 회의구조에서 분과 내 소통이 좀 더 활발해야 하고, 분과대표가 실무협의회 내용을 분과 구성원들과 민주적으로 공유 소통하는 방식 학교교사와 장학사가 다수 참여하는 보고대회를 통해 공감대 형성을 원했으나 못함 강사 결격사유 조회를 단위학교가 아닌 일괄로 조회하는 방안이 필요
은평	혁신교육지구 정책 철학과 운영원칙에 대한 주민 전체에 공유 부족 교육 주체인 학생 교사 학부모의 참여 이끌어 내기 학사일정에 맞춰 사업운영을 위한 협의 민·관·학 거버넌스의 공모 방식 외에 참여 주체 선정 및 확장	지속성과 자생력 확보를 위한 대책 마련 마을자원 발굴 및 다양한 지역기관의 참여 확대 행정 절차 간소화 및 교육청 구청 담당자의 안정적 배치

구로	민·관·학 합동의 구로교육 중장기 발전 과정 모색 행정업무의 과중 소통의 부족과 거버넌스 안정화를 위한 내실화 과정의 어려움 혁신교육의 이해도 증진방법 부족 및 홍보 미흡 자치구 내부의 지역 격차, 교육격차	구청, 교육청, 센터 업무 담당자의 정기적 교체 구로구청, 실무지원단, 온마을교육지원센터(중간지원조직) 간의 역할 재규정
금천	금천교육협치 추진단의 구성과 역할 정립(분과활동과 사업의 분리) 금천교육협치 추진단 교육발전 연구공모 참여(연구주제와 내용 수립에 대한 경험 부족, 보조금 집행에 대한 민간의 부담)	민과 관 갈등 및 민과 민 갈등을 해결하기 위한 각 주체간 노력 필요 민간경상보조금 사업 운영에 대한 절차적 합리성 보장
영등포	학의 주요주체인 교사와 학부모의 혁신교육지구에 대한 이해와 적극적인 참여가 필요함 학부모를 마을 주민과 분리하여 학교내의 활동으로 국한하는 것을 지양하고 학부모 분과 역할을 정의하는 것 필요	학부모회와 학부모분과의 역할 정립 및 연계(법제화된 학부모 조직과 지역의 학부모 분과의 연계 및 역할 설정)
도봉	교육 주체 간 비전에 대한 합의와 전략적 목표 설정 지속적인 교육자원 발굴과 주체별 역량강화 사업 배치 민·관·학의 역할 규명과 올바른 협력 지점 찾기 사업추진과정에서 형식주의와 성과주의를 극복하는 문제 과도한 업무로 혁신사업이 기피업무가 되는 문제	가치논의 중심의 민·관·학 거버넌스 운영을 해야 함 마을방과후활동의 안정적 운영을 위한 법적 제도적 마련 관-관 갈등, 민-관 갈등, 민-민 갈등
노원	거버넌스에 대한 이해가 상호 상이함 교육청, 교육지원청, 자치구사업의 복잡성 혁신교육지원센터 인적 구성이 늦어짐 실무협의회를 보다 자주 해야 함 3년차를 경과하는 성과와 향후 발전 연구 필요	자발성이 연속될 수 있도록 거버넌스 구성원의 공개모집과 체계적 운영 건전한 회의 문화와 회의 참여 운영 역량 강화 청소년 자치활동 등 연속 사업들에 대한 추적연구 등 체계적 연구
용산	학교의 노력과 변화가 느림 예산의 배분 및 운영의 시기가 늦고, 행정용어가 어려움 민·관·학 거너번스 사업이 어려움 교육에 대한 민·관·학 이해 차이가 큼 학교 업무가 증가	회의 개최 준비, 회의자료, 참석 안내 등 업무 부담 위원들의 시간 확보 어려움 논의 결과, 자료 집적 등을 위한 온라인 공간의 필요

종로	민·관·학 거버넌스 중 민의 주체적 참여기회 확대 민·관·학 각 주체별 소통 혁신교육에 대한 비전과 사업의 이해 민·관·학의 서로 다른 사업 진행 스타일 학교의 혁신지구사업에 대한 이해 부족 예산 집행의 관 중심성	민간주체의 의견 수렴이나 현안 논의를 할 수 있는 조직 운영 청소년들의 자발적이고 주체적인 참여 방안 마련 학교교사(교장 포함)들에게 혁신교육에 대한 교육이 선행되어야 함 각 사업의 진행과정에 대한 모니터링과 만족도 조사 필요 마을강사 인증시스템 구축과 활용방안
중구	학교장과 교사의 혁신교육에 대한 인식과 이해 부족 교육청의 일방적인 전달 자치구별 환경을 고려하지 않는 사업 진행 사업규모에 비해 부족한 전담인력 사업참여자 모집의 어려움	학교별로 일일이 찾아가는 사업 안내 민·관·학 거버넌스 활동의 활성화
강동	지역 내 다양한 기관(센터)간 연계 부족 민·관·학의 입장 차이 효과가 즉시 나타나지 않음 마을이라는 개념이 대도시 일반주민들에는 희박함 관심있는 학교와 교사에게만 집중 기존 관내 기관들의 사업과 중첩	지역 내 다양한 기관과의 혁신교육지주 철학 공유 및 참여기관 확대 계획 수립에서 체계적인 민간참여 기반 해야 하나, 개별적 참여에 머무름 마을교육생태계 조성 미흡 혁신교육지구사업의 교사참여 활성화방안 필요
강서	민–민 간의 혁신교육에 대한 입장의 차이와 이해의 부족 회의를 위한 장소섭외 등에 에너지 소진 주인의식의 결여	분과 간 사업의 중첩, 상호 이해 차이 주도성을 갖는 소수의 업무과중
양천	민·관·학 거버넌스 구성원 간의 불신 혁신교육지구운영의 경험이 축적되지 못함 구청사업과 교육지원청사업의 불균등	사업의 타당성과 효과성에 대한 민관의 소통과 이해의 노력이 절실 중앙단위일정과 지역단위 자치구와 교육청의 일정 조율 자치구 및 교육지원청의 담당자 변경으로 인한 업무공백 최소화
동작	예산부족, 업무량과다, 행정적 처리 불편 혁신교육사업에 대한 인식 부족 학업부담에 따른 시간 부족 학사일정과의 연계 부족 사업참여자간 갈등	자유롭게 의견을 제안할 수 있는 다양한 채널 확보 제기된 의견의 공식 의제화 민주적인 논의구조와 공론의 장 마련
관악	시 교육청 공문관리 시스템으로 인한 필요 이상의 업무량 가중 교육지원청 혁신교육지구 담당장학사 인원축소로 소통 어려움 교육지원청과 마을과의 거리감 발생 청소년 참여 유도의 현실적 어려움 다양하고 많은 활동들로 인한 혁신주체의 피로도 가중	학교에서 혁신교육지구사업 취지에 대한 이해도 부족 마을과 구청, 교육지원청의 사업추진방식과 시각 차이에서 오는 어려움

성동	실무협의회와 분과협의회의 미연계 구청 및 교육지원청의 혁신교육지구사업 이해의 차이 민-관 이해도 차이 마을의 인적 물적 자원의 부족	구청 교육지원청의 공식 비공식적인 소통의 강화 마을참여 확대를 위한 사업 개발
광진	실무위원들의 역할분담 불명확 행정적인 걸림돌 청소년들의 참여가 국한됨	실무위원의 봉사정신 필요 구청 외 동주민센터 관련기관의 협업이 필요함
성북	교육지원청의 민·관·학 거버넌스 미흡 혁신교육지구사업 협치에 대한 이해 차이가 존재 회의가 너무 많아 조정이 필요함	민·관·학 거버넌스에 운영원리에 대한 합의가 필요 혁신교육지구 철학 비전에 대한 논의가 선행되어야 함
강북	업무담당자가 부족함 사업이 방대하고 체계가 없음 마을의 놀이 교육공간이 부족함	민·관·학 주체가 역할의 차이, 상호이해의 어려움 거버넌스 운영 구성원 변경 시 소통의 어려움 분과의 역할을 명확히 해야 함 마을교사 역할 및 지원 기준 체계화

이와 같은 혁신교육지구 운영의 어려움을 유형화하면 크게 두 가지로 정리할 수 있을 것이다.

첫째는 민·관·학 거버넌스 운영의 어려움이다.

제시된 내용들을 보면 민·관·학이 존재 조건의 차이 특히, 거버넌스에 대한 이해가 각각 다르기에 충돌과 갈등이 일어나는 것으로 보인다. 양상도 다양한데, 민과 관, 즉 구청과의 갈등이 주된 양상이나, 경우에 따라서는 구청과 교육지원청 간의 관 대 관의 갈등도 나타나고 있다. 또 민들 간에도 갈등이 있어 어려움을 겪기도 한다.

한편, 민·관·학 거버넌스 문제의 대안으로 가장 많이 거론되는 것은 혁신교육지구사업의 철학, 비전, 가치에 대한 합의, 민주적인 회의 문화, 소통의 강화 등이다. 그런데 민이 교육행정, 일반행정에 참여하는 협치, 즉 거버넌스 자체가 낯선 교육청과 구청의 입장에서는 이것을 받아들이는 데 일정한 혹은 상당한 시간이 걸릴 수밖에 없다. 때문에 이것을 줄기차게 요구하고 설득시키려는 민간 주체가 튼튼히 조직되어야 한다. 만일 관이 거버넌스를 제대로 이해하지 못하거나, 민이 취약할 경우 거버넌스라는 이름의 관치가 반복될 것이다. 또 민의 역량이 상당 수준에 있다면 관치로 끌려가지 않으려 할 것이기에 갈등이 일어날 것이다. 만일 다행히 관이 거버넌스에 대해 이해하고 있고 민도 성숙되어 있다면 거버넌스가 원활히 작동될 것이다. 그러나 이는 쉬운 일이 아니다. 때문에 거버넌스의 안착화를 위해서는 일정한 시간이 소요된다는 것을 인정하지 않으면 안 된다.

특히 혁신교육의 철학, 비전, 가치를 공유하는 과정은 워크숍과 같은 일회성 행사로 이루어지기 어렵다. 일정한 시간을 가지고, 민·관·학이 함께 학습하고, 지속적으로 토론하고, 실제로 협업을 하는 과정에서 체득하지 않으면 안 되는 일이다.

그럼에도 불구하고, 민·관·학 거버넌스가 어느 정도라도 작동하기 위해서는 적어도 관의 담당자들을 세울 때는 혁신교육에 대한 이해, 마을교육공동체에 대한 이해를 할 수 있거나 이해하기 위해 겸손히 노력하는 사람들을 배치해야 한다. 거버넌스에 대한 이해, 민주주의에 대한 이해가 부족한 사람들이 업무담당자가 될 경우, 민과 끊임없이 갈등을 일으킬 것이며, 관-관 갈등도 만들 수밖에 없기 때문이다. 물론 그런 담당자를 찾는 것이 쉬운 일은 아닐 것이나, 주권자인 민을 위해 일한다는 공직자의 기본자세를 갖춘 사람을 찾기 위한 노력을 해야 한다. 왜냐하면 거버넌스 운영에서는 재주가 중요한 것이 아니라 태도가 중요하기 때문이다.

둘째는 학교의 참여가 부족하다는 점이다.

청소년의 참여가 부족하다는 지적이나, 관심 있는 학교와 교사에게만 집중된다거나 하는 표현이 그것이다. 가장 많이 거론되는 것은 교사, 교장 등 학교가 혁신교육지구에 대한 이해가 부족하다는 지적이다. 이는 이 사업이 자치구를 중심으로 집행되다 보니 자치구의 입장에서는 학교가 비협조적으로 혹은 소극적으로 나오는 것으로 비춰진 결과일 수도 있다. 그러나 아주 냉정하게 말하면 사실 학교의 입장에서는 혁신교육지구와 마을교육공동체 등을 낯설게 여기거나 자신과는 무관한 것, 심지어 부담스러운 것으로 받아들여진다는 것이다. 때문에 사업의 실행에 앞서서 학교 구성원, 특히 교사를 대상으로 이 사업의 취지와 의미를 충분히 전달하지 않으면 안 될 것이다. 이를 위해 학교방문 설명회를 할 수도 있고, 관리자나 교사 대상 연수를 체계적으로 진행하는 것도 방안이 될 수 있을 것이다. 그러나 이런 설명회나 연수는 필요조건은 될 수 있어도 충분조건이 되기 어렵다는 것이 필자의 판단이다.

학교의 참여, 즉 교사와 학생들의 참여가 활성화되기 위해서는 무엇보다 교육과정과의 연계성이 확보되어야 한다. 교육과정과 연관성이 없는 한 아무리 좋은 콘텐츠를 만들었다고 할지라도 그것은 외면될 수밖에 없다. 교사의 입장에서는 지역사회와 연계를 한다는 것은 매우 낯선 활동으로 일정한 위험부담을 안을 수밖에 없다. 학교 밖의 인적 역량이 들어오기 위해서는 일정한 검증과정이 필요하고, 학생들이 학교 밖으로 나가서 교육활동을 수행하는 것에는 프로그램의 우수성은 물론 안전을 포함한 여러 가지 부담들이 늘어난다. 그럼에도 불구하고 그런 교육활동을 한다는 것은 그것이 교육과정의 목표달성에 분명한 긍정적인 효과를 낳을 수 있을 것, 학생들의 만족도와 성취도에 긍정적인 결과를 가져올 것이라는 기대가 있을 때이다. 그렇지 않은 한 외부에서 강요하는 부담스러운 과제물로 여겨질 수밖에 없다. 때문에 학교의 참여, 청소년의 참여를 높이기 위한 가장 근본적인 방안은 교육과정의 연계성을 확보하는 것에 주안점을 두어야 하고, 교육과정의 자율성과 마을연계교육과정을 중심에 놓으면 학교와 마을과의 결합은 자연스럽게 이루어질 수밖에 없다.

그렇다면 혁신교육지구와 마을교육공동체의 지속적인 발전을 위해 필요한 것은 무엇일까? 이를 다음 마지막 절에서 살펴보도록 하겠다.

5. 혁신교육지구와 마을교육공동체의 지속가능한 발전을 위해

필자는 지방자치단체에서 혁신교육지구사업을 직접 책임 총괄하는 역할을 한 바 있고, 현재도 마을교육공동체를 지속적으로 관찰 연구하고 있으며, 마을교육협동조합에도 참여하고 있으며, 최근에는 인천광역시교육청에서 마을교육공동체 사업을 총괄하고 있다. 이러한 연구 활동과 실천 경험에 근거하여 다음 7가지를 제안하고자 한다.

첫째, 민주주의와 거버넌스에 대한 분명한 개념을 정립하기 위한 노력이 지속되어야 한다.

거버넌스에 대한 오역(의도적이든 의도적이지 않든)은 필연적으로 갈등을 만든다. 특히 민주주의에 대한 이해 부족은 필연적으로 거버넌스를 저해하는 요인이 된다. 민주주와 거버넌스 개념을 제대로 정립하려면 무엇보다 지속적이고 체계적인 학습이 요구된다. 민·관·학 협의체에서 함께 민주주의와 협치에 대한 교재를 선정하여 공부를 한다거나, 관련 강좌를 체계적으로 배치하여 함께 듣는다거나, 민주적인 의사결정 방법에 대한 다양한 도구들을 활용하여 회의를 진행하거나 토론을 하거나 소통하는 방법을 배우려는 등의 노력이 필요하다. 예를 들어 교육청과 시·군·구청이 민간과 함께 '협치학교' 혹은 '교육자치학교', 주민자치 학교' 등을 기획해 운영하는 것을 적극적으로 검토해야 한다. 또, 일방향적인 강의 방식에만 의존하지 말고, 다양한 토론기법들을 활용할 수 있어야 하고, 역할극이나 교육연극 기법과 같은 다양한 도구를 활용해 민·관·학이 상대편의 입장에 서려고 노력하고, 이를 통해 서로를 이해하고 이견을 좁힐 수 있는 교육활동, 연수가 지속적으로 필요하다. 간혹 혁신교육지구사업이나 마을교육공동체는 어느 정도 시간이 지났으니 이제 더 이상 거버넌스 운영에 예산을 배치할 필요가 없다든가, 과제로 설정할 필요가 없다고 주장하는 사람들도 있으나, 이는 결코 타당하지 않다. 혁신교육지구사업만 하더라도 담당 직원과 장학사가 수시로 바뀌며 민간 주체도 계속 바뀐다. 즉 거버넌스에 익숙하지 않은 사람들이 투입될 가능성을 배제할 수 없다. 여기에 각각의 관성, 관료주의가 여전히 강력하게 작동하기에 거버넌스는 어느새 형해화되고 예산을 뿌리고 정산을 받는 과거의 교육경비보조금 지원사업 수준으로 회귀할 가능성이 얼마든지 있다. 따라서 거버넌스는 향후에도 마을교육공동체의 운영원이자 주요 사업으로 지속적으로 배치해야만 한다.

둘째, 마을교육활동가[47]를 체계적으로 양성해야 한다.

앞서 언급했듯이 마을교육공동체는 낮은 수준에는 마을의 자원을 학교에서 활용하다가, 조금 높아지면 마을과 함께 교육과정을 운영한다. 마지막에는 학교가 마을의 일부가 되어 마을 자체에서 배움과 돌봄이 일어난다. 이 과정에서 마을의 교육역량의 역할과 수준이 매우 중요하다. 학교교육에서 교사의 수준이 중요하듯, 마을교육활동가들의 수준 또한 매우 중요하기 때문이다. 그동안은 대체로 자치구에서 마을교육활동가를 발굴, 선발, 양성해 왔다면, 이제는 교육청이 더욱 적극적으로 개입하지 않으면 안 된다. 물론 이 개입이 과거 권위주의적 관치 시대의 방식으로 마을교육활동가들을 줄 세우고 검증하는 것을 의미하지는 않는다. 교육청이 시·군·구와 함께 마을교육활동가를 발굴·양성에 함께한다는 것은 학교교육과정과 학교문화에 익숙지 않은 그들의 역량이 성장할 수 있도록 지원하는 것에 방점을 두어야 한다. 특정 분야에서 아무리 오랜 숙련 경험이 있다 하더라도 학생들을 대상으로 교육활동을 하려면 일정 이상의 연수과

---

47. 마을교육활동가는 기존의 방과후활동이나 창의체험활동 등에 참여하는 강사와는 다르다. 마을교육활동가는 활동가라는 명칭에서 드러나듯이 교육공공성 실현과 주민자치와 교육자치 실현을 위해 참여하는 자발적인 시민을 의미한다. 즉 마을교육공동체가 추구하는 교육의 상이 마을에 관한, 마을을 통한, 마을을 위한 교육이라고 했을 때, 그 중심에는 깨어 있는 민주시민으로서 마을교육활동가들이 있어야 한다.

정이 필요하다. 교사집단이 그러하듯 마을교육활동가 또한 지속적인 연수를 통해서 교수-학습 능력을 발전시켜 나가야 한다. 마을교육활동가의 역량을 강화하기 위한 가장 좋은 방법은 마을교사들의 자율적인 연수를 체계적으로 지원하는 것이다. 즉, 마을교육활동가들이 자신들에게 필요한 것이 무엇인지 스스로 커리큘럼을 짤 수 있도록 하고, 그 과정에 학교교사와 다양한 분야의 전문가들이 함께하는 것이다. 그렇게 만들어진 연수 프로그램이 진행될 수 있도록 교육공간과 교육예산을 지원하는 것이 가장 바람직한 방향이 될 것이다. 다시 말해 마을교육활동가들 스스로가 주도하는 연수 교육과정이 만들어질 수 있도록 돕는 것이다. 그것이 가장 효과적이며 마을교육공동체의 취지에 부합할 것이다.

셋째, 마을교육과정[48]을 만들어야 한다.

마을교육과정이 중요한 이유는 실용적으로는 학교(교사)가 혁신교육지구와 마을교육공동체 조성에 동참할 수 있는 근거가 되기 때문이다. 그런데 우리가 마을을 통한 교육이라고 했을 때, 그것은 결국 현재의 교육과정을 마을과의 협업을 통해 일정하게 재구성하는 것을 포함한다. 비록 현재는 대체로 비교과 영역을 중심으로 마을교육역량이나 마을자원을 연계하는 것이 주류를 이루고 있으나, 향후에는 교과 영역에서도 지역사회 기반 학습Community Based Learning이 확산될 것으로 보인다. 이는 청소년들이 지방분권, 지방자치 시대에 맞춰 지역을 이해하고 지역의 주민으로 자기정체성을 획득하는 데 중요한 계기가 될 것이다. 또한 자신이 살고 있는 지역의 문제를 발견하고 해결 방안을 모색하는 적극적인 시민으로 성장하는 데도

---

48. 마을교육과정은 학교에서 이루어지는 마을연계교육과정과 학교 밖에서 이루어지는 마을주도 교육과정으로 나누어질 수 있다. 전자는 마을의 인적 역량과 물적 자원을 활용하여 교육과정을 재구성하는 것으로 마을을 주제로 하거나, 마을의 전문역량의 도움을 얻어 수업을 진행하는 것이다. 후자는 학교 밖의 청소년기관이나, 시민단체 그리고 교육과련 법인 혹은 마을교육활동가가 운영하는 마을학교 등에서 운영되는 교육활동을 의미한다. 이때 중요한 것은 학교교육과정과의 연관성을 확보하는 것이다.

기여할 것으로 보인다. 이는 일본에서도 발견되는 경향인데, 최근 일본의 교육에서는 학생들에게 "살아가는 힘"을 갖도록 하는 교육을 강조한다. 일본은 '학습지도요령'의 개정을 통해 교과서 중심의 획일적인 수업에서 탈피하여, 체험의 기회를 확대하고 지역을 테마로 하거나, 지역의 환경을 적극적으로 활용하거나, 지역 교재를 선택하는 것에서 출발해, 지역이나 지역 사람들에게서 배우는 것, 지역을 위해 공헌하는 태도를 기르는 교육이 확장되고 있다.[49]

최근에는 서울 남부교육지원청에서 마을 교과서를 만들었고, 양천구에서도 이를 제작했다. 그런데 자칫 이런 작업이 교사 중심으로 운영되고 마을은 들러리를 서는 것으로 왜곡되지 않도록 끊임없이 경계해야 한다. 마을교육과정이 제대로 작동하려면 학교교사와 마을교사 혹은 지역사회의 특정 분야 전문가 혹은 그룹들과 공동으로 교육과정을 기획하고 운영할 수 있도록 적극적으로 안내하고 지원해야 한다. 그 가능성은 충분하다. 교과서에 나오는 내용들 중에 지역사회의 전문가들과 협업을 할 수 있는 주제는 사실 무궁무진하다. 만일 이런 교육과정 재구성 혹은 마을교육과정 개발에 관심이 있는 교사집단이 있다면, 이들과 마을의 인적 역량들을 연계해 주고 이들이 자발성에 근거해 교육과정을 생성 운영할 수 있도록 적극 지원하는 한편, 그러한 모범을 확산할 필요가 있다.

넷째, 학부모들의 건강한 교육활동을 장려하고 지원해야 한다.

마을교육공동체가 지속가능한 발전을 이루려면 깨어 있는 학부모들이 늘어나야 한다. 교육의 근본적인 목표가 인간의 전면적인 발달에 있으며, 학교교육의 정상화를 위해서는 무엇보다 입시경쟁 교육이 지양되어야 하고, 대학서열체제가 해소되어야 하며, 교사와 학부모가 협력적인 관계를 형

---

49. 천호성(2013). 「일본 지역학습의 전개와 과제: 사회과 수업론적 관점을 중심으로」, 『한국일본교육학연구』 Vol 17, No 2.

성해야 함을 이해하는 학부모들이 늘어나야 한다. 또한 자신의 재능을 기부할 수 있고, 지역사회의 문제에 대해 능동적으로 발언하고 그 해결을 위해 실천할 수 있는 민주시민이 늘어나야 한다. 이를 위해서는 학부모들의 의식을 개혁하기 위한 교육활동이 요구된다. 즉 학부모들이 건강한 교육관을 형성할 수 있도록 체계적, 지속적인 교육을 지원해야 한다. 또 이러한 교육은 학부모들을 대상화하거나 일방향적으로 이루어져서는 안 된다. 마을교육활동가 역량 강화 연수가 그러하듯 학부모들이 주제를 설정하고, 강사를 찾고, 토론을 통해서 사고방식과 행동양식의 변화를 가져올 수 있도록 안내해야 한다. 문화센터에 강의 쇼핑을 다니듯 소비되는 학부모교육이 아니라, 학부모들이 소비자가 아니라 생산자로 전환할 수 있는 교육이어야 한다. 이를 위해서는 학부모들이 마을교육공동체, 혁신교육, 미래교육 등을 주제로 하는 학습모임을 자발적으로 많이 만들 수 있도록 도와야 한다. 현재 경기, 서울, 인천 등에 학부모회 지원 조례가 있는데 이를 활용해 학부모들이 능동적인 학습활동을 할 수 있도록 지속적으로 안내해야 한다.

한편, 학부모들의 교육기부 활동도 더욱 활성화되어야 한다. 서울의 경우 강북의 '학부모가 만드는 창의체험활동'이라는 사업이 주목을 받으며 다른 자치구로 확산되고 있다. 학부모들이 일일 강사가 되어 재능을 펼치는데, 작은 운동회 방식으로 하는 학교도 있고, 과학·환경·독서 등 특정 주제로 프로그램을 운영하는 학교도 있다. 학부모들이 일일 강사로 참여한다고 해서 일회성 사업은 아니다. 그 하루 행사를 위해 학부모들은 수십 차례 만나서 회의를 하고, 재료를 사고, 강의 시연을 한다. 그 과정에서 교사와 소통하고 협력한다. 소비자로 학교를 대하는 것이 아니라 교육활동의 협력자로 학교와 관계 맺음을 하는 것이다. 또한 단지 행사에 동원되거나 교사 주변에서 보조 역할을 하는 것이 아니라 학부모가 교육의 주체로 교육과정에 참여하는 것이다. 학부모들은 그동안 묵혀 두었던 자신의 재능을 되찾기도 하고, 숨겨진 능력을 발견하며 자아효능감 또한 높아진다. 자녀들의 교육을 돕고자 했던 소박한 동기에서 출발했는데 어느 순간 자아실현의 계기로 작동하는 것이다.

다섯째, 중간지원조직을 만들어야 한다.

중간지원조직이 필요한 이유는 민·관·학 거버넌스가 마을교육공동체의 운영원리임에도 현실에서는 민과 관 사이 힘의 관계가 비대칭적이며, 민·관·학의 거버넌스에 대한 이해가 서로 달라서 충돌하기 때문이다. 다시 강조하지만, 마을교육공동체는 주권자인 시민이 교육행정의 대상이 아니라 주체로 참여하는 주민자치와 교육자치를 실현하는 경로이다. 그러나 적지 않은 시민들은 여전히 행정의 대상으로 수동적으로 살아가는 데 익숙하다. 이는 교사, 학생, 학부모도 마찬가지다. 따라서 시민들이 주권자로 참여할 수 있는 경로를 만들어 내는 일을 하는 단위가 있어야 하는데, 안타깝게도 아직 중간지원조직의 역할을 관의 하청업체 수준으로 설정해 민간에 사업 예산을 배분하거나, 위탁 사업을 수행하거나, 관의 행정을 대행하는 것으로 이해하는 경우도 있다. 또 실제로 중간지원조직을 표방한 각종 센터들은 그런 수준에서 소모되는 경우도 없지 않다. 그렇다면 중간지원조직의 역할은 무엇인가?

먼저, 중간지원조직은 소통의 창구가 되어야 한다. 민과 관은 상당히 다른 문화에서 살아간다. 같은 단어라고 해도 완전히 다르게 해석될 수 있다. 민은 관의 시스템을 모르기 때문에 답답해하고, 관은 민의 문화에 익숙하지 않아 어려움을 겪을 수 있다. 그러므로 양자 사이에서 번역자와 같은 역할을 하는 존재가 필요하다. 다음, 중간지원조직은 네트워크 조직이어야 한다. 중간지원조직이 직접 사업을 수행하는 것은 최대한 지양해야 한다. 중간지원조직은 다양한 인적 역량들과 물적 자원들을 잇는 역할을 해야 한다. 이는 자료와 정보를 축적하는 아카이브Archive를 만드는 것부터 시작되어야 한다. 네트워크를 위한 방식은 매우 다양할 수 있다. 포럼, 워크숍과 같은 오프라인에서 이루어지는 방식을 기획할 수도, 온라인 공간을 운영할 수도 있다. 마지막으로 중간지원조직은 민의 성장을 도와 마을의 교육력을 높일 수 있는 역할을 해야 한다. 특히 마을 곳곳에서 배움이 일어나게 하려면 그것이 가능한 공간, 사람, 재원을 발굴해야 한다. 또한 민이 관과 대응한 수준에서 협력할 수 있을 정도로 성장하고 스스로의 결사체를 만드는 것을 도와야 한다. 그렇지 않으면 그 중간조직과 그곳에서 일하는 사람들은 관의 2중대가 되어 민을 옥죄는 존재가 될 수도 있고, 민원을 대행하는 심부름센터로 전락할 수도 있다. 한편 마을교육공동체 중간지원조직들이 늘어나면 이들 중간지원조직들의 협의체나 연합체를 만들 필요가 있다. 예를 들어 현재 한국에는 100여 개가 넘는 국제개발협력지원조직들이 있는데, 이들의 중간지원조직으로 국제개발협력민간협의회가 구성되어 개별 단체(법인)에서 할 수 없는 교육, 연구 활동을 정부의 지원과 단체들의 분담금을 받아 운영하듯, 마을교육공동체들의 협의회를 구성, 운영할 수 있을 것이다.

여섯째, 학습공동체와 공론의 장을 활성화해야 한다.

마을교육공동체에 대한 관심의 확대, 혁신교육지구사업의 급속한 확장에도 정작 마을교육공동체의 개념과 의미에 대한 광범위한 합의는 충분히 이루어지고 있지 않다. 또 지역별 구체성에 근거한 다양한 사례 연구, 마을교육공동체운동의 성과에 대한 체계적인 공유와 지속가능한 발전 방향의 모색 등이 제대로 이루어지지 못하고 있다.

마을교육공동체가 지속가능한 발전 전망을 가지려면 이론과 실천이 결합되어야 한다. 지역의 다양한 실천 사례들이 공유되고, 해석되고 의미가 부여되어야 한다. 이를 위해서는 연구자와 행정가들, 현장 활동가들이 만나야 한다. 교사와 마을교육활동가들이 만나야 한다. 마을교육공동체가 과거 새마을운동처럼 관치 사업이 되지 않으려면 자발적인 네크워크가 필요하다. 이 사업에 참여하는 주체들의 수평적인 네크워크가 결성되어야 한다. 관은 직접 주도하기보다는 민을 지원해야 하고, 민의 자발적 결사에 근거해 형성되어야 할 것이다. 그래야만 단기적이며 정치적인 이해득실에 좌지우지 되지 않고 장기적이고 지속가능한 운동을 만들어 나갈 수 있을 것이다.

그 중심에는 학습공동체가 있다. 혁신학교의 중심에 전문적학습공동체가 있듯이 마을교육공동체 운동에도 학습공동체가 중심적 역할을 할 수밖에 없다. 마을교육공동체 안에는 다양한 의제가 들어 있다. 민주주의, 생태, 젠더, 도시재생, 돌봄, 환경, 문화예술 등 마을교육공동체운동은 기존의 시민사회운동 영역의 의제들과 결합되어 재구성될 가능성이 매우 높다.

그리고 이는 마을교육공동체를 중심적 의제로 하는 공론의 장으로 이어져야 한다. 마을교육공동체를 주제로 하는 학습공동체가 학교와 마을 곳곳에서 형성되고, 다양한 실천 사례의 환류, 다양한 연구 성과가 공유되면서 이론과 실천이 결합되는 정기적인 공론의 장이 창출되어야 한다. 그것은 간담회와 같은 방식일 수도 있고, 심포지엄이나 포럼과 같은 다소 학술적인 논의의 장이 될 수도 있다. 중요한 것은 이론과 실천의 통일이며, 지역마다 열린 네트워크를 만들고 그것을 다시 전국적으로 연결하려는 노력이 필요하다.

일곱째, 협동조합 등 민간의 자발적인 결사체를 활성화해야 한다.

사회학자 로버트 D. 퍼트넘은 민주주의가 제대로 작동하기 위해서는 시민들 간의 자발적이고 수평적인 관계가 중요하다는 것을 실증적으로 보여준 연구로 정치학은 물론이고 사회학분야에도 많은 영향을 미쳤다. 그는 이탈리아의 남부와 북부를 비교하면서 시민단체 가입자 수 등의 지표를 활용하여 사회적 자본과 민주주의의 상관성을 증명했다. 또 상호부조 모임, 협동조합, 노동조합, 스포츠클럽, 예술동우회 등 수평적 시민적 유대가

중요함을 증명했다.[50]

퍼트넘의 논의가 마을교육공동체운동에 함의하는 바는 무엇일까? 그것은 시민들의 자발적인 결사가 활성화되지 않으면 민주주의의 발전도 기대하기 어려우며, 제도적 개혁의 성과도 가져오기 어렵다는 것이다.

사실 조금만 깊이 들여다보면 마을교육공동체운동 안에는 시민적 결사체 그리고 사회적경제 조직들이 상호 결합되어 작동되고 있음을 알 수 있다. 뿐만 아니다. 시민들의 자발적인 결사는 지금 추진되고 있는 혁신교육지구사업에도 반영되고 있다.

필자가 그동안 관찰해 온 결과에 따르면 서울의 경우 혁신교육지구사업은 매우 불균등하다. 혹자는 이를 두고 사업의 연한의 길고 짧음에 원인이 있다고 말하는데 반드시 그렇지는 않다. 필자가 보기에 자치구별 불균등성은 퍼트넘의 방식으로 해석될 수 있다. 즉 해당 자치구의 시민사회단체의 숫자와 시민력이 영향력을 미치고 있는 것이다. 예를 들어 혁신교육지구사업이 비교적 잘 돌아가는 지역은 교육 관련 비영리 민간단체나 사단법인들이 타 지역에 비해 많거나, 교사노동조합이 아주 활발하거나, 학부모단체의 활동이 왕성하거나, 협동조합의 지역사회 참여가 적극적인 지역들이었다. 그래서 필자는 지역에서 혁신교육지구사업을 설계할 때부터 협동조합과 같은 시민들의 자발적 결사체가 만들어질 수 있도록 지원하고자 했고, 실제로 마을교육사회적협동조합을 결성하는 데 상당한 공을 들였다.

마을교육공동체가 관 주도의 사업이 아니라 주민자치와 교육자치를 활성화하는 계기로 자리매김되고 지속적으로 발전하기 위해서는 이처럼 시민들의 자발적 결사체가 형성될 수 있도록 지원을 강화해야 한다. 다시 말해 혁신교육지구사업이 마을교육공동체의 조성에 목표를 두고 있다면 다

---

50. 로버트 D. 퍼트넘 지음, 안청시 외 공역(2000). 『사회적자본과 민주주의』. 박영사, 303쪽.

양한 시민적 결사체와 학교협동조합이나 마을교육협동조합 등 사회적경제 조직이 많이 만들어질 수 있도록 적극적으로 지원을 해야 한다.

뿐만 아니라, 기존의 마을교육공동체운동에 참여하는 사람들은 자신들만의 좁은 울타리를 벗어나 지역사회의 다양한 시민적 주체들과 소통하고 연계하려는 노력을 배가해야 한다. 예를 들어 다양한 노동조합과의 연대를 들 수 있다. 교육문제로 가장 많은 고통을 받는 사람들은 교사, 학생, 학부모들이다. 특히 학부모들의 상당수는 노동자이다. 비록 한국 사회는 노동조합 조직률이 선진국에 비해 낮지만, 이들 노동조합이 교육문제에 관심을 가지고 혁신교육지구사업과 마을교육공동체운동에 참여한다면서 우리 사회의 교육은 조금 더 나아질 수 있을 것이다.

2장

사업의 설계에서 실행까지
-양천구에서의 경험을 중심으로

1. 좌충우돌의 경험을 나누고자 한다

2019년 현재 혁신교육지구사업이 전국적으로 145개 지자체(지방정부)에서 진행 중이다. 226개 지자체 가운데 이미 절반을 훌쩍 넘게 이 사업에 참여하고 있다. 그러나 양적으로 확대되었음에도 불구하고 질적 측면에서는 여전히 불균등하다. 특히 협치協治라는 측면에서 그렇다. 간혹 혁신교육지구 혹은 마을교육공동체를 주제로 하는 강의나 컨설팅 혹은 자문이 들어와서 가보면 지역마다 편차가 크다. 교육청이 주도하면서 지자체가 마지못해 따라가거나, 지자체는 뭔가 해 보려고 하는데 교육청이 미온적이거나 또는 학교가 관심이 없어 답답해하는 경우가 적지 않았다. 그리고 주민과 함께 사업을 기획하고 집행하며 평가하는 것은 상당수의 교육청이나 시·군·구의 관계자 대부분에게 아직도 익숙하지 않은 것이 사실이다.

사실 마을교육공동체는 혁신교육지구사업이 본격화되기 이전에도 산발적이지만 다양한 형태로 존재했다. 안산의 와동과 선부동의 경우처럼 지역아동센터가 매개가 되어 마을교육공동체를 만든 사례도 있고, 서울의 마포 성미산 마을, 우이동의 삼각산 재미난 마을, 동작구의 성대골어린이도서관처럼 주민들이 자발적으로 마을교육공동체를 운영한 사례, 공동육아협동조합이나 대안학교를 중심으로 마을교육공동체가 형성된 사례도 있다.[1]

즉, 관청이 본격적으로 개입하기 이전에도 다양한 형태의 마을교육공동체는 존재했다. 그런데 지금은 교육청이나 지자체, 즉 관의 지원에 힘입어 확산되는 형국이라고 하는 것이 타당한 진단일 것이다. 필자가 교육정책보좌관으로 일을 했던 서울 양천구도 교육청과 시청이 공모한 서울형혁신교육지구에 참여하면서 마을교육공동체 조성사업이 본격화되었다. 아마 이 사업을 시작한지 얼마 안 되었거나, 새롭게 혁신교육지구 지정 운영을 준비하는 지역의 입장에서는 어디에서부터 시작해야 할지 막막할 수 있을 것이다. 또 수년간 이 사업을 수행하고 있는 지역이라고 하더라도, 끊임없이 성찰하고 점검을 하지 않으면 안 될 것이다. 이번 장에서는 어쩌다 공무원(통상 '어공'이라고 부른다)이 되어 공무원집단과 주민사이에서 좌충우돌했던 나의 경험을 공유하고자 한다. 이 글이 마을교육공동체에 참여하고 있는 분들에게 조금이나마 도움이 되길 바란다.

2. 시민운동가, 교육정책보좌관에 도전하다

내가 교육정책보좌관에 도전한 것은 사실 내 인생의 전환점이 되었다고 해도 결코 과언은 아니다. 나는 20대 이후 줄곧 사회운동에 참여해 왔다. 1987년에 서울에서 고등학교를 졸업한 후 나는 20대 중반까지는 학생운동에 심취했다. 대학을 졸업하고 2년간 대학원을 다니면서 진로를 모색하던 중 선배들의 소개로 진보 성향의 노동정책연구소에 들어가게 되었다. 이후 30대는 줄곧 노동운동단체에서 활동을 했다. 30대 후반에 전국교직원노동조합 활동가들을 만나게 되었고, 그때 보편적 권리로서 교육의 중요함을 깨달았다. 즉 노동자들이 아무리 임금인상과 노동조건 개선을 위해 싸워

---

1. 서용선 외(2016). 『마을교육공동체란 무엇인가?』. 살림터, 40~41쪽.

도 집값, 자녀교육비, 의료비가 오르면 말짱 헛일이 된다는 것을 알게 되었다. 또한 지배세력들은 교육과정을 통해 지배 이데올로기를 노골적으로 주입하거나 잠재적 교육과정을 통해 체제에 순응적인 노동자들을 재생산하고 있음도 배우게 되었다. 뿐만 아니라 학력이 문화자본 중 하나로 기능하면서 교육이 누군가에게는 부富를 재생산하는 도구이자, 누군가에게는 가난의 대물림을 정당화하는 수단으로 전락하고 있음을 목도했다.

마르크스의 말대로 노동조합은 착취의 원인이 아닌 결과에 맞서는 조직으로 그 한계가 분명했으며, 때문에 우리 사회의 민주적이고 진보적인 변화를 위해서는 노동자들이 교육, 의료, 주택과 같은 공공적 영역, 보편적 권리의 문제에도 관심을 가지고 실천해야 한다는 깨달음을 얻으면서 나는 교육운동으로 투신했다.

그 시작은 교원평가 반대 학부모 선언이었다. 당시 노무현 정부는 김영삼 정부에서부터 시작한 신자유주의 교육시장화를 중단하는 것이 아니라 오히려 그것을 충실히 이행했다. 내가 교사가 아님에도 교원평가에 반대한 것은 그것이 전형적인 노동유연화 전략이었기 때문이다. 문제 교사를 걸러낼 수 있다는 말에 교원평가에 동의를 표하는 학부모단체도 있었지만 내가 보기에 교원평가는 오히려 정부가 민주적이고 진보적인 교사들을 걸러내는 도구로 악용할 소지가 더 컸다. 오히려 인성에 문제가 있는 사람도 임용고사 시험만 잘 보면 교단에 설 수 있는 교원양성 및 임용제도가 더 근본적인 문제라고 판단했다. 또, 교사들을 고기 등급 나누듯이 서열화하는 것은 매우 비인간적이고 비교육적이며 결국 교육현장을 황폐화시킬 것이라고 판단했다. 이런 문제의식을 가지고 나는 뜻있는 사람들과 함께 교원평가 반대 학부모 선언을 조직했다. 특히, 노동조합 활동가들을 만나서 교육노동자인 교사들을 평가하여 줄을 세우는 교원평가의 문제점을 설득했다. 그 이후 나는 이 선언에 참여하는 사람들과 함께 노동자 서민의 이해를 대변하는 학부모회를 만들기로 도모했다.

2008년 만들어진 '평등교육실현을 위한 전국 학부모회'는 창립과 더불어 얼마 안 되어 신문지상에 이름을 올리게 되었다. 당시 이명박 정부는 일제고사 전면화를 선언했다. 교원평가로 교사들을 줄 세우는 것도 모자라 이젠 전국의 학생들을 대상으로 일제고사를 실시하여 학교들을 줄을 세운다는 것은, 도저히 묵과할 수 없는 야만의 '경쟁교육' 정책이었다. 나는 '일제고사 반대 시민모임'이라는 한시적인 연대단체를 여러 교육시민단체들과 손잡고 만들었다. 일제고사를 반대하는 체험학습을 하겠다고 선언하고, 아들과 딸의 손을 잡고 일제고사를 거부하고 체험학습을 떠났다. 전국에서 수많은 사람들이 이에 함께했다. 이후 신문과 방송 라디오 인터뷰 요청이 쇄도했고, EBS 100분 토론에 토론자로 나서기도 했다.

그러던 중 서울교육감 선거에 참여했다. 나는 2010년 서울 민주진보 교육감 후보 추대위원회에서 공동 정책위원장 역할을 했다. 당시 추대위는 경선을 통해 곽노현 씨를 민주진보 교육감 후보로 추대했다. 추대위 활동이 종료된 이후 나는 시민운동단체 활동가로 되돌아왔다. 민주진보 교육감이 공약을 이행할 수 있도록 때론 지지하고 때론 비판하는 것이 나 같은 시민운동가들의 몫이라고 생각했다. 그러나 곽노현 서울교육감은 임기를 제대로 마치지 못하게 되었다. 참으로 안타까운 일이었다.

2012년 나는 교육혁명공동행동이라는 교육시민사회단체와 함께하면서 『대한민국 교육혁명』이라는 책을 연구자, 교사들과 공동 집필했고, 이 내용에 근거하여 당시 대통령 후보들에게 공약에 반영해 줄 것을 제안하고 정책협약을 맺기도 했다. 또 전국을 순회하면서 입시폐지 대학평준화를 중심 기치로 내건 교육혁명 대장정을 수행했다. 2007년 시작한 교육혁명 대장정은 초기에는 자전거로 전국을 순회하다가, 2012년부터는 도보로 제주, 부산, 목포 등에서 출발하여 서울로 올라오면서 수많은 사람들을 만나는 도보대장정으로 전환했다.

2014년 나는 다시 교육감 선거에 참여했다. 이번에는 내가 사는 인천이었다. 나는 선배, 동료들과 논의 끝에 인천 민주진보 교육감 선거운동에 참여하기로 했다. 4명의 후보가 나왔고 시민사회가 주관하는 경선을 통해 이청연 씨가 민주진보 교육감 후보가 되었다. 나는 선거운동본부 정책본부장으로 추천되었다. 나는 내가 할 수 있는 수준에서 정말 모든 최선을 다했고, 당시 세월호 참사 등 사회적 분위기에 힘입어 인천에서도 민주진보 교육감이 당선되었다. 이후 교육감 인수위원회 위원으로 참여했으며, 인천교육의 혁신 로드맵을 만드는 데 함께했다.

그러던 중 서울 구로, 금천에서 시작한 혁신교육지구사업이 서울 전역으로 확산될 수 있을 것이라는 전망이 나왔고, 서울시에서 교육자문관을 뽑으려 하고 있었고, 몇몇 구청에서도 교육정책 보좌관 채용 공고가 나왔다. 당시 금천구와 구로구에서는 교육정책보좌관을 두고 있었고, 금천구 교육정책보좌관이었던 분은 서울시교육청 정책보좌관으로 가기도 했다. 이런 분위기 때문인지 운이 좋았는지 나는 양천구 교육정책보좌관으로 채용되었고 이후 도봉구, 관악구, 성동구 등에서도 교육정책보좌관을 채용했다.

내가 구청에 들어가 일을 한다고 하니 반응이 엇갈렸다. 나를 보고 변절했다고 욕하는 사람도 있었고, 이런 경험을 가지게 되면 향후 더 많은 더 큰일을 할 것이라고 격려하는 사람들도 있었다. 당시 내가 지방정부에 들어간 이유는 무엇일까? 그 이유는 다음과 같다.

첫째, 사회를 바꾸기 위해서는 제도 밖에서의 실천과 제도 안에서의 실천을 넘나들 수 있어야 한다는 판단이었다.

그간 학생운동, 노동운동, 교육운동에 참여하면서 정부 정책을 비판하고 대안을 제시했으나 그 활동들은 일정한 한계를 가질 수밖에 없었다. 즉 정책을 직접 입안하고, 집행하는 것이 아니기에 정부에 대한 감시자, 비판자로 머물 수밖에 없었다. 그것이 시민사회단체의 고유한 역할일 수는 있으나, 아무리 좋은 정책제안을 해도 또 설사 그것이 공약으로 반영된다고 하더라도 관료들의 손에만 맡겨지게 되면 왜곡될 여지가 너무나 많다. 때문에 비판과 감시, 정책제안을 넘어서 정책을 집행하는 데 보다 적극적으로 개입할 필요가 있다고 생각했다.

둘째, 중앙정부가 보수적이라면 지방정부에서라도 개혁을 수행해야 한다고 생각했다.

나는 영국노동당의 켄 리빙스턴이 런던시장에 당선되면서 시도했던 개혁의 사례에 대한 연구를 보면서 많은 영감을 얻었다. 1981년부터 1986년까지 존재한 런던 광역시의회GLC의 급진적인 실천은 당시 마거릿 대처의 신자유주의에 맞선 강력한 저항 중 하나로 평가받는다. 이 실험은 국가 안에서 국가에 저항하고 시장 안에서 시장에 저항하며 위협받는 삶과 자신의 기본적 필요를 지키려는 대중적인 실천이었다고 알려져 있다.[2] 당시 박근혜 정부는 자신의 교육공약을 전혀 이행하지 않고 있었을 뿐 아니라, 이명박 정부의 경쟁교육정책, 교육시장화정책을 연장시키는 것은 물론 심지어 국정교과서 추진과 같은 퇴행적인 정책으로 심각한 사회 갈등을 만들고 있었다. 그러나 다행히 2014년 지방자치선거에서 민주진보 교육감들이 대거 당선되고, 진보적 성향의 자치단체장들이 선출되었다. 그 결과 서울의 경우만 하더라도 시장과 교육감이 공동선언을 하고, 구청장들도 이에 동참하고 혁신학교의 실험이 혁신교육지구로 확장되면서 학교와 마을의 연계를 통해 공교육을 혁신하고자 하는 흐름이 형성되었다. 즉, 중앙정부를 개혁할 수 없다면 지방정부 수준에서라도 혁신을 추구하고 그 실험이 검증된다면 향후 중앙정부를 견인할 수 있는 정책대안이 될 수 있다고 판단했다.

---

2. 보다 자세한 내용은 서영표의 『런던코뮌』(2009, 이매진)을 참조하시오.

셋째, 우리 사회의 민주주의를 더욱 확대하고 심화시키기 위해서는 주민 자치, 교육자치가 활성화되어야 한다는 점이다.

20대 이후 줄곧 사회운동에 참여하면 내가 확신하게 된 것 중 하나는 만일 진보적인 세력이 중앙권력을 장악한다고 하더라도, 지방권력의 대부분을 보수적인 세력이 장악하고 있거나, 여전히 문화권력, 언론권력을 보수진영이 장악하고 있는 한, 우리 사회의 민주적이고 지속적인 발전을 담보할 수 없다는 것이다. 또한 소수의 대기업이 경제 전체를 좌지우지하고 정경유착과 언론장악을 통해 사회를 지배하는 시스템을 그대로 두는 한 개혁은 실패할 것이라는 점이다. 때문에 개혁이 지속되려면 무엇보다 시민들의 의식이 높아져 주권자로 발언하고 개입해야 한다. 그리고 그 시작은 일상의 시·공간에서 출발해야 한다. 자신이 살아가는 지역사회의 문제, 자신이 일하는 노동현장의 문제, 자신의 자녀들이 다니는 학교의 문제에 대해 발언하고 그것의 개선을 위해 참여하는 것에서 출발해야 한다는 것이다. 시민들이 선출직을 뽑아놓고 방치해서는 안 된다. 그 선출직의 공약이 제대로 이행되도록 감시할 뿐만 아니라, 행정에도 참여해야 한다. 주민참여예산제, 마을만들기 등의 사업은 바로 이런 맥락에서 추진되는 것이다.

마찬가지로 우리 학생들이 학생 시절부터 학생회 활동, 동아리 활동과 지역사회 참여 교육봉사활동과 같은 학생자치활동을 통해 민주시민으로 성장할 수 있다면, 또한 학교가 교사집단만이 아닌 학생, 학부모와 함께 민주적인 참여와 의사결정을 통해 운영되는 교육공동체로 전환될 수 있다면 우리 사회는 그만큼 더 민주적이고 진보적으로 발전할 수 있을 것이다. 단언하건데 일상에서 이런 민주적 참여와 자치의 경험을 가진 학생들은 민주시민으로 성장할 것이며, 학부모와 주민들 또한 통치의 대상이 아니라 주권자로 전환하게 될 것이다. 그런 측면에서 교육자치와 주민자치가 결합된, 즉 학생, 학부모, 주민이 비록 적은 예산이지만 함께 논의하여 기획하고 집행하고 평가하는 경험을 갖게 하는 혁신교육지구사업과 이를 통한 마을교육공동체 조성은 우리 사회의 민주주의에 분명 적지 않은 기여를 하게 될 것이다.

위와 같은 문제의식을 가지고 나는 구청에 들어가게 되었다. 그리고 들어가자마자 시작한 것은 바로, 지역사회를 분석하는 것, 즉 지형 분석이었다.

3. 지형을 분석하라

2014년 지방자치단체 선거는 6월 4일 진행되었다. 그러다 보니 대부분의 자치정부는 이전 집행부가 세웠던 정책사업들이 하반기에 거의 그대로 진행될 수밖에 없다. 더욱이 초선으로 당선된 사람의 경우 즉각 자신의 공약을 실현하지 못하고 상당 부분을 다음 해부터 실현할 수밖에 없는 조건에 놓인다. 때문에 당선 후 약 6개월 남짓한 시간이 임기 4년을 결정짓는 중요한 시간이 될 수 있도록 효율적으로 운영하지 않으면 안 된다.

나의 경우도 아무리 좋은 구상이 있어도 이를 바로 구현할 수 없었다. 게다가 구청장의 선거운동에 참여하여 공약을 함께 만든 것도 아니기에 오자마자 무언가를 바로 시작할 수 있는 조건은 더더욱 아니었다. 그래서 내가 초기에 집중한 것은 지형 분석이었다. 지형 분석은 크게 세 영역으로 진행했다. 첫째, 물리적 지형을 분석하는 것이다. 둘째, 인적 지형을 분석하는 것이다. 셋째, 정책과 프로그램을 분석하는 것이다. 아래에서 이를 구체적으로 살펴보자.

1) 물리적 지형 분석

이것은 해당 지역을 지리적으로 분석하는 것이다. 이것은 세상을 공간적으로 바라본다는 것이다. 동시에 시간적으로 본다는 것이다. 하름 데

블레이가 『왜 지금 지리학인가Why Geography Matters: More then ever second edition』에서 지적했듯이 이는 '넓게 보는 안목은 물론 멀리 보는 안목을 갖출 것을 요구하며, 나무만 보고 숲을 보지 못하는 일이 없도록 노력하며 발견한 모든 것을 공간적 관점은 물론 시간적 관점에서 본다는 것'을 의미한다.[3]

우선 처음에는 커다란 지도를 구해서 수시로 보면서 주요 도로, 관공서, 학교, 청소년기관 들이 어디에 위치해 있는지 익히고자 했다.

처음에는 종이지도를 봤으나, 구글 지도나 네이버, 다음 등의 포털사이트가 제공하는 길 찾기 서비스 프로그램이 워낙 좋다는 것을 알게 된 후에는 핸드폰이나 태블릿 PC를 이용하여 틈날 때마다 자꾸 눈에 익히고자 했다. 지리적인 이해는 별것 아닌 것 같지만 사실 매우 중요하다. 지역사회에서 사람들을 만나려면 지리를 익히지 않고는 대화에 참여하는 것조차 쉽지 않기 때문이다. 예를 들어 "○○ 가 보셨나요? ○○ 아시죠?"라고 질문을 받는 경우를 생각해 보자. 그 질문에 답을 제대로 못한다면 과연 신뢰가 가겠는가? 물리적 공간으로 지역의 지리를 익힌다는 것은 예를 들어 학교가 언덕에 있는지 평지에 있는지, 학교 주변에 시장이 있는지, 상업지역과 거리는 얼마인지, 학교 주변의 주거 형태는 어떤지, 대중교통의 노선은 어떤지 등을 파악하는 것이다. 이것만 파악해도 대략 학교의 상황을 유추할 수 있다. 그러나 이것만으로 충분하지 않다. 그래서 다음 단계로 나아갔다.

다음, 직접 현장을 다니기 시작했다.

특히 학교와 청소년기관을 중심으로 답사를 했다. 다소 무모해 보일지

---

3. 하름 데 블레이 지음, 유나영 옮김(2015). 『왜 지금 지리학인가』. 사회평론, 26쪽.

[그림 3] 양천구 지도

몰라도 답사, 즉 말 그대로 발로 땅을 밟으면서 다녔다. 이는 내가 운전을 못해서 그런 것도 있지만 도보로 어느 정도 거리인지 파악하는 것이 필요해서이다. 왜냐하면 마을은 자동차로 한참을 가야 하는 거리의 공간이 아니라 가능한 도보로 다닐 수 있는 거리를 기본 단위로 하는 것이 바람직하기 때문이다. 이렇게 걸어 다니다 보면 지도상에서는 결코 파악할 수 없는 것들을 얻을 수 있다. 예를 들어 목동과 신월동의 분위기는 완연히 다르다. 사람들의 옷차림은 물론이고 표정도 다르다. 비슷한 청소년기관이라고 해도 목동청소년수련관과 신월동청소년문화센터의 분위기는 완전히 다르다. 왜 그럴까?

그것은 양천구가 가진 지역적 특성 때문이다. 양천구는 신월동, 신정동, 목동으로 크게 나눠진다. 신월동과 신정동은 목동에 아파트단지가 들어서기 전부터 사람들이 살던 곳이었다. 서쪽으로는 부천시, 북서쪽으로는 강서구, 남서쪽으로는 구로구, 그리고 동남쪽으로는 영등포구가 근접하여 있다. 그 결과 지도상 양천구의 모양이 강아지와 같아졌는데, 이에 착안하여 반려견 축제를 만들기도 했다. 양천구가 강아지 모양을 갖게 된 것은 서울의 인구가 계속 늘어나면서 이전의 경기도 지역이 서울로 편입되고 다시 기존의 구가 분구 즉 분할된 결과이다.

1977년 영등포구에서 강서구가 분구되고, 1988년 강서구에서 다시 목동·신정동·신월동을 분할하여 현재의 양천구가 만들어졌다. 1980년대에 아파트단지가 조성된 목동 지역은 안양천변을 끼고 있고, 전철이 관통되는 등 주거환경이 좋으며, 방송회관, SBS, CBS등 방송언론 산업체와 높은 고층 아파트와 상업시설, 학원가들이 밀집되어 있다. 이에 비해 신월동과 신정동은 상대적으로 다세대 주택들이 많다. 신정동은 목동에 근접해 있는 신시가지를 제외하고는 1970년대 도심 재개발사업에 따른 이주자들이 다세대, 다가구를 이루고 있고, 임대아파트가 많은 일부 권역은 전국에서 3번째로 많은 북한이탈주민들이 거주하고 있다. 부천과 강서구에 인접해 있는 신월동 일부 지역은 김포공항이 멀지 않아 항공기 소음 피해를 겪고 있으며, 언덕이 많고, 오래된 주거지역이라 다세대, 다가구 건물들이 많으며 골목이 좁고 복잡하다.

이처럼 학교들이 어디에 있는지, 크기가 어떤지, 건물의 상태가 어떤지, 그리고 학교를 둘러싼 주거환경, 자연환경, 교통, 상권 등을 파악하다 보면 학교와 지역사회와의 연계의 가능성이 조금씩 보이기 시작한다. 이러한 물리적 지형 분석을 통해서 얻을 수 있었던 가장 중요한 결론은 양천구의 경우 지역 내 격차가 상당히 크다는 것이다. 때문에 교육정책 수립에서 더 어려운 곳에 더 많은 지원을 해야 한다는 원칙을 수립하게 되었다.

2) 인적 지형 분석

인적 지형을 분석하는 이유는 모든 일이 그렇듯이 마을교육공동체 또한 사람들이 중요하기 때문이다. 또한 마을교육공동체는 제도화된 형식이나 주어진 매뉴얼이 있는 것이 아니며, 그 속성상 생성적인 성격을 갖는다. 때문에 법령, 규정, 조례, 규칙 등만큼 중요한 것은 이것을 수행할 사람들이 있어야 하고 그들이 누구인가가 매우 중요하다. 즉 마을교육공동체를 조성하는 데 함께 할 사람들을 찾기 위한 가장 기초적인 조사와 분석을 해야 한다. 그렇지 않으면 이해관계 집단에 휘둘리거나, 기득권 세력들에 의해 봉쇄되거나 질식될 수 있다. 필자가 주로 활용한 인적 지형 분석의 방법은 1:1 면담, 포커스 그룹 인터뷰, 주민 대상 설문조사 등이었다.

우선, 1:1 면담 활동이다.

양천구 주민이 아닌 나의 입장에서는 지역사회에서 특히 교육 분야에서 영향력을 가지는 사람들을 만나서 친밀감을 형성하는 것이 매우 중요할 수밖에 없었다. 또한 공식적인 문서나 자료에는 드러나지 않은 쟁점들을 찾아낼 필요가 있었다. 그래서 고안해 낸 것이 1:1 면담이었다. 정식적인 인터뷰라고 하면 상대방이 부담을 가질 것이기에 다소 가벼운 분위기에서 의제를 특정하지 않고 진행했다. 대상은 청소년 수련원 등 유관 기관에서 일하는 분, 교장 등 학교관리자, 교사, 학부모회 임원, 마을관련 중간지원 조직에서 일하는 분, 지역아동센터 유관자, 공무원 등 최대한 다양한 사람들을 접촉하고자 했다. 1:1 면담은 만나는 사람에 따라 때론 왜곡된 정보를 전달받을 수 있는 위험을 완전히 배제할 수 없지만, 공식적인 문서나 자료에서 얻을 수 없는 현장의 생생한 목소리를 들을 수 있다는 장점이 있었다. 또한 상대방의 이야기를 경청하는 과정에서 친밀성을 획득하고, 향후 지속적인 관계 맺음을 형성할 수 있는 계기를 확보할 수 있었다.

면담 결과는 가능한 한 기록으로 남기고자 노력했는데 이렇게 차츰 자료가 쌓이다 보니 인적 지도가 만들어지기 시작했다. 나는 면담을 하는 과정에서 반드시 빠뜨리지 않는 몇 가지 질문이 있었는데 그것은 '활동(사업)을 하면서 가장 많이 만나는 사람 혹은 상의(문의)하는 사람은 누구인가?'였다. 그 결과 누가 마을에서 영향력을 발휘하는 사람인가 드러나기 시작했다. 자신에 대해 허풍을 떠는 사람들이 누구인가 드러났고, 겸손하게 면담에 응했지만 실질적인 '키맨'들이 누구인가도 드러났다. 누구와 누가 친한가도 확인이 되었고, 누구와 누가 적대적인가도, 또 누구를 만나서 협조를 구해야 하는가도 확인되었다. 뿐만 아니라 누가 혁신교육지구와 마을교육공동체에 우호적인가 혹은 적대적인가도 확인할 수 있었다.

다음은, 포커스그룹 인터뷰이다.

포커스그룹 인터뷰Focus Group Interview는 매우 널리 사용되는 자료수집방법으로 2차 세계대전에서 작전계획 자료 개발하기, 군대 훈련 매뉴얼 만들기 같은 데서 사용되기도 했다. FGI는 이후 마케팅 분야에서도 널리 사용되었는데 면담방법과의 차이점은 그룹토론을 이용한다는 점이다.[4] 내가 FGI를 선택한 것은 이질적인 집단에 속한 사람들을 모아서 쟁점을 드러내게 하는 것은 물론, 이 과정을 통해서 혁신교육지구사업과 마을교육공동체에 대한 관심을 갖도록 하는 것에 있었다. 포커스그룹은 면담을 통해서 만난 사람들을 중심으로 각 집단을 대표할 수 있는 사람들을 모아서 구성했으며, 참여자는 10명 이내로 구성하고자 노력했다. 또한 신월동, 신정동, 목동 등 권역별로 나누어 진행을 했다. 그 결과 매우 흥미로운 결과를 도출할 수 있었다. 예를 들어 신월동, 신정동 권역의 경우 교육복지의 관점에서 혁신교육지구사업을 바라보는 사람들이 많았다. 즉 2013년 구로, 금천에서 진행된 혁신교육지구사업처럼 교육 불평등 해소에 방점을 두는 분들이 많았다. 반면 목동권역의 경우 이 사업을 학교의 방과후나 창의체험활동, 진로탐색활동의 다양성을 확보하는 것에 보다 많은 관심을 두는 분들이 많았다. 즉, FGI를 통해서 확인된 것은 소속된 집단과 계급(계층)에 따라서 관심영역이나 주안점을 달리 두고 있음을 알 수 있었다.

---

4. 신경림·조명옥·양진향 외 공저(2004). 『질적연구방법론』. 이화여자대학교출판부. 396~404쪽.

마지막으로, 설문조사이다.

잘 알려진 것처럼 설문지Questionnaire는 알고자 하는 어떤 문제에 대하여 작성한 질문들에 응답자가 답을 기술하도록 한 것으로, 조사연구에서는 개인의 생각, 태도, 감정 등 관찰하기 어려운 정보나, 많은 사람의 생각이나 의견 등에서 정보를 수집하여 의사결정을 내려야 할 때 유용하게 활용된다.[5] 당시 나는 혁신교육지구지정 공모를 앞둔 시점에서는 주민들의 의견을 최대한 반영하고자 설문조사를 실시할 것을 제안했다. 그 결과 2014년 12월 1일부터 12월 21일까지 주민, 학부모, 학생, 교원 등 양천구 인구의 1%를 넘는 5,793명을 대상으로 설문조사가 진행되었다. 설문조사의 제목은 '서울형혁신교육지구 유치를 위한 주민 요구 설문조사'였다. 결과는 물리적 지형 분석과 더불어 면담과 FGI에서 나온 이야기들이 결코 주관적인 견해가 아니었음을 확인해 주었다. 양천구에서 가장 시급한 교육과제는 무엇인가라는 질문에 대해 신월동권역은 34%, 신정동권역은 32%가 교육격차 해소를 꼽았다. 이에 비해 목동권역은 27%가 학교시설 개선을 꼽았고, 교육격차 해소는 25%였다. 존재가 의식을 규정한다는 것을 여실히 보여 주는 결과였다. 즉 비교적 잘사는 목동권역은 교육격차 해소보다는 시설 개선에 대한 관심이 약간 우위에 있었고, 신월동권역과 신정동권역은 교육격차 해소에 대한 요구가 더 높았던 것이다.

3) 정책지형 분석

정책지형 분석은 구청의 교육사업을 살펴보고 분석하는 것을 의미한다.

먼저, 구청의 교육 관련 부서들의 사업을 찾아서 보기 시작했다.

구청이 학교로 지원하는 교육경비보조금 집행내역에서부터 시작하여 평

---

5. 윤명희·서희정·김경희 공저(2016). 『교육조사방법론』. 학지사, 121쪽.

생학습관이나 도서관사업, 청소년 사업들을 하나하나 검토했다. 상당한 시간이 걸리는 작업이었지만 불가피한 과정이기도 했다. 서류상으로 파악이 어려우면 담당 직원에게 물어 가면서 내용을 분석했다. 이를 통해 기존의 사업이 어떤 문제점을 가지고 있는지 대략 파악할 수 있었다. 예를 들어 수년 이상 거의 같은 프로그램을 운영하고 있거나 심지어 수백만 원을 주고 연예인을 데려다가 강연을 한 경우도 있었고, 사설학원에서 할 법한 입시설명회도 운영하고 있었다.

다음으로 사업이 집행되는 현장에 직접 가서 참여관찰을 했다.

서류상의 화려한 수식어를 그대로 믿고 받아들이기보다는 프로그램이 실제로 어떻게 운영되는지 비판적으로 살펴보고자 했다. 교육경비보조금으로 지원되어 운영되는 창의체험활동에서부터 도서관에서 진행되는 인문학강좌, 학부모대상 강연회, 평생학습관에서 진행하는 강좌 등 시간이 허락하는 한 직접 현장에서 모니터를 했다. 강사의 자질은 물론 강의를 듣는 주민들의 반응이나 몰입도 등도 꼼꼼히 체크했다.

마지막으로 각 부서, 각 기관에서 하는 사업들을 비교했다.

비슷한 사업을 중복하여 진행하고 있지는 않은지, 특정 업체가 과도하게 위탁을 맡아 프로그램을 진행하고 있지는 않은지, 특정 강사에게 강의가 집중되지는 않은지 등을 살펴보고자 했다. 기관마다 비슷한 사업이 반복되는 것은 반드시 나쁜 것은 아닐 수 있다. 강좌나 교육 콘텐츠도 어느 정도 유행을 타기 때문이다. 그런데 지나치게 천편일률적인 것은 문제가 아닐 수 없다. 이와 관련하여 부서 간, 기관 간의 소통의 부재, 즉 칸막이 현상을 지적하지 않을 수 없으며, 새로운 것을 탐구하고 시도하는 데 게을리한 결과이기도 할 것이다.

이러한 지형 분석을 통해서 얻은 결론은 다음과 같다.

첫째, 자치구 안에서도 권역에 따라 사회경제적 격차가 존재하고 이것이 교육격차로 이어진다는 것이다. 이는 교육복지학교들의 분포로도 분명히 확인되었다. 이를 통해 더 어려운 곳에 더 많은 예산을 배치해야 한다는 원칙의 타당성을 다시 검증할 수 있었다.

둘째, 기존의 교육사업이 일정 부분 정비가 불가피하다는 점이었다. 예를 들어 수년간 반복되어 온 프로그램들이 정비되어야 했고, 주민들을 대상화하거나 유사 중복되는 사업들도 재검토해야 했다. 또 교육경비보조금의 지급방식 등도 다시 점검되어 수정하지 않으면 안 되었다.

그러나 이는 결코 쉽지 않았다. 왜냐하면 작용에는 반작용이 있듯이, 과거의 낡은 것을 고수하려는 경향이 어디서나 발생하기 때문이다. 예를 들어 혁신이라는 단어 자체를 불온시하고, 심지어 민주시민교육을 좌경의식화교육으로, 사회적경제를 사회주의 경제라고 읽는 사람들이 있었다. 21세기에도 이런 사람들이 있다니 정말 믿기 힘들었지만 그것이 내가 처한 현실이었다. 뿐만 아니라 이들과 결탁하여 교묘한 방식으로 교육개혁, 혁신교육을 가로막으려는 사람들도 있었다. 바로 이런 조건에서 2014년 혁신교육지구 공모에 참여해야 했다.

4. 혁신교육지구 공모에 떨어지다

2014년 10월 서울시와 서울시교육청이 구로와 금천에서 시작된 혁신교육지구사업을 확장한다고 발표한 이후, 그해 12월에 혁신교육지구 지정공모가 있었다. 구청장의 공약 중에 혁신학교를 늘리는 것은 있었으나, 혁신교육지구사업은 들어 있지 않았다. 그런데 혁신학교 몇 개 더 지정한다고 해서 공교육혁신이라는 시대적 과제에 복무할 수 있는 것은 아니었다. 지역 전체, 나라 전체의 교육을 혁신할 수 있는 더욱더 과감한 도전, 학교와 마을이 협력하여 교육적 관계를 형성할 수 있는 사업이 필요했다. 때문에 앞서 지형 분석에서 확인된 여러 악조건에도 불구하고 혁신교육지구사업 공모에 참여하기로 했다. 그러나 결과는 혁신교육지구 지정에서 탈락되었다. 쉽지 않을 것이라고는 알았지만 막상 탈락되고 나니 그 무게가 만만치 않았다. 왜 공모에 실패했을까? 그 원인은 다음과 같다.

1) 혁신교육지구에 대한 협소한 이해

당시만 해도 혁신교육지구사업은 교육복지 차원에서 이해된 측면이 강했다. 즉 혁신교육지구사업은 서울의 25개 자치구 중 재정여건이 어려운 지역이 지정되어야 한다는 주장이 주류를 이루었다. 실제로 목동과 같이 중산층이 밀집한 양천구가 뭐가 아쉬워서 시와 교육청의 예산을 지원받으려 하는가라고 노골적으로 적대감을 표현한 사람도 있었다. 양천구 내 교육격차 해소를 위해서 이 사업에 참여하는 것이며, 혁신교육지구의 목적은 단지 교육복지사업이 아니라 마을과 학교의 연계를 통한 공교육의 혁신이라고 아무리 이야기해도 혁신교육지구사업은 재정 여건이 어려운 자치구가 지정받아야 한다고 주장하는 목소리가 더 대세를 이루었다. 당시 공모에 제출한 사업계획서들을 보면 자치구들은 자신들이 얼마나 열악한지 보여주는 데 상당 부분을 할애했다. 그리고 실제로 2014년 공모에서 지정된 자치구들은 양천구보다 재정 여건이 좋지 않은 곳들이었다.

2) 취약한 민간 역량

당시 양천구에 대한 평가에서 자치구의 의지는 매우 적극적이나, 주민들의 역량이 잘 보이지 않는다고 지적되었다. 이는 어느 정도 사실이었다. 양천구는 교원노조의 활동이나, 학부모단체의 활동, 교육시민사회단체 활동이 타 지역보다 매우 활발하다고 볼 수 없었다. 혁신교육지구사업이나 마을교육공동체는 관이 주도하는 것이 아니라 민·관·학 거버넌스를 통해 운영되어야 하고, 특히 마을교육공동체는 민이 중심에 서야 하는데 그 민이 취약했던 것이다.

3) 구청의 경험 부족

2014년 지정된 자치구들은 이미 민선 5기, 즉 2010년부터 자치단체장들이 다양한 교육사업을 전개하면서 관청이 지역사회와 함께하는 교육사업에 대한 경험이 존재했다. 그러나 양천구는 민선 5기 구청장이 부재한 상태였으며, 그러다 보니 많은 한계가 있었다. 일례로 다른 자치구에는 거의 다 설치된 진로직업체험지원센터도 설립되지 않은 상태였던 것이다.

4) 혁신교육지구 지정 운영 방식의 한계

성적으로 줄을 세우듯, 자치구들에게 사업계획서를 쓰게 하고 점수를 매겨 줄을 세운 서울시와 서울시교육청의 공모 방식의 문제이다. 때문에 공모계획이 발표되었을 때부터 나를 비롯하여 적지 않은 사람들이 강력하게 이에 대해 비판을 했다. 혁신교육을 한다면서 무슨 줄 세우기란 말인가? 그러나 2014년 공모에서 이러한 목소리는 온전히 반영되지 않았다.

이런 열악한 조건임에도 내가 공모에 참여하자고 주장한 것은 설사 지정되지 않는다고 할지라도, 그 준비과정을 통해서 혁신교육지구사업의 의의를 알릴 수 있으며, 추후 지정받았을 때 함께할 수 있는 주민들, 학교들을 미리 발굴하고자 했기 때문이다.

그럼에도 당시 상황은 매우 열악했다. 공모에 선정되지 않자, 비난의 화살들이 쏟아지기 시작했다. 이 일을 추진한 교육정책보좌관인 내가 응분의 책임을 져야 한다고 말하는 사람들도 있었고, 목동 같은 중산층이 많은 양천구에서 혁신교육을 주장한 것 자체가 문제라고 비아냥대는 사람들도 있었다.

그러나 이대로 물러설 내가 아니었다. 나는 교육청에 강하게 문제제기를 했다. 공모를 위해 준비한 5억이나 되는 예산을 불용처리, 즉 반납하란 말인가? 혁신교육지구사업이 자치구를 서열화하는 것으로 왜곡되어도 좋은가? 만일 지정요건에 부족하다면 기회를 주어서 준비를 철저히 할 수 있도록 돕는 것이 서울시와 서울시교육청의 역할이 아닌가? 문제제기 덕분이었는지, 교육청은 2014년 공모에서 서울시와 서울교육청으로부터 예산을 지원받지 못한, 즉 공모에 당선되지 못한 자치구들을 '예비혁신교육지구'로 지정했다. 즉, 1년 동안 충분히 준비를 하여 다시 공모에 도전하라고 기회를 준 것이다. 이렇게 2014년이 저물고 2015년을 맞이하게 되었다.

당시 지형 분석과 공모준비 과정을 통해서 내가 얻은 핵심적인 결론은 무엇일까? 그것은 바로 혁신교육, 혁신교육지구, 마을교육공동체의 공감대를 더욱 넓혀야 한다는 것과 양천구의 경우 민간 역량이 취약하니 이 사업에 동참할 민간 주체를 발굴하고 조직하는 것이었다. 그 시작은 바로 혁신교육지구사업을 알리고 설득하는 것이었다.

5. 알리고, 설득하고 또 설득하라!

반백년이 넘게 지속된 입시경쟁 교육에 순응하며 살아온 사람들, 이승만 독재, 박정희 독재, 전두환 독재에 길들여져 민주주의를 부담스러워 하는 사람들, 뼛속 깊이 위계적인 서열문화에 익숙해진 사람들, 경쟁이 인간의 본능이자 본질이라고 세뇌되어 온 사람들, 교육의 목적은 오로지 상위권 대학 진학이라고 믿는 사람들. 이런 사람들에게 혁신교육, 혁신교육지구, 마을교육공동체 등을 제안하는 것은 결코 쉬운 일이 아니다.

일제고사와 자율형사립고가 꼭 필요하다고 서슴없이 주장하는 사람들, 자신이 서열 상위권 대학 출신임을 자랑하는 사람들, 특목고와 자사고에 자녀를 진학시키기 위해 목동으로 이사 왔는데 공부도 안 시키는 혁신학교 같은 것을 왜 만드느냐고 화를 내는 사람들, 왜 가난한 사람들에게 자신이 낸 세금을 쓰냐며 항의하는 사람들, 자신의 자식들은 다 성장했으니 교육문제 따위에는 관심 없으며 아이들이 떠드는 소리가 짜증난다는 노인들, 혁신교육지구가 되면 땅 값이 오르느냐고 질문하는 사람들 등 정말 천태만상의 사람들이 사는 곳에서 바로 여기서 혁신교육을 추진한다는 것은 어쩌면 미련하기 짝이 없는 일이 될 수도 있었다. 무엇부터 시작해야 할지 고민 끝에 정공법을 택하기로 했다. 그것은 혁신교육지구의 취지, 마을교육공동체의 의미를 꾸준히 알려 나가는 것이었다.

1) 학교를 설득하라

첫째, 교장선생님들을 만나서 설명부터 했다.

교육청의 도움을 얻어 교장 연수에 시간을 얻어 혁신교육지구사업을 안내하는 것에서부터 시작하여, 뒤풀이 자리에까지 쫓아가 명함을 주면서 얼굴을 익히고자 노력을 했다. 그 결과 관심을 보이는 분들이 생겨났다. 그렇게 어느 정도 관심을 보이는 분들이 생기면 학교를 직접 방문을 했다. 학교 현황도 파악하고, 마을결합형 학교라든지, 마을방과후 지원사업, 마을연계 진로탐색 사업 등에 대해서도 성심을 다해 안내를 했다. 그러면서 학부모나 교원을 대상으로 하는 설명회 기회를 달라고 요청을 하기도 했다.

둘째, 교원들을 만나는 것이었다.

장학사들이나 교원단체의 도움을 얻어 혁신교육지구와 마을교육공동체에 관심을 보이는 교사들을 만나기 시작했다. 만남은 가능한 학교로 직접 가는 방식을 취했다. 조언을 구하기도 하고, 필요에 따라서는 교사들과 간담회 조직도 요청했다. 그 결과 관심을 보이는 교사들이 어느 정도 형성되는 결과를 낳았다. 구청에서 학교에 공문을 보내도, 사실 교사들 대부분은 이런 사업이 있는지도 모르고 있었고, 확인해 보니 보낸 공문이 제대로 공유도 안 되는 경우가 많았기에 이런 방식은 매우 유효했다.

셋째, 학부모들을 설득하고자 했다.

학교운영위원회 임원들을 만나서 도움을 구하기도 하고, 교장 선생님의 도움을 얻어 학부모회를 대상으로 하는 설명회를 열어 혁신교육지구 홍보를 하기도 했다. 그런데 확인해 보니 학부모들은 학교에서 정기적으로 연수를 받고 있었다. 하여 이를 활용하여 혁신교육지구사업을 알리기로 했다. 즉, 학부모들을 구청에서 모아서 설명하는 것이 아니라 학부모연수 시간을 활용하여 직접 학교로 가서 설명하는 방식을 취한 것이다. 몸은 많이 피곤하지만 가장 효과적인 방식이 아닐 수 없었다. 그렇게 관리자, 교사, 학부모를 대상으로 하는 설명회를 지속해 나갔다.

2) 정치인들과 지역 유력 인사를 설득하라

첫째, 정치인들을 설득하는 것이다.

구청이나 시청이 아무리 개혁적인 행보를 취하고자 하여도 구의회, 시의회가 협조하지 않으면 예산을 비롯하여 사실 상당한 어려움에 처하는 것이 현실이다. 양천구도 마찬가지였다. 지역구의 국회의원 의석이 2개인데 모두 구청장과 소속정당이 다른 국회의원들이었다. 뿐만 아니라 구의원도 절반 이상이 구청장이 속한 정당과 정치적 견해를 달리하는 의원들이었다. 이들 정치인들의 동의를 구하지 않고 사업이 원활하게 진행될 수 없었다. 적극적인 지원까지는 어렵더라도 지역 주민들 특히 학생들을 위한 사업이니 예산안이라도 통과할 수 있게 부탁하지 않으면 안 되는 상황이었다. 새벽이라도 부르면 달려 나가서 설명을 했고, 요구하는 자료를 성실히 준비하여 설득하고 또 설득을 했다. 그렇게 겨우겨우 사업예산을 확보할 수 있었다.

둘째, 지역 유력 인사들을 만나 설득하는 것도 게을리하지 않았다.

주민자치위원회 회의가 있으면 쫓아가서 짧은 시간이라도 할애해 달라고 졸라서 혁신교육지구사업을 알리고자 했다. 구청직원인 동장들도 만나서 설득을 했다. 구청에서 하는 사업이라고 할지라도 사실 동단위로 내려가면 체감도가 떨어진다. 때문에 직접 동으로 가서 취지를 설명하고 협조를 구했다. 뿐만 아니라 교회 목사님이나 성당 신부님들도 만나서 도움을 요청했다. 예술인들도 만났다. 지역에 예술인관련 단체 사무실이 있었기에 방문하여 협조를 구했다. 체육인들도 접촉했다. 생활체육관련협회나 각종 스포츠동우회의 임원들도 만나서 사업의 취지를 설명하고 지지를 호소했다. 한편 아이쿱 등 소비자협동조합의 임원들도 만나서 도움을 구하기도 했다. 그야말로 주민들에게 영향을 미칠 수 있는 분들이라면 가리지 않고 만나서 설득하려 노력했다.

셋째, 청소년 유관 기관 관계자들을 설득하고자 했다.

마을교육공동체를 조성하는 것은 학교와 마을을 연계하는 것을 기본으로 한다. 그런데 여기서 마을을 연계할 때는 주민들만이 아니라 다양한 기관들을 포함한다. 서울의 경우 아동청소년 유관 기관이 비교적 세분화되어 있다. 시에서 운영하는 청소년 수련원, 구에서 운영하는 청소년 문화센터, 진로직업체험지원센터, 교육청이 운영하는 교육복지센터, 여성가족부가 지원하는 청소년상담센터, 보건복지부가 지원하는 지역아동센터 등 다양하다. 그런데 이들 기관들이 서로 안정적으로 소통하고, 사업을 공유하기보다는 각자의 방식으로 학생들을 모집하고 프로그램을 운영하기도 한다. 혁신교육지구사업을 위해서는 이들 기관들과의 협력이 불가피하다. 때문에 개별적으로 이 유관 기관들의 책임자들을 만나서 협조를 구하는 것은 물론이고, 이들을 모아서 간담회를 하는 등 다양한 방식으로 설득을 구했다. 물론 이 과정 또한 쉽지 않았다. 자신의 기관을 운영하는 것도 버겁다며 방어적으로 나오는 기관도 있었고, 프로그램 운영예산이 부족하니 지원을 요청하는 경우도 있었고, 유사중복사업을 피하고 양질의 교육 프로그램을 제공하자며 적극적으로 나오는 분들도 있었다. 정말 천차만별이었다. 바로 이 불균등성을 인정하는 가운데에서 적극적인 협력자를 중심으로 하여 네트워크를 만들어 나가기 시작했다.

그러나 이러한 설득만으로는 한계가 있었다. 혁신교육지구사업을 통한 마을교육공동체 조성이 지속가능성을 가지려면 지역에 정주하는 민간 주체의 발굴과 양성이 뒤따라야 한다. 왜냐하면 시장, 구청장, 시·구의원은 임기가 끝나 재선되지 않으면 바뀔 수 있고, 담당 공무원이나 장학사들도 수시로 교체되기 때문이다. 또 만일 교사들의 다수가 그 지역에 거주하지 않는다면 마을교육공동체 사업은 일정한 한계에 직면할 수밖에 없다. 결국 중요한 것은 마을에 거주하는 주민들 중에서 마을교육공동체의 주체들을 형성하는 것이었다.

6. 학습을 통해 주체를 조직하라

혁신교육지구사업, 마을교육공동체 조성은 민주시민을 양성하는 과정이기도 하다. 왜 그냥 시민이 아니라 민주시민의 양성일까? 그것은 시민은 그 자체만으로 주권자가 될 수 없기 때문이다.

바바라 크룩생크는 '시민'과 '예속적인 주체subject'를 구분하여 권력과 독립을 쟁취했다고 하더라도 스스로 통치할 수 있는 능력을 가지지 못하면 시민이 될 수 없다고 했던 토크빌의 논의를 차용한다. 토크빌이 사용한 주체, 즉 subject는 일반적으로는 주체나 주인을 뜻하나 역사 속에서는 신민이나, 백성, 노예를 뜻하는 단어이기도 했다. 이에 착안하여 크룩생크는 시민과 주체는 대립하지 않으며 오히려 시민은 만들어진다고 주장했다. 그녀는 자치의 획득을 통해 시민이 되는 동시에 주체가 되는데 이를 통해, 즉 통치자이자 피통치자가 된다고 주장한다. 뒤집어 말하면 시민은 권력에 종속되는 동시에 스스로의 주인이 되는 존재라는 것이다.[6]

바바라 크룩생크의 논의가 함의하는 바는 무엇인가? 그것은 법률적으로 시민권을 부여받는다고 해서 시민이 될 수 없다는 것이다. 즉 실질적으로 자신의 삶의 주인으로 스스로 결정하고 스스로 통치하는 '자치'를 획득하지 못하는 한, 그 시민권은 허구에 지나지 않는다는 것이다. 즉 시민들이 스스로 무언가를 결정하고 스스로 그것을 집행하는 권리와 경험을 통해서 주인이 되는 것이다. 이를 통해 피통치자의 처지에서 벗어나 비로소 통치자로 될 수 있는 것이다. 그것이 민주주의이다. 물론 이는 결코 쉬운 일이 아니다. 예를 들어 '정치는 축구경기 보듯이 선거결과와 정치인들의 행보를 관람하는 것으로 알고 있다'고 말하는 수준에 있는 사람들에게 '자치'는 상상조차 할 수 없는 해괴한 것으로 보일 수 있을 것이다. 더욱이 자신들이 선출했고 자신들을 위해 일할 공복인 선출직 앞에서 허리를 굽히며 굽신거리는 사람들, 자신들이 낸 세금으로 월급 받아 사는 공복들 앞에서 쩔쩔매며 눈치를 보는 사람들에게 자치라는 것은 매우 생경한 것일 수 있다. 그러나 다시 권위주의시대로 되돌아갈 수 없는 일이며, 가능하지도 않다. 또한 대의제 민주주의의 한계를 넘어 직접민주주의적인 요소를 도입하고 강화하는 것이 시대적인 과제로 되고 있다.

그러면 어떻게 시민들이 피통치자의 처지에서 벗어날 수 있을까? 그것은 영화 매트릭스에서와 같이 시민들의 자각을 가로막는 각종 장치의 함정으로부터, 특히 이데올로기적인 편견으로부터 스스로 벗어하는 것이다. 경쟁교육이 만든 왜곡된 세계관, 왜곡된 교육관을 깨우치고 사회와 교육에 대해 성찰하는 능력을 획득할 수 있도록 하는 것이다. 이를 위해서는 제대로 된 학습이 필요했다. 소비되는 쇼핑상품으로서의 강좌가 아니라 혁신교육에 대한 체계적인 학습의 기회를 만들어야 했다. 이를 위해 나는 다음과 같은 사업을 목적의식적으로 전개했다.

---

6. 바바라 크룩생크 지음, 심성보 옮김(2014). 『시민을 발명해야 한다』. 갈무리, 65~75쪽.

① 교육철학과 가치를 공유하라

혁신교육지구사업 설명회를 한 후 관심을 보이는 주민들 가운데서 핵심적인 마을교육활동가들을 길러 내기 위한 연속 강좌를 만들고자 한 것이다. 존 로크, 피아제, 비고츠키, 몬테소리, 콜버그, 프로이트, 에릭슨, 볼비, 반두라, 듀이, 프레네, 가드너에 이르기까지 혁신교육 담론에서 빠질 수 없는 교육학자, 심리학자들을 주제로 연구논문을 쓴 연구자, 장학사 들을 찾아내어 강사로 초빙하여 강좌를 진행했다. 물론 반발도 없지 않았다. 동네 아줌마들 모아 놓고 뭐하는 거냐는 식으로 뒤에서 조롱하는 자들도 있었다. 아마도 속된 말로 '약을 파는' 수준의 입담을 늘어놓은 유명 강사를 불러들이거나, 직원이나 관에서 관리하는 단체의 회원들을 동원하여 강당의 좌석을 채우는 식의 사업에 익숙했던 사람들에게는 이런 주제의 연속 강좌는 도저히 이해할 수 없었을 것이다. 그러나 혁신교육의 철학과 가치에 대해 동의의 기반이 약하면 사실 이 사업은 언제든지 왜곡될 수밖에 없다. 때문에 확고한 교육철학을 가지고자 하는 사람들을 모으지 않으면 안 된다. 물론 강좌 한번 들었다고 해서 주민들의 생각이 갑자기 바뀔 수 없을 것이다. 그러나 하나의 주제를 가지고 꾸준히 학습을 하고 토론을 하다 보면 어느 순간 동질성을 확보할 수 있다. 무엇보다 "왜 한국 교육이 혁신되어야 하는지? 교육의 본질이 무엇인지? 인간 발달이란 무엇인지?" 등의 질문을 통해 근본적인 성찰을 이끌어 낼 수 있기 때문이다. 물론 이 강좌에 참여한 모든 사람들이 그 같은 성찰을 통해 마을교육활동가로 성장한 것은 아니다. 그러나 이 강좌를 통해서 혁신교육의 철학을 공유하는 사람들이 일정하게 형성된 것은 틀림없다.

② 학부모교육을 체계적으로 하라

혁신교육지구사업은 주민들의 참여, 특히 학부모들이 참여하지 않으면 성공하기 매우 어렵다. 학부모들이 학력 패러다임, 경쟁교육 패러다임에 간혀 있는 한, 오로지 자기 자녀에게만 관심을 갖는 한, 공동체라는 것은 성립될 수가 없다. 물론 아직도 대다수의 사람들은 교육의 목표는 서열 상위권 대학 진학으로 알고 있다. 그러나 모든 사람들이 그런 것은 아니다. 사교육이 발달한 목동이 있는 양천구에서도 모든 사람들이 그런 것은 아니었다. 그 안에도 지금의 입시경쟁 교육에 대해 비판적인 문제의식을 갖는 사람들이 있었고, 성적보다 중요한 것이 자녀의 꿈과 적성에 맞는 진로를 찾게 돕는 것이라는 것, 인성과 시민성을 기르는 것이 더 중요하다고 생각하는 학부모들이 존재했다. 바로 이런 분들이 중심이 되어 더 많은 학부모들을 만나고 소통할 수 있는 장이 필요했다.

마침 당시 인문학 열풍이 유행하던 때라, 학부모를 위한 인문학이라는 이름으로 연속강좌를 개설했다. 이를 통해 사회 전체에 대한 인식의 지평을 넓힐 수 있도록 했다. 노동, 인권, 생태, 여성, 역사 등 다양한 의제의 다양한 강사를 모셔서 교과서와 매스미디어에서 제대로 다루어지지 않은 사회문제에 대해서도 관심을 가질 수 있는 계기를 마련해 주고자 했다. 또한 백화점 문화센터의 강좌처럼 강의 쇼핑으로 소비되어서는 안 되었기에 강좌 이후 모둠별 토론을 반드시 하도록 안내했다. 즉 강의와 토론을 병행시킨 것이다. 때문에 지나치게 많은 인원이 참여해서는 교육효과도 없고, 더욱이 토론을 할 수 없기에 인원을 50명을 넘지 않도록 제한했다.

물론 이를 두고 혁신교육에 반대하는 세력들은 소수의 인원만 혜택을 보는 사업이라던가, 학부모들을 상대로 세뇌교육을 한다는 얼토당토않은 억지를 펴기도 했다. 그러나 결코 굴하지 않고 학부모를 위한 인문학 사업을 계속해 나갔다. 그 과정에서 모둠토론을 이끄는 소위 '튀는' 학부모들이 나타나기 시작하고, 이들이 다시 다음 학기 인문학 강좌를 준비하는 모임을 결성할 수 있도록 안내했다. 즉 관에서는 공간과 예산만을 지원하고, 강의 주제, 강사 섭외, 강의 진행 등을 학부모들이 스스로 할 수 있도록 기회를 제공한 것이다. 그 결과 학부모교육사업에 관심을 가지면서 활동가수준으로 성장할 수 있는 학부모들이 모이기 시작했고 이들은 나중에 혁신교육지구 민·관·학 협의체의 학부모 사업분과를 구성하는 멤버가 되기도 했다.

시간이 지나가면서 학부모를 대상으로 하는 인문학 강좌는 주제별로 분화되기 시작했다. 혁신교육, 마을교육공동체를 중심으로 하는 강좌, 자녀와의 소통을 중심에 두는 심리학강좌, 인문교양을 넓히기 위한 강좌 등으로 주제가 나뉘고 관심 분야에 따라 팀이 분화되어 운영되기도 했다.

학부모를 위한 인문학강좌에 대한 호응은 매우 좋았다. 이에 힘을 얻어 가장 인기가 많았던 강좌들을 중심으로 선별하여 학교로 찾아가는 인문학강좌로 발전시키는 단계로 나아갔다. 학교별로 신청을 받아 강사를 학교로 배치하고, 강좌사업의 행사진행을 직접 학부모들이 수행했다. 학교 입장에서는 양질의 인문학강좌를 학부모들에게 제공할 수 있어서 좋고, 더욱이 강사섭외나 정산 등의 수고를 하지 않아도 되었기에 호응이 좋을 수밖에 없었다. 초기에는 구청에서 행정 지원을 했으나, 학부모들이 마을교사들과 함께 2016년 양천나눔교육사회적협동조합을 결성한 이후에는 이 협동조합을 통해서 사업을 집행했기에 구청의 행정업무 부담도 나중에는 줄어들게 되었다. 학부모 강좌의 효과는 상당히 컸다. 특히 혁신교육지구사업과 마을교육공동체에 대한 이해를 필수 강좌로 배치하고 신청한 모든 학교를 돌아다니면서 직접 강의를 했다. 그 결과 혁신교육에 대한 이해부족이나 의도적인 왜곡으로 인한 오해가 풀리면서 이 사업에 참여하는 학부모들이 점차 늘어나기 시작했으며 이는 이후 학부모가 만드는 창의체험활동으로 이어지기도 했다.

③ 학습공동체를 지원하라

혁신교육지구와 마을교육공동체가 지속가능성을 담보하려면 관청이 끌고 가는 것이 아니라 민간의 역량이 상승되어 민 스스로 주도성을 가져야 한다. 이를 위해서 누군가에게 일방적으로 교육을 받는 낡은 방식이 아니라 스스로 혁신교육과 마을교육공동체에 관심을 가지고 자발적으로 공부를 하는 모임들이 많이 만들어질 수 있도록 세심한 지원을 할 필요가 있었다. 즉, 학습동아리에 대한 지원이었다.

당시만 하더라도 서울시나 서울교육청 차원에서 관련 조례가 없었기에, 평생학습법을 매개로 학습동아리를 공개모집하여 지원을 했다. 혁신교육, 마을교육공동체, 협동조합, 사회적경제, 진로교육 등 다양한 주제로 동아리가 모집되었다. 학습 동아리에 대한 지원은 단지 예산 지원에만 머물지 않았다. 동아리 리더들을 대상으로 한 컨설팅을 실시했으며, 동아리 운영 방식에 대해서도 조언을 직접 해 주었고, 필요에 따라서는 동아리의 요청에 의해 회의나 강좌에 참여하기도 했다. 또한 활동 종료 후에는 동아리 활동 발표시간을 가지게 하여 학습자들의 지역적 네트워크가 형성될 수 있도록 안내했다. 이들 동아리를 만든 사람들 중에 상당수는 구청에서 동아리 예산 지원이 종료되었음에도 자발적인 모임을 운영했으며, 이후 마을교육사회적협동조합이 결성되자 조합원으로 참여하여 조합 안에서 다시 동아리를 만드는 등의 활동을 이어나갔다.

왜 나는 학습에 그리 방점을 찍었는가? 왜 나는 그리 토론을 강조했는가? 뿐만 아니라 토론에 그치지 않고 학습 동아리를 만들도록 안내했는가? 그 이유는 학습활동이 인식을 바꾸는 데 중요한 역할을 하기 때문이다.

일찍이 파울로 프레이리는 죽은 지식을 전달하거나 지식을 단지 주입하는 교육을 '은행저축식' 교육이라고 명명하면서 이런 교육은 사람들을 수동화하며 결과적으로 기존의 질서를 재생산할 뿐이라고 비판했다.

프레이리는 『교육과 정치의식』에서 대중의 의식발전 단계를 다음과 같이 총 3단계로 분류했다.[7]

---

7. 파울로 프레이리 지음, 한준상 옮김(1970). 『교육과 정치의식The Politics of Education』. 한국학술정보(2001). 49~53쪽.

첫 번째 단계는 프레이리가 가장 낮은 의식의 수준으로 본 '준準 변화 불가능 단계의 의식'이다. 이 단계에 있는 사람들은 가장 기초적인 욕구의 충족에 사로잡혀 있고 현실에 매몰되어 있다. 역사의식이 거의 없는 이들은 생물학적 국면을 벗어난 문제에 관심을 가지지 못하고 일차원적 억압의 현실에 매몰되어 있다. '운명론'은 이런 의식이 만연한 특징들을 보여 준다. 또한 이들은 '자기 멸시'를 보이는데 그 이유는 지배문화가 그들의 탓으로 돌린 부정적 가치를 내면화했기 때문이다.

두 번째 단계는 '소박한 준準 변화 가능 단계의 의식'이다. 이 단계에서의 의식은 개인이 타인과 대화할 수 있는 주체가 되기 시작하기에 이행적인 성격을 갖는다. 그러나 여전히 문제를 알기는 하지만 지나치게 단순화시킨다. 이 상태의 민중들은 대중의 인기에 영합하는 지도자들에 의해 쉽게 흔들린다. 이런 수준을 프레이리는 '대중적 의식'이라고 명명했다. 이 상태의 의식은 문제를 지나치게 단순화시키며, 과거의 향수에 젖고, 평범한 인간을 과소평가하고, 논증에 약하고, 감정적이며, 대화보다는 반박을 즐긴다. 이들은 비이성적인 광신주의에 빠질 가능성이 많다.

세 번째는 '의식화의 단계'이다. 이 단계는 죽은 지식의 단순한 수용자로서가 아니라 지식습득 및 지식형성의 주체로서, 인간의 삶을 형성하는 사회문화적 현실과 그 현실을 변화시키는 그들의 능력을 심화시키는 과정을 말한다.

그렇다면 낮은 의식에서 높은 의식으로의 발전은 어떻게 가능할 것인가? 은행저축식의 교육의 한계를 극복하기 위해 필요한 것은 무엇일까? 그것은 '문제제기식 교육'이다. 문제제기식 교육은 교사와 학습자가 서로 배우며 가르치는 동반자적, 대화적 관계를 기반으로 한다. 교사는 더 이상 그저 '가르치는 자'가 아니고, 학생들과의 대화 속에서 자신도 배우는 자가 된다. 학생들도 배우는 가운데 가르치는 자가 된다. 이로서 그들은 서로 연결되어 모두가 함께 '성장하는 과정'을 책임지는 것이다.

프레이리는『페다고지』에서 '대화는 대화자들의 일치된 사고와 행동을 변형하고 인간화해야 할 세계에 전달해 주는 만남'이며, '하나의 창조행위'로 규정한다. 그는 '오직 대화, 비판적인 사고를 필요로 하는 대화만이 비판적인 사고를 산출할 수가 있다'고 단언하면서 '대화 없이는 의사소통이 안 되고 의사가 소통되지 않는 참된 교육이란 있을 수 없다'고 주장한다.[8]

내가 일방향적인 강좌식 교육, 엔터테이너 수준의 입담 좋은 유명인을 불러서 소비하는 강의를 그토록 반대한 이유가 여기에 있다. 힘들더라도 인문학강좌 이후 토론 테이블을 마련하고자 했던 것도 바로 이 '대화'와 대화를 통한 '소통'의 중요성 때문이다. 또 강좌보다 더욱 중요하게 학습동아리 활동에 주안점을 둔 이유도 여기에 있다. 왜냐하면 듣는 것보다 보는 것이 좋고, 보는 것보다는 행하는 것이 중요하기 때문이다. 그 행함을 위해서는 듣고 보는 것을 재구성하여 실행을 위한 계획을 수립하는 과정이 필요하며 그 시작은 대화와 소통이다. 프레이리가 말했듯이 대화는 비판적 사고를 가능하게 하며, 대화는 창조적 행위이다. 누가 누구에게 가르치는 것이 아니라 대화를 통해 소통하고 서로 가르치고 서로 배움을 통해 현실을 재구성하는 것, 그것이 바로 진정한 교육이기 때문이다.

7. 자신의 역량을 길러라!

언젠가 존경하는 선배 중 한 분이 이런 제안을 했다.

"김 선생! 김 선생 같은 교육정책 보좌관들이 전국의 모든 자치구에 있다면 우리 교육이 많이 바뀌지 않겠는가? 그렇게 되기 위해 우리 정책보좌관 사관학교 같은 것 만들어 보면 어떤가?"

---

8. 파울로 프레이리(1970).『페다고지Pedagogy of the Oppressed』. 광주(1986), 77, 81쪽.

나는 이에 이렇게 답했다.

"좋은 제안이십니다. 그런데 보좌관을 희망하는 사람들을 위한 교육도 중요하지만, 더욱 중요한 것은 보좌관이 될 수 있는 역량을 기를 수 있는 사람들을 만드는 것이 더 중요하지 않을까요?"

마을교육공동체를 일구는 일을 하기 위해서는 상당한 수준의 역량을 요구한다. 이 일을 해 보니 기본적으로 다음 세 가지 정도의 역량이 요구된다.

우선 대인관계 능력이다.

정책연구자가 된다거나, 마을교육활동가로 살아가는 것은 겉으로는 문서 생산 능력이 중요할 것 같지만 그보다 중요한 것은 대인관계 능력이다. 나와 같은 '어쩌다 공무원'은 정무직의 성격을 가진다. 법령과 규정대로 일을 하는 일반 공무원과는 달리 주민들과의 접촉이 매우 잦은 업무 성격상 사람들의 이야기를 잘 듣고, 행간 즉 말(글)의 맥락적 의미를 읽어 낼 줄 알아야 하며, 사람들을 설득하기 위해서는 특히 인간관계를 잘할 줄 알아야 한다. 그리고 이는 정책생산하고도 연결된다. 사업계획을 만들라고 하니 탁상에서 전년도 사업계획을 그대로 베끼는 짓을 할 게 아니라면 현장에 밀착하고 현장의 목소리에 근거하여 정책을 만들어야 한다. 그런데 이를 위해서는 현장에 가서 사람을 만나는 대인관계 능력이 매우 중요하다. 그런데 대인관계 능력은 관계하는 기술의 문제가 아니다. 나는 그동안 설득을 위한 적지 않은 관련 심리학 저작을 읽었지만 정작 중요한 것은 사람관계에서 가장 중요한 것은 진정성과 겸손함이라는 것을 깨달았다. 얕은 수로 상대방을 속이는 것은 당장은 통할지 모르지만 언젠가 반드시 밝혀진다. 또 표피적인 친절함과 상투적인 친절은 금방 그 한계가 드러난다. 중요한 것은 진정성과 겸손함이다.

사람을 대함에는 진실함이 중요하다. 비록 상대방이 나를 이용하려고 할

지라도 그래서 그 사람하고는 그저 그런 관계로 남더라도 내가 진정성을 가지고 대했다는 사실 자체는 변하지 않기에, 심각한 소시오패스(진급과 출세를 위해 무슨 짓이든 하는 자들이 대체로 소시오패스들이다)를 제외하곤 나쁜 관계로 악화될 가능성은 매우 적다. 겸손함도 매우 중요하다. 벼는 익을수록 고개를 숙이는 법이다. 사람들은 자신이 범접할 수 없는 높은 경지에 있는 사람이 아니고는 대체로 상대방과 자신이 큰 차이가 없다고 생각하다. 또 비슷한 무리에 있다면 자신이 그들 중에서도 상위그룹에 속해 있다고 믿는 경향이 매우 크다. 때문에 자신이 보기에 큰 차이가 없거나 비슷한 사람이 자기보다 잘난 것을 매우 못 마땅히 여긴다. 이런 점을 고려할 때 중요한 것은 재주(기술)가 아니라 태도이다. 대인관계의 기술이 아니라 대인관계를 하는 태도가 중요한 것이다. 그리고 그것은 진정성과 겸손함을 요구한다.

다음 굳건한 신념을 가져야 한다.

나는 구청에 정책보좌관이 되어 들어가면서 사직서를 써서 서랍에 넣어 두었다. 이유는 내가 국가장치의 부속물로 전락할 것 같으면 언제든지 나와야 한다는 결심을 스스로 매일 확인하기 위해서였다. 시민사회운동가에서 '어쩌다 공무원'이 된다는 것은 자신이 왜 그곳에 있는지를 잊어버리면 언제든지 현실에 안주하게 되고, 심지어 시민사회를 배신하는 행동도 할 수 있기 때문이다. 나는 학생운동, 노동운동, 시민운동 출신들이 제도 안으로 들어가서 얼마 되지 않아 제도 내로 포섭되는 것을 익히 보아 왔다. 시민운동가 시절에는 안정적인 임금 같은 것은 생각지도 못했는데 꼬박꼬박 월급을 받을 수 있고, 뒤에서는 욕을 할지 모르지만 직원들이 적어도 표면적으로 잘해 주고 치켜올려 준다. 주민들도 마찬가지다. 이런 것에 취하기 시작하면 자신도 모르게 오만해지고, 현재의 자리를 보전하는 것에 관심을 가지게 된다. 그 결과 혁신을 하려면 필연적으로 구래舊來의 관성과 갈등을 겪게 됨에도 그 갈등을 회피하려 하고, 법과 제도를 들먹이면서 그 안에서만 무엇을 하려 한다. 즉 사고 자체가 시스템 안에 갇히는 것이다. 자신이 왜 제도 안으로 들어왔는지 잊어버리고, 시민운동을 하면서 견지해 온 철학, 신념을 버리고 잊는 순간 더 이상 그 자리에 있으면 안 된다. 또 잊어버리지는 않았다 하더라도 더 이상 그 신념을 지속할 동력을 잃거나 더 이상 새로운 무엇을 창조해낼 수 없다면 혹은 그런 에너지가 고갈되었다면 그 자리에 있는 것은 큰 의미가 없을 것이다.

마지막으로 전문성이다.

선출직이 데려오는 별정직 공무원이나 공모로 들어오는 임기제 공무원에 대한 '늘상 공무원(공무원 시험을 봐서 채용된 공무원)'의 시선은 매우 따갑다. 자치단체에서 9급 공무원이 6급이 되려면 아주 짧게라도 10년 이상 길면 20년 정도 시간이 걸린다고 하는데, 외부에서 들어오는 사람들이 오자마자 6급, 5급, 4급 직급을 얻으면 '늘공' 입장에서는 매우 불편할 수 있다. 그런데 '늘공'들이 모르는 것이 있는데, 그것은 어공들이 그 자리에 들어오기 전에 백수처럼 노는 사람들이 아니었다는 점이다. 나만 해도 시민사회운동을 수십년을 했고 공동저작이지만 몇권의 책을 쓴 바 있으며, 나름대로 교육운동 진영에서는 그 전문성을 인정받고 있었다. 그런데 아주 가끔 이러한 전문성을 담보하지 못한 채 선거 후 논공행상^{論功行賞} 차원으로 들어오는 사람들이 있다. 바로 이로 인해 선출직에 대한 직원들의 신뢰를 잃을 수 있으며, 심한 경우는 이들이 전횡을 일삼거나 심지어 부정부패를 저질러 선출직이 낙마하는 경우도 있다. 때문에 일정한 전문성을 담보하는 것은 너무도 중요하다.

그런데 위 세가지 중 마지막 전문성은 매우 유동적이라는 점이다. 중세에는 500권의 책만 읽어도 지식인이 될 수 있었다지만 지금은 완전히 다르다. 시대의 트렌드가 너무나 빨리 바뀌기 때문에 새로운 지식을 끊임없이 습득하고, 다양한 분야들을 통섭하고 재구성하지 못하면 그 자리를 지키는 것도 쉽지 않다. 그리고 무엇보다 지식이 더 이상 소수 지식인들만의 것이 될 수 없는 사회, 즉 지식의 대중화가 이루어진 지식정보사회가 되었다. 그 결과 대중들이 지식에 쉽게 접근할 수 있고, 그만큼 대중들의 인식 수준도 높아져 간다. 예를 들어 나와 같은 학생운동출신들이 사회운동에 투신했을 때만 해도 노동운동, 빈민운동 진영에서 일정한 역할을 할 수 있었다. 정세분석을 하여 제시하기도 하고, 간부들을 대상으로 하는 교육도 하고, 조합의 간부로 채용되어 조합운영에 대해서도 도움을 줄 수 있었다. 그런데 노동조합이 양적으로 성장하고 그것이 질적인 전환으로 이어지면 현장출신 간부들이 스스로 조합원 교육을 하고, 정세분석을 하고, 요구안을 정선하고, 사측과 직접 교섭을 하면서 초기와는 달리 '학생운동출신'들의 영향력은 줄어들게 된다. 이것은 대중운동의 발전이 가져오는 자연스러운 결과이다.

이는 단지 노동운동에만 적용되는 것이 아니다. 시민사회운동 전반이 그러하다. 초기에는 이른바 시민사회단체의 전문가들의 말에 사람들이 귀를 기울이고, 회원들이 후원금을 내는 것에 만족했다면 지금은 그 단체의 회원들이 얻을 수 있는 정보의 경로와 양에서 전문가들과 큰 차이가 없다. 그렇다면 이렇게 대중들의 인식이 높아진다고 할 때 이른바 전문가는 무엇을 할 것인가이다. 내가 본 것 중 가장 최악은 과거에 안주하여 과거를 회상하면서 과거를 들먹이면서 현상유지에 머무르려 하는 것이다. 그런데 이런 식으로는 자신의 발전도 꾀할 수 없고, 사회 전체의 민주적이고 진보적인 그리고 지속가능한 발전에도 도움이 되지 않는다. 대안은 끊임없이 자신의 역량을 높이는 것, 특히 관련 분야의 주제를 천착하여 시대적 트렌드에 맞게 자신의 전문성을 업그레이드하는 것이다.

8. 끊임없이 학습하라

전문성을 담보하기 위해 나는 세 가지 방식을 취했다.

첫째, 책을 꾸준히 읽는 것이다.

모든 자기계발서에서 강조하는 것이 독서이다. 자기계발서가 갖는 명백한 한계에도 불구하고, 독서의 중요성만큼은 인정하지 않을 수 없다. 독서는 영상자료와 다르며, 뉴스기사와 같은 단편적인 정보를 습득하는 것도 다르다. 독서를 통해 우리는 새로운 지식을 습득하기도 하지만, 보다 중요한 것은 글쓴이와 대화를 할 수 있다. 제대로 된 독서는 글쓴이의 주장과 자신의 생각을 끊임없이 교환하는 과정을 거치게 된다. 나의 경우 글을 읽으면서 중요 부분에 줄을 치고, 필요에 따라서는 페이지를 매겨서 타이핑을 해 놓곤 한다. 이런 과정이 중요한 것은 아주 바쁜 와중에도 자신만의 독서시간과 정리시간을 확보해서 각박한 현실로부터 일정한 거리두기를 통해 상황을 객관적으로 볼 수 있는 계기를 얻는다는 점이다. 그러면 어떻게 이런 시간을 확보할 수 있었을까? 나의 경우 출퇴근 시간을 활용했다. 인천에서 서울까지 왕복 4시간이 넘게 걸리는 터인지라 출퇴근 전철 안에서 책을 읽고, 필요하면 줄을 치곤했다. 그 결과 한 달에 평균 2권 정도의 책을 읽을 수 있었다. 그러면 읽은 책을 정리하는 시간은 어떻게 확보했을까? 그것은 토요일, 일요일을 활용하는 것이었다. 사실 하루 종일 민원을 상대하고, 행사를 쫓아다니다 보면 책은커녕 공문도 찬찬히 뜯어보기가 어렵다. 때문에 주말을 이용하여 주중에 읽은 책을 정리하는 작업을 했다. 그 결과 어느 정도 시간이 지나니 그것들이 파일로 하나하나 만들어지면서 새로운 정책을 구상할 수 있는 기초자료가 되었다.

둘째, 세미나, 포럼, 각종 토론회를 쫓아다녀야 한다.

전문성을 담보하기 위해서는 새로운 정보의 습득을 게을리 하지 않아야 한다. 자신만의 경험에 갇히면 안 되고 자신이 아는 정보와 자신이 경험한 것으로 타인과 현실을 재단해서는 안 된다. 또한 자신이 있는 지역의 사례만을 최고의 것이라 여기고 우물 안 개구리처럼 사고해서도 안 된다.

새로운 정보의 습득을 위해서는 관련 학회의 연구발표회나 세미나, 포럼, 토론회를 적극적으로 찾아다닐 필요가 있다. 이를 통해서 타 지역의 사례를 공유하고 타산지석으로 삼을 수 있다. 또한 새로운 이론적 경향이나 새로운 연구 결과를 공유하고 그것을 자신의 방식으로 정리할 필요가 있다.

필자의 경우 가능한 한 참여한 세미나, 포럼, 토론회의 자리에 노트북을 들고 가서 메모를 했다. 또한 시간이 될 때는 세미나, 포럼, 토론회의 자료를 다시 메모와 비교해 보면서 다시 정리하고자 노력을 했다. 발표문의 주석이 있는 경우 그것을 찾아 읽고자 노력을 했다. 이를 통해 배움의 영역을 계속 확장할 수 있었으며, 이 과정에서 나는 많은 사업적인 아이디어를 얻을 수 있었다.

그런데 가장 중요한 성과는 그런 세미나, 포럼, 토론회를 통해서 나와 다른 역량, 나보다 더 뛰어난 능력을 가진 분들을 만날 수 있고, 그런 분들과 지속적으로 소통을 할 수 있었다는 점이다. 좋은 사람들과 좋은 기운을 주고받을 수 있는 것만큼 세상을 살아가면서 소중한 것은 없다. 세상은 넓고 배울 것은 무궁무진하다. 나 아닌 다른 사람, 내가 살고 활동하는 지역이 아닌 다른 지역, 다른 영역에서 활동하는 다양한 연구자, 행정가, 교사, 학부모, 마을교육활동가들과 소통하고 교류하는 과정은 그 자체로 매우 소중하다.

셋째, 학습공동체를 구성하는 것이다.

어떤 이들은 공부는 결국 혼자 하는 것이라지만 사실 혼자서만 하는 공부는 속도도 잘 나지 않으며, 오역의 가능성을 결코 배제할 수 없다. 또 아무리 많은 세미나와 토론회 등을 쫓아다녀도 그 뒤로 피드백의 과정을 만들어 내지 않으면 머릿속에 잘 남지 않는다. 그런데 공부와 글을 업으로 하는 사람이 아닐 경우 사실 혼자서 공부하는 것도 쉽지 않고, 각종 포럼 등을 다녀온 후 그것을 정리하는 것이 생각처럼 쉬운 일도 아니다. 사실 진정한 배움은 혼자가 아니라 누군가와 함께일 때 더욱 효과적인 법이다. 비고츠키가 말한 '혼자서는 할 수 없지만 누군가의 도움을 얻어 도달할 수 있는 영역, 즉 근접발달영역의 창출'은 성인 집단에서도 얼마든지 가능하다. 즉 성인이 되어서도 우리는 누군가의 도움을 얻어서 더 많은 배움을 얻을 수 있다. 그중 하나가 학습공동체를 구성하거나 참여하는 것이다. 학회 모임에 가입하는 것도 좋고, 대학원에 진학하는 것도 방법이 될 수 있겠지만 여의치 않을 경우에는 비슷한 관심사를 가지고 있는 사람들과 학습공동체를 구성하는 것이 매우 효과적일 수 있다. 예를 들어 혁신교육, 마을교육공동체 등을 주제로 하여 짧게는 6개월 길게는 2년 정도를 유지할 수 있는 학습공동체를 구성하고, 커리큘럼을 짜서 격주 혹은 월 1회 정도 지속적으로 여러 사람이 함께 학습을 하는 것이다. 이를 통해 같은 책을 다양하게 해석할 수 있는 시각을 획득할 수 있으며, 다른 사람과의 소통을 통해 사고의 폭을 넓힐 수 있다. 그리고 무엇보다도 그러한 학습공동체 자체가 마을교육공동체를 유지할 수 있는 동력으로 기능한다.

필자의 경우 협동조합을 준비하기 위해 협동조합을 공부하는 학습공동체, 마을연계 진로교육을 확대하기 위한 학습모임을 지역 주민들과 함께 만들어 운영했다. 또 교육청의 각종연구 TFT에 적극적으로 참여했다.

그런데 이런 전문성의 함양은 비단 나와 같은 사람들에게만 요구되는 것이 아니다. 마을교육공동체는 학교를 중심에 놓고 단지 마을의 역량을 활용하는 것으로 그쳐서는 안 된다. 마을교육공동체가 제대로 작동하기 위해서는 마을의 교육력을 높여야 한다. 그리고 그 핵심에는 마을교육활동

활동가의 발굴 및 양성이 있다.

9. 마을교육활동가들을 발굴하고 양성하라

다시 강조하지만 혁신교육지구사업은 그 사업 자체가 목적이 아니다. 혁신교육지구사업은 마을교육공동체를 조성하기 위한 방안 중 하나이다. 만일 혁신교육지구사업을 이전의 교육경비보조금사업, 혹은 민간경상보조금사업과 같이 지방자치단체가 학교와 마을(주민)에 예산을 교부하는 것으로 오역하는 한 그것은 결코 마을교육공동체 조성에 복무할 수 없을 것이다. 특히 보조금 사업으로 왜곡될 경우 왜 혁신교육을 하는지, 왜 마을교육공동체를 조성하는지 관심도 없는 사람들이 사업비를 목적으로 공모사업에 뛰어들거나, 강의를 나가서 알바를 하려는 사람들로만 득실거리게 될 것이다.

마을교육공동체가 지속되려면 마을에서 선의를 가지고 아동청소년의 성장과 발달을 위해 교육활동에 참여할 수 있는 사람들을 찾아야 한다. 내가 선택한 방법은 크게 두 가지였다.

첫째, 마을교육활동가를 체계적으로 양성하는 것이다.

마을교육공동체는 학교와 마을을 연계하는 것으로 출발한다. 그런데 이를 위해서는 무정형의 마을 주민을 학교에 임의적으로 연결한다거나, 기존의 아동청소년 유관 기관들을 혁신교육지구사업에 단순 참여시키는 것이어서는 안 된다. 마을교육공동체는 마을의 자원을 활용하는 것이 아니라 마을의 교육력을 신장시키는 것이어야 한다. 이를 위해 교육청과 지방자치단체는 서로 협력하여 잠재력 있는 교육자원과 인적 역량을 발굴하고 역량을 강화하는 연수 등을 만들어야 한다.

특히, 체계적이고 지속적인 연수가 중요하다. 왜냐하면 아무리 뛰어난 재능이나 역량을 가진 사람이라 할지라도 '교수-학습'을 하는 것에 어려움을 가질 수 있기 때문이다. 즉 아는 것과 가르치는 것은 다르기 때문이다. 예를 들어 뛰어난 연기자라고 해서 반드시 연기를 잘 가르친다고 보장할 수 없으며, 훌륭한 악기 연주자라고 해도 막상 가르치는 것에는 서툴 수 있기 때문이다. 특히 아동발달에 대한 이해, 학교와 교육과정에 대한 이해가 없을 경우 마을교육자원과의 연계가 그 의도와는 무관하게 문제를 발생시킬 소지가 있다. 이런 점에서 발굴만큼 중요한 것이 연수이다.

나는 마을교육활동가의 발굴 및 연수에 많은 공을 들였다. 마을교육역량의 체계적 발굴과 연수를 2015년 상하반기 2번에 걸쳐 진행했다. 교육과정은 크게 혁신교육과 마을공동체에 대한 이해, 교육심리학에 대한 기초, 교수학습설계론, 학생인권에 대한 이해, 교과통합이론, 프레젠테이션 활용, 각종 토론기법, 선진교육사례 탐방 등으로 구성되었다.

교육과정은 기초 공통교육과정과 심화과정으로 나누었는데, 기초 공통교육과정은 초심자를 위한 내용으로 구성했다.

사실 당시만 해도 마을교육공동체에 대한 개념 등이 충분히 정리되지 않았다. 학교는 정규교육과정에 집중하고 마을과 지역사회에서는 방과후와 돌봄을 담보하자는 문제의식은 있었으나, 지자체에는 그 의미를 제대로 이해하는 경우가 매우 드물었다. 심지어 업무를 수행하는 담당 공무원 중에는 "왜 학교와 교육청이 할 일을 지자체가 하느냐"고 계속 볼멘소리를 하는 사람들도 있는 상황이었다. 이는 마을교육활동가 양성과정에 들어온 마을 주민들도 마찬가지였다. 마을방과후라고 하니 학교 방과후에 수업을 들어가는 강사들처럼 돈을 벌 수 있다고 기대하는 사람들이 적지 않았고, 구청이나 교육청에서 취업을 시켜 줄 것이라는 기대감으로 문의를 하는 사람들도 적지 않았다.

때문에 가장 주안점을 둔 것은 교육에 대한 관점을 변화시키는 것이었다. 그래서 '왜 학교만이 아닌 마을인가? 왜 공동체인가? 선진국 특히 북유럽의 교육은 어떠한가?' 등을 연수의 맨 앞부분에 배치했다.

또한 마을 주민들이 아동청소년의 발달에 대한 이해가 부족할 것을 감안하여 발달에 대한 강좌도 배치했으며, 민주시민교육과 인권교육을 받아본 경험이 없는 분들도 있을 것을 감안하여 인권교육도 배치했다.

또 양성된 마을교육활동가들이 당장 정규교육과정보다는 학교와 마을, 특히 마을에서 이루어질 방과후활동에 투입될 것이기에 다른 지방자치단체의 마을방과후의 사례도 접할 수 있도록 했다.

특별히 교육협동조합과 관련한 강좌도 넣었는데, 이는 연수가 끝난 후 이들이 마을교육사회적협동조합을 결성하는 데 관심을 갖도록 하기 위함이었다.

기초과정의 후반부는 교수-학습 방법에 주안점을 두었다. 마을교육활동가로 참여하는 사람들은 저마다의 교육 콘텐츠를 이미 가지고 있는 사람들이 대부분이었다. 일부는 평생학습관이나 교회 같은 곳에서 수업을 해본 경험도 있었다. 그러나 학교와 마을에서 방과후활동이나 창의체험활동에 참여하기 위해서는 보다 체계적인 교수-학습 방법이 필요했다. 스스로 강의계획서를 쓸 수 있도록, 또 아동청소년 앞에서 수업을 진행할 수 있는 역량을 기를 수 있도록 강의와 실습을 병행하게끔 했다. 그 결과 기본 공통과정이 끝날 무렵에는 일부를 제외하고는 어느 정도 기본 역량은 갖출 수 있었다.

심화과정은 마을교육활동가들의 협력을 통한 융합 콘텐츠의 개발에 주안점을 두었다. 이는 두 가지 의도 때문이다.

하나는 마을에서 이루어지는 교육활동의 콘텐츠는 기존의 업체들이 제공하는 것과는 질적으로 차별성을 가져야 한다는 판단 때문이었다. 마을교육활동가 양성과정을 위한 자기소개서를 받아보니 대부분 단일 콘텐츠를 가지고 있었으며, 백화점 문화센터 강좌에서도 들을 수 있는 것들도 있

[표 10] 양천구 2015 상반기 마을교육활동가 양성과정 기초반 운영프로그램

순서	교육 주제	교육 내용	교육 방법
1강	마을, 공동체 가치와 의미	마을이란? 마을공동체란?	강의+토론+발표
2강	마을방과후학교란?	타 자치구 사례발표(노원, 금천)	강의+질의응답
3강	학교와 지역사회에 대한 이해	양천구 방과후 및 지역 현황	강의+질의응답
4강	아동에 대한 이해	아동기의 발달 단계별 특징	강의+질의응답
5강	청소년에 대한 이해 1	청소년의 뇌와 발달	강의+토론+발표
6강	청소년에 대한 이해 2	청소년기 발달과 협력교육	강의+질의응답
7강	이론과 사례 1	프레네, 프레이리와 시민교육	강의+토론+발표
8강	이론과 사례 2	핀란드 교육과 교육도시 서울	강의+질의응답
9강	이론과 사례 3	덴마크 자유교육과 인생학교	강의+질의응답
10강	인권에 대한 이해	왜 인권인가? (노동, 아동청소년, 여성, 장애)	강의+토론+발표
11강	사회적경제와 학교·교육협동조합	사회적경제란? 학교·교육 협동조합이란?	강의+토론+발표
12강	교사의 역할과 태도 1	교육의 본질과 교사의 역할은? 교사는 학생을 어떻게 대해야 하는가?(학생인권)	강의+토론+발표
13강	교사의 역할과 태도 2	교사는 어떻게 소통해야 하는가? (방과후 수업/주민교육 등)	사례발표
14강	체계적인 교수-학습 설계	교수-학습이란? 교수-학습 설계의 기본원칙	강의+실습
15강	체계적인 교수-학습 설계	효과적인 교육 프로그램의 기획	강의+실습
16강	체계적인 교수-학습 설계	수업계획 작성(강의계획서 등)	강의+실습
17강	효과적인 교수-학습 방법	프레젠테이션 기법	강의+실습
18강	효과적인 교수-학습 방법	프레젠테이션의 실제	실습
19강	의사소통법 1	의사소통법(월드카페, 타운홀미팅, 리빙라이브러리)	강의+실습
20강	의사소통법 2	의사소통법 실제(월드카페, 타운홀미팅, 리빙라이브러리)	실습

었다. 학원에서 영어나 수학을 가르쳤던 경험을 가지고 오신 분들도 있었다. 만일 학교를 중심에 놓고 학교의 입맛에 맞는 콘텐츠를 가진 사람들만 선별하는 것으로 사고했다면, 이런 분들은 배제하는 선택을 했을 것이다. 그러나 나의 생각은 달랐다. 마을교육활동가들이 정규수업을 책임지는 것이 아니고, 방과후활동이나 학교교사를 돕는 협력교사 정도의 역할을 하는 것이 현실이라고 한다면, 그리고 마을교육공동체가 마을의 교육력을 높이는 것이라고 했을 때 이런 분들이 새로운 영역에 도전하게 하는 것, 서로 다른 콘텐츠를 가진 사람들과 협력하여 새로운 교육 콘텐츠를 만드는 것을 돕고 싶었다.

다른 하나는 마을교육활동가들이 융합 콘텐츠를 만드는 과정을 통해 협력을 몸으로 체득하고, 네트워크를 형성하도록 하기 위함이었다. 각자의 단편적인 교육 콘텐츠를 고집하기보다는 서로 다른 분야의 전공자들이 모여서 새로운 교육 콘텐츠를 만드는 과정 자체를 통해 서로 돕고 서로 배우기를 기대한 것이다. 그럼 이 과정을 어떻게 운영했을까? 가장 중요한 것은 융합 콘텐츠의 주제를 정하는 것이다. 필자는 그것을 '마을'로 했다. 마을의 생태, 역사, 지리 등 다양한 소재들을 자신들이 가지고 있는 콘텐츠와 섞어서 새로운 것을 만들어 볼 것을 제안했다. 그리고 이를 위해 마을을 답사하는 커뮤니티 매핑mapping, 즉 지역사회 지도제작 활동을 하도록 했다. 자신이 거주하는 마을이라고는 하지만 마을의 생태, 역사, 지리 등을 직접 발품을 팔며 다니는 과정은 대부분 처음인지라 매우 흥미로워 했다. 나는 여기에 작은 미션을 하나 더 부과했는데 그것은 마을에서 방과후활동 등 교육활동을 할 수 있는 공간을 찾는 것이었다. 실제로 이 과정에서 마을의 작은도서관, 교회의 유휴공간, 동주민센터의 유휴공간 등이 발견되었다.

심화과정은 왜 교과통합(융합)이 필요한가에 대해서 이론 수업을 하고, 실제로 그런 수업을 하고 있는 사람들을 섭외하여 사례를 공유하는 시간을 가졌다. 그런데 교과통합 수업을 하는 사람들의 사례를 멀리 섭외할 필요가 없었다. 앞에서 언급한 지형 분석 특히 인적 지형을 분석하는 과정에서 이미 상당 부분 마을에서 교육활동을 하는 사람들과 라포rappot를 형성했기에 가능한 일이었다.

교재 제작 과정도 넣었는데 이는 나중에 이들이 마을교육협동조합과 같은 활동에 참여할 때 자체로 교재 제작을 할 수 있는 견문을 갖도록 하기 위함이었다. 실제로 파주 출판단지에서 그림책이나 교재를 만들어 본 경험을 가진 분을 강사로 배치했다.

이후 교육과정은 팀별로 PBL(Project Based Learning), 즉 프로젝트 수업 방식으로 진행했다. 놀이교육, 교육연극 등이 주요한 방법으로 차용되었으며, 그 수준은 각자의 콘텐츠를 병렬적으로 나열하는 것에서부터, 하나의 장르를 중심으로 여러 교과(콘텐츠)를 실질적으로 섞어 새로운 것을 만드는 것까지 다양한 시도가 이루어졌다. 제한된 시간인지라 완성도는 높지 않았으나, 이러한 협력의 경험은 이후 양천나눔교육사회적협동조합 결성과정과 그 이후에도 긍정적인 영향을 미치게 되었다고 할 수 있다.

마을교육활동가 양성과정은 상·하반기 각각 120시간(매일 3시간 2개월)의 교육을 진행했다. 이를 통해 2015년에 72명의 강사가 양성되었다. 그런데 이 교육과정을 수료한 사람들이 바로 학교와 마을에서 수업을 한 것이 아니었다.

수업의 설계과정에서 교사들과 장학사들의 자문을 받았음에도, 마을교육활동가들이 만들어 낸 콘텐츠를 바로 현장에 투입하기 전에 중간에 여과장치를 다시 만들었다. 즉 마을교육 콘텐츠 박람회를 만든 것이다. 그런데 만들어진 모든 교육 콘텐츠가 박람회에 올려질 수 없었다. 박람회에 출품을 하려면 강의계획서를 제출하여 서류심사를 통과해야 했고, 서류심사가 통과된 콘텐츠 제출자들은 장학사와 교사 등으로 이루어진 심사위원들 앞에서 시연을 해야 했다. 이렇게 하여 여과장치를 거친 콘텐츠들은 박람

[표 11] 양천구 2015 상반기 마을교육활동가 양성과정 심화반 운영프로그램

순서	교육 주제	교육 내용	교육 방법
21강	교과통합(융합)이론 1	교과통합(융합)의 의미	강의
22강	교과통합(융합)이론 2	교과통합(융합)의 실제	강의
23강	교과통합형 마을방과후 만들기 사례	무용과 몸짓으로 바라보는 교과통합 사례	실습+발표
24강	마을커뮤니티 매핑	마을방과후교육과 마을커뮤니티 매핑	강의+실습
25강	마을커뮤니티 매핑	마을방과후교육과 마을커뮤니티 매핑	강의+실습
26강	교과통합형 마을방과후 만들기 사례	영화와 영상을 활용한 교과통합	강의
27강	교과통합형 마을방과후 만들기 사례	음악과 소리로 바라보는 교과통합	강의
28강	교과통합형 마을방과후 만들기 사례	뮤지컬로 바라보는 교과통합	강의+실습
29강	마을커뮤니티매핑	마을방과후교육과 마을커뮤니티매핑	강의+실습
30강	마을커뮤니티매핑	마을방과후교육과 마을커뮤니티매핑	강의+실습
31강	교재 제작	교재 제작 이론	강의
32강	교재 제작	교재 제작 이론	강의
33강	교재 제작	각 분야별 창작 1 창작 발표 1	실습+발표
34강	교과통합 콘텐츠 만들기	각 분야별 창작 2 창작 발표 2	실습+발표
35강	교과통합 콘텐츠 만들기	각 분야별 세부 리허설 1 통합 리허설-수정 보완 1	실습+발표
36강	교과통합 콘텐츠 만들기	각 분야별 세부 리허설 2 통합 리허설-수정 보완 2	강의+실습+발표
37강	교과통합 콘텐츠 만들기	통합 리허설-공연장 현장 실습	강의+실습+발표
38강	교과통합 콘텐츠 만들기	발표회 평가, 연구 보고서 작성	실습
39강	교과통합 콘텐츠 만들기	발표회 평가, 연구 보고서 작성	실습
30강	종강식	수료식 및 발표회	발표

회로 올려졌다.

마을교육 콘텐츠 박람회는 각 콘텐츠 별로 부스를 두어, 학교나 동주민센터 등에서 온 관계자들과 면담을 할 수 있도록 했다. 또한 연극이나 뮤지컬과 같은 문화예술 콘텐츠의 경우 발표회를 통해 좀 더 역동성을 가지고 전달할 수 있도록 했다. 장소는 구청의 문화예술회관을 활용하여 공연장에서는 발표가 이루어지고 로비에서는 부스를 운영하는 방식으로 했다. 이렇게 박람회에서 소개된 교육 콘텐츠들은 마을에서 진행되는 방과후활동은 물론, 학교의 방과후나 창의체험, 진로탐색 등의 프로그램으로 연계될 수 있었다.

이러한 일련의 과정을 통해서 경력단절여성 혹은 마을 주민으로 호명되었던 분들이 마을교육활동가로 성장하게 되었고, 마을과 학교에서 이루어지는 방과후나 창의체험 등의 교육활동에 참여할 수 있게 되었으며, 자신들의 역량을 신장시키고, 종국에는 학교와 마을에서 다양한 형태로 아동청소년의 성장과 발달을 돕게 되었다.

둘째, 학부모들의 참여를 활성화시키는 것이다.

마을교육공동체는 정주성을 가진 주민의 참여가 중요하다. 그중에서도 가장 중요한 것은 학부모들의 참여이다. 교육활동을 통해 수입을 얻고자 하는 개인이나 법인과는 달리 학부모들은 자아실현과 봉사정신을 가지고 마을교육공동체에 참여할 가능성이 높기 때문이다. 학부모들이 교육활동에 참여하는 방식은 매우 다양한데, 창의체험활동 등에서 안전요원으로 자원봉사를 하는 것에서부터, 자신의 전공을 살려 협력교사로 정규수업에 참여하는 수준까지 매우 다양하다. 그런데 학부모들이 가장 많은 관심을 가지는 영역은 자녀들의 진로였다. 물론 진로를 곧 진학으로만 사고하는 경우가 대부분이나 그보다 광의의 진로교육에 관심을 가지고 자녀의 꿈과 끼에 맞는 진로탐색활동을 돕고자 하는 분들도 존재한다. 당시 이미 서울시교육청에서 학부모진로코칭단을 모집하여 자유학기제를 지원할 수 있는 학부모들을 조직했으나, 실제 현장 결합도는 매우 취약했다. 이에 착안하여 기존에 교육청의 학부모진로코칭단 수업을 들은 분들과 신규로 관심 있는 분들을 모집했는데 그것이 '진로교육지원단'이었다.

이 진로교육지원단을 만들기 위해서 마을교사 양성이 그러했던 것처럼, 체계적인 교육연수 프로그램을 운영했다. 프로그램의 이름은 '학부모 진로코치 교육'으로 2016년부터 시작하여 2018년 말을 기준으로 5기까지 운영되었다. 마을교사 양성과정처럼 처음에는 1일 3시간씩 40강(120시간)으로 했다가 이후 30강(90시간)으로 변경했다. 학부모 진로코치 교육의 교육과정은 [표 12]와 같다.[9]

커리큘럼은 먼저 일본, 핀란드, 덴마크 등 해외의 진로교육 사례와 우리나라의 진로교육 흐름을 소개하는 것을 시작으로 한국과 서울 양천구의 진로교육 현황을 알리는 것을 배치했다. 다음으로 청소년 심리에 대한 이해를 돕고자 청소년 발달과정에 대한 이해, 청소년 상담사례 공유, 청소년 인권의 중요성, 청소년과 존중하며 소통하는 법 등을 다양한 방식으로 배울 수 있도록 했다. 또한 휴먼라이브러리(사람책)와 퍼실리테이터 교육을 통해 의사소통법, 그리고 가장 중요한 미래직업세계의 변화를 예측할 수 있는 미래학 수업을 넣었다.

한편, 학습자의 역량을 기르기 위해 2인당 노트북 1개를 지급하여 엑셀, PPT, 한글 사용법을 실습하였고, 특히 실습에 프레젠테이션 발표 기법도 넣었다. 발표 시간도 배치했는데 이를 통해 발표력을 신장시킬 수 있었다.

진로교육지원단의 주요 활동은 진로직업체험, 특히 현장직업체험을 지원하는 것인데, 이를 위해, 사전안전교육 이론 교육 및 발표 실습, 체험처 발굴과 인솔 참관 실습 등을 교육과정에 넣었다. 또한, 청소년들이 스스로 길

---

9. 이하 내용은 양천구 진로직업체험지원센터 센터장을 했던 이주현 선생님의 도움을 얻어 작성되었음을 밝혀 둔다.

을 찾아갈 수 있도록 조력하는 코치가 될 수 있도록, 진로코칭 교육을 배치했고, 교육과정의 마무리에서는 모둠을 구성하여 진로교육 콘텐츠를 개발하기 위한 브레인스토밍을 하고, 그 초안을 발표하는 시간을 배치했다. 또한 이러한 진로교육 콘텐츠를 개발하면서 다양한 아이디어를 얻을 수 있도록 다양한 진로 프로그램들을 소개하고, 직업카드 또는 보드게임 등의 실습시간도 제공했다.

[표 12] 양천구 학부모 진로코치 교육 프로그램

순서	교육 주제	교육 내용	교육 방법
1강	혁신교육과 진로교육	혁신교육지구 이해 및 진로교육과의 연계 OT: 수강생 개인별 소개	강의+토론+발표
2강	외국과 우리나라의 진로교육	북유럽, 일본 진로교육 사례 우리나라 진로교육 정책 소개	강의+토론+발표
3강	마을에서의 진로교육	양천구 진로교육 및 지역 현황 진로센터 운영 사례	강의+토론+발표
4강	청소년 바라보기 1	청소년 심리 상담 사례 및 심리 바라보기	강의+토론+발표
5강	청소년 바라보기 2	청소년 인권을 고려하는 소통법	강의+질의응답
6강	청소년 바라보기 3	청소년 발달과정에 따른 이해 및 뇌과학으로 확인하는 협력교육의 중요성	강의+질의응답
7강	미래 직업세계 탐색	기술 발전에 따라 변화하는 직업세계 이해	강의+토론발표
8강	의사소통법	휴먼라이브러리를 통한 의사소통법	강의+토론발표
9강	현장직업체험 사전 안전교육 1	사전안전교육 강의 교안을 활용한 강의법	강의+실습
10강	현장직업체험 교육 1	마을에서의 현장직업체험교육 필요성 및 체험터 발굴 방법, 인솔자의 역할 교육	강의+질의응답
11강	안전을 고려한 진로교육	생활안전 및 응급처치 교육 진로체험터 발굴 및 인솔에 따른 안전	강의+실습
12강	현장직업체험 사전 안전교육 2	진로교육지원단 사전안전교육 견학	실습
13강	현장직업체험 교육 2	진로교육지원단 체험터 발굴, 모니터링 견학	실습
14강	문서 작성법	한글, 워드 등을 활용한 보고서 작성	강의+실습
15강	데이터 관리법	엑셀을 활용한 데이터 관리	강의+실습
16강	효과적인 발표 방법	프레젠테이션 기법 및 실제	강의+실습

17강	진로 프로그램 사례 1- 창직(직업만들기) 프로그램	창직보드게임 및 카드를 활용한 진로 프로그램 접해 보기	강의+실습
18강		2017 양천구 교육축제 한마당 참여	
19강	현장직업체험 사전 안전교육 3	사전안전교육 강의 시연	실습
20강	진로 프로그램 사례 2 프레디저 진로 도구	수료식 및 발표회	강의+실습
21강	진로 프로그램 사례 3 온라인 진로 프로그램	프레디저보드게임, 직업카드를 활용한 진로탐색지도법	강의+실습
22강	진로 프로그램 사례 4 초등 진로 프로그램 2기 개발 사례	초등 진로 프로그램 개발 과정 공유	강의+토론
23강	현장직업체험 교육 3	팀별 현장 방문한 후 의견 나누기	실습
24강		서울시 진로박람회 참여	
25강	진로설계를 위한 코칭 1	코칭철학, 코칭의 활용법 진로에 대한 접근 및 대화 코칭	강의+토론+발표
26강	진로설계를 위한 코칭 2	진로코칭의 방법 및 학교 과정별 진로코칭 진로지도 심리검사 및 활용 1	강의+토론+발표
27강	진로설계를 위한 코칭 3	진로지도 심리검사 및 활용 2 다문화, 특수아동 등의 진로코칭	강의+토론+발표
28강	진로설계를 위한 코칭 4	다양한 코칭 대화법 사례분석 실습 역할에 따른 진로코칭 실습	강의+실습
29강	초등 진로 프로그램 개발 점검	팀별 직업군을 선정하여 초등학생용 진로 프로그램 개발 최종 점검	기획+토론+실습
30강	진로 프로그램 발표 및 수료식	진로 프로그램 발표회/수료식	발표

이렇게 체계적인 교육을 마친 학부모들은 앞서 언급한 '진로교육지원단'으로 활동하게 했다.

특히 학부모들이 단순한 진로 도우미 역할을 하는 데 그치지 않고, 진로 탐색 교육 콘텐츠 개발에 도전할 수 있도록 안내했는데, 대표적인 것이 초등학생용 직업 알아보기 진로 탐색 교육 콘텐츠였다. 무엇보다 직업에 대한 정의 및 배경, 세부직업 내용 및 직업환경 소개, 직업인이 되는 과정 및 직무체험 등을 제시한 후, 학부모들 스스로 서적 및 인터넷을 통해 직업에 대한 다양한 정보를 찾아보고, 진로탐색 콘텐츠를 만들도록 안내했다.

그리고 만들어진 콘텐츠는 3단계에 거쳐 점검 및 보완을 하도록 했는데 1단계에서는 참여하는 팀별로 콘텐츠를 발표하고, 컨설팅을 진행했다. 2단계에서는 콘텐츠에서 다루고 있는 해당 직업인 멘토와 연계하여 수정을 할 수 있게 했다. 3단계에서는 장학사, 교장, 교감들로 이루어진 컨설팅 팀을 구성하여 팀별 브리핑을 받게 했다. 이렇게 선별된 진로탐색 콘텐츠들은 자치구나 자치구연합의 진로박람회나 진로교육축제 등에서 부스 운영을 통해 홍보되었고, 학교와 연계하여 학교에서 활용할 수 있도록 했다.

이러한 일련의 과정을 통해 평범한 학부모들과 마을 주민들이 마을교육활동가 혹은 진로교육지원단으로 활동하면서 학교와 마을을 연계하고, 마을에서 다양한 배움이 일어날 수 있도록 기여할 수 있게 되었다.

10.마을교육공동체의 지속가능한 발전을 위한 고민

마을교육공동체를 조성하기 위한 방법은 매우 다양하다. 마을의 문화예술가들을 발굴하여 학교교육과정과 연계하는 것도 필요하고, 시·군·구의 문화재단들과 협력하여 다양한 문화예술교육을 수행할 수도 있다. 뿐만 아니라 지역사회의 도서관을 매개로 하여 마을교육 프로그램을 운영할 수도 있는데, 사람 책을 발굴하여 진로교육으로 연계하는 사업도 매우 효과적일 수 있다. 중요한 것은 지역의 구체성이다. 귤이 회수를 건너면 탱자가 되듯이, 아무리 좋아 보이는 사례도 그 마을이 처한 구체적인 현실에 근거하지 않으면, 특히 마을교육공동체에 참여하는 민의 역량이 취약하면 언제든지 박제화될 수 있다.

이런 점에서 마을교육공동체가 지속가능한 발전을 꾀하기 위한 방안을 고민하지 않으면 안 된다. 필자의 경험에 근거하면 그것은 다음과 같다.

첫째, 민·관·학 거버넌스(협치)를 강화해야 한다. 거버넌스는 마을교육공동체의 운영원리로 거버넌스가 무너지면 마을교육공동체도 무너진다. 그리고 그 중심에는 주민의 참여가 있다.

둘째, 교육과 홍보활동을 강화해야 한다. 아직도 많은 사람들이 혁신교육지구와 마을교육공동체에 대해서 잘 모른다는 것을 직시해야 한다. 교사, 학생, 학부모, 주민들이 관심을 가질 수 있도록 지속적인 교육과 홍보가 필요하다.

셋째, 연구와 담론형성이다. 마을교육공동체를 이론적으로 의미 부여하고, 그 실천을 연구하여 새로운 대안을 끊임없이 모색해야 한다.

넷째, 마을교육공동체의 주체형성에 집중해야 한다. 마을 주민들 중 역량을 가진 분들이 아동청소년의 발달을 도울 수 있는 마을교육활동가가 될 수 있도록 육성해야 한다.

다섯째, 마을교육 공간을 창출해야 한다. 학교공간이 마을과 공유되고, 지역사회와 지방자치단체가 나서서 아동청소년을 위한 교육문화복합공간을 만드는 데 나서야 한다.

여섯째, 학부모 참여를 확대해야 한다. 학부모들의 지지와 참여 없이 마을교육공동체는 지속가능할 수 없다.

일곱째, 마을교육과정을 활성화해야 한다. 마을을 통한 배움은 결국 교육과정의 재구성을 통해 가능하다. 마을교육공동체는 마을교육과정을 통해서 마을을 위한 교육을 실현할 수 있다.

다시 강조하지만 마을교육공동체는 형성적인 개념이고 그 실천 또한 역동적이다. 앞서 언급한 일곱 가지 과제가 마을교육공동체의 지속성을 담보하기 위한 보편적인 과제임에는 틀림없으나 그것이 현실화되는 양태는 매우 다양할 것이다. 왜냐하면 진리는 구체적 현실에 대한 구체적 분석에 따른 구체적 실천의 결과이기 때문이다.

3장
민·관·학 거버넌스에 대하여

1. 거버넌스 왜 그리고 어떻게?

혁신교육지구사업은 주민과 관(교육청, 구청, 시청) 그리고 학(교사, 학생, 학부모)가 함께 협력하여 공교육을 혁신하고 학교와 마을을 연계하여 마을교육공동체를 실현하는 데 그 목적이 있다. 여기서 중요한 것은 민·관·학의 협력이다. 이 협력은 이른바 '거버넌스'로 표현되기도 하는데, 이 거버넌스야말로 혁신교육지구사업과 마을교육공동체의 운영원리이다. 이 말은 거버넌스가 제대로 작동하지 않으면 혁신교육지구사업은 그 의미를 상실하거나, 제대로 운영될 수 없음을 의미한다. 그렇다면 거버넌스란 무엇이고, 혁신교육지구와 마을교육공동체에서 민·관·학 거버넌스는 어떻게 운영되어야 할 것인가?

2. 거버넌스에 대한 오해들

다음 중 거버넌스가 아닌 것은 무엇일까?

① 거버넌스는 서로 다른 행정기관들이 공통의 목적을 이루기 위해 협력하는 것이다.

② 거버넌스는 관이 정책결정을 하는 데 민간의 의견을 일부 반영하기 위해 민의 대표를 협의회 등의 논의구조에 참여시키는 것이다.

③ 거버넌스는 관이 수행하기 어렵거나, 비용이 많이 드는 사업을 민간에게 위탁하여 수행하는 것이다.

④ 거버넌스는 정해진 원칙이 없으며, 필요에 따라 만나서, 서로 필요한 것을 주고 받는 것이다.

만일 위 항목들 어느 하나라도 거버넌스라고 생각했다면 그것은 거버넌스를 오해하고 있는 것이다. 왜 오해인가? 각 항목을 다시 보자.

① 거버넌스는 서로 다른 행정기관들이 공통의 목적을 이루기 위해 협력하는 것이다.

행정기관끼리만 협력하는 것은 거버넌스가 아니다. 그래서 거버넌스를 협치로만 표현하는 것은 한계가 있다. 협치協治는 글자 그대로 협력하여協 다스림治을 의미한다. 이것은 시민을 통치의 대상으로 놓는 것이다. 다만, 통치의 효율성을 위해 관청 간의 칸막이 현상을 최소화하겠다는 것으로 해석될 수도 있다. 때문에 최근에는 협치보다는 거버넌스라는 표현을 쓰는 경우가 늘어나고 있다.

가장 큰 문제는 거버넌스를 단지 행정기관끼리 협력하는 것으로 이해할 때는 주민과 학생, 학부모, 교사라는 학의 주체들이 배제될 수밖에 없다는 데 있다. 교육청과 시청 그리고 구청(군)이 협력하는 것은 언제든지 할 수 있고 해야 하는 행정의 한 영역일 뿐이다. 때문에 그것은 온전한 의미의 거버넌스는 아니다. 왜냐하면 거버넌스는 주민과 학생, 학부모, 교사가 행정에 참여를 기반으로 하기 때문이다. 이런 측면에서 기관들만의 협력을 거버넌스로 표현하는 것은 의도적인 왜곡이거나 무지의 소산일 것이다.

② 거버넌스는 관이 정책결정을 하는 데 민간의 의견을 일부 반영하기 위해 민의 대표를 협의회 등의 논의구조에 참여시키는 것이다.

거버넌스에 관한 가장 일반적으로 퍼져 있는 담론이 바로 이것일 것이다. 대부분의 혁신교육지구사업에서 민·관·학 거버넌스 운영계획을 필수로 포함하도록 하고 있다. 그런데 초기에 일부 자치구가 제출한 사업계획서들을 보면, 민·관·학 거버넌스를 민을 참여시키는 회의구조를 만드는 것으로 오해하는 경우가 없지 않았던 것 같다. 그리고 아직도 이런 경향은 잔존한다.

아마도 여기에는 행정은 공무원만이 할 수 있는 것이라는 암묵적인 전제가 깔려 있는 것 같다. 교사들이 교육을 자신들만의 고유의 권한으로 이해하듯, 행정 영역은 공무원만이 할 수 있다고 생각하기 때문에 비전문가인 민간이 행정에 참여하는 것을 받아들이기 매우 힘든 것 같다.

거버넌스가 이렇게 왜곡되면 많은 어려움이 발생한다. 무엇보다 민의 대표가 민의 이해를 대변하지 못하고 관의 거수기 노릇을 할 수 있다. 실제로 현실에서 관은 자신들의 입맛에 맞는 사람을 민의 대표로 세우려 할 수 있다. 또 민에서도 자신의 이익과 영달을 위해 대표로 나서는 사람이 있을 수 있다. 이 둘이 만나면 최악의 경우가 만들어지게 된다. 즉, 거버넌스라는 이름의 관치官治가 재현, 반복되는 것이다. 다행히 선출된 민 대표가 민의 이해를 대변할 수 있는 사람일 지라도 그 한계는 분명하다. 1년에 몇 번, 잘해야 한 달에 한 번 하는 회의에 민 대표가 참석한다고 해도 그것은 결코 거버넌스가 될 수 없다.

③ 거버넌스는 관이 수행하기 어렵거나, 비용이 많이 드는 사업을 민간에게 위탁하여 수행하는 것이다.

거버넌스를 왜곡하는 경우 중의 하나가 바로 위탁을 거버넌스로 이해하는 경우이다. 신자유주의하에서 거버넌스는 때론 통치의 전술로 활용되어

왔다. 신자유주의자들은 작은 정부라는 미명하에 공공부문을 축소하고, 공적 영역을 사적 영역에 내맡기는 수단으로 공공사업의 민간위탁을 활용했다. 즉, 관이 민간과 협력하여 업무를 수행하는 게 아니라 아예 업무 수행을 민간에게 위탁하는 것이다.

이는 이른바 '신공공관리론'에 근거한 것으로 이전처럼 법령에 의한 공공기관의 예산, 인사, 조직 등에 대한 감독을 하지 않고도, 사업권 계약을 기초로 성과를 관리하고, 이를 통해 원가를 절감할 수 있다는 이론이었다.[1]

그러나 그 결과는 참혹했다. 공공기관의 공적 성격이 약화되고, 이익을 목표로 하는 위탁업체들이 난립했고, 위탁기관의 노동자들은 고용불안과 열악한 노동조건에 내몰리게 되었다. 문제는 여기서 그치지 않는다. 만일 거버넌스라는 이름으로 시민사회단체가 공공 위탁사업에 주력하게 된다면, 사업에 필요한 재정을 관의 위탁사업에 의존하게 되어 자생력이 약화될 수밖에 없으며, 시민사회단체 고유의 비판적 견제기능이 약화되게 된다.[2]

그 결과 관이 갑이 되고 시민은 을이 되는 결과를 낳게 된다. 민간 위탁이 공개공모라는 계약 형식으로 이루어지면서 외관상 계약관계의 평등성이 존중되는 듯하지만, 실질적으로는 위계적 통치문화가 부드러운 옷을 갈아 입는 정도에 그치고, 시민은 대등한 파트너나 동반자가 아니라 행정이 요구하는 과업을 수행해야 하는 하청업체가 되어 버리는 것이다.[3]

그렇다고 해서 혁신교육지구사업에 민간위탁 사업 자체를 모두 금지해야 한다는 것이 아니다. 민간위탁은 불가피한 경우, 즉, 공무원이 할 수 없는 전문적인 영역(예를 들어 연구용역)과 사업자체가 민의 참여와 성장이라는

1. 전국공공서비스노동조합 사회공공연구소(2014). 『공공부문 구조조정 대응과 사회공공성 강화를 위한 연구』 1권, 97쪽.
2. 김광휘(2011). 「시민사회단체와 정부의 협력적 거버넌스의 생산성에 관한 연구」. 국민대학교 대학원 행정학 박사논문, 15쪽.
3. 서울특별시 협치서울추진단(2016). 『협치 지속가능한 혁신을 위하여』, 8~9쪽.

마을교육공동체의 취지에 부합할 경우(예를 들어 마을교육협동조합의 지원이나 마을교육활동가들의 역량 강화 등)에는 충분히 가능할 것이다.

다시 강조하지만 공무원이 민과 협력하고 관이 민을 지원하여 충분히 할 수 있는 사업을 굳이 업체들에게 민간위탁으로 할 이유가 없을 것이다. 차라리 위탁보다는 민간경상보조금 등과 같이 주민들이 스스로 사업을 할 수 있게 돕는 것이 상대적으로 낫다고 할 수 있다.

④ 거버넌스는 정해진 원칙이 없으며, 필요에 따라 만나서, 서로 필요한 것을 주고 받는 것이다.

거버넌스를 실질적으로 부정하는 수법 중 하나는 실용주의의 이름을 빌려 나타난다. 이들은 "일이 잘되는 게 중요할 뿐 골치 아픈 원칙 따위는 필요 없다"는 궤변을 늘어놓는다. 그러면서 "혁신교육지구는 주어진 매뉴얼도 없고, 관련 법령 규정도 없다. 거버넌스도 마찬가지다. 그러니 상황에 맞게 필요에 따라 운영하면 된다"고 주장한다.

그야말로 코에 걸면 코걸이요, 귀에 걸면 귀걸이라는 식이다. 이래서는 거버넌스는 꿀꿀이죽이 될 것이다. 정해진 원칙이 없이 필요에 따라 만나서 서로 주고받는다는 발상은 장사판에서나 어울릴 법한 것이다. 정해진 원칙이 없으니 주도하는 몇몇이 마음대로 할 수 있다는 것이다. 귀찮고 복잡한 회의절차도 생략하고, 맘 맞고 뜻 맞는(?), 실은 이해관계가 있는 사람들 몇몇이 모여서 예산을 집행하는 것이 거버넌스로 둔갑할 수 있는 것이다. 다시 말하지만 거버넌스는 거래가 아니다. 자 그렇다면, 제대로 된 거버넌스란 무엇이고, 그 운영원리는 무엇일까?

3. 거버넌스는 무엇인가?

1) 거버넌스는 자치(自治)를 위한 도구이다

혁신교육지구사업이 본격화된 것은 서울시민들이 뽑은 교육감과 서울시장이 2014년 '글로벌 교육도시선언'에서 구로, 금천에서 시작된 혁신교육지구사업을 확장하겠다고 발표하면서부터였다. 여기서 우리가 잊지 말아야할 것은 교육감이든, 시장이든, 구청장이든 우리가 선출했다는 것이다. 즉 그들은 시민들의 상전上典이 아니다.

공무원의 입장에서는 그들이 상전일지 모르나, 시민들의 입장에서는 자신들이 선출한 대표이자 자신들을 위해 일할 공복公僕인 것이다. 교육감이든, 시장이든, 구청장이든, 군수든 주민들 위에 군림하는 사람이 아닌 것이다. 이는 대통령도 마찬가지다. 그것이 민주주의고 자치이다. 지난 촛불혁명이 이를 보여 주지 않았던가?

흔히 우리는 직선 교육감제도를 교육자치 선거라고 말하며, 직선 자치단체장 선거를 주민자치 선거라고 말한다. 그리고 교육자치와 주민자치선거는 한날에 치러진다. 이렇게 주민에 의해 선출된 교육감과 시장과 구청장들이 혁신교육지구사업과 마을교육공동체조성을 함께한다고 한 것이다. 그래서 필자는 이를 교육자치와 주민자치가 결합하는 사업이라고 표현해왔다.

여기서 우리는 자치가 무엇인가 다시 질문해야 한다. 근대의 산물인 대의제 민주주의는 이미 그 한계에 봉착했다. 4년에 한 번 대표를 선출하는것 즉 대의민주주의는 민주주의를 실현하는 데 한계가 분명하다. 무엇보다 사회의 분화에 따라 각 부문의 정치적 요구를 한 가지 입장으로 수용하기 어려우며, 비제도화된 집단의 요구를 받아들이는 데 한계가 있다. 또한 경제적인 이익 외에 비경제적인 공동선의 추구를 지향하는 다양한 경향을 대의제로 수렴하는 데 한계가 노정되고 있다.[4] 때문에 민이 주인이 되어 스스로 통치하는 것, 즉 자치의 중요성이 부각되고 있다.

2) 거버넌스는 민주주의이다

민주주의는 영어로 Democracy이다. 이는 고대 그리스어 demokratia 에서 유래했는데, demos(시민)+kratos(권력, 지배, 통치)의 합성어이다. 즉 Democracy는 시민의 권력, 시민의 통치이다. 시민에 의한 통치라는 말은 시민이 정치에 참여하는 것을 의미한다. 때문에 우리는 대의제의 한계를 넘어 우리 스스로 주인이 되어 선출된 자를 감시하고, 비선출직들의 권력 을 통제하고, 행정에 직접 참여할 수 있어야 한다. 그것이 민주주의이고 자치이다. 이러한 문제의식은 이미 주민참여예산제도를 통해 확산되었다고 할 수 있다. 잘 알려진 것처럼 주민참여행정인 참여예산제도는 브라질의 포르투알레그리에서 시작되었다.

비판적 교육사회학자인 마이클 애플에 따르면 당시 이 도시의 시장은 정부의 목적은 "새로운 질서에 대한 사회 행동과 시민의식으로 이끌 수 있는 새로운 도덕적 삶을 형성하고, 국가와 사회의 관계를 새롭게 절합 articulation함으로써 새로운 생활방식의 원천을 포함하는 운동을 만드는 것 이다"라고 말하여, 주민참여행정의 성격을 명확히 했다고 한다. 이는 도시 의 투자 자원 배분의 결정 과정에 대한 주민들의 능동적인 참여와 심의 deliberation를 보장하는 제도이다. 즉 주민참여예산제로 수도와 하수도와 같은 기반시설과 학교가 제공될 뿐만 아니라, 그 자체로 그 지역의 새로운 조직과 이웃 간의 연대를 구축하는 교육적 과정을 만들어 냈다. 이런 점에 서 주민참여예산제는 본질적으로 "민주주의의 학교"라고 할 수 있다.[5]

참여는 대의제 민주주의를 넘어서 직접민주주의의 가능성을 촉발시킨 다. 즉 참여민주주의가 곧 직접민주주의가 될 수 없으나 대의제 민주주의

---

4. 안승국 외(1997). 『정치의 대전환』. 인간사랑, 98쪽.
5. 마이클 애플 지음, 강희룡 외 옮김(2014). 『교육은 사회를 바꿀 수 있을까?』. 살림터, 204~205쪽.

의 한계를 극복하고 민주주의를 확장할 수 있는 가능성을 여는 것이다. 브라질의 참여예산제는 기존의 제도정치가 시민으로 인정하지 않았던 사람들, 특히 가난하고 교육을 받지 못한 사람들의 참여를 가로막는 은폐된 사회적 장치들을 제거하려고 했다. 그 결과 주민이라면 누구나 개별적으로든 비공식그룹을 통해서든 시민사회조직에 참여할 수 있고, 그 시민사회조직들은 그 자체로는 그 어떤 특권도 갖지 않고 제도상으로는 행정부와 같이 참여 피라미드를 구성하게 되었다. 이는 지방의 유지들이 그 지역에 대한 이런 저런 투자 약속, 또는 예외적인 사회적 지원이나 고용을 대가로 표를 몰아주는 '후견주의'적인 문화와의 단절을 의미하는 것이었다. 이들은 주민들의 직접적인 참여를 보장하면서 지구별 총회를 통해 동네 단위에서부터 대표자가 아닌 대리인을 선출하고, 주제별 회의를 통해 시민단체와 전문가들의 의견을 반영할 수 있는 보완적인 구조를 형성했다.[6]

이렇게 참여민주주의는 새로운 민주주의 모형을 창출하고 있다. 그것은 기존의 3권 즉, 사법권, 입법권, 집행권과는 다르게 시민이 진정한 의사결정 권한을 갖고자 하는 제4의 권력으로 명명되기도 하며, 기존의 권력에 대한 대항적 권력counternvailing power의 성격을 갖기도 한다. 그리고 이는 시민들에게 권한을 이양하는 것과 시민사회의 자발적인 협력을 필요로 한다.[7]

자치를 구성하는 요소들에 대해 데비이드 헬드는 다음과 같이 제시한 바 있다. 첫째, 동등한 권리와 의무를 누리기 위해 정치활동의 공통적인 구조적 조건을 누려야 한다. 둘째, 권리는 기회와 의무 양자 모두를 부여하는 구조적인 면을 가지고 있다. 셋째, 당면한 공적 관심사에 대한 토론과 숙의에 참여할 수 있어야 한다. 넷째, 개인이나 소수의 입장을 보호할 제도적 장치가 항상 존재해야 한다. 다섯째, 집단들의 주장의 본질이 경청

6. 하승우(2006). 「참여예산제와 민주주의」. 『비교민주주의 연구』 2집 2호, 125~126쪽.
7. 최선주(2016). 「참여민주주의 관점에서 주민참여예산제도의 성공 요인에 관한 연구」. 서울시립대학교 행정학 석사학위논문, 26쪽.

되고 검토되어야 하며 그 보편성이 분석되어야 한다.[8] 이는 한마디로 집약하면 주권자인 시민이 국가운영에 참여할 수 있는 조건과 권리를 부여하는 것이다.

4. 민·관·학 거버넌스의 운영원리에 대하여

1) 임파워먼트

거버넌스의 목표는 결국 진정한 자치를 만들어 가는 데 있다. 자치는 교사, 학생, 학부모, 주민이 주체로서 참여하는 것이다. 거버넌스는 교사, 학생, 학부모, 주민이 통제의 대상, 관리의 대상, 동원의 대상에서 벗어나 학교교육과 지방정부의 교육정책에 참여하는 것이다. 민·관·학 거버넌스는 바로 이 목표를 위해 작동해야 한다. 그렇다면 민·관·학 거버넌스의 운영원리는 무엇일까? 바로 임파워먼트Empowerment이다. 임파워먼트는 권한을 이양하는 것이며 이를 통해 시민의 힘을 성장시키는 것이다.

교사, 학생, 학부모, 주민이 주체로 참여한다는 것은 그들에게 권한이 주어져야 함을 의미한다. 권한이양이라는 것은 그동안 공무원들이 독점하던 권한을 민과 나눔을 의미한다.

공무원에게는 예산을 어떻게 쓸 것인가 결정하는 권한, 예산을 집행하는 권한이 있다. 그동안은 구청, 시청, 교육청의 공무원들이 예산계획을 세우고 그것을 구의회, 시의회에서 심의 결정한 후 집행하면 되었다. 그러나 거버넌스는 이와는 다르다.

어떤 사업을 할 것인지, 어떻게 예산을 집행할 것인지를 담당 공무원이 독단적으로, 폐쇄적으로 결정하지 않는 것이다. 그 예산을 어떻게 쓸 것인

---

8. 데이비드 헬드 지음, 박찬표 옮김(2010).『민주주의의 모델들』. 후마니타스, 498~499쪽.

가 즉 사업계획을 만드는 과정에 주민들이 참여하고 교육의 주체인 교사, 학생, 학부모가 함께 논의하는 구조를 만든다. 나아가 사업을 직접 수행할 수 있도록 지원한다.

학생들이 직접 구상하고 제안하는 사업에 예산을 지원하여 학생들이 직접 사업을 집행할 수 있다. 학부모들이 스스로 필요한 강좌를 기획하고, 강사를 섭외하고 프로그램을 직접 운영할 수 있다. 주민들이 마을교육활동가가 되어 만든 프로그램을 마을의 공간을 활용하여 주민들 스스로 운영하도록 하는 것이다. 관(구청, 교육청)은 바로 이렇게 교사, 학생, 학부모, 주민들의 활동을 지원하는 것이다. 이것이 권한이양이다. 독점하던 권한을 나누는 것이고, 간섭하는 것에서 지원하는 것으로 바꾸는 것이다.

그러나 이 과정은 결코 쉽지 않다. "감히 어찌 공무원들이 하는 고유한 권한을 민이 침해할 수 있느냐?" 혹은 "미성숙한 학생들이, 동네 아줌마 아저씨들이 뭘 안다고 행정에 참여하느냐?"고 막말을 하는 사람들을 필자는 그동안 익히 보아 왔다.

여기에 대해 필자는 다음과 같이 대응했다. "국가나 지방정부의 예산이 어디서 왔는가? 당신들 월급은 어디서 나오는가? 바로 국민들, 주민들이 내는 세금 아니던가? 그리고 당신들은 그들을 위해 일하는 사람들 아닌가? 주민들의 이야기가 누구의 것이든, 즉 그것이 어린아이든, 노인이든, 가난한 자이든, 부자이든 차별하지 않고 경청하지 않으면서, 심지어 주민의 참여를 막는다면 당신들은 대체 누굴 위해 일하는 것인가?"

권한이양에 대한 저항이 이리 큰 것은 한국적 특수성의 산물이기도 하다. 역사적으로 한국 사회의 근대화는 일본 제국주의의 지배의 역사가 일정 부분 강제한 측면이 크다. 그리고 그것은 제국주의적 군사적 통치의 산물이기도 했다. 그리고 해방 이후 한국은 군부세력이 무려 30여 년을 집권하면서 국민들을 억압했다. 이로 인해 우리 사회 곳곳에서는 권위주의적 문화가 뿌리 깊이 남아 있고 민주주의에 대한 왜곡된 인식이 도처에 퍼져 있다. 그러다 보니 인권에 대한 의식도 아직도 매우 열악하다. 그 결과 주권자들의 참여 자체를 불온시하는 풍조가 남아 있는 것도 사실이다. 이 러한 권위주의야말로 우리 사회의 적폐이다. 그러나 국민 위에 군림하려는 정부는 더 이상 국민들이 용납하지 않음을 목도하지 않았던가? 그렇다면 권한이양이 이루어지기 위해 필요한 것은 무엇일까? 바로 공개성과 투명성 이다.

2) 공개성과 투명성

그 사회의 민주주의를 측정하는 척도는 정부 및 기업의 운영이 얼마나 공개적이고 투명한가에 달려 있다. 우리가 내는 세금이 어디에 어떻게 쓰이고 있는지 알 수 없다면, 부정비리는 언제든지 발생할 수밖에 없다. 태어날 때부터 부정한 인간은 없다. 투명하지 않은 정부운영, 조직운영이 비리를 만들게 되는 것이다. 그런데 정보공개는 단지 부정비리를 예방하는 차원이 아니다. 민주주의는 주권자들이 정부를 감시하고 정부의 민주적 운영을 위해 어떤 식으로든 참여할 수 있어야 발전할 수 있다. 바로 이를 위해서는 정보가 공개되어야 한다.

정보공유는 결코 어려운 것이 아니다. 먼저, 민·관·학이 함께 무언가 논의하고 결정하고 집행하고자 한다면 회의 전에 안건을 미리 공유하여 회의에 참여하는 사람들이 충분히 논의를 모아서 올 수 있도록 해야 한다. 다음 회의 결과를 최대한 자세하게 정리하고 그것을 회의 참여자에게 공유하여 이견이 없는지 확인해야 한다. 마지막으로 회의 결과를 사업에 참여하는 모든 사람들에게 공개하면 된다.

거버넌스를 하자고 하면서 이런 기본적인 것을 못할 이유가 전혀 없다. 그러나 이 지극히 상식적인 정보공유가 현재 혁신교육지구사업에서 제대로 이루어지고 있는지는 지속적인 점검이 필요하다. 거버넌스는 바로 이 정보 공개로부터 출발되어야 한다. 그렇지 않으면 언제든지 주민들을 대상화하는 관치로 회귀할 수 있기 때문이다.

3) 수미일관한 참여 보장

거버넌스는 자치를 구현하는 경로이다. 거버넌스는 민주주의이다. 이것이 가능하기 위해서는 그동안 동원의 대상, 통제의 대상이었던 교사, 학생, 학부모, 주민들이 참여하는 것이다. 그것은 형식적인 회의나 행사에 동원되는 것이 아니며, 민이 관과 동등한 입장에서 사업의 기획 과정, 집행 과정, 평가의 과정에 참여할 수 있어야 한다. 수미일관하게 민의 참여를 보장해야 한다.

사업의 기획과정에 참여한다는 것은 관이 짜 놓은 사업안을 민이 형식적으로 검토하는 것으로 오역되어서는 결코 안 된다. 교육예산이 집행된다고 했을 때 가장 직접적인 대상은 학생과 교사이다. 그리고 이 예산은 학부모를 포함한 주민들이 내는 세금으로 만들어지기에 이들이 교육에 참여하는 것은 너무도 상식적이다. 즉, 사업의 기획과정에 이들이 직접 참여하여 함께 설계하는 것이 너무도 당연하다. 가장 좋은 것은 학생, 학부모, 교사, 주민들이 사업안을 직접 기획하여 그것을 토대로 민·관·학이 실현방안을 함께 논의하는 것이다. 그런데 오랜 관성으로 주민이나 교사, 학생, 학부모가 만들어 제안한 것을 관의 담당자가 할 수 있는지 없는지를 판단하겠다는 식으로 왜곡될 수가 있다.

다시 강조하지만 관의 역할은 간섭이 아니라 지원에 있다. 때문에 민의 제안에 대해 그것이 안 되는 이유를 대는 방식을 취해서는 거버넌스는 결코 불가능하다. 오히려 비현실적으로 보이는 사업 제안조차도 어떻게 하면 그 취지를 최대한 살릴 수 있는가를 민·관·학이 함께 고민해야 한다. 공무원이 일을 하기 싫으면 그 일이 안 되는 이유를 100가지라도 댈 수 있다고 한다. 이는 결코 과장만은 아니다. 그러나 시민들이 내는 세금으로 월급을 받아 먹고사는 사람들이 그런 식으로 자기 편의를 위한 행태를 일삼는다면 과연 이 나라는 어디로 가겠는가?

한편, 사업의 집행에 참여한다는 것은 행사에 동원된다거나 위탁을 받아 하청업체처럼 일을 수행하는 것이 아니다. 사업의 집행에 참여하는 것은 실행의 과정에 함께하는 것이다. 이는 어떤 행사에 민·관·학이 역할 분담을 하여 각각의 업무를 수행하는 낮은 수준에서 시작하여 권한을 부여받은 주민이나, 학부모회, 학교를 통해 교사나 학생들이 직접 예산을 운영하는 높은 수준으로 발전할 수 있다. 그것은 학부모 강좌에서부터 마을방과후학교 운영, 체험학습 프로그램 운영, 진로탐색 활동, 동아리 활동, 마을학교 운영까지 매우 다양할 수 있다. 임파워먼트는 권한이양으로 해석되지만 힘을 북돋는 것, 힘을 키우는 것으로 해석될 수도 있다. 집행에 참여한다는 것은 행정의 대상이었던 주민들이 행정에 참여하여 주권자로 성장한다는 것을 의미한다. 이 과정을 통해 행정의 어려움도 이해할 수 있고, 행정을 이해함으로 관료들에게 주눅이 들지 않는 대등한 주체로 설 수 있다. 또한 행정의 시스템에 참여함으로써 향후 대안적 주체가 될 수 있다.

사업의 평가에 참여한다는 것은 집단적인 성찰을 통해 성과를 공유하고 한계를 넘어서기 위한 대안을 마련하는 자리를 만드는 것이다. 기획과 집행은 있으되 평가가 없으면 그것은 누구도 책임지지 않는 무책임한 행정에 지나지 않을 것이다. 엄정한 평가를 통해서 과연 혁신교육지구와 마을교육공동체에서 민주적 의사결정이 이루어지고 있는지, 주민의 혈세로 이루어진 예산이 효율적으로 집행되었는지, 개선되어야 할 관행은 무엇인지, 앞으로 보완되어야 할 부분은 무엇인지 점검해야 한다. 그렇지 않으면 요식적인 설문조사와 서류상의 평가로 그치게 될 것이다. 또한 평가는 잘잘못을 따진다는 것도 중요하지만 이를 통해 성찰을 하는 과정을 획득하고자 하는 것이다. 성찰을 한다는 것은 반성적인 사유를 요구한다. 성찰을 한다는 것은 상대방의 입장에서 사고할 것을 요구한다. 서로를 대상화하는 것을 넘어서 협력적 파트너로 민·관·학이 서로를 대등하고 연대적인 관계로 재구성하는 것이다.

다시 강조하지만 기획, 집행, 평가의 전 과정에서 수미일관하게 학생, 학부모, 교사, 주민이 참여하는 것, 이것이 거버넌스의 운영의 핵심이다. 민의 형식적인 참여가 아니라 실질적으로 참여를 보장하고, 독려하는 것이 바로 민·관·학 거버넌스이다. 다시 말해 거버넌스는 통치의 대상이었던 국민이 주권자로 참여하는 것이다.

5. 민주주의가 공공성을 강화한다

교육은 상품이 아니다. 교육은 만인의 보편적인 권리로, 그 자체로 공공적인 영역으로, 시장의 논리가 아니라 공공적인 원리로 작동되어야 한다. 그런데 공공성이라고 하면 그것은 긍정적인 이미지보다는 부정적인 것들이 먼저 떠오르게 된다. 이렇게 된 것은 그동안 대부분의 공적 영역은 민이 참여할 수 없는 관이 독점하는 구조였기 때문이다. 그 결과 관이라는 단어는 권위적이고 억압적이며 비효율적이며 심지어 부정부패나 비리를 연상시킨다. 이는 멀게는 중세에서부터 근대 일제시대 그리고 최근까지도 실제로 관은 권위적 억압적 조직으로 기능했기 때문이며, 정경유착과 더불어 수많은 비리가 실재했기 때문이다. 이는 교육 영역에서도 예외는 아니다. 2000년대 초반까지도, 장천감오長千監五 즉 교장이 되기 위해서는 천만 원, 교감이 되기 위해서는 오백만 원을 바쳐야 한다는 말이 오갈 정도로 교육 비리가 만연했다.[9] 그런데 이에 대한 문제제기를 신자유주의자들은 공공부문 민영화로 회피하거나 아예 교육을 돈벌이 수단으로 왜곡시켰다. 대표적인 것이 대학시장화 그리고 방과후학교의 시장화이다.

---

9. 한국교육연구네트워크 엮음(2014). 『새로운 사회를 여는 교육자치혁명』. 살림터, 247쪽.

이에 대한 대안으로 제시되는 것은 '민주적 공공성'이다. 이는 시민들의 참여를 통해 공공성을 강화하는 것으로, 관료들이 지배하던 영역에 시민들의 참여를 통해 국가를 민주적으로 통제하는 것이다. 이는 민주적인 전통성과 민주적 통제가 담보될 때만 실현가능하다. 민주적 정통성을 통해 사람들의 삶에 영향을 미치는 의사결정과정의 과정에 배제되지 않고 참여할 수 있어야 하며, 민주적 통제를 통해 국가의 활동이 공공적인 의사결정에 따르고 있는지 감시하고, 국가에 의한 권력남용을 제어하는 것이다.[10]

교육의 공공성을 담보하기 위해서는 교육정책의 입안을 소수의 관료들이 독점하는 구조를 바꾸어야 한다. 교육부만 하더라도 교육현장에 대한 경험이 없는 행정고시를 통해 관료가 된 사람들이 교육정책을 대부분 결정하고 있었다.[11]

지방정부 수준으로 내려오더라도 이런 문제점이 반복된다. 사실 교육자치와 일반자치가 분리되어 있는 현실에서 이런 문제는 더욱 확대될 수밖에 없다. 물론 이를 해소하기 위해 이른바 교육전문가들이 정책 자문을 하는 경우도 있으나, 가장 중요한 것은 교사, 학생, 학부모, 주민들이 참여를 확장하는 데 있다. 즉 민주주의가 발전하는 만큼 공공성도 확장될 수 있는 것이다.

6. 민·관·학 거버넌스는 결코 조용하지 않다

국가는 공익을 실현하기 위한 중립적인 조직이라는 이데올로기와는 달리 현실에서 국가는 보편적 다수의 편에 서기보다는 소수의 이익을 위해 기능하며 심지어 시민들에게 매우 억압적인 존재이기도 하다.

---

10. 사이토 준이치 지음, 윤대석 외 옮김(2009). 『민주적 공공성』. 이음, 6~7쪽.
11. 교육혁명공동행동 연구위원회 지음(2012). 『대한민국 교육혁명』. 살림터, 75쪽.

루이 알튀세르는 국가를 억압적인 국가기구와 이데올로기적인 국가기구로 구분했다. 그에 따르면 정부, 행정기관, 군대, 경찰, 법정, 감옥 등은 억압적 국가기구이며, 종교, 교육, 가족, 법, 정치, 노동조합, 매스미디어, 문화 등은 이데올로기적 국가기구로 기능한다.[12]

알튀세르와 같은 입장에서 보자면, 관청들은 행정기관으로 억압적 국가기구이고 학교는 이데올로기적인 국가기구이다. 그리고 주민들은 이들 국가기구의 통치의 대상인 셈이다. 이런 관점에서라면 국가기구와 함께 무언가를 도모하는 것은 가당치도 않을 것이다.

그러나 현실에서는 지배와 피지배의 관계는 매우 역동적이다. 촛불혁명에서 나타나듯이 지배계급의 일방적인 도구로만 기능할 것 같은 영역에서 충돌이 일어나고 불꽃이 점화되었다. 국정교과서 논란이 그러하고, 국정농단 비리를 폭로한 언론사들의 활약이 그러하다. 실제로 알튀세르는 이들 이데올로기적 장치들 속에서 투쟁이 일어나고 있음을 지적했다.[13]

그런데 우리가 알튀세르의 견해에 동의하던 안하던 실제로 교육을 둘러싸고 어느 사회이건 끊임없이 논란과 갈등이 벌어져 왔다. 학교가 자본가들이 원하는 체제순응적인 노동자를 양성하고 지배자들의 지배이데올로기를 주입하는 공간으로 전락할 것인지, 아니면 전인적인 발달을 도모하고 민주적인 시민을 성장시키는 교육공동체가 될 것인지를 둘러싸고 끊임없이 갈등하고 충돌하고 있다. 이런 점에서 민·관·학 거버넌스가 평탄하게 운영되리라고 믿는 것은 교육에 대한 사회적 성찰이 부재한 결과이다.

민·관·학 거버넌스가 조용할 수 없는 것은 각자의 존재 조건이 다르기 때문이다. 전통적으로 관청은 민 위에 군림하던 조직이었다. 그나마 87년 민주화 이후 문민정부, 참여정부, 그리고 촛불혁명으로 현 정부가 등장하면

---

12. 루이 알튀세르(1991). 「이데올로기와 이데올로기적 국가기구」. 『아밍엥에서의 주장』(1969). 솔, 89쪽.
13. 알튀세르, 앞의 책, 130쪽.

서 권위주의적 문화가 조금씩 사라지고 있는 수준이다. 그러나 아직도 멀었다. 반백 년이 넘게 단위 학교 위에서 관리 감독하던 곳이 교육청이었고 지금도 그 기능이 사라지지 않았다. 지자체는 또 어떠한가? 이제는 대민 서비스 기관으로 바뀌었다고 주장하지만 민의 입장에서는 여전히 막강한 권한을 가지고 있는 관청 공무원들이다. 이것은 부정할 수 없는 현실이다. 즉, 여전히 학생, 학부모, 교사, 주민들에게 관은 권력자인 것이다.

앞서 언급한 것처럼 거버넌스는 관이 독점했던 권력을 주민들에게 이양하는 과정이다. 그러나 과거에 관성에 젖어 있는 관료들의 입장에서는 거버넌스만큼 불편한 것이 없다. 때문에 권한이양을 요구하는 주민들과 갈등이 일어날 수밖에 없다. 또 학생과 교사와의 관계에서도 학생이 약자이고 교사가 권력자임을 감안한다면 학생이 교육의 주체로 참여한다는 것이 권위주의적 교육관을 가지고 있는 교사로서는 매우 불편한 것일 수밖에 없다. 뿐만 아니다. 거버넌스에 참여하는 주민들 간에도 경험의 차이, 문화의 차이로 갈등이 생길 수 있으며, 이익을 목적으로 하는 업체들이나 개인의 영달을 목적으로 하는 사람들이 들어올 경우 더욱 복잡한 양상으로 갈등이 중첩될 수 있다.

이런 점에서 거버넌스에서 갈등은 필연적이다. 즉 갈등 자체가 문제가 아니라는 것이다. 오히려 갈등을 회피하려 하는 것이 거버넌스를 후퇴시킬 것이다. 대표적인 것이 민·관·학이 상호 간에 충분히 토론하고 합의하지 않고 관이 성과주의에 경도되어 사업을 일방적으로 추진하는 것이나, 함께 결정한 논의 결과를 일방적으로 번복하는 것, 공개적인 논의를 회피하고 권력자의 힘을 빌리어 비공개로 뒤에서 해결하고자 하는 관행 등이 그것이다. 이는 관료들이던 민간이던 모두에게서 나타난다.

지난 회의에 참석하지 않은 사람이 다음 회의에 나와서 회의 결과를 번복하려고 생떼를 쓰는 경우가 과연 없는가? 기관장의 일정이 바뀌었다면서 민과 합의한 일정을 임의로 변경하려는 경우가 과연 없는가? 관료의 횡

포에 저항하고 토론과 시정을 요구하기보다는, 기관장이나 그 주변의 인물들에게 부탁하여 위에서 해결해 주길 바라는 경향이 과연 없는가 말이다.

거버넌스는 형식적 민주주의를 실질적 민주주의로 전환시키기 위한 모멘텀이다. 그런데 민주주의는 결코 조용하지 않다. 다양한 입장이 서로 충돌하는 공간이고, 민주주의의 확대를 경계하거나 가로막는 저항 또한 결코 적지 않다. 거버넌스는 다양한 사람들이 모여 민주적인 의사결정과 참여를 통해 집단적인 창의성을 도모하는 것이기도 하다. 이렇게 민주주의는 공동체적 창의성의 줄기찬 발로이다. 그런 창의성을 유지하려면 엄청난 에너지가 필요하며, 이를 막으려는 세력 또한 엄청난 힘을 발휘한다. 그러다 보니 편 가르기, 뒤 봐주기, 이기주의, 냉소주의, 무관심 등의 꼬임에 빠져들기 십상이다. 이는 우리가 기필코 극복해야 할 유혹들이다.[14]

어떤 이들은 혁신교육지구사업이던 마을교육공동체인던 교육감, 시장, 구청장 바뀌면 다 없어질 것이라고 말한다. 정말 그것을 바라는 사람도 없지 않을 것이다. 그냥 이대로! 관치가 지속되길 원하는 사람들도 분명 있을 것이다. 바로 그런 사람들이 아직도 있기 때문에 더더욱 현재의 민·관·학 거버넌스는 조용히 진행될 수 없다. 다시 강조하지만 교육자치, 주민자치 즉 민주주의는 결코 조용할 수 없다!

7. 이분법을 넘어서야 한다

그러면 거버넌스는 갈등만 존재할 것인가? 물론 그렇지 않다. 거버넌스는 이질적인 집단들의 협력에 근거한다. 협력은 일방이 일방을 돕는 것을 의미하지 않는다. 협력은 일방이 일방을 동원하는 것이 아니다. 협력은 서

---

14. 로저 오스본 지음, 최완규 옮김(2012). 『처음 만나는 민주주의 역사』. 시공사, 497쪽.

로의 필요에서 출발한다. 그리고 협력은 서로의 차이를 인정하고 서로를 존중할때 가능하다.

관의 힘만으로 할 수 없는 영역들이 민의 역량이 결합함으로써 보완될 수 있다. 예를 들어 마을교육활동가들이 마을의 공간을 활용하여 마을 방과후활동과 마을 돌봄을 실현하는 것이다. 그렇다면 이 협력은 어떻게 가능할까? 이를 위해서는 이분법적 사고dichotomization를 극복할 필요가 있다.

사실 민의 입장에서 관청은 매우 억압적인 존재, 갑질하는 존재로 비춰지는 것이 불편하지만 외면할 수 없는 사실이다. 민의 입장에서 관의 공무원들은 자신이 내는 세금으로 월급을 받아 사는 존재임에도 오히려 민 위에 군림하려는 못된 족속처럼 보일 수도 있다. 그러다 보니 민은 자신을 절대 선으로, 관은 절대 악으로 설정하기도 한다.

관의 입장에서 민은 어떤 존재일까? 관의 입장에서 민은 주권자일까? 관의 입장에서 민은 자신의 이익을 위해 억지를 부리는 민원인, 혹은 말만 많고 시끄러우며 실행에는 무능력한 존재로 보일 수 있다. 학교에 와서 행패를 부리는 학부모들, 관공서에 와서 진상을 부리는 이른바 악성 민원인들이 과연 없는가?

정말 민과 관은 대립할 수밖에 없는 것일까? 여기서 우리는 다음과 같은 질문을 던져 볼 수 있을 것이다. 왜 우리는 세상을 선과 악, 남과 여, 낮과 밤 같은 이분법으로 보는 게 익숙할까? 다른 방식으로 사물을 보는 것은 불가능할까?

브렌트 데이비스에 따르면 우리의 지각 체계는 때때로 있지도 않은 경계를 설정하고 종종 경계를 과장한다고 한다. 물론 생존의 관점에서 이러한 경향은 충분히 이해된다. 환경 속에서 경계는 가장 필요한 정보이기 때문이다. 인간은 이러한 지각적 성향을 개념적 습성으로 확장시켜 왔다. 우리는 끊임없이 개념적 구별을 만들고 때로는 그것을 과장한다. 이분법적 사고dichotomization는 그리스어 dikba+tomie(두개의 부분)에서 유래한 것으로, 이분법적으로 사고한다는 것은 사물의 경계를 분명히 나누어서 서로 배타적인 범주를 만들어 낸다. 이에 대한 대안은 무엇일까? 브렌트 데이비스는 계보학적 사고를 제시한다. 계보 혹은 분기bifurcation는 '두 개로 갈라진'이라는 뜻의 라틴어 bi+furca에서 온 것으로 두 조각으로 분리하기보다는 두 개의 부분으로 가지를 만들어 가는 것이다. 이렇게 가지의 이미지를 만드는 목적은 사물의 구별이 만들어진 근본적 이유나 근거를 강조하고 알아보고자 하는 것으로, 실제로 그러한 구별이 누구에 의해서 어떤 이유로 만들어졌는가를 부각시키고자 하는 것이다. 예를 들어 흑과 백을 대립되는 것으로 보는 것이 아니라 색의 부재에서 검은색과 흰색이 갈라져 나왔다는 식으로 인식하는 것이다. 흔히 우리는 무언가 대립하는 관계를 표현할 때, Vs라는 표현을 잘 사용한다. 이는 versus의 약어인데, 현재는 대조나 갈등을 칭하기 위해 사용하지만 원래는 분해가 아닌 돌기, 굽히기 또는 감기와 관계된 단어였다.[15]

만일 우리가 가르치는 교사와 배우는 학생이라는 이분법을 넘어 교사와 학생이 서로 가르치고 배우는 관계로 설정할 수 있다면 그래서 교사와 학생은 배움이라는 하나의 근원에서 갈라진 것으로 인식할 수 있다면 학교문화는 달라지지 않을까? 만일 우리가 민과 관을 대립의 관계가 아니라 하나의 시민에서 출발해서 어떤 사람들은 일상적 경제활동을 하는 주민으로 살아가고, 어떤 사람들은 주민을 위해 일하는 관의 공무원으로 역할이 가지치기 된 것으로 이해한다면, 상호를 적대시하는 이항론적인 대립적 사고를 어느 정도는 극복할 수 있지 않을까?

민은 사업의 대상이 아닌 주체로 참여함으로써 많은 효과를 얻는다. 그 중 하나가 행정에 직접 참여함으로써 공무원들의 어려움을 이해할 수 있

---

15. 브렌트 데이비스 지음, 심인섭 옮김(2014). 『구성주의를 넘어서 복잡성교육과 생태주의 계보학』. 씨아이알, 8~10쪽.

는 것이다. 민은 과거의 관에 대한 부정적인 경험을 앞세워 관을 적대적인 대상으로 설정하던 것에서 벗어날 필요가 있다. 사실 공무원도 역할만 다르지 시민의 일원이며, 공공부문 노동자라고 여기면 그렇게 어려운 것도 아니다. 동시에 민은 관에 의존하지 않는 민 스스로의 자생력을 가지기 위한 노력, 특히 민들의 자발적 네트워크나 조직을 갖추어야 한다. 그래야 개별적인 민원으로 자신들의 요구가 왜곡되지 않는다. 그렇게 되어야 관에게 짓눌리지 않는 대등한 주체로 협력할 수 있다.

반면 관은 민을 지원하되 간섭하지 않는다는 태도를 가져야 한다. 아주 작은 것처럼 보여도 공무원이 가진 권한은 언제든지 민에게 권력으로 비춰질 수 있음을 인정해야 한다. 또한 아무리 부정하고 싶어도 권위주의 통치의 시대는 저물고 있으며, 지방분권과 주민자치의 시대, 거버넌스의 시대가 열리고 있다. 힘들더라도 이를 받아들여야 한다. 이제 공무원은 국민 위에서 권한을 행사하는 자에서 주권자인 국민을 위해 일하는 사람이어야 한다. 자신의 진정한 상전은 시장, 군수, 구청장, 교육감이 아니라 시민들임을 깨달아야 한다.

여기서 거버넌스와 관련해서 우리가 간과하지 말아야 할 것이 하나 있다. 그것은 교사와 공무원의 노동기본권과 정치기본권의 문제이다. 현재까지 풀리지 않는 전교조 법외노조 사태에서 보듯이 한국의 교사들은 노동자로서의 기본적인 권리를 박탈당하고 있다. 이는 다른 공무원들도 다르지 않다. 공무원은 정당 가입도 할 수 없으며, 자신의 정치적 견해를 밝힐 수도 없다. 그러다 보니 소신을 가지고 일을 하는 것이 매우 어렵다. 이런 상황에서는 시민을 위해 일을 하겠다는 소명의식을 가지고 공무원 생활을 시작한 사람도 얼마 되지 않아 관료적인 시스템의 부속품이 되고 만다. 그러나 만일 공무원들이 노동자로서의 기본권을 가지게 된다면 상황은 달라질 것이다. 더 이상 과거처럼 국가권력의 부당한 인권침해에 동원되거나 침묵하지 않을 것이며, 상사의 눈치를 보지 않고 주권자들을 위해 일할 수 있을 가능성이 늘어날 것이다. 그 결과 지금과 같은 관료적이고 보수적인 문화도 어느 정도 개선될 수 있을 것이다. 그리고 이는 분명 거버넌스의 발전, 민주주의의 발전으로 이어질 것이다.

8. 거버넌스는 비가역적이다

거버넌스는 결코 쉬운 일이 아니다. 마을교육공동체가 그렇듯 분명 거버넌스가 안착화되기 위해서는 일정한 시간이 필요한 일이다. 만일 관 안에서 현재에 안주하거나 다시 과거로 회귀하고자 하는 경향이 득세한다면, 또는 민의 역량이 취약하고, 특히 민 안에서 각자도생하는 방식으로 나만 잘 살겠다는 기회주의적인 사람들이 늘어날 경우 거버넌스는 무너지고 언제든지 다시 관치로 돌아갈 수 있을 것이다. 그럼에도 불구하고 다시 이전의 권위주의적 통치의 시대로 회귀하기는 불가능할 것이다. 왜냐하면 역사는 비가역적이기 때문이다. 그 누구도 민주주의를 향한 도도한 역사적 흐름을 바꿀 수는 없을 것이다.

제3부

교육은 세상을 바꿀 수 있을까?

1장
능력주의와 선발의 함정

1. 한국 사회, 시험은 공정한가?

한국 사회는 공정한 사회인가? 누구나 열심히 공부만 하면 성공할 수 있는 사회인가? 물론 출신 배경과 상관없이 노력만 한다면 누구라도 성공할 수 있다는 신화가 통용되던 시절이 있었다. 그러나 현실에서는 더 이상 개천에서 용이 나지 않는다는 것을 사람들은 잘 안다. 이른바 '수저론'으로 대변되는 사회계급의 고착화 현상이 만연하고 있기 때문이다. 좋은 일자리는 줄어들고 나쁜 일자리가 늘어나면서 젊은이들은 '노오력'의 배신[1]에 절망하고 있다. 또한 OECD 최고의 노인빈곤율과 자살률이 말해 주듯 사회 불평등은 한국 사회의 지속가능한 발전을 위협하는 가장 큰 원인 중 하나가 되고 있다.

최근 문재인 정부는 대학입시 개편 방안을 발표하면서 수시가 공정하지 않으니, 정시를 확대해야 한다는 주장을 받아들여 정시 확대를 선언했다. 그러나 정시를 확대한다고 해서 과연 공정함이 확보될 수 있을까? 정말 정시는 수시에 비해서 공정할까?

중요한 것은 '수시냐? 정시냐?'라는 대립 프레임 자체를 넘어설 수 있어

---

[1] '노오력'은 아무리 '노력'해도 답을 찾기 어려운 현실에서 만들어진 신조어로, 우리는 조한혜정, 엄기호 등이 함께 쓴 『노오력의 배신』(2016)을 통해 '헬조선'을 살아가는 젊은이들의 고뇌를 더욱 잘 알 수 있다.

야 한다는 점이다. 수시와 정시를 대비시키는 것은 한국 교육 문제의 본질을 파악하는 데 걸림돌이 된다. 문제는 현재의 교육 시스템이 대한민국 헌법 31조 1항의 '모든 국민은 능력에 따라 균등하게 교육을 받을 권리를 가진다'는 헌법상의 권리를 보장하고 있는가이다.

만일 한국의 교육 시스템이 형식적으로는 출신 배경에 상관없이 누구나 교육받을 권리를 보장하지만, 실제로는 부모의 사회경제적 배경에 따라 자녀의 성적이 달라지고, 진학할 수 있는 대학이 달라지는 시스템이라면, 그리고 그 결과 교육격차가 사회경제적인 차이를 확대재생산하는 구조를 가지고 있다면 그 사회는 결코 정의롭다고 말할 수 없다.

이 글에서는 먼저 최근 논란이 되고 있는 정시 확대가 과연 대학입시의 공정성을 담보할 수 있는지 짚어 보고자 한다. 다음으로 누구나 노력하면 성공할 수 있고, 실력을 가진 사람이 성공한다는 이른바 '능력주의'의 허구성과 '선발(시험)'은 과연 공정한가에 대해 살펴보고자 한다.

2. 정시 확대는 대학입시의 공정성을 담보하는가?

정시가 확대되어야 한다는 주장은 수시가 공정하지 않다는 것이다. 대체 왜 이런 주장을 하는 것일까?

수시는 잘 알려진 것처럼 Early Admission, 즉 정시모집 전에 대학에서 입학할 학생을 미리 뽑는 제도이다. 방식도 다양하다. 학생부 교과전형, 학생부 종합전형, 논술고사, 적성고사, 특기자전형, 특별전형 등이다. 그런데 최근 논란의 중심이 된 것은 특히 학생부 종합전형이다. 이는 3년간의 내신성적을 기본으로 하여, 자기소개서, 학교생활기록부(수상경력＋창의적 체험활동상황＋독서활동상황＋교과학습발달상황＋행동특성 및 종합의견), 교사 추천서를 바탕으로 교수 및 입학사정관들이 생활기록부를 정성평가하여 1차 합격자를 선발한다. 그 이후 대부분의 대학은 면접을 본다. 학생부 종합전형은 생활기록부 부문에서 교과와 비교과로 나뉘는데, 교과는 보통 내신성적을 의미하며, 비교과는 내신성적을 제외한 나머지 활동을 의미한다.

수시를 비판하는 사람들은 첫째, 교과 성적을 조작할 가능성이 있기 때문에 신뢰할 수 없으며 공정하지 않다고 한다. 즉 성적을 포괄한 다양한 기록을 조작할 수 있다는 것이다. 이러한 우려는 최근 ○○여고 시험지 유출사건으로 불안감이 더욱 증폭되고 있다. 조작의 유형은 다양한데 시험지를 유출하기도 하고, 직접 학교생활기록부에 손을 대기도 했다고 한다.[2] 둘째, 비교과 영역에 해당하는 '독서·학습법 코칭, 자기소개서 첨삭, 면접 대비 및 고난도 구술 대비' 등은 특별한 사교육을 요구하는 항목들로 금수저 전형이라는 것이다.[3]

그러나 이들의 주장은 크게 두 가지 문제점을 가지고 있다. 첫째, 현재 수준에서는 교과 성적과 기록 조작의 가능성을 완전히 배제할 수 없는 것은 사실이나, 그것 때문에 모든 학교에서 성적과 기록 조작이 이루어지고 있다고 가정하는 것은 침소봉대가 아닐 수 없다. 최근 성적 조작 논란을 빌미로 수시 대신 정시를 늘리자는 주장은 한국 교육의 근본적인 문제인 대학서열화와 입시경쟁이라는 문제를 그대로 둔 채, 몇몇 교직원의 일탈을 빌미로 하여 과도한 일반화를 하고 있다는 비판을 면하기 어려워 보인다. 둘째, 학생부 종합전형 중 비교과 영역의 경우 사교육 지불능력이 있는 계층의 자녀들에게 다소 유리한 것은 사실이나, 이것이 정시에 비교할 때 과연 현저히 그런 것인지 살펴보지 않을 수 없다. 한국교육과정평가원이 발표한 2018학년도 수능 성적 분석 결과에 따르면 대도시, 중소도시, 읍면

---

2. 한국일보(2018. 11. 13). 「고교 내신, 이대로 괜찮나… "관리 시스템 도입·정시 확대" 목소리 커져」.
3. 뉴데일리(2018. 10. 2). 「수시 학생부 전형은 '금수저 전형'… 정시 확대해야」.

지역 순으로 성적 차이가 나타났다. 도시와 농어촌의 학력 차이는 이과반에서 두드러졌다.[4] 즉, 수능 성적으로 대학을 가는 정시는 겉으로는 공정해보이는 것 같지만 사실은 사교육비 지불능력이 있는 사람들의 자녀들에게더욱 유리하다. 이는 대도시 안에서도 부자들이 밀집한 지역이나, 부잣집아이들이 많이 다니는 특목고나 자사고 학생들이 수능점수가 높다는 것으로도 충분히 확인된다. 즉 정시 또한 결코 공정한 시험이 아니다. 이에 비해 수시는 지방의 학생들 중 학교생활을 성실히 하고, 교과 외에도 동아리활동 등을 열심히 한 학생들이 정시로는 대도시 아이들을 따라가지 못하지만 서울 소재의 대학에 진입할 수 있는 경로가 되어 온 것 또한 부정할수 없는 현실이다.

한편, 지난해 수능시험 국어 31번 사태로 수능은 '불수능'이라는 이름을 얻었다.[5] 왜 이런 일이 발생했을까? 그것은 수능이 글자 그대로 대학에서 공부를 할 수 있는 능력을 가지고 있는지를 파악하는 도구가 아니기때문이다. 한국은 대학이 철저히 서열화되어 있고, 어떤 학벌을 획득하는가에 따라 삶의 처지가 달라질 것이라는 불안감이 지배하는 사회이다. 그리고 이 서열체제를 유지하기 위해서는 진입 장벽을 일정하게 유지해야 한다. 그 방법은 학생들이 획득해야 할 정보의 양을 가능한 한 늘리고 문제를 비틀어서라도 난이도를 높이는 것이다. 제한된 시간 안에 많은 양의 정보를 집어넣을 수 있고, 다시 그것을 확인하기 위해서 그리고 아는 것을묻는 것이 아니라 누군가의 실수를 유도하기 위해 함정을 만든 높은 난이도의 시험을 통과하려면 상당한 정도의 시간을 투입해야 하고 지겨울 정도의 문제풀이 훈련을 해야 한다. 그런데 이는 단지 학생 개개인의 성실함에 달려 있지 않다. 학교교육과정 이외의 상당 시간 동안 지식을 주입받고, 반복적으로 문제풀이 훈련을 할 수 있는 여건을 제공받아야 한다. 그

---

4. 한국일보(2018. 10. 8). 「대입 정시 확대 땐 대도시 학생이 더 유리」.
5. 동아일보(2018. 11. 24). 「올해는 '국어 31번' 불수능… 수능 난도 조절은 신의 영역?」.

런데 그 여건은 그 학생의 부모가 어떤 사회경제적 배경을 가지는가에 따라 달라진다.

결국, 수시 확대냐 정시 확대냐 하는 대립구도로는 난마와 같이 얽힌 현재의 입시문제를 풀어낼 수 없다. 심하게 말하면 현재의 구도는 '조삼모사'와 같은 상황이 아닐 수 없다. 냉정히 말해 수시도 정시도 모두 고학력, 고소득층의 자녀에게 유리하다. 그럼에도 불구하고 상당수의 사람들은 수시가 문제가 있으니 정시를 확대해야 한다고 답한다.

실제로 여론조사 전문기관 리얼미터가 CBS의 의뢰로 2018년 11월 16일 전국 19세 이상 성인 503명을 대상으로 수시·정시 대학 신입생 모집 비중에 대한 국민여론을 조사한 결과, '공정성을 높이기 위해 정시를 현재 23%보다 확대해야 한다'는 응답이 53.2%로 집계됐다. 20대의 53.4%, 30대의 66.8%, 40대에서는 55.2%가 정시 확대를 찬성했다. 이념 성향을 물었을 때 진보라고 답한 사람들의 55.3%, 중도 66.7%, 보수 44%가 정시를 확대해야 한고 답했다.[6]

이 설문조사가 의미하는 것은 무엇일까? 그것은 사람들이 '선발된 것'을 곧 '능력 있는 것'으로 등치시키고 있다는 것이다. 아직도 적지 않은 사람들이 누구나 열심히 노력하면 성공할 수 있다는, 즉 능력주의Meritocracy를 믿고 있다. 그리고 그 능력을 확인받을 수 있는 기제로 '시험'을 포함한 선발제도가 작동한다. 그 결과 이 선발(시험)을 통과한 사람과 그렇지 않은 사람 간의 차별은 정당화되며, 심지어 그 선발(시험)을 통과하지 못한 자신을 원망하거나 체념을 내면화한다. 과연 현실에서 능력주의는 제대로 작동하는가? 만일 능력주의가 제대로 작동하지 않는다면 그것을 계속 신봉하는 것은 타당한가? 특히 시험을 기준으로 능력의 여부를 판단하는 것은 타당한가? 다음 절에서는 이에 대해 살펴보고자 한다.

---

6. 뉴스 1(2018. 11. 19). 「수능 성적 위주 '정시모집 확대'에 국민 절반 이상 '찬성'」.

3. 능력주의와 선발의 함정

1) 능력적 요인이 중요한가? 비능력적 요인이 중요한가?

능력주의가 하나의 신화에 불과함을 설득력 있게 제시한 연구 중 하나로 『능력주의는 허구다The Meritocracy Myth』를 들 수 있다. 스티븐 J. 맥나미와 로버트 K. 밀러 주니어 공저인 이 책은 성공에는 능력적 요인과 비능력적인 요인을 비교했을 때, 후자가 더 큰 영향을 미친다고 분석한다. 즉 '능력merit은 개인이 갖고 있는 특징이지만, 능력주의meritocracy는 사회가 갖고 있는 특징이라는 것'이다. 저자들에 따르면 '능력주의라는 말은 1958년 간행된 영국의 사회학자 마이클 영이 쓴 풍자소설 『능력주의의 출현』에서 유래한 것으로, 이 소설에서 묘사되는 미래 세계는 처음에는 능력주의를 매우 공정한 시스템으로 여기지만, 오로지 능력만을 기준으로 삼는 질서가 만들어지자 엘리트들은 자신보다 아래에 있는 사람들을 능력이 부족하다는 이유로 억압하고, 노골적으로 경멸하는 사회로 변질시킨다고 한다. 즉 마이클 영은 능력주의가 만연되는 사회를 디스토피아로 그린 것'이다.[7]

『능력주의는 허구다』에서 저자들은 비능력적인 요인이 미치는 영향이 매우 과소평가되었을 뿐만 아니라, 오히려 더 강력하게 작동함을 지적한다. 예를 들어 '인생을 도보 경주에 비유하지만 사실 경제적인 측면에서 이 경주는 조작된 것으로 이 경주에서 부유한 부모를 둔 사람들은 처음부터 결승점이나 결승점 근처에서 출발하며, 가난한 부모를 둔 사람들은 다른 사람들보다 한참 뒤에서 출발한다는 것'이다.

뿐만 아니다. '학교와 교육은 불평등을 대물림하는 잔인한 매개체'이다. '직접 회사를 차려 사업을 하는 것은 실패 위험이 높은 고된 일이기에, 많은 사업가들은 자녀들이 자신의 뒤를 따라 기업가의 길을 걷기보다는 전

---

7. 스티븐 J. 맥나미·로버트 K. 밀러 주니어, 앞의 책, 17쪽.

문적인 교육이라는 다소 덜 위험한 길을 걷는 쪽을 선호'하며, 특히 '현대에는 부모가 정규 교육을 통해 자녀의 미래에 투자하는 방식이 농장이나 소규모 가족 사업체를 물려주는 방식을 대신해 다음 세대로 특권을 넘겨주기 위한 중요한 방식으로 자리 잡았다'고 지적한다. 뿐만 아니라 '대학교육에 필요한 학업 성적을 측정하는 SAT(Scholastic Aptitude Test)와 고등학교 교육과정에 기초한 학업성취도를 측정하는 ACT(American College Testing)의 경우에도 그 시험점수는 가족의 소득과 매우 긴밀한 상관성을 가지고 있는데, 그 이유는 소득이 높을수록 높은 점수를 얻는 데 도움이 되는 사교육이나 개인과외 등에 더 많은 투자를 할 수 있기' 때문이다. 심지어 '미국의 경우 대학 동문의 자녀 특례입학제legacy admission가 있어 특권층에게 더 많은 혜택'을 주고 있다. 여기에 고등교육의 비용부담도 문제인데, '지난 수십 년 동안 대학교육에 들어가는 비용이 빠른 속도로 증가하면서 이에 따라 학자금 대출도 늘어났으며', 이 대출은 학생 간 학업성취도의 차이를 만들었다. 즉 '대출에 의존할 필요가 없는 부유층 학생들은 좀 더 학업에 매진할 시간이 주어지고 이로 인해 성취에서 차이가 난다는 것'이다.[8]

이 외에도 저자들은 사회적 자본의 차별적인 분배, 족벌주의, 문화자본의 차이, 부의 세습 등의 문제를 조목조목 지적하고 있다. 이들이 지적하는 사회적 성공에서 '비능력적 차이'의 우위는 한국 사회에서도 예외가 아니다. 앞서 살펴보았듯이 대학입시에서 사회경제적 지위가 높은 부모의 자녀들이 더 높은 학업성취도를 보인다는 것은 부정할 수 없는 현실이다.

2) 계급에 따라 양육 방식이 다르며, 학업성취도 또한 달라진다

부모의 사회적 지위에 따른 불평등의 대물림 현상에 대한 연구로는 아

---

8. 스티븐 J. 맥나미·로버트 K. 밀러 주니어, 앞의 책, 49, 69, 70, 73쪽.

네트 라루의 『불평등한 어린 시절Unequal Childhoods: Class, Race, and Family Life』을 언급하지 않을 수 없다. 라루는 계급과 인종에 따라 삶의 방식과 학업성취도에 차이가 난다는 것을 실증했다. 예를 들어 '중산층 흑인 및 백인 아이들은 자신의 취향이 존중받을 권리가 있음을 아는 것처럼 행동했으며, 교육기관에서도 여유롭고 능동적인 태도로 교류를 주도했고, 자유롭게 정보를 공유하고 남의 이목을 끄는 데 주저함이 없었으며, 전반적으로 자신이 원하는 것을 이루기 위해 타인과의 상호작용을 조정하는 방법을 알고 있었다. 이에 반해, 노동자 계층 및 빈곤층 자녀들의 경우 각종 기관과의 상호작용에서 스스로 제약받는다고 느끼고, 자신의 욕구에 맞춰 상호 관계를 조정하는 경우가 드물었으며, 부모와 마찬가지로 아이들은 기관 내의 권위 있는 어른에게 복종하는 모습을 보였다'고 집단 간의 차이를 서술한다.[9]

라루가 집중적으로 규명한 것은 어떤 계급(계층)인가에 따라 양육 방식에 명백한 차이가 존재한다는 점이다. 즉, '백인 및 흑인 중산층 가정 자녀의 일상은 집중 양육 방식에 따라 이루어지는데, 이들 가정에서 부모는 자녀가 재능이나 의견, 실력을 최대한 발휘할 수 있도록 적극 장려하고 또 평가'해 주었다고 한다. 그리고 중산층의 부모들은 '자녀의 활동에 맞춰 스케줄을 조정하고 아이들을 가정 안팎에서 지켜봐 주며 필요한 경우에는 언제든 아이들의 활동에 개입했으며, 또 아이의 재능과 인지능력, 사회적 기술, 논리적 추론 등을 개발하는 데 많은 노력을 기울였다'고 분석한다. 반면 '노동자 계층 및 빈곤층의 가정에서는 부모의 역할을 집과 먹을거리 그리고 안전한 환경을 제공하는 정도로 여겼는데, 이들 가정에서는 어른과 아이 사이의 경계가 뚜렷하며, 어른들은 언어를 교육보다는 의사 전달 목적으로 주로 사용했고 아이들에게 일상적으로 지시를 내렸다'고 한다. 그

---

9. 아네트 라루 지음, 박상은 옮김(2012). 『불평등한 어린 시절』. 에코리브르, 22~24쪽.

리고 '공식적인 외부 기관을 대하는 상황에서 전문가들에게 책임을 위임하는 경향이 있다'고 각각의 차이를 서술했다.[10]

아네트 라루가 제시하는 문제의식은 명확하다. 부모의 사회경제적인 지위에 따라 양육의 방식이 달라지고, 그에 따라 자녀의 학업성취도 차이가 발생하고, 그 결과 교육이 사회 불평등을 재생산하는 기제가 되고 있다는 것이다. 이는 한국에서도 예외가 아니다. 학업성취도에서 어휘력은 매우 중요하다. 그런데 이는 학생 개개인의 노력과 능력도 중요하지만 더욱 중요하게 거주환경, 가정배경에도 매우 큰 영향을 받는다. 초등학생을 대상으로 한 어휘력 검사 결과 '도시의 아이들이 농어촌 아이들보다, 도시의 경우에도 학교 주변 아파트의 시세가 높은 지역의 아이들이 어휘력이 높은 것'으로 확인되었다. '경제적으로 여유가 있는 집안의 아이들이 독서시간이 많았으며, 다문화와 조손 가정, 한부모 가정 아이들은 점수가 낮았다. 이는 부모의 돌봄과 지원기능과 생활습관과 연관이 있는데 부모와의 대화의 양과 질, 부모가 어린 자녀에게 읽어 준 책의 양의 차이 등도 중요한 것으로 나타났다'고 한다.[11]

3) 모든 선발이 공정한 것은 아니다

그럼에도 여전히 많은 사람들이 세상은 능력만 있으면 성공할 수 있다는 믿음을 버리지 않는다. 이 믿음이 유지되는 데 한몫을 단단히 하는 것이 바로 선발에 대한 환상이다. 앞서 우리는 대학입학시험이 정시든지 수시든지 모두 기득권 세력에게 유리하다는 것을 살펴보았다. 그렇다면 한국의 지배계급과 고위 관료들 그리고 지식인들 상당수가 신주 떠받듯이 모시는 미국은 어떠한가? 미국의 명문대라고 불리는 빅3, 즉, 하버드, 예일, 프

---

10. 아네트 라루, 앞의 책, 417~419쪽.
11. 21세기연구소(2018), 「초등학생의 교과 어휘력 격차: 거주환경과 가정배경 등에 따른 차이를 중심으로」[연구보고서 2018-1], 63~67쪽.

린스턴의 학생선발을 연구한 제롬 카라벨의 『누가 선발되는가?The Chosen: The Hidden of Admission and Exclusion』에서는 그 선발이 결코 공정하지 않음을 통렬하게 폭로한다. 우리에게도 잘 알려졌고 도입 당시에도 논란이 되었던 '입학사정관제'가 그 대표적인 것이다. 이는 수능, 내신과 같은 객관적인 점수를 최소한으로 반영하고 학생의 가능성을 면접 등을 통해서 판단한다는 것인데, 사실 미국에서 이 제도가 도입된 배경은 유대인의 입학을 막기 위함이었다.

카라벨은 "1900년에 신입생의 7%였던 유대인 학생이 매년 꾸준히 증가하여 1909년에는 10%, 1915년에는 15%, 1922년에는 21.5%가 되었으며, 뛰어난 성적으로 학위를 받는 사람들 속에서도 큰 수치를 보였다"고 한다. 당시 미국은 "1921년 이민제한법의 통과 이후 반유대주의, 외국인 혐오증, 인종차별주의가 팽배"해 있었고, 이를 반영하듯 하버드 대학은 1923년 신입생 규모 제한 특별위원회를 두고 입학기준을 변경했다. 그 이전에는 "거의 전적으로 학업성적을 기준으로 결정했던 것에 반해, 출신 학교에서 보내오는 소개서와 지원자의 적성과 품격을 점검한다는 명분으로 개인면접을 활용하도록 제안"했고, "1926년 입학제도를 확정하여, 신입생의 규모를 제한하고 그 안에서 유대인 학생의 비율을 줄이기 시작했다"고 지적한다.[12] 그리고 이는 예일과 프린스턴에서도 예외가 아니었다.

4) 효율과는 거리가 먼 선발 방식

선발이 결코 공정할 수 없음은 한국도 예외는 아니며, 심지어 선발의 목적 그 자체에도 부합하지 않는 결과를 낳으면서 사회적 낭비를 초래할 수 있다. 장강명의 『당선, 합격, 계급』은 이 문제를 집중적으로 폭로하고 있다.

장강명은 21세기의 공채제도가 조선시대의 과거제도와 닮았다고 주장

---

12. 제롬 카라벨 지음, 이종삼 옮김(2011). 『누가 선발되는가?』. 한울, 233, 246, 261쪽.

한다. 첫째, 과거제도처럼 사회적 낭비를 초래한다는 것이다. '2011년부터 2015년까지 국가공무원 응시자는 127만 명이었는데 합격자는 2만 명도 되지 않았으며, 몇 년씩 준비하는 장수생도 흔하다는 것, 현대경제연구원의 추산으로 2016년 한 해 시험 준비로 경제활동에 참여하지 않아 발생하는 손실이 17조 원을 넘는다는 것' 등을 지적한다. 그는 '수많은 자격사 시험, 공기업과 금융권 직원, 신문사와 방송사, 교사가 되기 위한 치열한 경쟁과 합격을 위해 몇 년을 공부해야 하는 것이 사회적 낭비'라고 한다. 둘째, 과거제도처럼 필요한 인재를 뽑는 데 적합하지 않은 시험이라는 것이다. 예를 들어 '기자가 되는 자질과 상관없는 단답형 상식 시험, 지엽말단적인 공무원 시험문제, 업무와 무관한 기업 공채에서의 영어능력 테스트와 역사 문제, 수학문제는 창조적 역동성을 가로막고, 모두 같은 답안을 외우게 하는 현상을 만든다는 것'이다.[13]

장강명은 한국의 선발제도가 지극히 비합리적이라고 비판한다. 즉 '대학 입시와 기업의 공채제도, 각종 고시나 전문직 자격증 시험도 본질적으로 같다고 본다. 이들 시험은 대단히 효율적이지만 동시에 매우 획일적인데, 모두 한 시험장에 들어가 동일한 문제로 시험을 치르고, 소수의 합격자와 다수의 불합격자를 만든다. 그 결과 불합격자들이 좌절의 고통을 받는 동안 합격자들은 불합격자들과 멀어지고, 합격자들의 세계에서 새로운 규칙을 배운다. 여기서 패거리주의, 엘리트주의가 생기는 것은 지극히 자연스러운 일'이 된다.[14]

비효율적인 측면에서 보자면 한국의 입시, 특히 수능도 예외는 아니다. 현재의 수능은 교과서 밖에서 문제를 내든지 교과서 안에서 문제를 내든지 기본적으로 죽은 지식을 머리에 넣고, 그것을 다시 확인하는 방식이다. 그렇게 머릿속에 넣은 것이 실생활에 거의 도움이 되지 않는다는 것은 말

13. 장강명(2018). 『당선, 계급, 합격』. 민음사, 103~111쪽.
14. 장강명, 앞의 책, 17쪽.

할 나위도 없을 뿐 아니라, 그 과정 자체가 교육 본래의 목적인 전인적 발달에도 반한다.

문제풀이 교육은 주어진 문제의 주어진 정답을 주어진 시간 안에 찾는 기술을 습득시키는 것이다. 여기에는 창의성, 비판적 사고가 불필요하다. 또한 소통하고, 공감하고, 협력하는 능력이나 인성, 시민의식도 등한시된다. 문제풀이에 능한 사람을 우리 사회는 능력 있는 사람, 실력 있는 사람으로 치켜세우지만 그렇게 선발된 사람들이 과연 우리 사회의 지속가능한 미래를 만들 수 있는 역량을 가졌다고 할 수 있을지 묻지 않을 수 없다. 이들은 주어진 상황에서 주어진 과제(지시, 명령)는 잘 수행할 수 있을지 몰라도 복잡다단한 조건과 갈등적 상황을 해결하고 협력적으로 문제를 해결하는 데 오히려 어려움을 겪을 수 있다. 특히 경쟁에서 살아남았다는 생각을 가진 이들은 사회의 지속가능한 발전을 위한 혁신적인 변화를 이끌거나 조응하기보다는 현재에 안주하고 심지어 퇴행적으로 자신의 안위만을 도모할 가능성이 높다. 그리고 이는 사회 전체에 부정적인 결과를 가져올 것이다.

5) 능력주의라는 믿음과 그 폐해

능력주의의 환상을 비판한 연구 중 하나가 로버트 H. 프랭크의 『실력과 노력으로 성공했다는 당신에게Success and Luck』이다. 경제학자인 저자는 재치 있게 '포장이 잘되어 있는 도로의 포르셰와 그보다 두 배는 비싼 그러나 노면상태가 엉망인 도로의 페라리 자동차를 비교하면서 어느 것이 더 효율적인 조합인가?'를 질문을 한다. 답은 당연히 전자일 것이다. 아무리 비싼 스포츠카를 가졌어도 노면이 엉망이라면 속도를 즐길 수 없을 것이고, 게다가 차가 손상될 수도 있으니까 말이다. 그러나 '실제로 엄청난 부를 소유한 사람들이 선호하는 자동차와 도로 품질의 조합은 전자가 아닌 후자'에 더 가깝다고 그는 비판한다. 즉 이들은 도로와 같은 공공적 차원의 투자에는 인색하면서도 비싼 스포츠카를 사는 데 인색하지 않은 지극히 '비효율적이며 심지어 사회적으로 낭비를 양산하는' 선택을 한다.[15]

왜 그럴까? 그것은 부자들이 성공을 순전히 자신의 능력 때문이라고 여기기 때문이다. 과연 그럴까? 프랭크는 크게 성공한 사람 대부분이 행운이라고 지적한다. 그는 우연한 행운이 성과에 미치는 정도에 대한 다양한 가정을 검토하는 이른바 수치 모의실험numerical simulation을 활용하여 '엄청난 재능으로 최선을 다하는 상당수 사람들이 물질적 성공을 누리지 못하는 이유는 이들이 승자보다 운이 나쁠 뿐'이라고 단언한다. 왜 운이 중요하단 말인가? 프랭크는 그 이유는 '첫째, 행운은 필연적으로 임의성을 띠기 때문에 가장 능력 있는 경쟁자라고 할지라도 운까지 좋을 수 없으며, 둘째, 경쟁자의 수가 많으면 재능 수준이 최고에 가까운 사람들 또한 많고, 그 가운데 어떤 이는 운도 굉장히 좋을 수 있다는 것, 결국 경쟁자가 많은 상황이라면 가장 유능한 사람이 승리하는 것은 드물고, 가장 운이 좋은 사람이 승리하는 것이 일반적'이라고 매우 설득력 있는 논지를 제시한다.[16]

프랭크의 논의를 한국 사회로 가져와도 마찬가지다. 상위권 대학 진학을 위한 입시경쟁과 공무원이 되기 위한 시험 경쟁은 치열하며, 결국 그 경쟁에 뛰어든 사람들은 모두 열심히 노력하는 사람들이며, 모두 일정 수준 이상의 능력을 기반으로 한다. 결국 최종 경쟁에서는 2018년 수능 국어 31번과 같은 황당하기 짝이 없는 문제를 우연히 맞힌 사람과 그렇지 않은 사람으로 희비가 엇갈린다. 이것을 운이 아니고 달리 무엇이라고 설명할 수 있단 말인가? 이렇게 경쟁이 심화된 곳에서 성공은 개인의 노력과 능력은 물론이지만 운이 상당한 비중을 차지함에도 능력주의에 대한 신화와 그릇된 믿음이 사라지지 않는 이유는 무엇일까? 프랭크는 이 질문에 답하기 위해

---

15. 로버트 H. 프랭크 지음, 정태영 옮김(2018). 『실력과 노력으로 성공했다는 당신에게』. 글항아리, 45~46쪽.
16. 로버트 H. 프랭크, 앞의 책, 121~123쪽.

행동경제학을 동원한다. 행동경제학자들은 휴리스틱스heuristics를 통해 인간이 판단을 할 때나 원인을 찾을 때 반복해서 오류를 범하는 이유를 설명한다. 휴리스틱스는 '정확한 이해가 어렵거나 불필요한 경우 논리적 분석 대신 어림짐작을 통해서 즉흥적으로 판단하는 것'이다.

'휴리스틱스'는 대니얼 카너먼의 『생각에 대한 생각Thinking Fast and Slow』을 통해 보다 널리 알려진 개념이다. 카너먼에 따르면 '인간은 자신이 보는 것의 지속성과 정합성을 과장하는 경향이 있으며, 때문에 서둘러 결론 내리기를 좋아하고, 어려운 질문을 받으면 마음대로 쉬운 질문으로 바꾸어 이해하려고 한다. 또 의심을 지속하기 어려워하고 과장된 믿음을 발휘한다'고 한다. 카너먼과 그의 동료 아모스 트버스키는 이를 '의심을 이기는 확증편향', '닻내림 효과', '가용성 폭포' 등의 개념을 통해 상당히 설득력 있게 설명했다.[17]

프랭크는 또 폴 새뮤얼슨 등의 논의를 빌리면서 사람들이 '자신이 속해 있는 인구집단의 평균치보다 자신을 높게 평가하는 습성'을 가지고 있으며, 마찬가지로 '행운에 대한 잘못된 믿음'으로 연결된다고 지적한다. 예를 들어 '복권 당첨번호를 예측한다는 것이 얼마나 부질없는 짓인지 잘 알면서 당첨번호를 알아내는 기법이나 능력을 어떻게든 얻을 수 있을 것이라는 상상을 멈추지 않는다는 것'이다. 즉 '사람들은 실패를 설명할 때는 운이 나빴다는 사실을 기꺼이 그리고 재빨리 받아들이지만, 성공을 설명할 때는 행운의 영향을 과소평가하는 경향이 있다'는 것을 지적한다.[18]

이것이 함의하는 바는 무엇일까? 대부분의 사람들은 자신의 성공은 스스로 잘났기 때문이고 스스로 열심히 해서 얻은 것이라는 인지적 편향을 갖는다는 것이며, 그 결과 자신의 성공에 상당한 영향을 미치거나 결정적인 영향을 미친 노력 외의 요인을 애써 무시하거나 결코 인정하려 하지 않

17. 대니얼 카너먼 지음, 이진원 옮김(2012). 『생각에 관한 생각』. 김영사, 163~259쪽.
18. 로버트 H. 프랭크, 앞의 책, 130~134쪽.

는다.

그렇다면 성공은 오로지 자신의 능력의 산물이라는 그릇된 믿음은 어떤 결과를 낳을까? 프랭크는 이 그릇된 믿음 때문에 공공부문에 대한 투자가 지속적으로 감소되고 있음을 지적한다. 그는 '개인은 자신이 태어난 환경을 선택할 수는 없지만 개인이 속한 사회 전체적으로는 여러 중대한 방법을 활용해서 좋은 환경을 만들 수 있으며, 그를 위해서는 집중적인 투자가 요구'됨에도 미국은 이런 투자를 경시했다고 지적한다.[19] 문제는 이런 투자에 들어가는 재원이 필요하지만 안타깝게도 '행운이 성공에 미치는 영향을 인지하지 못하는 사람일수록 자신이 노력해서 얻은 수입 전부에 대해 당연한 자격을 갖는다는 생각이 확고해지면서 납세를 더 꺼릴 수 있다'는 점이다.[20] 그 결과 '성공에서 행운의 중요한 역할을 제대로 인지하지 못한 탓에 생겨나는 조세 저항은 미래 세대가 행운을 누리는 데 필요한 공공 투자를 더 어렵게 만든다'고 지적한다.[21]

프랭크의 논의가 함의하는 바는 무엇인가? 그것은 능력주의가 현실에서 더 이상 작동되지 않음에도 여전히 사람들은 능력주의가 작동하고 있다고 믿는다는 것이다. 그리고 그 결과 능력주의가 작동하게 만들 수 있는 사회적 여건 개선에 무관심하게 된다는 것이다. 문제는 이러한 잘못된 믿음이 성공한 사람들뿐만 아니라 성공하지 못한 사람들에게도 있다는 점이다. 바로 이것이 능력주의가 재생산되는 원인 중 하나이다.

6) 차별에 찬성하는 사람들
현실에서는 능력주의가 제대로 작동하지 않음에도, 능력주의를 내면화하는 사람들이 늘어나면서 나타나는 현상 중 하나가 바로 차별을 찬성하

19. 로버트 H. 프랭크, 앞의 책, 154~155쪽.
20. 로버트 H. 프랭크, 앞의 책, 166쪽.
21. 로버트 H. 프랭크, 앞의 책, 181쪽.

는 사람들이 늘었다는 것이다. 특히 입시경쟁 교육이 심화되면서 이런 현상이 늘어난다. 오찬호는 『우리는 차별에 찬성합니다』라는 저서를 통해 '괴물이 된 이십 대'의 모습을 담담히 풀어내었다.

오찬호는 이십 대의 고유한 특징을 몇 가지로 포착한다. 첫째, 타인의 고통에 무감각하다는 것이다. 그 이유는 '모든 건 자기 할 탓'이라는 자기계발 논리에 길들여진 결과'인데, '자기계발서들은 고통을 호소하는 이십 대를 질타하는' 내용들이 대부분이라고 한다. 그 결과 취업대란에 직면한 그들은 '아무도 자신의 고통을 이해해 주지 않으니 이들 또한 아무의 고통도 이해할 수 없게 되어 버린 것'이다. 둘째, 편견을 확대재생산한다. 자기계발 서들은 경쟁에서 패자가 된 것은 노력이 부족했기 때문이라는 편견을 강화하는데, 특히 사회에 대한 경험과 이해가 부족할 경우 '기존의 고정관념이 검증 없이 신념으로 굳어지게 된다'는 것이다. 셋째, 주어진 길만 맹목적으로 따라간다고 한다. 이십 대가 패자에 대해 편견을 갖는 것은 이들이 '실패에 대한 두려움'을 갖기 때문이며, '그 두려움이 클수록 비교적 안전한 길에 대한 선호도 또한 커진다'는 것이다.[22]

오찬호는 이들이 이런 특징을 갖게 된 것은 '학력위계주의學力位階主義'를 노골적으로 내재화한 결과라고 한다. 그는 이른바 서열 상위권 학교의 학생들이 입버릇처럼 최상위권 대학에 들어가지 못했다는 자괴감을 가지고 살아가고 있음을 논픽션 소설처럼 보여 준다. 이들은 '수능을 잘 못 치러서 최상위권 대학에 가지 못했다는 식으로 자신을 방어하며 상대방 대학의 서열에 따라 열등감과 우월감을 넘나'든다. 이들은 '학교 이름으로 사람을 판단하는 것을 문제 삼지 않으며 오히려 타당하다'고 받아들인다. 이들은 '수능 점수를 공정한 경쟁을 통해서 실력이 평가된 공정한 결과로 받아들이며, 이들에게 학력에 근거한 비교와 차별은 당연한 것이 되었고, 이를

---

22. 오찬호(2013). 『우리는 차별에 찬성합니다』. 개마고원, 89~97쪽.

의문시할 이유를 굳이 찾으려 하지 않는다'는 것이다. 이들의 '일상은 수능 점수에 따라 서열을 매긴 순위 배치표에 지배당하며, 그 배치표에서 부여한 점수 차이가 타인과 자신을 구별하고 차별하는 객관적인 숫자'가 된다. 예를 들어 '서열 상위권 대학의 학생들은 교복처럼 학교 이니셜이 박힌 잠바와 코트를 통해 자신의 신분을 증명하고자 함에 비해 지방의 학생들은 학과 잠바에서 학교명, 학과명을 최소화하고자 한다'고 한다. 오늘날 이십 대의 학력이 위계화된 질서는 과거와도 다르다. 즉, '과거의 학력주의가 출신 학교에 따라 이루어진 파벌로 폐쇄적이기는 하지만 공동체성을 그나마 갖는다면, 지금은 존재하는 서열을 지키고자 하거나, 자기보다 서열이 낮은 대학의 학생들을 멸시하기 위한 수단이 된다'는 점이다. 이들은 '수능점수의 차이를 모든 능력의 차이로 확장하는 식의 사고를 갖고 있으며, 그 결과 십 대 시절 단 하루 동안의 학습능력 평가 하나로 평생의 능력이 단정되는 어이없고 불합리한 시스템을 문제시할 눈조차 없는' 상태에 처해 있다고 한다.[23]

물론 모든 이십 대가 이런 사고방식을 갖는 것은 아니지만, 대다수가 '학력위계주의'로부터 자유롭지 않은 것 또한 사실이다. 문제는 차별에 찬성하는 것은 곧 차별할 수 있다고 믿는 대상에 대한 멸시와 혐오로 이어질 수 있다는 것이며, 이는 반反사회적인 집단이 등장하는 토대가 될 수 있다. 가장 대표적인 것이 '일베'이다.

7) 나를 혐오하고 타인을 혐오한다

혐오는 이제 더 이상 낯선 것이 아니다. 여성에 대한 혐오, 성소수자에 대한 혐오, 세대에 대한 혐오, 이주민에 대한 혐오, 난민에 대한 혐오, 특정한 지역민에 대한 혐오 등 혐오는 우리 사회를 병들게 하고 있다. 2018년

---

23. 오찬호, 앞의 책, 101~168쪽.

12월 19일 세계일보는 비영리 공공조사 네트워크 '공공의창'과 함께 여론 조사업체 '세종리서치'에 의뢰해 전국 성인 남녀 1,014명을 대상으로 국민 의식조사 설문을 실시했다. 그 결과 혐오 현상 가운데 가장 심각한 분야가 무엇이냐는 물음에는 '남녀 갈등'을 꼽은 응답이 32.2%로 가장 높았다. '세 대 간 문제'(25.8%), '성소수자 문제'(12.9%), '이주노동자 문제'(7.9%), '난민 문제'(6.5%) 등의 순서로 나타났다. 한편, 20대(19~29세)의 62.9%와 30대 의 52.9%가 '남녀 갈등'을 꼽는 등 나이가 젊을수록 남녀 갈등을 심각하 게 바라본 것으로 나타났다.[24] 남녀 갈등의 다른 이름은 여성혐오가 될 것 이다. 물론 '한남'이라는 표현처럼 남성 또한 혐오의 대상이 될 수 있으나, 시작은 여성혐오라고 하는 것이 타당해 보인다. 혐오 하면 빠질 수 없는 집 단이 바로 사회적으로 도저히 용납되기 어려운 기괴하기 짝이 없는 발언 과 행동을 하는 집단인 '일베'이다. 이들은 세월호 희생자를 조롱하고, 세 월호 유가족들의 단식농성을 조롱하는 '폭식투쟁' 퍼포먼스를 펼쳤다. 이 들은 성폭력 희생자를 조롱하고, 노무현 전 대통령의 죽음도 조롱했다. 그 런데 일명 '젊은 우익'이라 불리는 '일베'의 주장을 찬찬히 따라가 보면 이 들 또한 우리 사회가 만든 괴물들임을 알 수 있다.

박가분은 『일베의 사상』을 통해 환멸과 혐오의 인터넷 공간이자 이제는 사회집단이 된 일베가 어떻게 탄생했고, 그들이 세상을 어떻게 바라보고 있는가를 보여 주었다. 그에 따르면 '일간베스트', 즉 줄임말로 일베라는 사 이트는 디시인사이드라는 선정적 자료들을 모아 두는 쓰레기 처리장 같은 데이터베이스에서 출발했다고 한다. 이 데이터베이스에는 몇 가지 특징이 있는데 '팩트를 중시하는 태도, 상대의 과거 발언에서 현재 행동의 모순점 을 지적하는 것, 모두가 평등한 병신이라는 생각' 등인데, 이는 일베 사이 트로 발전된 후에도 보이는 특징이다. 일베의 유행어들을 보면 그 상당수

24. 세계일보(2018. 12. 28). 「국민 10명 중 7명 "혐오 더 심해졌다"… 대한민국 위협하는 '헤이트스 피치'」.

가 '전라디언', '홍어'와 같이 전통적으로 야당을 지지했던 호남지역에 대한 반감과 비하, '촛불좀비', '좌빨'과 같은 진보적인 시민들에 대한 비하, '놈현(노무현)', '슨상님(김대중)'과 같은 정치인들에 대한 비하, 그리고 '김치녀'와 같이 여성에 대한 비하로 가득하다. 이들에게는 '혐오를 드러내는 것 자체가 자신의 정체성을 표현하는 일종의 문화적 권리로 여겨진다'고 한다. 박가분은 '일베의 혐오 문화는 합의지반地盤이 존재하지 않는 실재의 정치적 적대에 뿌리내리고 있는데, 지역 간의 경제적 격차, 일상에서 남성과 여성이 겪는 성적 갈등 등 진보나 좌파들이 직면하길 꺼려 하거나 제대로 대응하지 못한 것을 적대의 자양분으로 삼는다'고 지적한다.

흥미로운 점은 이들이 스스로를 '일베충'이나 '베충이' 등으로 부른다는 것이다. 이렇듯 자기비하를 한다고 해서 이들이 사회적으로 낮은 계층일까? 일베를 두고 하층계급의 무식한 남성들, 혹은 철없는 어린 학생들이 모인 곳이라는 사회적 비난에 이들은 자신의 학력과 직종을 인증하는 사진을 올리는 퍼포먼스를 펼친 바 있다. 때문에 박가분은 '일베의 정체성을 특정 연령대나 특정 사회경제적인 계층의 특성으로 볼 수 없다'고 진단한다.[25]

그런데 일베의 혐오가 과연 일베만의 것일까? 결코 그렇지 않다. 박가분 또한 이를 정확히 짚어 내고 있다. 그는 '일베의 여성혐오는 한국 사회에서 남성들이 공식석상에서는 대놓고 말하지 못하는 집단무의식적인 성적 환상을 가시화하는 것이며, 특정 지역 혐오, 특정 정치인에 대한 혐오 또한 주류 사회의 무의식 안에 이미 존재하는 것'이라고 지적한다. 따라서 일베들은 자신을 공격하는 상대에게 '나는 너희의 무의식을 솔직하게 드러내는 것일 뿐이니 가식 떨지 말고 나를 인정하라는 식으로 응수한다는 것'이다.[26]

한편 일베가 민주 혹은 진보 성향으로 분류되는 시민과 정치인들에게

25. 박가분(2013). 『일베의 사상』. 오월의봄. 57, 123, 124쪽.
26. 박가분, 앞의 책, 217~220쪽.

적대적인 것은 박가분이 지적했듯이 민주와 진보를 표방한 세력의 무능력과 허위적인 삶의 태도에 대한 반발에서 비롯된 것인지도 모른다. 박가분은 '2002년 촛불시위에서 표출된 대중의 열망이 현실 정치에서 좌절된 후, 그에 대한 반대급부로 일베가 탄생했다'고 주장한다. 즉, '자신의 이상에 의해 상처받은 사람들이 역으로 그러한 이상을 과격하게 조롱하고 비웃는 것'이며, 때문에 '일베 유저들은 촛불시위 이후 나타난 군중으로, 촛불에서 제기된 문제와 쟁점들이 해결되지 않는 한 사라지지 않는 존재'라고 진단한다. 또한 '일베와 같은 군중의 등장에는 위선적이고 권위적인 386세대에 대한 비난이 자리 잡고 있는데, 일베는 우리 사회의 주류가 된 386세대에 대한 젊은이들의 적대의식을 동원하고 있다'고 지적한다.[27]

여기서 우리는 이미 한국 사회의 주류 세력이 된 586세대에 대한 비판에 귀를 기울일 필요가 있다. 지금의 50대 중에서 1980년대에 20대 시절을 보내면서 학생운동에 참여했거나 경험한 사람들 중 적지 않은 사람들은 그들이 그토록 비판했던 기성세대의 문화에 상당 부분 침잠沈潛되었다. 스스로를 민주투사라 여겼고 그래서 남들과 다르다고 생각했는지 모르지만 그들의 일상에는 권위주의가 남아 있었고, 입으로는 여성해방을 말했는지 모르지만 가부장적인 세계관과 단절하지 못했다. 또 입시교육이 문제라는 점에는 동의하지만 실상은 자신의 학벌을 은근히 과시하고, 자신의 자녀들은 고액 과외를 보내거나 심지어 조기 외국 유학을 보내고 있다. 마치 586세대 이전의 산업화 세대가 한국전쟁과 박정희 시절을 들먹이며 훈계를 늘어놓았듯이, 그들은 이제 자신의 자녀 세대에게 민주화운동 시절을 운운하며 훈수를 놓는 '꼰대'가 되어 버린 것이다. 일베와 같은 우익들은 바로 이 지점을 가장 잘 활용하면서 민주진보 세력을 조롱하는 것이다. 만일 2017년 촛불로 탄생한 현재의 문재인 정부가 거듭된 실정으로 청년

---

27. 박가분, 앞의 책, 234~237쪽.

층의 지지를 잃어 갈 경우 일베와 같은 우익들이 이들을 공략할 가능성은 더욱 높아질 것이다.

8) 경쟁과 불평등 그리고 인간존중

혐오는 인간을 존중하지 않기 때문에 발생한다. 왜 사람들은 타인을 존중하지 않게 되었을까? 그것은 경쟁 그리고 불평등 때문이다. 리처드 세넷은 『신자유주의와 인간성의 파괴The Corrosion of Character』에서 신자유주의가 인간성을 공격한다고 지적한다. 세넷은 1972년 빌딩 청소부로 일하는 노동자를 인터뷰하여 『계급의 숨겨진 상처』라는 책을 썼다. 그리고 15년 후 그 노동자의 아들을 포함한 후세대의 다양한 노동자들을 대상으로 다시 인터뷰를 하여 이 책을 썼다고 한다. 세넷에 따르면 신자유주의로 인해 부모 세대와 같은 안정적인 일자리를 가질 수 없는 자녀 세대의 일상은 매우 불안정하며, 인간관계 또한 파편화된다. 신자유주의는 경쟁을 장려하며 성공을 최고의 가치로 설정한다. 그러나 성공은 소수에게만 돌아간다. 그결과 '실패는 터부시되고, 실패는 두려움의 대상이 되어 아무도 실패를 터놓고 이야기하지 않으려 하며, 실패를 거듭한 사람은 강박관념과 부끄러움이 커지고 스스로를 능력 없는 사람'으로 설정한다. 심지어 '단 한 번의 충격적인 실패라는 경험으로, 대부분의 사람들은 자신이 스스로에게 충분치 못한 사람이라고 인식'하게 된다.[28] 세넷은 실패에 대한 강박, 노동유연화, 고용불안이 공동체성을 파괴하고 사람들을 수동화한다고 비판한다.

세넷은 다른 저작 『불평등 사회의 인간존중Respect』에서 불평등과 존중의 관계를 다룬다. 그는 자본주의사회가 사람들을 존중하지 않도록 인성에 영향력을 미친다고 지적한다. 그 결과 첫째, 개인의 능력을 완전히 발휘한 비범한 사람은 자신에 대한 존중을 정당화하면서 사회의 우상 노릇을

---

28. 리처드 세넷 지음, 조용 옮김(2002). 『신자유주의와 인간성의 파괴』. 문예출판사, 171, 205쪽.

할 수 있고, 둘째, 자급자족에 대한 찬양과 기생적 삶에 대한 두려움은 사회복지를 부정하는 경향을 만들 수 있으며, 셋째, 되돌려 주려는 욕망 이면에 있는 동정심은 약자에 대한 연민으로, 되돌려 받는 사람에게 모욕이 될 수 있다'는 것이다.[29]

세넷의 논의에서도 확인할 수 있는 것은 능력주의다. 세넷이 정확히 지적했듯이 '능력에 따라 공정하게 보상해야 한다는 주장은 물려받은 지위에 따라 결정되는 특권에 대한 반란으로 시작'되었다. 그러나 능력주의는 '현대사회에서 점차 재능에 틀 거리를 부여하는 제도들을 구성했고, 예술의 거장이나 전문적인 숙련기술을 가진 전문가들은 다른 사람들에게 그들이 이해하지 못하는 권력을 휘두르게' 되었다. 그 결과 성공한 사람에게 '재능을 향해 열려 있는 성공의 문은 불평등을 명예롭게 만드는 방편이' 되었으며, 그렇지 못한 사람들은 '자기비하를 통해 그가 속한 집단 속에서 안주하게 된다'고 지적한다. 나아가 이는 '공적인 영역에서의 의존을 수치스러운 것'으로 만들면서 복지제도에 대한 부정적인 시각을 양산한다.[30]

세넷의 논의가 함의하는 바는 무엇인가? 그것은 능력주의는 사회 불평등을 은폐하며, 그 결과 실패한 사람들을 부정적으로 바라보게 하고, 그들을 존중하지 않으며 나아가 실패한 사람들에게 기회를 주고자 하는 복지정책에도 반감을 갖게 하는 관점을 만들 수 있다는 점이다. 예를 들어 정규직이 비정규직을 자신의 고용안정을 위한 방패막이로 삼는 경우이다. 이들은 비정규직은 정규직인 자신들보다 능력이 없기 때문에 비정규직이 된 것이라고 간주한다. 겉으로는 잘 드러내지 않지만 자신들이 그들보다 우위에 있다고 생각하고 멸시한다. 그 결과 비정규직의 해고나 노동조건 악화에 대해 침묵한다. 간혹 아주 가끔 비정규직 투쟁에 관심을 갖지만 그조차도 자신의 지위를 위협받지 않기 위한 것이다. 이처럼 경쟁만능주의, 능력

29. 리처드 세넷 지음, 유강은 옮김(2004). 『불평등 사회의 인간존중』. 문예출판사, 88~90쪽.
30. 리처드 세넷(2004). 앞의 책, 111, 112, 126, 131, 135쪽.

주의가 지배하는 사회는 불평등을 심화시키며 인간성을 파괴한다.

4. 태어난 곳은 달라도 배움은 같아야 한다

『능력주의는 허구다』를 쓴 스티븐 J. 맥나미, 로버트 K. 밀러 주니어는 능력주의의 허구성을 비판하면서 강력한 누진세, 상속세, 증여세와 같은 세제의 개혁, 교육, 의료, 사회기반시설과 같은 공적인 지출의 확대, 차별 철폐 조치의 시행, 저소득층의 자산 형성 프로그램 활성화, 기업의 지배구조 개혁, 반독점집행의 강화, 정치에서 돈의 영향력을 줄이는 정치제도의 개선 등을 제안하고 있다. 그리고 시민들의 입장에서 개혁을 통해 노블레스 오블리주의 확대를 요구하는 것, 노조 가입과 노동운동의 영향력 강화, 월스트리트 점령운동과 같은 계층운동 등을 제안했다.[31]

이러한 사회개혁이 실질적으로 이루어지려면 무엇보다 '능력주의'라는 담론의 허구성을 대중적으로 폭로하고 공론화시킬 필요가 있다. 그렇지 않으면 전상진이 『세대게임』에서 지적했듯 대중들이 정치적 기업가와 스핀닥터Spin Doctor(관료, 정당, 기업의 이익을 위한 홍보전문가)들에게 현혹되듯이, 또 전통적으로 계급이나 계층의 사안으로 다루어지던 빈곤의 문제가 세대전쟁론자들에 의해 왜곡되듯이,[32] 교육 불평등과 사회 불평등이 본질적으로 계급이나 계층의 차이에서 발생하는 문제임에도 불구하고 이를 개인의 능력의 문제로 왜곡할 수 있다. 즉, 우리는 '선발을 통과한 자＝능력을 가진 자＝성공한 사람, 통과하지 못한 자＝능력을 가지지 못한 자＝실패한 사람'이라는 프레임에서 벗어나야 한다.

이를 위해서는 여전히 기울어진 운동장을 바로잡으려는 노력, 태어난 곳

---

31. 스티븐 J. 맥나미·로버트 K. 밀러 주니어, 앞의 책, 306~327쪽.
32. 전상진(2018). 『세대게임』. 문학과지성사, 28, 118쪽.

은 달라도 배움은 같을 수 있도록 보편적 복지라는 관점에서 교육을 다시 세우기 위한 노력이 필요하다. 왜냐하면 교육은 상품이 아니라, 만인의 보편적 권리이기 때문이다.

2장
교육은 세상을 바꿀 수 있을까?

1. 학교, 국가, 그리고 사회

혁신교육지구사업이나 마을교육공동체운동은 자치自治를 통해, 교육을 바꾸고 세상을 바꾸려는 데 그 궁극적인 목적이 있다. 그러나 이 과정은 결코 순탄치 않다. 무엇보다 기존의 교육체제를 고수함으로써 이득을 얻는 세력들이 있기 때문이다. 그런데 이는 학교의 탄생과정과 무관하지 않다. 여기서 우리는 근본적인 질문을 던지지 않을 수 없다. 도대체 학교란 무엇인가? 교육과 학교는 무슨 관계인가? 과연 교육은 세상을 바꿀 수 있을까? 이번 장에서는 이를 함께 고민해 보자.

2. 학교를 누가 만들었는가?

이 글을 읽는 사람들의 거의 대부분은 학교교육을 받았을 것이다. 그런데 이 학교교육은 우리 스스로의 판단과 필요에 의해서 이루어진 것일까? 대부분의 사람들은 부모님 등 누군가에 의해 초등학교에 입학하게 되었을 것이다. 그들은 왜 우리를 학교에 보냈을까? 아마 사람마다 여러 가지 이유와 동기가 있었을 것이다. 하지만 적어도 하나는 분명하다. 그것은 법률이 강제하기 때문이다.

실제로 대한민국 헌법 31조는 다음과 같이 구성되어 있다.

제31조
① 모든 국민은 능력에 따라 균등하게 교육을 받을 권리를 가진다.
② 모든 국민은 그 보호하는 자녀에게 적어도 초등교육과 법률이 정하는 교육을 받게 할 의무를 진다.
③ 의무교육은 무상으로 한다.
④ 교육의 자주성·전문성·정치적 중립성 및 대학의 자율성은 법률이 정하는 바에 의하여 보장된다.
⑤ 국가는 평생교육을 진흥하여야 한다.
⑥ 학교교육 및 평생교육을 포함한 교육제도와 그 운영, 교육재정 및 교원의 지위에 관한 기본적인 사항은 법률로 정한다.

헌법 31조를 찬찬히 읽어 보면 '의무'라는 단어가 반복하여 등장한다. 의무라는 것은 법적으로 강제를 받는다는 것이며, 교육이 국가의 통제를 받게 됨을 의미한다. 그런데 이는 그리 오래되지 않았으며, 자본주의의 발달 과정과 궤를 같이한다.

중세 말까지도 문자를 읽고 쓸 수 있는 것은 소수의 특권이었다. 다시 말해 특권계층만 높은 수준의 교육을 받을 수 있었다. 대학의 역사가 이를 보여 준다. 최초의 대학 중 하나인 이탈리아의 볼로냐 대학의 경우 학생들은 입학 전부터 이미 상당한 특권층이었다. 그들은 성직록聖職祿을 받는 등 특권을 누리는 사람들이었고, 그들의 존재 자체가 볼로냐시市 경제에서 상당한 몫을 차지했다. 학생들이 교수를 선출하고, 선출된 교수들은 복종을 서약해야 할 정도였다.[1]

---

1. 피터 왓슨 지음, 남경태 옮김(2009). 『생각의 역사 1』. 들녘, 544쪽.

대학의 성립과정은 부르주아지 계급의 등장과 무관하지 않다. 유럽 어느 지역보다도 앞서서 일찍부터 상인의 활동이 활발하고 도시가 발전한 이탈리아의 신흥 부유층들은 축적된 부富만큼 자신들의 권리를 주장했다. 권리의 신장과 부의 확보, 그리고 신분상승을 위해서는 폭넓은 지식, 특히 법률에 관한 전문지식이 필요했다. 중세에는 관습법이 지배했지만, 중세 말기에 오면 원거리 교역의 발달로 새로운 성문법, 상법, 해양법이 형성되고 이를 관통할 공통된 법이 요구되었고, 이는 로마법의 부활을 초래했다. 이런 이유로 여러 도시에서 법률학교가 생겨났고, 이탈리아의 볼로냐에서 최초의 대학이 만들어진 것이다.[2]

14세기~16세기에 걸친 르네상스기를 거치고, 17세기에 들어오면 학교교육은 성직자나 귀족의 독점에서 벗어나기 시작한다. 그러나 여전히 한 성性의 독점이었다. 즉, 여성들은 배제되었다. 가사수업 외에 대부분의 소녀들은 교육을 받지 못했고, 17세기 말에 이르러서야 겨우 소녀들을 위한 교육 시설이 등장했다.[3]

학교교육이 소수를 위한 교육에서 보편적인 다수를 위한 교육으로 전환된 것은 시민혁명의 산물이다. 1789년 프랑스 혁명 이후 1791년에 프랑스 헌법이 선언되는데, 거기에는 '모든 시민에게 불가결한 교육 기간에 대해서는 무상의 공공교육제도를 창제하고 조직한다'라고 되어 있었다. 당시 프랑스 혁명을 주도했던 인물 중 하나인 탈레랑은 '주권자인 민중이 스스로 법을 만들고 스스로 나라를 통치하는 민주국가가 건전하게 운영되기 위해서는 주권자들이 계몽되고 교육되어야 한다'고 주장했다. 즉, 이전처럼 민중에게 성경을 가르쳐 순종하게 하고, 위로부터의 명령에 대하여 그대로 복종하도록 하며, 근면하게 일하는 민중을 만들어 내는 것이 아니라, 헌법의 정신을 이해하고 국정의 내용을 파악하며, 정치적 교양을 몸에 익히고, 장

2. 이광주(1997). 『대학사』. 민음사, 53~62쪽.
3. 필립 아리에스 지음, 문지영 옮김(2003). 『아동의 탄생』. 새물결, 527~529쪽.

점과 단점을 스스로 판단하고, 자기의 주권을 이성적으로 행사할 수 있는 공민公民을 만들어 내는 것이 공공교육제도의 목표였던 것이다.[4]

중세가 붕괴하고 근대 자본주의가 등장했지만 사실 만인에게 교육받을 기회가 바로 주어진 것은 아니었다. 자본주의 초기에는 아동 노동이 광범위하게 이루어졌으며, 이들은 교육받지 못했다. 이는 자본주의의 탄생지 중 하나인 영국의 경우에도 마찬가지였다. 영국의 아동 노동은 16~17세기까지 거슬러 올라가 구빈원이나 고아원에서 시작했는데, 교구敎區는 극빈층의 아동들을 구빈원으로 수용하며 5, 6세부터 일을 시키거나 사업주의 요구에 따라 집단노동을 통해 돈을 벌었다. 당시 아동들은 아침 6시부터 저녁 7시까지 혹사당했다. 장시간 노동은 아동을 육체적으로 정신적으로 피폐하게 만들었으며, 이에 대한 사회적 비판과 우려와 함께 노동자들의 저항에 부딪치면서 1802년 「도제의 건강과 도덕에 관한 법령」이 발표된다. 이는 국가가 개입한 최초의 공장법으로 알려졌다. 이 법은 1833년과 1844년 두 번의 개정을 거쳐 완성되는데, 여기에는 '16세 미만의 아동의 노동시간을 12시간 이하로 축소시키고 아동의 최초 고용 연령을 9세로 정했으며, 매일 조금씩 공장에서 교육을 해야 한다'는 내용이 포함된다. 그러나 이조차도 당시에는 제대로 실행되지 못했는데, 그것은 공장 내 학교의 교사 수준이 매우 낮았고, 교재나 교육환경 또한 매우 열악했기 때문이다.[5] 그럼에도 불구하고 이를 시작으로 비로소 아동의 교육받을 권리가 확보되기 시작했다고 할 수 있다.

1870~1880년을 경유하면서 영국과 프랑스에서 국민교육제도가 성립하기 시작하는데, 이 또한 쉽게 얻어진 것이 아니었다. 영국의 경우 1867년 광범위한 대중투쟁의 성과로 남자 보통선거제도가 도입되었고, 프랑스에서는 1871년에 세계 역사상 최초의 노동자 정부인 파리코뮌이 성립했다.[6] 이

---

4. 우메네 사토루 지음, 김정환·심성보 옮김(1990). 『세계교육사』. 풀빛, 375~377쪽.
5. 야나기 하사오 지음, 임상희 옮김(1985). 『교육사상사』. 백산서당, 142~148쪽.

러한 시민혁명과 노동자들의 투쟁으로 근대의 교육이 성립할 수 있었다.

그런데 엄밀히 말하면, 근대의 학교는 자본가들의 필요의 산물이기도 했다. 서구의 경우 자본주의가 발달하기 전에는 대다수 국민들은 농촌에 거주했고 대부분의 일이 비전문적인 성격을 띠었기에, 교회에서 운영하는 종교교육의 성격을 갖는 교육으로도 충분했던 것이다. 그러나 산업혁명으로 대규모의 산업중심지가 생기고 보다 잘 교육된 노동자들이 필요해지면서 교회가 운영하던 학교는 실효성을 잃게 되었다. 처음에는 국가가 기존의 학교를 보조했지만, 나중에는 국가는 공동체를 대신하여 교육을 통제하는 위치에 서게 되었다.[7]

자본주의적 생산체제의 팽창과 지속적인 구조 변화로 인해 직업구조 배치와 직업에 필요한 기술이 끊임없이 변화했다. 가정 내의 교육은 점차 적당치 못하게 되었다. 부모의 기술은 자녀 세대의 요구에 더 이상 부응하지 못했기 때문이다. 과거 도제식 생산에서 도제는 평균 7년 이상 장인master에게 위탁되어 숙소와 작업장을 제공받았다. 그러나 자본주의가 본격화되면서 이런 방식은 너무나 비용이 많이 드는 것으로 간주되었고, 이런 기술을 지닌 노동자를 훈련하는 비용을 개별 자본가가 부담하지 않을 수 있는 방법을 모색하기 시작했다. 1800년대 중반을 경유하면서 이런 요구가 공장 경영자들의 입에서 나오기 시작했다. 예를 들어 1844년 미국의 매사추세츠 방적공장의 대리인은 '다른 조건들이 일정하다면 가장 잘 교육받고 가장 도덕적인 피고용인을 갖고 있는 업체가 최소비용으로 최대산출을 가져오리라'고 주장했다. 이는 공립학교 교육의 확산으로 이어졌다. 미국의 경우 영어권 외의 다양한 민족과 인종들이 노동인력으로 유입되자, 이들을 대상으로 영어교육을 포함한 기초적인 교육을 시키는 것이 공장을 운영하는 데 필수적인 과제로 대두되었다. 더욱 중요한 것은 교육의 목표가 단지

6. 나가오 토미지 지음, 송일지 옮김(1985). 『신교육운동사』. 한마당. 140쪽.
7. 윌리암 보이드 지음, 이홍우 외 옮김(2013). 『서양교육사』. 교육과학사. 507쪽.

기초지식을 습득시키는 데 있지 않았다는 점이다. 예를 들어 1854년 미국 스프링필드 학무위원회는 '성격과 습관의 형성, 특히 질서의식, 공손함, 시간 엄수 등' 자본가들이 원하는 도덕관을 형성해야 할 것을 강조했다.[8]

학교교육의 확산이 자본주의의 필요에 의한 것임은 대학교육, 즉 고등교육의 대중화로도 이어진다. 이는 전 세계에서 가장 큰 영향력을 가진 국가 중 하나인 미국의 사례에서 극명하게 확인된다. 1880년대부터 미국의 산업자본은 소유와 경영의 분리를 특징으로 하는 '법인자본주의'로 전환하는데, 이때부터 노동과정 내부에서 육체노동과 지식노동을 분할시키는 전략을 취했다. 특히 기술 발전으로 생산의 기술적인 토대가 과거처럼 노동자의 숙련에 의존하지 않고 기계로 이전되면서 숙련노동자들은 떠밀려났다. 대신 생산의 핵심 기술을 담당하는 엔지니어와 관리자 같은 지식노동자가 등장하고, 그 밑에 반半숙련 육체노동자가 배치되었다. 노동자들의 입장에서는 상급학교 진학은 고임금 지식노동자가 되는 통로이므로 결과적으로 고등교육에 대한 수요가 늘어나게 되었다. 한편 화학, 전기, 전자를 중심으로 기술이 비약적으로 발전하면서, 화학, 물리학 등 과학적 지식이 자본 축적의 핵심적인 요소가 된다. 그런데 자연과학은 거대한 실험장비와 다양한 분야 간 지식이 공간적으로 통합되어야 효과적으로 발전할 수 있고, 산업적으로 응용하는 데도 유리하다. 바로 이런 이유로 대학에 대한 재정적 지원을 늘리는데, 여기에 국가가 개입했다. 예를 들어 연방정부는 2차 세계대전 이후 제대군인들에게 무상교육을 보장하는 법을 통해 300만이 넘는 제대군인들을 대학에 입학시켰다. 또 군사적 목적으로 대학에 재정 지원을 통해 필요로 하는 연구활동을 추진했다. 그 결과 대학 정원은 계속 늘어났다. 그 결과 이제 더 이상 중등교육을 실업계와 인문계로 구분하는 것은 의미가 없어졌고, 과거 중등교육에서 담보했던 노동자교육은 이제 대학이

8. 사무엘 보울즈·허버트 진티스(1984). 「대중적 학교교육의 기원」. 이규환·강순원 편. 『자본주의 사회의 교육』. 창작과비평사, 29~41쪽.

라는 고등교육에서 이루어지게 되었다. 그리고 이 모델은 미국의 세계적인 헤게모니하에서 다른 지역으로 확산되었다.[9]

대중교육의 확대는 첫째, 노동자를 훈련하는 기능을 가졌다. 그런데 이는 기업체가 요구하는 직업적 능력을 필요로 하는 사람들에게 제공하는 외연을 띠었다. 둘째는 시험과 선발의 기능을 가졌다. 실제 운영에서는 경제적 특권층에 유리한 방식으로 이루어지나 이는 은폐된다. 셋째는 일정 기간 아동청소년을 붙잡아 두는 저장기능을 가졌다.[10] 이는 대학의 팽창이나 교육 연한의 증가와도 무관하지 않은데, 학교는 노동시장에 진입하지 못한 청년들을 일시적으로 수용하는 기능도 하고 있다.

이처럼 근대 학교의 탄생과 발전은 자본이 요구하는 노동력 공급이라는 측면과 인간으로서 누려야 할 보편적인 권리라는 측면이 때론 충돌하고 뒤섞이면서 형성된 것이다. 때문에 이 두 가지 경향은 학교교육 안과 밖에서 끊임없이 충돌하고 갈등하게 된다.

3. 학교교육은 가치중립적인가?

오랫동안 우리는 학교는 중립적이어야 한다는 이데올로기를 강요받아 왔다. 학교는 단지 사회생활에 필요한 지식을 습득하는 공간이며, 학교에서 가르치는 내용은 결코 의심할 여지가 없는 객관적인 진리라고 여겨 왔다. 흔히 대부분의 사람들은 '과학'은 보편타당한 법칙으로, 그 어떤 외부적 영향도 없는 순수한 학문적 영역이라고 믿는다. 그러나 과연 그런가? 천년 동안 중세를 지배한 태양이 지구를 돈다는 보편타당한 법칙은 결국 무

---

9. 윤종희 지음, 윤종희 박상현 외 옮김(2005). 「법인자본주의와 대중교육의 역사」. 『대중교육: 역사 이론 쟁점』. 공감. 20~31쪽.
10. 클레어렌스 캐리어 지음, 심성보 외 옮김(1987). 「상업적 가치와 교육국가」. 『현대교육의 위기』. 한길사. 26쪽.

너졌다. 진화론의 등장으로 창조론은 종교적 견해에 불과함이 밝혀졌다. 결정론적인 뉴턴의 물리학은 아인슈타인의 상대성이론의 등장으로 그 한계가 드러났다. 이렇듯 과학적 진리는 끊임없이 재구성된다.

마이클 애플은 학교교육의 가치중립성은 허구라고 지적한다. 학교에서 가르치는 것이 '객관적'인 '과학'이라는 주장이 간과하고 있는 것은 그 과학의 영역에서 경쟁하는 이론가들 간에 지속되어 온 갈등의 산물이라는 점이다. 과학은 반드시 누적적인 것도, 합의에 의해 진보된 것도 아니다. 학교에서 가르치는 과학은 과학자 사회에서 권력과 경제적 자원이 어떻게 분배되고 있는가에 대한 현실적인 관점을 결여하고 있으며, 개인과 집단 간의 논쟁 및 갈등이 과학의 발전에 어떻게 공헌하는가를 볼 수 없게 한다. 과학은 단순히 하나의 지적 영역이거나, 무언가를 발견하고 정당화하는 기술이 아니다. 학자들 혹은 학자들의 집단으로 구성되어 있는 이 사회는 지적·사회적 투쟁사를 가지고 있다. 즉, 천동설이 지동설로 대체되듯, 특정 과학자 집단이 지금까지 받아들이고 있던 기본적인 의미구조가 혁명적인 새 패러다임에 의하여 도전받게 됨에 따라 그 집단 내부의 갈등이 생겨나서 분열되거나 대체되는 경우가 있다.[11] 그리고 이 과정은 당대의 사회 역사 문화로부터 강력한 영향을 받는다. 때문에 학교교육에서 가르치는 지식이 객관적·중립적이라는 것은 허구에 지나지 않는다.

학교교육과정이 중립적이지 않음은 한국의 교육과정에서 아주 극명하게 드러난다. 이른바 산업화의 시기, 즉 1963년부터 유신체제가 붕괴한 1979년까지의 학교교육이 대표적인 사례이다. 이 시기를 겪은 세대를 산업화 세대라고도 부르는데, 대략 1944년에서 1960년생을 지칭한다. 이들은 중등 교육과정을 통해 지배 이념의 내면화를 제도적으로 요구받았다. 당시 교육과정에 독점적 통제권을 행사하던 박정희 정권은 자신들이 표방하는 지배

---

11. 마이크 애플 지음, 박부권·이혜영 옮김(1985). 『교육과 이데올로기』. 한길사, 123~128쪽.

이념(경제성장제일, 체제안정, 반공)을 교과서를 매개로 학생들에게 공식으로 전파했다. 교과서 심의 출제를 원칙으로 한 학력고사의 출제 독점권을 이용해 교육 내용에 대한 비판적 사고능력을 길러 주기보다는 그것을 제대로 암기했는지를 평가함으로써 결과적으로 당시의 입시는 청소년들을 상대로 체제의 지배 이념을 각인시키는 결정적인 제도적 장치로 기능했다.[12]

이러한 교육과정에 대한 개입은 전두환 정권에서도 마찬가지였다. 1981년 8월 7일 대통령령으로 국민정신교육위원회의 규정을 공포하여 '국민정신교육 정치조정위원회'를 발족시켰다. 그리고 문교부는 국민정신교육을 효율적으로 추진하기 위한 자료를 각급학교에 지급했으며, 그 중심에는 반공교육과 통일안보교육이 있었다.[13]

국가의 교육과정에 대한 개입은 최근까지도 계속되었다. 박근혜 정권의 역사교과서 국정화 시도가 그것이다. 당시 한국교육과정평가원이 교육부와 함께 내놓은 2015년 교육과정안은 역사학계로부터 '기상천외한 교육과정, 심각하게 퇴행적인 교육과정, 뉴라이트 역사 인식이 침윤된 편향된 교육과정'이라는 비판을 받았다. 당시 한국사 영역의 내용은 뉴라이트 계열이 주장하는 건국절 주장을 받아들여 임시정부를 인정하지 않았으며, 독립운동사 비중을 줄였고, 민주화 역사를 축소시키는 등의 수많은 문제를 안고 있었다.[14] 이후 촛불시민혁명의 과정에서 국정교과서 폐기 요구 또한 커지면서 마침내 문재인 정부의 등장과 함께 국정교과서 추진은 중단되었다.

이처럼 학교의 교육과정은 결코 가치중립적이지 않다. 교육과정은 결코 단순하게 중립적인 지식들을 모은 것이 아니다. 교육과정은 언제나 '선택된 전통'의 일부이고, 특정한 사람들과 집단이 선택한 지식이다. 교육과정은

---

12. 김원동(2010). 「산업화 세대의 특정에 대한 탐색」. 『지역사회학』 제11권 제2호, 20쪽.
13. 학술단체협의회(1989). 『1980년대 한국 사회와 지배구조』. 풀빛, 350~351쪽.
14. 김육훈(2016). 「박근혜 정부의 역사교육정책과 역사교과서 국정화」. 『교육비평 37호』. 교육비평사, 56~58쪽.

사람들을 조직하고 해체하는 문화, 정치, 경제적인 갈등과 긴장 및 타협에 의해 만들어진다. 우리가 '공식적인 지식'이라고 부르고 믿는 것은 사실 그 지식이 어떻게 조직되며, 누가 그 지식을 가르칠 권한을 얻는지, 배운 것을 가장 적절하게 드러내는 방법이 무엇인지 그리고 그러한 질문들을 던지고 대답하도록 허락받은 사람이 누구냐 하는 문제와 분리될 수 없다.[15] 결국 교육과정의 문제는 교육을 국가가 통제하게 된 것과 무관하지 않다. 그렇다면 교육을 관장하는 국가란 무엇인가? 그리고 학교란 그 국가 안에서 어떤 역할을 하는가? 하는 질문을 하지 않을 수 없다.

4. 국가와 학교의 관계

국가란 무엇인가? 사전적으로 '국가란 일정한 지역·영토 내에 거주하는 사람들로 구성되고, 그 구성원들에 대해 최고의 통치권을 행사하는 정치단체이자 개인의 욕구와 목표를 효율적으로 실현시켜 줄 수 있는 가장 큰 제도적 사회조직으로서의 포괄적인 강제 단체'[16]이다.

근대국가의 탄생과정은 곧 자본주의의 탄생과 같이한다. 그런데 국가가 무엇인가에 대해서는 논자마다 강조점이 다르다. 국가론과 관련해서는 칼 마르크스, 에밀 뒤르켐, 막스 베버의 주장이 빈번히 인용되고 있으며, 실제로 아직까지도 강력한 영향력을 미치고 있다.

마르크스는 당시 프로이센과 프랑스의 근대국가 성립과정을 분석하면서 국가는 봉건귀족을 대체한 신흥지배계급인 부르주아지의 이해를 위한 위원회라고 주장했다. 뒤르켐은 자본주의 분업 발달이 국가를 탄생시켰다

---

15. 마이클 애플 외 지음, 김미숙 외 옮김(2004), 『문화정치학과 교육』. 우리교육, 59~60쪽.
16. 두산백과사전 http://terms.naver.com/entry.nhn?docId=1066662&cid=40942&categoryId=31647

고 보았다. 사회유기체론의 영향을 받았던 그는 국가를 다른 모든 활동을 통제하는 '뇌수腦髓'와 같은 것으로 간주했다. 마르크스와 뒤르켐 모두 자본주의 분업의 중요성을 인지했으나, 그것이 가져올 영향은 달리 예견했다. 뒤르켐은 분업의 발달은 국가의 발생을 가져오고, 이런 분업이 시민의 해방으로 이어질 것이라고 믿었다. 반면 마르크스는 분업이 소외를 가져올 것이라고 했다. 한편 막스 베버는 관료주의에 주목했다, 그는 국가, 교회, 군대, 정당, 회사 등 모든 영역에서의 근대적 발전은 관료제도와 함께 성장했음을 지적했다. 즉 그에게 근대국가는 관료의 국가인 것이다.[17]

국가와 학교와의 관계에 대한 통찰은 안토니오 그람시에 의해 보다 풍부해진다. 그람시는 파시즘과 투쟁하면서, 자본주의가 끈질긴 생명력을 가지고 있으며, 국가 또한 성격 변화가 이루어지고 있음을 간파했다. 그는 경제적인 공황이 곧 사회혁명을 가져오는 것은 아니며, 상부구조인 국가 또한 토대를 단순히 반영하는 존재가 아니라 적극적으로 토대를 규정할 수 있다는 점을 당시 발흥한 파시즘에 대한 분석을 통해 밝혀냈다. 즉, 국가의 지배는 시민사회의 각종 헤게모니 장치, 즉 교회, 학교, 언론 등을 통해 확장되었다는 점이다. 그람시는 경제적 토대와 입법 및 강제기구를 갖춘 국가 사이에는 '시민사회'가 존재하며, 나아가 자본주의의 국가가 교육자로 기능하면서 시민사회를 통해 대중들을 통합해 나갈 수 있음을 통찰했다.

그람시는 '국가가 교육적 압력을 통해서 관습이나 사고의 행동 방식, 도덕 등의 진화라는 형태로 그 객관적인 결과를 성취한다'고 지적했다.[18] 그는 학교를 지배계급의 헤게모니가 관철되는 기관 중 하나로 이해했다. 부르주아 국가는 변화했다. 즉, 더 이상 초기의 야경국가가 아니었다. 국가는 1차 세계대전 이후 정치 주체로 등장하기 시작한 국민 대중을 조직해야 했다.

---

17. 바디·비른봄 지음, 임영일·이성형 옮김(1985). 「고전적인 국가이론들」, 『국가란 무엇인가』. 까치, 16~44쪽.
18. 안토니오 그람시 지음, 이상훈 옮김(1986). 『옥중수고 1』. 거름, 255~256쪽.

또 다양한 사회조직의 영역에 대한 개입 등으로 근본적인 변화를 초래하게 된다.[19] 그람시의 핵심적인 문제의식은 자본주의 국가가 민중을 통제하기 위해서는 군대와 경찰과 같은 물리력만이 아니라, 학교나 언론 같은 것을 통해 마치 '강제가 다수의 동의에 기초하고 있는 것처럼 보이게 하거나 일 정한 동의를 획득함으로써 진정한 지배의 헤게모니가 완성된다'는 것이다.[20]

학교가 지배를 위한 수단으로 기능한다는 그람시의 관점은 루이 알튀 세르에 이르러서는 보다 정교하게 다듬어진다. 알튀세르는 자본주의가 어떻게 지속될 수 있는지, 즉 재생산에 주목했다. 그는 '생산과 동시에 생산 조건을 재생산하지 않는 사회구성체는 단 1년도 지속되지 못할 것이다'라 고 단언하면서 따라서 생산의 결정적 조건은 생산조건의 재생산이라고 주 장한다. 그는 '생산과정은 일정한 생산관계에서, 그리고 그 생산관계하에서 현재의 생산력을 실현한다고 말할 수 있으며, 결과적으로 모든 사회구성체 가 존재하기 위해서는, 또 생산이 가능케 되기 위해서는 생산과 동시에 생 산조건을 재생산해야 한다'고 주장한다. 즉, 모든 사회구성체는 생산력과 생산관계를 재생산해야 한다는 것이다. 특히 그는 노동력의 재생산에 대 해 관심을 기울였는데, 바로 여기서 자본주의 교육제도의 중요성이 강조된 다. 알튀세르는 '노동력의 재생산은 그 자격의 재생산만이 아니라, 동시에 세워진 질서의 규칙들에 대한 복종의 재생산을, 특히 지배적 이데올로기에 대한 복종이 재생산되어야 한다'고 보았다. 그리고 학교가 바로 그 역할을 한다는 것이다.[21]

그는 학교가 자본주의적 착취관계를 재생산하는 데 한몫을 한다고 주 장한다. 중세의 지배적인 이데올로기적 기구는 교회였지만 근대 이후에는

19. 앤 쇼우스탁 사쑨 지음, 최우길 옮김(1984). 「헤게모니, 진지전 및 정치적 개입」. 『그람시와 혁명 전략』. 녹두, 146쪽.
20. 안토니오 그람시, 앞의 책, 231~232쪽.
21. 루이 알튀세르 지음, 김동수 옮김(1991). 「이데올로기와 이데올로기적 국가장치」. 『아미엥에서의 주장』. 솔, 79~80쪽.

학교가 그것을 대신하고 있다고 단언한다. 즉, 학교는 아동들에게 그들이 계급사회 속에서 성취해야 할 역할에 알맞은 이데올로기를 제공하는 기구이다. 다시 말해, 개인들은 자본주의의 필요에 알맞은 주체로 형성된다는 것이다. 또한 학교에서는 아이들에게 '방법적 지식'을 가르치지만, 지배적인 이데올로기에 종속되는 것을 확고히 하는 방식으로 가르친다는 것이다.[22]

왜 이데올로기의 역할이 이처럼 중요한 것일까? 그것은 그람시가 말한 것처럼 물리적 폭력만으로는 지배를 완성할 수 없기 때문이다. 즉, 물리력뿐만 아니라 이데올로기 통제를 통해 기존 질서체계를 유지하는 것이 훨씬 효과적이다. 왜냐하면 이데올로기는 바로 계급 사이의 진정한 관계를 감춤으로써 지배와 종속의 관계를 은폐하는 역할을 수행하기 때문이다. 그 결과 사회관계는 조화로운 것으로 보이며, 계급지배적인 사회 전체의 구조를 정당화해 준다. 그것의 효과로 사람들은 자신의 현재 처지에 안주하며 자본주의를 유지하는 재생산에 스스로 동참하게 된다.

니코스 플란차스 또한 이데올로기의 정치적 기능에 대해서 중요한 언급을 했다. 그는 '자본주의 이데올로기는 분열된 현실을 관념적으로 통일하는 것, 즉 개인을 국민공동체에 대해 자유로우며 평등한 자격으로 협력하는 존재로, 그리하여 시민사회를 분자화하고 사인화私人化한다'고 지적했다.[23] 이는 대중의 탈정치화와 연결되는데, 그 결과 국민들은 정치에 무관심한 사적 이익에 몰두하는 개인으로 분자화된다.

학교가 지배자들의 이데올로기를 주입하는 공간으로 기능한다는 것은 한국 사회도 예외는 아니다. 필자의 경우만 해도 초, 중, 고 학창 시절 내내 학교를 통해 반공이데올로기 교육을 주입받아야 했으며, 지금은 대국민 사기극으로 밝혀진 '금강산 댐' 모금[24]에 교사들이 나서야 할 정도였다. 그런

22. 마단 사럽 지음, 이혜영 외 옮김(1987). 『마르크스주의와 교육이론』. 한길사, 176쪽.
23. 니코스 플란차스 지음, 박성진 옮김(1996). 『자본의 국가』. 백의, 69~70쪽.
24. 서울경제(2017. 2. 17). 「안보팔이 대국민 사기극… 평화의 댐」.

데 문제는 학교가 단지 이데올로기적 국가장치로만 기능하는 것이 아니라는 점이다. 이를 다음 절에서부터 살펴보자.

5. 학교와 선발, 계층이동

1960년 4·19혁명은 미완의 혁명으로 그쳤다. 그리고 5·16 군사 쿠데타가 일어났다. 그 주범은 바로 박근혜의 아버지 박정희, 즉 다카키 마사오라는 자였다. 온갖 패악을 일삼던 그는 1979년 술을 먹다가 부하에게 총을 맞아 죽었다. 독재자의 죽음을 기뻐하는 것도 잠시 이번에는 전두환, 노태우라는 희대의 살인마들이 다시 광주시민들을 도륙하면서 권력을 찬탈했다. 1987년 민중항쟁으로 겨우 대통령 직선제를 쟁취했으나, 결과는 노태우가 대통령이 되었으며 그는 1993년까지 집권했다.

이처럼 한국에서 민주주의에 반하는 군부독재정부가 수십 년간 지속될 수 있던 이유는 무엇일까? 여기에는 이승만 정권이 친일부역세력을 청산하지 않은 것, 한국전쟁을 계기로 이승만의 민간인 학살, 박정희, 전두환의 폭압통치로 인한 깊은 역사적·사회적 트라우마가 형성된 것, 여기에 반공이데올로기로 정상적이고 합리적인 토론 자체가 불가능한 정치지형 등이 복잡하게 작동한다. 여기서 우리는 앞서 그람시가 말한 지배의 헤게모니는 단지 폭력을 통해서만 획득되지 않고, 지배받는 자들의 동의를 얻어야 가능하다는 점을 상기할 필요가 있다.

즉, 독재세력은 폭력만으로 지배한 것이 아니다. 그들은 대중들의 계층 상승, 신분상승의 욕망을 부추겼다. 그리고 '개천에서 용 난다'는 다시 말해 '누구나 열심히 공부하면 성공할 수 있다'는 신화를 만들어 냈고, 그를 통해 지배에 대한 동의를 획득할 수 있었다. 그 전제는 학교는 합리적이고 보편적인 선발기구라는 것이다. 이는 이른바 학교에 대한 기능주의적 견해라고 할 수 있다.

기능주의 이론에 따르면 교육의 기능은 사회화에 있다. 예를 들어 뒤르켐 같은 경우 사회 분화에 따라 다양한 직업교육이 불가피하나, 동시에 사회 전체의 동질성을 위한 보편교육이 필요하다는 견해를 폈다. 뒤르켐의 기능주의를 발전시킨 것은 탈콧 파슨스인데, 그는 사회화와 더불어 선발을 학교의 기능으로 파악했다. 그는 산업사회가 효율적으로 운영되려면 개개인의 능력과 소질을 정확하게 파악하여 적절하게 배치해야 하는데, 학교가 그러한 역할을 한다고 주장했다. 즉 교육기회가 공정하면 성취수준에 따라 학력수준이 달라지고, 학력수준에 따라 사회적 지위의 수준이 달라지니 공정하다는 것이다.[25] 다시 말하면 개인의 노력 여하에 따라 학교 성적과 학력이 정해지고, 그 결과 사회적 위치를 점할 수 있다는 것이다.

군부독재세력은 이를 적절히 활용했다. 박정희 정권은 중학교 입학제도를 학교관리제에서 국가시험제 공동출제제로 바꾸었다. 그리고 1971년 학군제의 설치와 추첨에 의한 무시험 입학제로 바꾸었다. 이를 통해 종래의 과도한 중학교 입시경쟁과 그로 인한 과외수업의 폐단을 줄이고 중학교 과정까지 의무교육을 할 수 있는 계기를 마련했다. 고등학교 입학시험의 경우 연합고사를 실시한 후 추첨제에 의해 배정되는 방법을 택했다. 전두환 정권의 경우 1980년 '7·30 교육개혁 조치'를 통해 과외에 대한 엄격한 금지와 함께 대학의 본고사를 폐지하고 내신제와 대학입학 학력고사를 도입했다. 이는 당시 과외수업을 위한 사교육비 총액이 국가 문교 예산의 30%에 이르렀던 상황이었기에 공권력의 강제를 통해서라도 비정상적인 과외문제를 해결함으로써 국민의 공감을 사서 정권의 지지를 얻고자 한 것이다.[26]

그렇다면 교육을 통한 계층상승, 즉 계급이동의 효과는 있었을까? 계급이동은 분명 있었다. 한국은 일제로부터의 해방 이후, 자본주의적 사회체

25. 김신일(1985). 『교육사회학』. 교육과학사, 57~64쪽.
26. 강만길(1994). 『고쳐 쓴 한국현대사』. 창작과비평사, 361~364쪽.

제 개편, 이른바 산업화가 매우 급격하게 이루어졌다. 영국 등 자본주의 국가가 그러했듯 한국의 경우에도 농촌의 인구가 도시로 이동했다. 즉, 농촌 부문에 광범위하게 존재했던 농촌의 프티부르주아(소농)가 급격하게 해체되면서 일부는 도시의 프티부르주아(자영업, 관리자 등)나 산업노동자가 된 것이다. 대체로 농촌 프티부르주아 출신의 약 15% 정도가 도시의 프티부르주아지로 이동한 것으로 확인된다.[27]

당시 대학을 두고 상아탑이 아니라 우골탑, 즉 소뼈로 만들어진 탑이라고 부른 현상이 이를 보여 준다. 소농들은 자식이 대학을 갈 경우, 소를 팔고 그도 안 되면 논과 밭을 팔아서라도 등록금을 마련해야 했던 것이다. 그렇게 대학을 졸업한 사람들은 도시의 중산층으로 편입될 수 있었고, 극소수는 중소기업의 사장이 되거나, 대기업의 임원, 고위 공무원, 판사, 검사, 의사, 변호사, 교수 등 사회의 특권층으로 신분이동을 하기도 했다. 비록 소농 출신의 15% 정도만 도시 중산층이 될 수 있었음에도 그 이데올로기적인 효과는 매우 컸으며, 매스미디어를 통해 끊임없이 변주되고 재생산되면서 교육은 '계층상승의 사다리'라는 신화가 만들어졌다. 그런데 이는 학교 자체의 기능이 만든 결과가 아니며, 자본주의 발전의 산물이었다.

흔히 1960년대의 근대화를 두고 박정희의 공과로 추어올리는 경우가 있는데, 이는 자본주의는 일국적인 것이 아니라 전 지구적인 현상이며 자본주의 중심 국가의 이해관계가 주변부 국가가 탈식민지화되었음에도 지속적으로 관철되어 왔음을 보지 못한 결과라 하지 않을 수 없다.

1959년 쿠바혁명과 베트남전쟁, 1960년 한국의 4·19혁명 등 제3세계의 변화에 대한 미국의 전략은 이른바 '경제근대화론'으로 표현된다. 당시 로스토우라는 학자를 중심으로 전개된 이 이론은 모든 사회는 '전통사회→과도사회→도약과정의 사회→공업화한 성숙사회→고도의 대량 소비사

27. 신광영(1994). 「세대 간 계급이동」. 『경제와 사회』 23호. 한울, 87쪽.

회'로 발전하는데, '한국과 같은 도약과정에 있는 사회가 근대화되려면 국가가 지도력을 발휘해야 하므로 가장 잘 조직된 군부가 큰 역할을 해야 한다'고 주장했다. 그에 따라 제3국에 돈을 빌려 주는 차관정책이 본격화되었으며, 동아시아 지역의 경우 미국의 군사 경제적 부담을 줄이기 위한 방식으로 일본을 하위동맹자로 삼았다. 이는 일본의 이해와도 맞았는데, 당시 일본 자본은 한국전쟁을 통한 경기특수를 누리면서 1960년대에 이르면 과잉 축적된 자본을 수출해야 할 필요를 가졌다.[28] 즉, 1960년대 이른바 한강의 기적의 배후에는 외국 자본 도입이라는 형을 가졌지만, 그 이면에는 국제적인 자본 이동의 필요성과 미국, 일본 등의 정치 군사적 이해관계가 함께 맞물려 작동했던 것이다.

한국 자본주의의 발전과정은 다른 자본주의 국가가 그런 것처럼 산업구조를 바꾸었고, 그에 따라 노동시장의 변화를 가져왔다. 사실 1948~1960년의 기간 동안 원조경제 체제에서는 이렇다 할 경제성장을 이루지 못했으며 경공업 중심의 산업구조였다. 그러다가 1961~1979년 사이에 급속한 중화학공업화가 이루어지는데, 1970년대 후반에 이르면 제조업 영역에서 숙련기술공의 부족 현상이 나타난다. 이에 국가는 중등교육과정에 대한 개입, 즉 직업훈련학교와 기술학교를 통해 노동력의 수요를 충족시키고자 했다. 이것으로도 부족하자, 대기업들은 중소기업과 하청관계를 형성하여 노동력 부족 현상에 대처했다.[29]

중화학공업화는 곧 대량생산 시스템이 확립되었음을 의미하는 것이고, 거대 기업의 등장은 그에 따른 사무전문직 노동자의 증가로 이어졌다. 그리고 국제적 분업구조가 바뀌면서 중화학공업도 쇠퇴하자 생산직의 비중은 1980년대를 정점으로 감소하기 시작했고, 이에 비해 사무전문직은 꾸준히 증가했다. 예를 들어 1966년도에 전체 임금노동자 중 화이트칼라의

---

28. 역사학연구소(2004). 『함께 보는 한국 근현대사』. 서해문집, 355~357쪽.
29. 송호근(1991). 『한국의 노동정치와 시장』. 나남, 113쪽.

비중은 26.4%였는데, 2000년대에 이르면 54.7%에 달한다.[30]

1980년대 이후 사무전문직은 거의 대부분 대학교육의 확대를 통해 유입되었다. 그렇다면 이러한 고등교육의 기회가 모든 사람들에게 주어졌을까? 그리하여 교육 불평등은 사라졌을까?

6. 학교와 불평등

앞에서 살펴본 것처럼 조선왕조의 붕괴로 전통적인 신분구조가 해체된 후 1970년대까지, 즉 급속한 산업화 시기까지는 교육 수준에 따른 사회계층이동이 어느 정도는 가능했고, 상당 정도 개인의 능력이 역할을 했다. 그러나 그 이후 세대부터는 부모의 사회경제적 지위가 더욱 크게 작동하면서 그 결과 학교교육이 계층구조를 고착시키고 있음이 확인되고 있다.

산업화 초기에 중산층 이상의 사회경제적 지위를 차지한 사람들은 자녀들에게 노동자계급이나 빈민층과는 완전히 다른 교육환경을 제공할 수 있게 되었다. 그 결과 중산층의 자녀들은 노동계급의 자녀에 비해 경제적으로 문화적으로 유리한 조건에서 교육을 받을 수 있었고, 높은 교육적 성취도를 얻어, 다시 부모 세대의 계급적 지위를 차지할 수 있었다. 아버지의 학력이 높을수록 자녀에게 높은 학력을 기대하며, 실제로 그에 비례하여 높은 사교육비 지출을 하고 있다.[31]

교육이 계층구조를 고착화시키는 것은 대학서열체제와 연동된다. 예를 들어 노동자의 직종으로 분류되는 1차 산업 종사자와 기능 종사자 및 운전원, 단순노무직 등의 경우 자녀들의 대학 수준이 중위권과 중하위권에 집중된다. 반면 고급 직종으로 알려진 관리직과 전문직의 경우 자녀들은

30. 경상대학교 사회과학연구원(2006). 『한국 노동계급의 형성』. 한울아카데미, 102쪽.
31. 김영화(2002). 「교육 평등과 불평등」. 『교육비평』 7호. 교육비평, 87쪽.

최상위권과 중상위권 대학에 진학하는 비율이 높다. 또한 학력이 높은 전문직, 준전문직, 사무직, 판매직 종사자들은 자녀를 서울지역의 대학으로, 고졸이하의 학력을 지닌 부모는 지방 광역시와 지방 중소도시에 소재한 대학에 자녀를 보내고 있다. 이는 부모의 경제적 능력을 반영하는 것이기도 하지만, 계급이동이 과거처럼 한 번에 여러 단계를 건널 수 없는 상황임을 보여 주는 것이다.[32]

게다가 최근에는 고등학교까지 서열화되어 학교를 통한 계층 고착화가 더욱 심화되고 있다. 김영삼 정부는 1995년 '5·31 교육개혁안'을 제출하면서 '고등학교 유형의 다양화 특성화' 정책을 펼치기 시작했다. 그 결과 기존의 일반계고 외에 외고, 과고와 같은 특수목적고와 특성화고, 자립형사립고 등이 등장했고, 이명박 정부는 2010년에 자율형사립고와 자율형공립고까지 추가했다. 그 결과 현재의 고등학교는 특목고-자사고-일반고 순으로 서열화되었다. 그리고 이들 특목고와 자사고는 대체로 일정한 능력 이상의 사교육비 지불능력을 가진 중산층 이상의 자녀들이 진학을 하며, 이들 학교 졸업생들 대부분은 대학서열 상위권이나 중상위권 대학에 진학을 하고 있다.

실제로 서울특별시교육청 교육연구정보원이 2010년부터 2015년까지 6년간 추적한 종단연구에 따르면, 특목고와 자사고에 진학한 학생은 일반고에 진학한 학생보다 더 많은 사교육비를 지출하고 있었다. 이는 특목고, 자사고 설립의 명분인 '다양한 유형의 학교 설립을 통해 학교 간 경쟁을 강화시키면 학부모의 사교육비가 줄 것'이라는 정부 정책이 오히려 '가장 높은 사교육비를 지출하는 고교 유형'을 만든 것이다.[33] 다시 말해, 이들 학교는 높은 사교육비를 지불할 수 있는 특권층을 위한 학교라는 것이다.

---

32. 이종래(2004). 「대학서열체제와 대학교육: 서열화와 황폐화」, 경상대학교 사회과학연구원 엮음. 『대학서열체제연구: 진단과 대안』. 한울아카데미, 150~252쪽.
33. 신혜진(2017). 「고교 유형에 따른 서울시 학부모의 사교육비 지출의 종단적 분석」, 서울특별시 교육청교육연구정보원. 『서울교육 종단연구 학술대회 3회 논문집』, 40쪽.

계급의 재생산 혹은 계층적 지위의 재생산과 관련하여 우리는 문화적 자본의 중요성을 간과할 수 없다. 피에르 부르디외의 주장이 그것이다. 그는 문화에 대한 지출 수준이 계급적 지위, 즉 경제적 지위에 따라 차이가 있다는 것을 밝혀냈다. 예를 들어 '형식적으로는 누구에게나 접근성이 보장되는 박물관 같은 공간도 농민이나 노동자, 상인들보다는 고학력자를 기반으로 한 직업을 갖는 사무직이나 전문직들이 더 많이 관람한다'는 것이다. 그는 '문화적·교육적 전수 메커니즘이 경제적인 자본이나 가문의 명성 또는 사회적 자본의 상속에 의한 전수와 같은 전통적인 메커니즘을 강화하거나 계승하고 있으며, 이들은 문화자본을 통해 최고의 학벌을 얻기 위한 투자를 한다'고 분석했다.[34]

다시 말해, 어떤 학생의 학업성취도는 이전의 교육과정, 출신 계급, 성별에 따라 결정된 것이거나 그것들이 한데 결합해서 빚어낸 효과라는 것이다. 그는 언어조차도 언어자본으로 표현한다. 그에 따르면 '언어는 단순히 의사소통 수단에 그치지 않고 복잡한 구조를 판독하고 조정하는 능력으로 이어지는데, 이는 가족을 통해 물려받는 언어의 복잡성에 따라 결정된다. 따라서 공식적인 학교언어에서 멀리 떨어진 계급으로 갈수록 불리해진다'는 것이다.[35]

부르디외에게 학교는 문화자본의 불평등한 분배와 교육체계의 서열화를 정당화함으로써 사회적 차이, 사회적 위치의 위계화를 사회 구성원들이 자연스러운 것으로 인정하게 하는 제도이다. 학교에서 행해지는 시험, 학위는 중세 귀족의 서품처럼 사회적 능력을 정당화하는 마술과 같은 효과를 갖는데, 이처럼 학교를 통해 획득한 교육자본을 세습화하면서 이른바 중세 귀족과 같은 '세습적 학교귀족'을 만들고, 이들이 다시 '국가귀족'이 된다

34. 피에르 부르디외(1984). 「문화적 재생산과 사회적 재생산」. 이규환·강순원 편. 『자본주의사회의 교육』. 창작과비평사, 113쪽.
35. 피에르 부르디외·장 클로드 파세롱 지음, 이상호 옮김(2000). 『재생산』. 동문선, 199쪽.

는 것이다.[36]

부르디외의 논의는 수많은 실증적 연구를 통해 반복적으로 확인되고 있다. 청소년들의 문화 경험과 문화활동에 대한 조사에서 부모 세대의 문화활동이 자녀 세대에게 영향을 미치고, 이를 통해 부모의 문화자본이 자녀에게 전이되고 있음이 확인된다. 즉 청소년 세대의 문화적 취향은 그냥 형성되는 것이 아니고, 부모 세대의 취향이 상당 부분 반영되었다.[37] 문화자본은 학업성취에도 영향을 미치는 것으로 나타났다. 서울의 한 일반계 고등학교 2학년을 대상으로 한 연구에서는 부모와 자녀의 문화생활, 대중매체 이용 등을 비교분석했는데, 여기에 부모의 학력, 직업, 월소득, 주택 소유 형태 등을 종합한 결과 부모의 직업이 전문직일수록, 학력이 높을수록, 주택 소유가 자가일수록 학생의 학업성취도가 높았고, 부모와 함께한 문화 경험이 많은 경우 학업성취도가 높았다. 즉 문화자본을 많이 소유한 학생이 학습태도나 학업성취도에서 좋은 결과를 보였다.[38]

그렇다면 학교는 자본을 위한 노동력을 제공하는 공간, 지배자들의 이데올로기를 주입받는 공간, 문화자본의 차이를 합리화하고 사회적 불평등을 재생산하는 공간에 불과하므로, 아예 학교교육을 부정해야 하는 것일까? 학교교육을 바꿀 수 있는 방법은 도저히 없는 것일까?

7. 교육은 세상을 바꿀 수 있을까?

학교가 알튀세르의 주장처럼 지배계급의 이데올로기적 국가장치로만 기

---

36. 현택수(1998). 「아비튀스와 상징폭력의 사회비판이론」. 『문화와 권력』. 나남출판, 114~115쪽.
37. 김경석(2008). 「세대 간 문화자본 전이에 관한 연구」. 고려대학교 사회학과 석사학위논문, 66쪽.
38. 김현아(2010). 「부모의 문화자본과 청소년의 문화자본이 학업성취에 미치는 영향」. 이화여자대학교 교육학 석사학위논문, 60쪽.

능한다면, 혹은 부르디외의 논의처럼 문화자본을 가진 자들이 학력을 통해서 부를 대물림하는 현재의 상황을 그대로 방치하는 한 교육의 미래는 물론이고 사회 전체의 미래 또한 어두울 수밖에 없다. 그런데 지금처럼 교육이 계층을 고착화하고 불평등을 재생산하는 기제가 된 것은 불가항력적인 그 무엇이 아니다. 왜냐하면 학교는 단지 이데올로기적 국가장치로만 기능하는 것이 아니라 그 자체로 지배계급과 피지배급계의 이해가 충돌하는 시공간이기 때문이다.

알튀세르는 이데올로기적 국가장치들은 위에서 그리고 동시에 그 속에서 헤게모니를 행사하기도 하지만, 그 장치들 자체가 서로 다른 계급들이 투쟁하는 장소임을 분명히 했다. 그는 '이데올로기적 국가장치를 통해 이전의 지배계급이 오랫동안 그 강한 지위를 유지할 수 있을 뿐만 아니라, 그 속에서 착취받는 계급의 저항이 일어나고, 그 속에 존재하는 모순들을 이용하거나 그 속에서 진지를 장악함으로써 자신을 표현시킬 방도와 기회를 발견할 수 있다'고 했다.[39]

이데올로기적 국가장치가 어느 일방의 것으로만 작동하지 않으며 제 세력들이 끊임없이 쟁투하는 공간임은 이명박과 박근혜의 방송 장악 공작과 그리고 이들과 싸운 방송사 노동자들의 파업과 이 파업에 대한 국민적 지지로도 확인된다.[40]

학교 또한 마찬가지다. 국가권력을 장악한 자들은 끊임없이 학교를 통해 지배 이데올로기를 주입하려고 하고, 입시경쟁을 통해 경쟁을 내면화하려 하고, 잠재적 교육과정을 통해 지배-피지배 관계를 재생산하려 하지만, 그에 대한 저항 또한 결코 만만치 않다. 한국의 경우 그것은 전국교직원노동조합과 같은 교사들의 운동, 평등교육실현을 위한 전국학부모회와 같은 학

---

39. 루이 알튀세르, 앞의 책, 92~93쪽.
40. 오마이뉴스(2017. 9. 22). 「"망가진 언론의 피해자는 누구?" KBS·MBC 노조만의 파업이 아닌 이유」.

부모운동, 또는 한국교육연구네트워크와 같은 연구단체, 흥사단교육운동본부, 교육희망네트워크, 사교육걱정없는세상 등 다양한 시민단체들의 활동으로 나타나고 있다. 대학의 경우에도 교수노조, 비정규교수노조, 민주화를위한교수협의회, 학술단체협의회, 대학교육연구소 등과 같은 단체들이 지속적으로 활동을 하고 있다.

뿐만 아니라 교사, 교육학자, 교육단체 활동가들은 국가교육을 근본적으로 전환하고 재편할 수 있는 대안을 지속적으로 제출했다. 특히 2012년 '교육혁명공동행동'이라는 연대체가 산하에 연구위원회를 구성하고, 『대한민국 교육혁명』이라는 책을 출간했다. 필자인 나도 그 책의 공동저자로 참여했는데, 당시 제안된 내용들은 사회적으로 공감대를 조금씩 확장했고, 2017년 4월 '새로운 교육체제 수립을 위한 사회적교육위원회'를 결성하는 기초가 된다.

사회적교육위원회의 주요 제안은 다음과 같다. 우선 한국 교육의 근본적인 문제 중 하나인 입시경쟁 교육을 해소하기 위해 '대학입학자격고사' 도입을 제안했다. 이는 수능과 내신의 평가 방식을 모두 절대평가로 전환하는 것이다. 이와 함께 암기식 교육을 탈피하고자 수능에서 논·서술형 문제를 단계적으로 확대할 것을 제안했다. 다음, '대학통합네트워크'를 구성해 대학서열화를 해소해야 한다고 제시했다. 거점 국립대를 하나로 묶어 '국공립대 통합네트워크'를 구성하고 정부 재정 지원을 받는 '공영형 사립대학'을 지정하여, 이 대학들은 학생을 공동 선발하고 교육 인프라를 공유하며 학위취득 창구를 일원화하는 것이다. 한편, '국가교육위원회' 설치를 통해 교육개혁의 중장기적인 전망을 소수의 관료들의 손에서 벗어나 거버넌스를 통해 만들어 나갈 것을 제안했다. 그 외에도 유·초·중등 분야 교육정책 수립과 결정은 시·도교육감에게 권한을 대폭 이양하고, 학교의 자율성을 확대할 것, 교육재정 정부 부담 GDP 5~6% 확보, 고교 무상교육, 대학 총장 직선제, 특목고·자사고 일반고 전환, 학급·교원당 학생 수 감축 등의 개혁안을 제출했다.[41] 사회적교육위원회의 제안은 문재인 대통령 후보의 공약으로도 반영되었다. 만일, 문재인 정부가 교육개혁을 본격적으로 진행하고 기초자치단체들이 교육에 대한 지역사회의 책무성을 확장할 경우 한국교육의 변화는 이전과는 다른 양상과 속도로 진행될 가능성이 적지 않다.

8. 교육은 세상을 바꿀 수 있다

1) 고교서열체제 해소, 입시폐지와 대학평준화

먼저, 사회적교육위원회의 제안처럼 자사고·특목고 폐지로 고교서열체제가 해소되고, 수능이 절대평가로 변경되고 중장기적으로 대합입학시험이 자격고사화로 전환된다면, 그리고 대학통합네트워크가 추진되어 대학이 평준화된다면 어떤 변화가 일어날까?

무엇보다 학생들의 입시경쟁에 대한 부담이 상당 부분 줄어들 것이다. 당연히 OECD 최고의 청소년 자살율도 줄어들 수 있을 것이다. 또한 주어진 문제, 주어진 정답을 주어진 시간에 찾는 문제풀이 기계를 선발하는 소모적인 경쟁이 사라짐으로써 학교교육의 정상화가 시작될 수 있을 것이다. 학생들을 교과 성적으로 줄 세우는 야만적인 행태가 줄어들기 시작할 것이며, 미래 사회가 요구하는 창의력, 비판적 사고, 협력적 문제해결 능력을 기를 수 있는 교육과정을 운영할 수 있는 여지가 생길 것이다. 그리고 이런 실험은 이미 혁신학교, 혁신교육지구, 마을교육공동체 등을 통해서 확산되고 있다.

학부모의 사교육비 부담도 줄어들 것이다. 대학서열체제는 온 국민을 불안증에 시달리게 한다. 학벌의 폐해를 온 삶으로 느낀 부모들은 자녀

---

41. 뉴스 1(2017. 4. 5). 「"교육개혁 과제 구체화"… 시민단체 '사회적교육위' 결성」.

가 입시경쟁에서 살아남아야 한다는 강박으로 조금만 경제적 여유가 생겨도 어린 시절부터 사교육에 매달리게 된다. 그 결과 만 5세 아동 10명 중 8명, 만 2세 아동 10명 중 3명 이상이 사교육을 받는 것으로 나타났다. 또, 유치원생 3명 중 1명은 만 3세부터 영어를 배우기 시작하는 현상이 나타난다.[42]

사교육비가 그동안 줄어들지 않고 늘어난 원인 중 하나는 고교서열화가 더욱 심화되었기 때문이다. 중학생들이 특목고, 자사고에 들어가기 위해 입시학원에 다니게 되면서 학부모의 부담이 더 늘어난 것이다. 최근만 하더라도 고교입시를 위한 사교육비 참여율은 2013년 49.2%에서 2014년 49.5%, 2015년 50.2%로 늘었고, 2016년 52.4%까지 증가했다.[43]

사교육비가 줄면 그만큼 가계 부담이 줄어들어 살림살이가 나아지게 만들 수 있다. 부모들은 그 돈으로 노후를 준비할 수도 있고, 학원에 보내는 대신 여행이나 봉사활동 등 다양한 체험활동을 통해 아이들의 삶의 질을 높일 수 있다. 한 해 사교육비 시장의 규모는 공식적으로는 18조 원이 넘으며,[44] 통계로 잡히지 않는 사교육 시장도 9조 원을 넘는 것으로 추산된다.[45] 국가 예산이 1년에 약 400조 원임을 감안하고 또 2018년 교육부 예산이 약 68조 원 정도임을 고려한다면, 이는 망국적인 낭비가 아닐 수 없다. 이런 사교육비 부담만 없어도 평범한 서민들의 삶은 얼마든지 개선될 수 있을 것이다.

사실 입시제도 개선은 정부의 강력한 의지만 있으면 얼마든지 가능하다. 비록 독재정권이 한 것이지만 우리는 이미 중학교 입시폐지, 고등학교 평준화, 대학 본고사 폐지 등의 경험이 있지 않은가? 상황도 그리 나쁘지 않다.

---

42. 조선에듀(2017. 9. 20). 「"생후 22개월부터 영어·과학 배워요" 사교육에 지치는 아이들」.
43. 경향(2017. 3. 16). 「고교 사교육비만 3,200억 증가, "교육부 설명 좀 해 보세요!"」.
44. 미래한국(2017. 8. 16). 「[시장분석] 교육산업 시장의 특성과 성장」.
45. 헤럴드경제(2016. 9. 25). 「사교육비 줄여 주겠다더니… 시장은 "지하 사교육 시장 규모 연 9조원"」.

고교입시를 만든 자사고·특목고 폐지에 대해 다수의 학부모들이 찬성하고 있기 때문이다. 2017년 기준으로 초등학생 부모의 2/3가 폐지에 찬성하는 것으로 확인되고 있다.[46] 물론 수능을 절대평가로 전환하고 대입자격고사화로 전환하는 데까지는 일정한 시간이 요구될 것이다. 왜냐하면 적지 않은 학부모들은 산업화 세대가 경험했던 계층상승의 신화에 갇혀 있거나 혹은 자신들이 누리고 있는 계층적 지위를 유지 확산할 수 있을 것이라는 욕망에 사로잡혀 있기 때문이다. 그럼에도 불구하고 지금과 같은 입시경쟁 교육과 대학서열체제가 옳다고 적극적으로 옹호할 사람은 그리 많지 않다.

대학서열체제 해소도 결코 불가능한 것이 아니다. 서구유럽, 북구유럽의 나라들은 대부분 대학이 국공립이며, 대학들이 평준화되어 있다. 대학이 평준화되면 하향평준화될 것이라고 억지를 부리는 사람들이 있는데, 과연 유럽의 대학 수준이 한국의 대학보다 낮은가? 그들 나라 국민들이 한국인들보다 불행하다고 답하던가? 언제까지 학벌체제로 기득권을 얻은 소수의 이익을 위해 다수의 사람들이 무한경쟁과 교육비 부담으로 고통받는 이 야만의 상태를 견뎌야 하는가?

대학평준화가 실효성을 가지려면 학력 간 임금격차를 줄이고 종국에는 없애야 한다. 한국경제연구원이 한국과 유럽(24개국) 노동자의 임금격차를 분석한 결과 임금격차가 4.04배로 다른 유럽 국가들에 비해 임금격차가 가장 컸다.[47] 한국이 유독 대학진학률이 높은 것도 사실 학력에 따른 임금격차 때문이다. 통계청·여성가족부가 발표한 '2017 청소년 통계'에 따르면 상용근로자 5인 이상 사업체의 2015년 20대 정액 및 초과급여(6월 기준)는 전체적으로 모두 전년보다 올랐으나 고졸만 유일하게 감소한 것으로 나타

46. MBN 뉴스(2017. 7. 17). 「초등학생 학부모 3명 中 2명 "특목고 폐지 찬성… 교육 불평등 해소·사교육비 감소"」.
47. 뉴시스(2017. 7. 4). 「韓 근속기간·학력별 임금격차, 유럽보다 높아」.

났다.[48]

고졸자와 대졸자의 임금격차만 문제가 아니다. 대학서열체제는 대졸자 간에도 격차를 만들어 낸다. 고용노동부 산하 한국고용정보원이 2017년 발표한 '지방대학 졸업생의 수도권 이동과 노동시장 성과' 보고서에 따르면 수도권 대학 출신과 비수도권 대학 출신 간의 임금격차는 상당했다. 임금 격차는 '비수도권에서 일하는 수도권 대학 출신'과 '비수도권에 취업한 비수도권 대학 졸업생' 사이에 가장 컸다. 이들은 평균 월급이 45만 6,000원이나 차이 났다. 지방 대학 출신들의 일자리는 수도권 대학 졸업생에 비해 질적으로도 떨어졌다. 300인 이상 대규모 사업체 취업자 비율은 수도권 대학 졸업생이 26.6%로 비수도권 대학 졸업생의 21.0%에 비해 5.6%나 높았다. 월평균 근로시간 또한 수도권 대학 졸업생은 43.9시간이었으나 비수도권 대학 졸업생은 45.4시간으로 1.5시간 더 일하고 있었다.[49]

대학 간 임금격차 해소는 결코 불가능한 것이 아니다. 선발을 할 때 출신 학교를 블라인드 처리하면 된다. 실제로 이러한 경향은 조금씩 확대되고 있다. 대학 입시 성적이 좋다고 해서, 그 결과 서열체제 상위권 대학을 졸업했다고 해서 반드시 직무수행능력이 우수한 것이 아니라는 인식이 기업에도 확장되고 있기 때문이다.[50]

상식을 가진 사람이라면 동일노동에 대한 동일임금의 원칙이 적용되어야 한다고 말할 것이다. 때문에 성 차이로, 인종 차이로 임금차별이 없어야 한다고 말할 것이다. 마찬가지다. 대학평준화가 가져올 학력 간 임금격차 해소는 우리 사회의 평등과 정의를 확대하는 데 분명한 역할을 할 것이다. 이렇게 교육의 변화는 사회의 변화를 가져올 수 있다.

48. 브릿지경제(2017. 4. 19). 「고졸-대졸 임금격차 되레 확대… 고졸 임금 하락에 특성화고 정책 무용론」.
49. 매일신문(2017. 9. 19). 「지방대 출신 일자리 어디 가나 열악」.
50. 머니투데이(2017. 9. 25). 「블라인드 채용, 학점·토익보다 직무경험 더 본다」.

다음 교육재정 확충, 고교 무상화, 학급 교원당 학생 수 감축 등이 이루어지면 세상은 어떻게 바뀔까?

교육재정 확충은 공교육의 질을 높일 수 있다. 한국은 OECD 국가 가운데 교육비용의 민간 부담이 크다. 즉, 그동안 국가가 교육에 대한 책무성을 소홀히 했던 것이다. 우리는 교육재정 확대를 통해서, 국민의 교육받을 권리를 실질화해야 한다.

현재 중학교에서 고등학교로 진학하는 비율은 무려 99.7%이다. 고등학교 졸업자의 고등교육기관 진학률은 2005년 82.1%였으며, 2016년에는 69.8%로 나타났다.[51] 고등학교 진학은 더 이상 선택이 아니다. 99.7%가 진학하는데 그 비용을 개인이 부담한다는 것은 국가의 책임 방기이다. 대학교육의 경우에도 비록 고등학교 진학률에 못 미치지만 고등학생의 70~80%가 진학하는 보편적인 대중교육이 되었다면, 이에 대해 국가가 책임을 지는 것은 너무도 당연하다. 그동안 역대 정권은 반값 대학등록금을 공약으로 내세웠으나 결국 대국민 사기극으로 끝나고 말았다. 최근 문재인 정부도 대학입학금의 단계적 폐지를 추진하고 있다.[52] 우리는 이에 만족해서는 안 된다. 이를 시작으로 대학 등록금 무상화로 나아갈 필요가 있다. 이는 결코 불가능한 일이 아니다. 과거에 대학에서 육성회비를 걷었다가 학생들과 시민사회의 문제제기로 사라졌고, 이제 입학금도 그런 상황에 처해 있다. 대학등록금도 마찬가지다. 대학까지 무상교육으로 실현되어야 헌법 31조의 모든 사람은 누구나 교육받을 수 있다는 권리가 보장되는 것이다.

여기서 주의해야 할 것이 있는데 그것은 국민들이 내는 세금이 엉뚱한 곳으로 흘러가는 것을 원천적으로 차단해야 한다는 것이다. 대표적인 것이

---

51. 통계청(2017. 3. 22). 「2016 한국의 사회지표」, 9쪽.
52. 중앙일보(2017. 9. 4). 「사립대 입학금 인하·폐지 논의 본격화」.

사립유치원 문제이다. 박근혜 정권은 국민들의 비판에도 국공립 유치원을 늘리는 대신 사립유치원에 돈을 퍼붓는 방식을 택했다. 그 결과 사립유치원들은 학부모로부터 학비는 물론, 정부로부터도 예산을 지원받는다. 누리과정 지원금만 원아 1명당 29만 원이다. 2015년부터 2017년 7월 말까지 80개 유치원을 감사한 결과를 보면, 62개원에서 부당한 회계 집행이 적발됐고, 나머지 18개원을 상대로는 수사가 진행됐다. 조사 대상 전체에서 비리가 발견된 것이다.[53] 즉, 교육재정 확충만큼 중요한 것은 그 재정의 투명한 집행이 가능한 구조를 확보하는 것이다.

한편, 교원 및 학급당 학생 수를 줄이면 교육의 질은 높아질 것이다. 「OECD 교육지표 2017」을 보면 한국의 교사 1인당 학생 수는 2015년 기준으로 초등학교 16.8명, 중학교 15.7명, 고등학교 14.1명이다. OECD 평균인 초등학교 15.2명, 중학교 13.0명, 고등학교 13.1명에 견주면 각각 1.5명, 2.7명, 1.0명 많은 숫자이다.[54] 교사 1명이 감당해야 하는 학생 수가 많을수록 교육과정 운영이나 생활지도에 어려움이 많은 것은 자명한 사실이다. 혁신학교의 태동 과정을 살펴보면 과밀 학교, 큰 학교가 아닌, 소규모 학급, 소규모 학교의 학교 살리기 운동에서 출발했음을 알 수 있다. 그 만큼 학급당 학생 수는 교육의 질과 상관성이 깊다.

학급당 교원당 학생 수가 줄어들면 다음과 같은 변화가 기대된다. 첫째, 교실에서 통일된 교수-학습의 장을 형성하는 것이 가능해지고 배제되는 학생 없이 수업 전체의 밀도를 높일 수 있다. 둘째, 다양한 수업 방식의 도입이 가능해진다. 토론식 수업, 발표식 수업, 질의응답식 수업, 모둠 수업, 프로젝트 수업, 글쓰기 수업 등 교수-학습의 방법이 풍부해진다. 셋째, 개별 지도가 가능해진다. 학습 결손이 발생한 학생에 대한 보살핌이 가능해지며, 학업을 포기하는 학생들을 줄일 수 있다. 넷째, 교사와 학생, 학생과

---

53. 노컷뉴스(2017. 9. 19). 「"사유재산이니까"… 원장 가족도 먹여 살리는 사립유치원」.
54. 연합뉴스(2017. 9. 12). 「아이들 줄었지만… 교사·학급당 학생 수 여전히 OECD 평균 웃돌아」.

학생 사이의 친밀감이 강화되면서 자율적 규제가 가능한 교실공간, 협력하고 배려하는 학교문화를 만들 수 있다.[55]

3) 교장선출보직제와 사립학교 공공성 강화

마지막으로 교장선출보직제, 사립학교 공공성 강화 등이 가져올 변화이다.

학교는 기업이 아니다. 그럼에도 역대 정부는 신자유주의 교육정책을 펼쳐 왔다. 초·중·고의 교장과 대학의 학장은 그에 따라 경영자로 취급받는다. 이들은 더 많은 재원을 끌어오는 로비스트가 되어야 하고, 효율을 위해 비용 절감 방안을 고민해야 한다. 여기에 전근대적인 권위적인 학교문화가 착종되기도 하고, 사립학교 재단들의 욕망이 착종되곤 한다. 그 결과 사학비리 사건이 끊이질 않고 사립대학은 노골적으로 돈벌이에 나선다. 학교의 기업화를 그대로 두고 과연 교육의 공공성이 확보될 수 있겠는가?

우리 사회에 민주시민교육이 제대로 이루어지지 못한 이유는 군부독재 세력이 오랜 세월을 집권하여, 민주주의를 유린하고 민주인사들을 투옥하고 고문하고 심지어 광주에서처럼 국민들을 죽이는 공포통치를 자행하면서 학교를 병영과 같이 위계적 조직문화가 지배하는 공간으로 만들었기 때문이다. 87년 민주화 이후 30년이 되었지만, 형식적으로 학생, 학부모, 교사가 교육의 주인이라고 하지만 사실은 교장의 권력이 여전히 막강하다. 최근까지도 점심식사를 따로 차려오게 하는 교장이 아직도 있지 않은가 말이다.[56] 왜 이런 사람들이 교장이 될 수 있었을까? 그것은 교장임용 자체가 제도적 한계를 안고 있기 때문이다.

현재의 교장임용제도는 다음과 같은 문제점이 지적된다. 첫째 교장임용이 '승진' 개념으로 고착화되어 있고, 둘째 기존의 연공서열 문화가 온전히

---

55. 교육혁명공동행동 연구위원회(2012). 『대한민국 교육혁명』. 살림터, 107~109쪽.
56. 오마이뉴스(2017. 5. 29). 「대통령도 식판 드는데… '밥순이' 만드는 일부 교장들」.

탈피되지 않았으며, 셋째 여기에 전문직으로의 '전직' 개념의 장학사 선발 제도가 사실상 교장 선발 공개경쟁 시험처럼 되어 부작용을 만들고, 넷째, 그 결과 결국 자격증을 가진 교사들 사이의 제한된 경쟁으로 그치기 때문이다.[57] 그렇다면 대안은 무엇일까? 바로 교장선출보직제이다. 이는 교장의 임용을 기존의 '승진 임용' 개념이 아닌, 하나의 '선출 보직' 개념으로 간주하여 교장을 선출하는 제도로, 교사들 중에서 역량과 덕망이 있는 사람이 일정 기간 보직으로의 교장 역할을 수행하고 다시 교사로 돌아가는 것을 의미한다. 마치 대학의 학장이나 총장이 임기 후에 교수로 교단에 서는 것과 같은 원리이다.[58]

이렇게 평교사 중에서 교장이 선출되어 보직으로 역할을 한다는 것은 교사들이 직급으로 위계서열화되지 않음을 의미한다. 교사집단 안에서 평등한 관계가 형성된다는 것은 교사와 학생 간의 관계에도 긍정적인 영향을 미칠 수 있다. 또한 더 이상 권위주의적 문화에 짓눌린 학교가 아니라 민주적인 교육공동체를 만들 수 있는 가능성을 열어 준다.

이는 혁신학교의 사례들을 통해서 확인되고 있다. 특히 교사집단의 문화가 바뀌고 있는데 그 양상은 다음과 같다. 첫째, 학교 조직문화를 수직적·관료적 통제 구조로부터 수평적·민주적 운영체제로 전환하는 것이다. 학교장에게 집중된 권한을 교사들의 협의체에 위임하고, 학생자치를 활성화하며, 학부모 참여와 교사와 학부모의 협력관계 형성을 위해 노력하고 있다. 둘째, 교사가 중심이 되는 전문적 학습공동체의 지원이다. 새로운 교직문화를 만들어 가기 위해서 학교 안팎 교사들의 자발적 학습공동체를 지원하여 학교의 변화를 이끌어 가는 문화를 만들어 나가는 것이다. 그 결과 소통과 참여의 문화, 학생·학부모와 소통하고 협력하는 문화, 행정업무

---

57. 이순철(2013). 「현행 교장임용제도 모순의 핵심 개념, '승진'」, 한국교육연구네트워크 엮음. 『교장 제도 혁명-학교혁신의 지름길』, 살림터, 200쪽.
58. 한국교육연구네트워크 엮음, 앞의 책, 255쪽.

보다 교육활동에 집중하는 문화, 함께 학습하고 성장하는 문화가 교사들 사이에서 형성되고 있다.[59]

한편 사립학교의 공공성도 언급하지 않을 수 없다. 국제비교연구에 따르면 한국의 경우 교육 단계 상승에 따른 국공립학교 학생 비율이 급격히 감소한다. 한국의 초등교육 단계 국공립학교 학생 비율은 98.6%, 전기중등교육 단계 81.8%, 후기중등교육 단계 54.8%로 나타났다.[60] 이는 학년이 높아질수록 사립의 비율이 높아진다는 것이다. 대학의 경우는 더욱 심각한데 약 80%가 사립이다.

잘 알려져 있듯 사립학교들의 운영비 대부분은 학부모들이 내는 등록금과 국민들의 세금에 의존한다. 그렇다면 당연히 투명한 운영이 되어야 할 것인데 현실은 정반대이다. 사학비리 사건이 쉼 없이 발생하고 있기 때문이다. 예를 들어 2017년 서울시교육청은 관악구 소재 S고와 학교법인 H학원에 대한 종합감사를 실시한 결과 S고는 학교장의 딸에겐 방과후학교를 맡기고 아들로부터는 급식재료를 납품받는 등 10억 원 상당의 부당이득을 챙긴 것으로 드러났다. 서울시교육청이 2011년부터 2015년까지 6년간 사립학교에 중징계 이상 처분을 요구한 53명(파면 2·해임 6·중징계 43·정직 2) 가운데 실제로 중징계 처분을 받은 인원은 당연퇴직 5명을 제외한 11명(20.8%)에 그쳤다. 이마저 가장 높은 징계 수위인 파면은 한 명도 없었고, 해임 3명과 정직 8명이 전부였다. 그 이유는 현행 사립학교법에 교육 당국의 처분 사항 및 지도·감독 사항 이행을 담보할 근거가 없기 때문이다.[61]

대학의 경우 더더욱 심각하다. 국회 교육문화체육관광위원회 소속 의원이 최근 교육부로부터 제출받은 '사립대학의 설립자·임원 친인척 근무 현

59. 박철희(2014). 「혁신학교 교사 문화의 특징과 과제」. 한국교육연구네트워크 엮음. 『혁신학교에 대한 교육학적 성찰』. 살림터, 215~219쪽.
60. 교육통계연구센터(2013. 3. 11). 「국제비교」 초·중등 교육단계 학교유형별 학생비율」.
61. 뉴시스(2017. 8. 29). 「학생, 학부모엔 교육 비리 후유증만… 사립학교법 개정 나설 때」.

황'에 따르면, 학교 법인이나 대학원을 제외한 전국 67개의 사립대에서 설립자 또는 이사장의 가족 163명이 총장·교수 등 교직원으로 근무하고 있는 것으로 확인됐다.[62] 그야말로 족벌체제로 학교를 운영하고 있는 셈이다.

족벌체제가 아니더라도 사립대학의 문제는 도처에서 발생한다. 그 중 하나가 대학의 적립금이다. 대학교육연구소가 분석한 결과에 따르면 2011~2015년 4년제 사립대 153개교와 151개 법인의 이월·적립금 현황을 보면 2015년 기준 전체 규모가 9조 7,723억 원에 이르렀다. 게다가 2011년부터 2015년 사이 적립금이 100억 원 이상 늘어난 사립대가 27곳에 이르는 것으로 드러났다. 4년 동안 적립금이 가장 많이 증가한 대학은 홍익대였는데, 2011년 5,860억 원에서 2015년 7,172억 원으로 1,312억 원이 늘었다. 이어 고려대가 936억 원, 연세대 654억 원, 성균관대가 647억 원 많아졌다. 이월·적립금이 가장 많은 대학은 이화여대(7,577억 원)였고, 홍익대(7,203억 원), 연세대(6,898억 원), 수원대(4,305억 원)가 뒤를 이었다.[63]

비리는 특정 대학의 문제가 아니다. 교육부는 2008~2017년 380개 사립대(일부 중복 집계)에 대한 감사를 벌여 교비 등 학교 돈을 빼돌리거나 유용한 사례 736건(3,107억 원) 등 모두 3,106건의 위법·불법 사항을 적발한 것으로 확인됐다. 지난 10년간 사립대학 관계자가 '상품권깡' 등으로 학교 돈을 빼돌리거나 유흥주점 출입 등 엉뚱한 곳에 쓰다가 교육부 감사에서 적발된 사례가 모두 736건, 금액으로는 3,107억 원에 이르는 것으로 나타났다. 심지어 한 예술대의 교직원들은 유흥주점에서 180여 차례에 걸쳐 법인카드로 1억 5,788만 원을 쓰다 적발되기도 했다.[64]

교육은 상품이 아니다. 교육은 만인의 교육받을 권리이다. 학부모들의 등록금으로, 국민 세금으로 학교를 운영한다면 그 학교를 과연 사립재단의

---

62. 일요서울(2017. 9. 28).「사립대학들 '족벌경영' 심각, 부모가 이사장 자녀가 총장으로」.
63. 서울신문(2017. 8. 24).「사립대 27곳, 4년간 적립금 100억 이상 불려」.
64. 한겨레(2017. 10. 11).「사학개혁 좌절의 대가… 10년간 빼돌린 사립학교 돈만 3,100억여 원」.

소유물로 인정해야 할 것인가? 게다가 그 돈으로 비리를 저지르고, 땅을 사고, 건물을 짓고, 천문학적인 돈을 쌓아 두고 심지어 사적으로 전용하는 것을 용인해야 할 것인가? 이는 사회적 범죄행위와 다름없다.

사립학교의 공공성을 위한 구체적인 대안도 없는 것이 아니다. 사립학교 부패를 방지하기 위한 법안의 마련, 사학비리 제공자의 보호, 사학분쟁조정위원회의 폐지 혹은 개선, 사립학교를 공교육기관으로 규정 및 감사 강화, 임원취임승인 및 직무집행정지의 제도적 정합성 확보, 개방이사추천위원회 개선, 대학평의회 설치, 교수회 및 총장직선제 등 상당히 구체적인 안들이 제시된 바 있다.[65]

사립학교의 공공성을 확보하는 것은 사회정의 측면에서, 그리고 고등교육 영역에서 교육비 부담을 줄인다는 측면에서, 무엇보다 교육의 공적 성격을 회복한다는 측면에서 중요한 의미를 갖는다. 만일 사립학교법 개정으로 소수의 재단 관계자에 의한 전횡이 불가능한 지형이 만들어진다면 학교는 민주적인 교육공동체로 기능할 수 있을 것이며, 학생과 평교사의 권리 또한 신장될 것이다. 또 대학의 경우 학생과 학부모가 내는 등록금과 국민의 세금으로 부를 축적하는 행위를 차단할 수 있다면, 그만큼 대학교육의 질은 높아질 것이다. 만일 등록금과 세금에 의한 국가지원이 아니면 학교를 운영할 수 없는 재단 운영 상태라면, 그러한 사립학교들은 국공립화시켜 나가야 할 것이다. 그렇게 되면 한국 사회도 유럽처럼 국립과 공립의 비율이 늘어나면서 교육의 공공성을 확장할 수 있을 것이다.

교육은 세상을 바꿀 수 있을까? 그렇다. 교육은 세상을 바꿀 수 있다. 또한 교육이 바뀌지 않고 세상은 결코 나아질 수 없다.

---

65. 김명연(2016). 「사립학교의 공공적 강화와 민주적 운영을 위한 사립학교 정책」. 『새로운 교육체제 수립을 위한 2016 교육 심포지엄 자료집』.

3장
북유럽 교육 탐방기 1

1. 북유럽 청소년 진로직업교육을 들여다보다

2016년 8월 11일부터 21일까지 내 인생 첫 번째 북유럽 교육 탐방이 이루어졌다. 목민관클럽 회원 단체장, 공무원 및 희망제작소 연구원 등 총 37명이 함께한 탐방의 일원이 된 것이다. 핀란드, 스웨덴, 덴마크의 교육! 그동안 말로 전해 듣고 책으로만 보던 북유럽 선진 교육 시스템을 탐방 연수할 수 있는 기회가 내게도 오다니 그야말로 '감개무량'이다! 이번 연수의 제목은 '북유럽 청소년 진로직업교육'이었지만 실제로는 진로직업교육 현황 외에도 지자체의 방과후활동, 시민교육도 함께 살펴볼 수 있었다. 일석이조가 아니라 그 이상도 얻은 것 같다. 그중 하나는 연수에 함께한 분들과의 소중한 인연이다. 자치단체의 교육 담당자 혹은 청년정책 담당자들이 주로 참여하다 보니 고민이 비슷해서인지 연수 몰입도가 높았으며, 정책 입안과 실행에 대한 의견도 많이 나눌 수 있었다.

이번 연수를 통해 우리가 배울 점은 무엇일까? 사실 핀란드, 스웨덴, 덴마크 등 북유럽 교육에 대해 전혀 모르는 것은 아니었다. 이미 2009년 교육운동단체 활동가들이 핀란드와 스웨덴의 교육 탐방을 다녀온 후 북유럽 교육에 대한 소개가 본격화되면서 관련한 책들도 연이어 출간되었기 때문이다. 당시 탐방활동을 정리한 한국교육연구네트워크의 『핀란드 교육혁명』을 시작으로 탐방에 함께했던 송순재 교수가 『위대한 평민을 기르는 덴마크 자유교육』이라는 책을 출간하기도 했다. 한편 스웨덴의 복지국가에 대해 소개한 책들은 너무나 많아 일일이 다 열거하기도 힘들 정도다. 이전에 읽은 자료에만 만족할 수 없어서, 연수 일정이 다가오자 새로운 책들을 몇 권 더 읽고 요약하기 시작했다. 탐방을 다녀온 후에는 간략한 탐방 보고서를 작성했는데, 이 글은 바로 이런 작업들을 기초로 재구성한 것이다.

2. 덴마크 사회와 덴마크 직업교육

1) 덴마크 사회 이해하기
탐방에 앞서 덴마크와 관련된 책 몇 권을 찾아 읽었다.

첫 번째는 헬렌 러셀이라는 영국 기자가 쓴 글로 『세계에서 가장 행복한 덴마크 사람들: 그들과 함께 살아본 1년』이다. 책 제목처럼 이방인의 눈에 비친 덴마크를 월별로 스케치하듯 쓴 에세이다. 이 책의 에필로그에서 저자는 '덴마크식으로 사는 데 필요한 열 가지 팁'을 소개한다.

1. 신뢰
2. 휘게[1]에 들어가라
3. 몸을 움직여라
4. 미적 감성을 깨워라
5. 선택권을 단순화하라
6. 자랑스러워하라
7. 가족을 존중하라

---

1. Hygge는 덴마크, 노르웨이어로 편암함, 따뜻함, 아늑함, 안락함을 뜻한다.

8. 남녀가 하는 일을 똑같이 존중하라

9. 놀이

10. 나누어라

이 중 가장 눈에 들어온 것은 '휘게'와 '남녀평등'이다. 휘게는 겨울이 춥고 긴 북유럽의 기후와 연관된 덴마크의 풍습으로 11월부터 2월까지 사람들이 집안에 머물면서 촛불을 켜고 안락한 시간을 보내는 것을 말한다. (촛불에 대한 이들의 애착은 내가 방문한 기념품을 파는 상점 곳곳에서도 확인되었다. 또 일반 백화점의 전시대에도 전통적인 촛대는 물론 촛대 모양의 전구도 많았다.) 휘게라는 풍습은 단순히 추운 겨울을 견디기 위한 것이 아니라, 충분한 휴식을 통한 삶의 재충전이라는 효과를 가져오는 것으로 보인다. 더욱이 이 휘게를 통해 가족은 물론 이웃과 돈독한 관계를 맺는 공동체적 문화를 형성하는 데도 일조했을 것이다.

덴마크가 세계에서 가장 행복한 나라가 된 데는 분명 남녀평등이 크게 기여한 것으로 판단된다. 남자의 일과 여자의 일이 따로 없는 나라가 덴마크다. 덴마크는 여성의 권리를 일찍부터 사회적으로 보장하고자 노력했다. 덴마크에서는 1875년 여성들의 대학 입학이 허용되었고, 보편적인 참정권을 허용한 것은 1915년이다(핀란드 1906년, 노르웨이 1913년, 아이슬란드 1915년, 스웨덴 1919년). 그 결과 현재 덴마크 의회는 약 40%가 여성의원으로 구성되었다. 낙태는 1973년 합법화되었고, 동일노동 동일임금은 1976년에 법제화되었다.

남녀평등은 곧 여성의 사회적 참여를 보장하는 체계를 가질 때만 가능하다. 이는 출산 및 육아 정책과 맞물려 있다. 덴마크에서는 아이가 태어나면 부부에게 최대 52주까지 직장을 쉴 권한을 준다.[2] 엄마는 출산 전 4주, 출산 후 14주를 쉴 수 있다. 아빠도 처음 4일을 쉬고 나머지 기간을 알맞게 나눠 쓰는데, 이를 통해 대부분의 남자가 육아휴가를 통해 아이와 빨리 유대감을 형성할 수 있으며, 엄마들의 육아 방법을 모두 배우게 된다. 헬렌의 관찰에 의하면 유모차를 몰고, 그네를 밀어 주고, 오후 3시 30분경 어린이집에서 나오는 아이들을 데리고 나가거나 장을 보는 것은 남자들이 하는 일이다. 이런 정책 덕분에 덴마크에서는 아이를 가진 78%의 엄마들이 직장으로 복귀하는데, 이는 OECD 평균 66%보다도 훨씬 높다고 한다.

이 책에서 밝히고 있듯이 덴마크가 행복지수 1위의 나라가 된 것은 결코 우연이 아니다. 반면 한국은 OECD 국가 중 출생률이 낮은 나라 중 하나이다. 이는 고용 불안정과 교육비 등의 부담으로 아이 낳는 것을 주저하기 때문이다. 이런 점에서 덴마크의 사례는 배울 점이 많다. 그리고 이는 단순히 여성의 출산율을 높이기 위한 것이 아니다. 여성과 남성을 동등하게 대하는 것은 곧 사회 구성원 모두의 기회균등과 이어지기 때문이다. 성차별이 없거나 차별이 적은 사회는 차이로 인한 차별과 불평등, 예를 들어 부모의 사회경제적 지위 차이나, 인종, 장애 등으로 인해 구성원들이 각각의 잠재성을 발휘하지 못하고 사장시키는 것을 용인하지 않을 것이기 때문이다. 성평등은 민주주의를 위한 가장 기본적인 전제 중 하나이며, 성평등은 그 사회의 지속가능한 발전을 위해서도 필수적이다.

두 번째 책은 덴마크인으로 태어나고 자라서 세계를 돌아다닌 후, 다시 자신의 모국을 돌아보며 덴마크 행복의 비결을 10가지로 정리한 말레네 뤼달의 『덴마크 사람들처럼』이다. 그가 제시하는 10가지는 다음과 같다.

1. 신뢰
2. 교육

---

2. 이는 스칸디나비아 국가들 모두 비슷한데, 노르웨이는 1993년 아빠들에게 육아휴가를 주기 시작하여 현재는 육아휴가가 14주이며 90%가 이를 사용한다. 그 결과 1993년 이후 태어난 남자들은 그 이전 남자들보다 가사노동을 더 한다고 한다. 스웨덴은 평소 임금의 80%를 지급하는 두 달간의 유급휴가를 제공한다.

3. 자유와 자율

4. 기회균등

5. 현실적인 기대

6. 공동체 의식

7. 가정과 일의 균형

8. 돈에 초연한 태도

9. 겸손

10. 남녀평등

　말레네 뤼달의 책에서 가장 인상 깊은 것은 '자유와 자율' 그리고 '공동체 의식'을 다룬 부분이다. 덴마크인의 자유와 자율은 어떻게 형성되는가? 뤼달에 따르면 덴마크 사람 중 약 70%는 18세가 되면 자기 방식대로 살기 위해서 부모 곁을 떠난다고 한다(프랑스는 38%, 영국은 30%, 스페인과 이탈리아는 20%). 물론 사회나 부모가 그렇게 하라고 강요하지는 않는다.

　덴마크에서는 13세에서 17세 사이의 청소년 중 70%가 아르바이트를 하고 17세 이상은 80% 넘게 일을 한다(스페인은 49%, 프랑스는 47%, 포르투갈은 20%). 덴마크 청소년들이 아르바이트를 하는 이유는 여가 활동비를 벌기 위해서인데, 이는 여가 활동에 필요한 돈과 더불어 부모로부터 허락을 받을 필요가 없을 때 아이들은 더 큰 자유를 느끼기 때문이라고 한다. 흥미로운 것은 부유한 가정의 아이들도 대부분 아르바이트를 한다는 것이며, 이는 아이들이 일을 통해 독립성을 확보하고 싶은 의지 때문이라고 한다. 덴마크에서 청소년들이 청년 초기에 부모로부터 독립할 수 있는 것은 사회적인 뒷받침이 있기 때문이다. 덴마크는 고등교육 즉 대학교육이 무상일 뿐만 아니라 상환 조건 없이 매달 760유로 정도를 장학금으로 지급하기 때문에 누구나 배울 수 있다. 그래서 부모에 의존하지 않고 원하는 학업을 선택할 수 있다. 이러한 사회적 환경 덕분에 부모가 자녀의 진로 결정에 압박을 가하는 것은 매우 제한적일 수밖에 없다. 이렇게 자율성을 중요하게 여기는 사회 문화 덕분에 젊은이들은 대담하게 도전하고 자신의 길을 찾아 나선다. 이것이 덴마크 사회의 역동성을 만들어 낸다.

공동체 의식 또한 덴마크 문화와 정신의 중요한 가치이다. 일례로 2차대전 기간 덴마크는 유대인을 보호하기 위해 온갖 노력을 다했다. 덴마크의 레지스탕스는 유대인 7,200명(당시 덴마크 유대인은 7,800명)을 중립국 스웨덴으로 피신시키기 위한 구조 활동을 펼쳤다. 덴마크 사람들의 공동체의식은 세금제도로 나타난다. 2012년 조사 결과에 의하면 10명 중 7명은 세금과 국가 서비스의 균형에 만족한다고 밝혔다. 여기서 중요한 것은 상대적으로 어려운 사람들이 더 만족도가 높고, 최하위와 최상위의 소득격차가 미국이나 한국처럼 극단적이지 않다는 점이다. 1년에 20만 크로네(2만 7,000유로) 이하를 버는 최하위 소득 계층이 느끼는 만족도는 80% 이상이며, 1년에 100만 크로네(13만 5,000유로)를 버는 상위 1%에 속하는 최상위 소득계층이 느끼는 만족도는 40%이다. 덴마크의 세금 부담률은 48.1%로, OECD 국가평균의 34%이다(한국은 15% 수준). 이렇게 거둬들인 세금은 실업급여, 무상교육과 무상의료 등에 사용된다.

특히 덴마크는 전 국민 무상의료에 세금을 사용한다. 이는 전 국민에게 삶의 안정감을 준다. 건강을 유지하는 것이야말로 사람들을 행복하게 만들기 때문이다. 공동체 의식은 모든 사회적 약자에게 관용과 포용력을 베푸는 것으로 이어진다. 덴마크는 1989년 세계 최초로 동성 커플에게 법적인 결합을 허용했고, 2010년에는 입양권을 허용했다. 덴마크 개신교 교회는 동성 부부에게 종교의식을 베풀 수 있는 자율권을 성직자에게 부여했다. 덴마크는 개인적 요구도 집단적 요구로 반영하여 이를 중요하게 받아들인다. 이는 투표율로 반영된다. 2015년 선거에서 88%가 투표에 참여했는데, 인구의 상위 20%에 해당하는 부유층의 90%가, 인구의 하위 20%인 빈곤층은 86%가 참여했다.

세 번째 책은 시미즈 미츠루의 『삶을 위한 학교』이다. 저자는 직접 '폴케호이스콜레'를 방문한 경험을 기초로 덴마크 교육을 소개하고 있다. 폴케호이스콜레는 19세기 중반 그룬투비와 그 제자 크리스텐 콜에 의해 제창된 성인(농민) 기숙 고등학교로 민중(국민) 대학이라고 할 수 있다. 이 시민교육기관은 당시 프로이센에 패배하고 곤경에 처한 덴마크 사회의 계몽과 부흥을 위해 모국의 역사, 언어 그리고 실제적 삶을 위한 교육에 중점을 두어 설립되었다. 이는 성인을 위한 일종의 대안교육기관으로 정부의 지원은 받지만 간섭을 받지 않는 사립학교들이다.

덴마크 전역에는 약 100여 개의 폴케호이스콜레가 있는데 대개 수십 명 정도의 작은 규모이다. 시험도 없고, 이수해야 할 학점이나 수여자격도 없다. 교사와 학생이 기숙사에서 공동으로 생활하면서 책보다는 대화와 실습을 중심에 둔다. 그래서 '자유학교' 혹은 '삶을 위한 학교'라고 불린다고 한다. 만 17세 이상이면 성별, 연령, 장애, 국적에 관계없이 입학할 수 있고, 학기는 2개월에서 8개월까지 다양하다. 주된 목적은 기술과 지식 습득이 아니라 수업과 토론, 실천, 실습 생활을 통해서 자기를 발견하고 자신의 길을 찾는 데 역점을 두고 있다.

폴케호이스콜레는 프리스콜레, 에프터스콜레 등과 연계되는 프리스콜라(자유학교군)라고 부르는 민중의 대안교육체계 안에 위치한다.

덴마크에는 우리 식으로 초등학교와 중학교가 통합되어 있는 공립학교인 '폴케스콜레'와 사립 초·중학교인 '프리스콜레'가 있다. 이 둘은 상호 보완적이다. 폴케스콜레의 경우 교육받을 권리는 있지만 일본과 한국처럼 취학의 강제적 의무는 없다. 덴마크 교육의 특징적인 것으로 10학년(우리 식으로 하면 중3 이후 고등학교 진학 전 1년)이 있는데, 원하면 졸업을 1년 늦출 수 있으며, 실제로 50% 정도 아이들이 10학년에 진급한다고 한다. 교과서는 정부가 지정하는 것이 아니라 교사가 자유롭게 선택한다. 공립학교 교육이 이렇게 자유로운 것은 '프리스콜레'의 영향을 받은 결과이다.

프리스콜레는 폴케호이스콜레 운동의 산물이라고 할 수 있다. 의무교육 도입 이전에 농촌지역에는 부모나 목사가 아이들을 가르치는 사립교육기관이 있었는데, 1814년 의무교육 실시로 아이들이 부모로부터 떨어져 국가의 말단 관리인 교원들로부터 '국가를 위한 좋은 병사가 되기 위한' 획일적인 교육을 받게 되었다. 이에 그룬트비의 제자 크리스텐 콜 등은 "아이들은 부모의 것이지 국가의 것이 아니다. 국가로부터 아이들을 되찾자"고 주장하면서 1852년에 폴케호이스콜레 부속 초급학교로 최초의 프리스콜레를 만들었다고 한다. 프리스콜레 즉 자유학교는 이름에서처럼 아이들이 시험과 규칙에 얽매이지 않고 국가로부터도 자유로워야 한다는 의미를 담고 있다. 수업료는 부모의 부담은 전체 수업비의 25% 정도이고 나머지는 국가가 부담한다.

프리스콜레와 폴케호이스콜레 사이에는 에프터스콜레라는 자유중학교 과정이 있다. 최초의 에프터스콜레는 1851년 크리스텐 콜과 포울센 달에 의해서 건립되었다. 시험이 없고, 유연한 커리큘럼, 교사와 학생 간의 대화, 자유롭고 개방적인 역사적인 시적 대화 등이 수업의 특징이다. 1960년대 이후 도시화와 함께 농민층 자녀들의 숫자가 줄어들면서 쇠퇴하는 것처럼 보였으나, 최근에는 다시 활성화되어 같은 연령대(14~18세)의 15% 정도가 다니고 있다.

한편 교원을 양성하기 위한 학교인 '프리레르스콜레'도 있다. 입학자격은 20세 이상으로, 10년 이상 어떤 형태이든 학교를 다닌 경력과 다양한 삶의 경험을 갖춘 사람이면 된다. 이곳을 마치면 폴케호이스콜레, 에프터스콜레, 프리스콜레의 교원은 물론 공립 초중학교인 폴케스콜레의 교원자격도 취득할 수 있다. 5년 과정이며 시험이나 학점은 없지만 출석은 의무이다. 물론 이 학교도 기숙학교이며, 이곳 졸업생들은 훌륭한 교원으로 평가받는다고 한다.

덴마크의 교육은 그룬투비와 그의 제자 콜을 빼고 말할 수 없다. 이들의 사상은 한마디로 위대한 평민을 기르는 자유교육이라고 표현할 수 있다. 이는 학교는 국가가 필요로 하는 '신민'을 기르는 곳이라는 '황국신민론'의 잔재가 강하게 남아 있는 한국의 교육과는 근본적으로 궤를 달리하며, 지나치게 개인주의를 강조하는 미국식의 교육과도 결을 달리하는 교육이다. 비록 지금은 덴마크 전체 교육에서 이들이 양적으로 차지하는 비중은 작지만 현재의 덴마크 교육을 만드는 데 지대한 공헌을 했고, 여전히 상당한 영향력을 발휘하고 있다. 그렇다면 이번 탐방의 주제인 북유럽 청소년 진로직업교육의 현황, 특히 덴마크의 진로직업교육의 특징은 무엇일까? 이를 다음 절에서 살펴보자.

2) 덴마크의 청소년 진로직업교육

덴마크는 우리처럼 인문계고와 직업계고로 나뉘어 있지만, 9학년 즉 중3으로 중학교 과정이 마감되지 않고, 10학년을 허용하기 때문에 이 기간을 활용하여 자신의 진로를 탐색할 수 있는 기회를 보장해 준다. 여기에 에프터스콜레와 같은 '위대한 평민을 기른다'는 그룬트비의 '자유교육'의 전통에 근거한 교육 시스템이 공교육을 보완하여 진로탐색 및 인생설계를 할 수 있는 기회를 마련해 주고 있다.

덴마크 진로직업교육의 특징 중 하나는 단위학교에서의 진로교육과 진로지도센터를 통한 진로교육이 상호 보완적으로 이루어진다는 점이다. 이러한 체제는 2004년부터 덴마크 정부가 교육현장에서 이루어지는 진로지도의 중요성을 강조하면서 제정한 "The Danish Act on Guidance"에 따른 것이라고 한다. 과거에는 단위학교의 학교장이 진로교육의 총괄적인 책임을 지고 각 학교에서 교사들이 파트타임으로 상담가로서의 활동을 하는 것에 그친 데 반해, 2004년 진로지도개혁Guidance Reform 이후에는 지역사회의 진로지도센터Guidance Center로 그 책무가 이전되었다. 이것은 학교의 책임을 떠넘기는 것이 아니라 지역사회와 매우 긴밀하게 연계되어 운영된다는 것이 특징이라고 한다.

덴마크의 진로지도센터를 본떠서 만든 것이 현재 서울시교육청과 자치구가 공동으로 투자 운영하는 진로직업체험지원센터라고 할 수 있다. 그런데 덴마크의 그것과는 미묘하지만 중요한 차이가 감지된다. 우리의 경우 교육청과 자치구의 공동운영이라고 하지만 실제로는 각 자치단체가 운영을 비영리기관에 위탁하는 경우가 대부분이다. 사실 이런 사업이 잘되려면 교육청과 구청 수준은 물론 위탁기관과 학교 그리고 진로교육에 참여하거나 지원하는 민간인, 학부모들 간의 수평적이고 민주적인 관계 맺음이 이루어져야 한다. 그런데 실상은 위탁을 받는 기관 입장에서는 할 말을 제대로 못하는 경우가 생긴다. 또 위탁기관별로 성격이 다르다 보니 자치구별로 그 교육적 질이 불균등하다는 비판도 안팎에서 제기된다. 더욱 큰 문제는 진로직업센터의 역할이 현재까지는 자유학기제의 일터체험활동을 중심으로 학교와 일터를 연계하는 수준이라는 점이다. 사실 제대로 된 진로교육은 중학교 1학년 때 4시간 내외의 일터체험 정도로 이루어질 수 없다. 덴마크처럼 우리도 교육과정을 함께 고민하는 수준으로 나아가야 하며, 그 협의과정에서 협업과 분업을 할 수 있어야 한다.

덴마크에서는 6~9학년(우리 식으로 하면 초6~중3) 시기에 학습계획서 educational plan를 작성하는 것이 의무화되어 있다. 학습계획서란 모든 학생이 자신의 교육 및 진로와 관련한 구체적인 목표와 계획을 경력관리 형태로 작성하는 것인데, 여기에는 교사와 학생뿐만 아니라 학부모 및 청소년 진로지도센터 상담사까지 함께 참여한다고 한다. 계획서 수립 이후에는 매년 이를 수정 보완해 가는 과정을 거치는데, 연 2회가량 상담사와의 인터뷰가 이루어진다고 한다. 한편 8~9학년(중2, 3) 학생들을 대상으로 한 상담은 보통 집단 상담 형태로 이루어지는데, 소규모 그룹으로 현재 자신의 상태를 진단하고 자신이 원하는 진로를 구체적으로 그려 보고 함께 공유함으로써 다음 단계를 스스로 설계할 수 있게 지원하는 방식으로 진행된다.

또한 스웨덴의 프라오PRAO처럼 1~2주간 기업현장에 나가 직접 직업을 체험하고 보고서를 작성하기도 한다.

덴마크의 학교와 진로지도센터의 이러한 협업구조를 통해서 배워야 할 지점과 과제는 다음과 같다.

첫째, 현재 진로직업체험지원센터의 수준을 높여야 한다. 덴마크의 경우 진로상담활동을 개인별, 소그룹별로 진행할 수 있다는 것은 직원들이 상당한 수준의 전문성을 담보하고 있음을 의미한다. 실제로 우리가 방문한 코펜하겐 청소년진로진도센터에는 110명의 전문 상담사가 활동했으며, 그 진로상담사들은 기본적으로 교사자격증을 갖고 있다고 했다. 이점에서 진로직업체험지원센터에 근무하는 직원들을 대상으로 하는 전문적인 직무연수 등이 시급해 보인다. 이는 다른 시·군·구도 마찬가지다.

둘째, 전문성을 담보하는 것은 고용안정과 연동된다는 점에서 현재와 같은 민간위탁 방식에 대한 재검토가 요구된다. 노동조건이 열악할 경우 양질의 전문역량을 확보하기 어려우며, 이는 고스란히 진로직업교육의 질 저하로 이어지기 때문이다. 현재의 조건에서 당장 정규직과 같은 근로형태가 아니더라도 일정 기간 이상의 고용안정과 일정 수준 이상의 노동조건을 확보하는 것을 고민해야만 한다. 정부가 진로교육을 중요시한다면 진로교육에 투입되는 인력들에 대한 고용안정 계획을 수립해야 할 것이다.

셋째, 프로그램 입안과 실행과정에서 교육청-구청-센터 혹은 학교와 센터 간의 수평적이고 민주적인 협력적 논의 틀을 만들어야 한다. 학교에서 필요한 것을 하청업체처럼 수행하는 기관으로 인식하는 것도 문제이며, 학교교육과정과의 연계성 없이 센터 중심으로 전시성 프로그램이 방만하게 운영되는 것 또한 문제일 것이다. 대규모의 형식적인 일터체험에서 학생주도형 소그룹 밀착형 진로상담과 진로탐색활동으로의 전환이 타당하고, 실제 효과를 거두기 위해서는 이를 가능하게 하는 민·관·학 협치를 구현해야 할 것이다.

넷째, 민·관·산·학의 협력이다. 덴마크 직업교육에서 우리가 하나 더 참조해야 할 것이 있다면 그것은 '협치'와 '파트너십'이다. 덴마크의 경우 모든 직업교육 훈련에서 사회적 파트너들이 역할을 한다. 사회적 파트너로는 교육부 자문위원회에서부터 지방훈련위원회까지 다양한 위원회가 있으며, 노동조합과 사용자단체도 참여한다. 산업계의 노사 양측으로 구성되는 직종별 위원회는 산업현장의 기술 변화에 대응하는 새로운 훈련 직종의 개발과 기존 훈련 직종의 개정을 주도하고, 교육과정 구성에도 참여한다. 이러한 노력의 결과로 학생들 개개인의 학습 속도에 맞추어 내용을 달리 구성할 수 있는 유연하면서도 모듈화된 시스템을 갖게 되었다. 이를 토대로 정규 교육제도와 성인계속 교육제도에서 단계의 구별 없이 고등교육까지 학업을 계속할 수 있도록 하고 있다.

연수에서 덴마크 교육부 관리와의 질의·응답 과정에 확인된 것처럼, 노동자 훈련 프로그램에는 IVET 전국 위원회, 50개 직업위원회, 50개 산업위원회에서 산업체·사용주 대표와 노조 대표가 동등하게 참여하고 있었다. 지역이나 학교 레벨에서도 이러한 위원회가 있으며, 학교와 사용주 노조가 지역과 산업에 맞는 노동자 훈련 내용에 관해 논의하고 합하는 틀을 갖고 있다고 한다. 사측에서는 필요로 하는 노동력의 세부 요건을 요구하는데, 노조 측에서는 학생들이 얼마나 오랜 기간 일을 할 수 있고, 필요하다면 더 교육을 받을 수 있는지를 중요하게 여긴다. 아울러 노조 입장에서는 학생들의 자격증 수준도 중요하게 보는데, 교육이나 역량 수준에 따라 연봉이 달라지기 때문이라고 한다. 이렇게 직업교육에서의 노동, 자본, 정부, 학교의 협치가 가능한 것은 덴마크 사회가 숙련을 '공공재'로 인식하는 문화를 갖고 있기 때문으로 보인다. 즉, 노동자가 보유하는 기술을 개인의 것으로 보지 않고, 사회 전체가 육성하고 보전하고 후세대에게 전수해야 할 것으로 인식하는 것이다. 노동에 대한 이러한 태도, 공공성에 대한 높은 사회적 의식이 덴마크를 세상에서 가장 행복한 나라로 만든 원동력일 것이다.

1) 스웨덴 사회 이해하기

스웨덴은 노르웨이, 핀란드, 덴마크, 아이슬란드와 함께 복지국가로 유명한 스칸디나비아 5국 중 하나이다. 스웨덴은 사민당의 오랜 집권과 국민의 집으로 유명한 사회복지 모델, 살트셰바덴 협약과 임금노동자기금 등 사회적 합의주의 모델 등으로 잘 알려져 있다.

스웨덴의 복지와 교육 시스템을 이해하려면 기본적으로 사회민주주의에 대한 이해가 전제되어야 한다. 이를 위해서 나는 오래전에 읽은 책을 다시 들춰 보았다. 박호성의 『사회민주주의의 역사와 전망』이 그것이다. 이하 내용은 이를 요약 정리한 것이다.

사회민주주의는 베른슈타인의 수정주의 논쟁과 연관되어 있다. 19세기 후반 독일의 베른슈타인은 전통적인 마르크스주의적 견해와는 다른 이론을 제출한다. 그가 보기에 민주주의는 사회주의의 수단이자 최종 목표였다. 그 결과 그에게 민주주의는 의회주의, 개량주의, 점진주의와 동의어가 된다. 이는 국가에 대한 태도에서 국가 일반을 부정하는 것이 아니라 국가 속에서, 즉 기존 사회질서의 민주적인 재편이라는 전략으로 나타난다. 그에게 사회주의는 결코 '거대한 결전의 결과', 즉 혁명을 통해서가 아니라 노동자 계급의 '증대하는 사회적 영향력'과 모든 사회 분야에서 쟁취한 '상대적인 개선'을 통해 실현될 수 있는 것이었다. 그는 노동자계급의 시민계급으로의 상승이나, 모든 사회계급의 철폐가 아니라 사회계급 상호 간의 동등한 권리를 쟁취하는 것을 목표로 삼았다. 그는 사회주의의 본질을 구성원 모두가 동등한 법률적 권리와 연대감을 갖는 것, 사람과 사람 사이 사회적 결속을 맺는 것으로 보았다. 때문에 그의 주된 관심사는 사회 구성원 간의 연대를 어떻게 확보할 것인가였다. 이렇게 사회주의와 민주주의의 일체성에 대한 강조, 자유주의적 유산의 적극적인 수용, 사회 각 분야의 민주화 및 사회 구성원 간의 인간적인 연대를 촉구하는 것, 그리고 의회와 개량Reform의 강조는 이후 사회민주주의의 이론적 기초가 되었다.

사실 사회민주주의가 추구하는 국가는 고전적 자유주의가 추구하는 야경국가나 신자유주의가 추구하는 작지만(국민에 대한 책임 방기) 강한(국민에 대한 억압) 국가와 다르다. 사민주의가 추구하는 국가는 사회적 기본권, 특히 노동할 권리, 교육받을 권리, 충분한 의료혜택을 받을 권리, 사회보장을 받을 권리, 완전고용의 실현, 공정한 소득분배, 시민권의 확대를 위한 노력 등으로 정리할 수 있다. 한편 사회민주주의가 전통적 사회주의와 다른 점은 생산수단의 사적 소유에 대한 태도이다. 독일 사민당의 「고데스베르크 강령」(1959)에 제시된 것처럼 "공정한 사회질서를 방해하지 않는 한 생산수단에 대한 사적 소유가 보호받고 장려되어야 한다"는 경제관이다. 그러나 동시에 시장이 개인이나 특정 집단의 독점적 지배 아래에 놓일 경우 그에 대한 개입 역시 거부하지 않는다. "가능하면 경쟁을 그러나 필요한 경우 계획을!" 이것이 사회민주주의 경제정책의 구호라 할 수 있다. 즉, 생산수단의 전면적 국유화 정책을 거부하고 사적 소유의 원칙에 입각한 부분적인 공유화 또는 국유화를 지지하는 한편, 통제적 계획경제를 포기하고 간접적 계획 및 조절에 기초한 자유경쟁 체제를 채택하는 것이다. 즉 사민주의는 자본주의와 소련식 사회주의 모델 모두를 비판하는 셈이다.

그렇다면 스웨덴 사회민주주의는 어떻게 성립되고 현재까지 오게 되었을까? 신필균의 『복지국가 스웨덴』이라는 저작이 비교적 이를 자세히 다루고 있다. 이를 요약 정리하면 다음과 같다.

스웨덴 사민당은 1889년 스톡홀름의 사회민주주의 협회의 주도로 사회민주주의적 정치조직과 노동조합 두 축이 모여서 결성되었다. 이후 사민당은 칼 얄마르 브란팅을 중심으로 확대된다. 브란팅은 1896년 사민당 최초의 의원으로 의회에 진출했으며, 사민당 의석이 증가하자 1917년 자유당과 연립 정권을 형성하여 입각한 후 1920년, 21년, 24년에 총리직을 맡았다.

이 시기의 주된 정치적 과제는 선거권의 쟁취였다. 1907년과 1909년 선거법 개정으로 24세 이상의 남성들이 선거권을 부여받았고, 1919년에 8시간노동제와 함께 보통 평등 선거권을 얻는다. 1921년 총선 결과 여성 의원이 하원에서 4명, 상원에서 1명 선출된다. 이는 1차 세계대전 이후 발생한 1917년 러시아혁명과 1918년 독일혁명 등 세계사적인 변화의 영향을 받은 결과이기도 했다. 한편 이러한 영향은 1921년 사민당 내에서 노선을 둘러싼 분쟁으로 나타나, 좌익사회당이 별도로 창당되었고, 이들은 이후 이름을 스웨덴 공산당으로 변경했다가 오늘날에는 좌파당으로 명맥을 이어 가고 있다.

스웨덴 사민주의 이념은 이른바 '국민의 집'으로 불린다. 이는 브란팅의 뒤를 이어 사민당 대표가 된 페르 알빈 한손이 1928년 국회 연설을 통해서 본격적으로 정식화한 개념이다. 한손은 가족 개념을 확대하여 국민이 가족 구성원으로 생각되는 공동체적 사회를 대안으로 제시했다.

집의 기본은 공동체와 동고동락에 있다. (중략) 이런 좋은 집에서는 모든 구성원이 동등하고, 서로 배려하며, 협력 속에서 함께 일한다. 이런 '국민의 집'은 오늘날 우리가 안고 있는 특권 상류층과 저변 계층의 사회경제적 격차 문제를 극복할 수 있을 것이다. (중략) 지금의 스웨덴 사회는 사회 구성원 간의 진정한 '평등'을 요구받고 있다. 이런 사회적 격차를 해소하고 좋은 '국민의 집'을 건설하기 위해 사회적 돌봄 정책과 경제적 균등 정책이 요구된다. 또한 기업 경영에서 (노동의 가치가 인정되는) 정당한 지분이 지불되어야 한다. 민주주의는 모든 사회경제적 측면에서도 이루어져야 한다.

당시 사민당은 '국민의 집' 이념을 바탕으로 가족 보조 정책(출산휴가비 확대)과 기초연금의 보편화, 2주간의 노동휴가와 장애인 보조 정책을 추진했다. 그러나 국회에서 동의를 얻지 못해 결국 한손 총리가 퇴진하는 위기를 초래했다. 이에 사민당은 보수적 성격을 지닌 농민당의 도움을 얻어 정책안을 성안시키고 6개월 뒤 다시 정부를 장악했다. 이렇듯 '국민의 집'을 실현하는 과정은 그리 순탄하지 않았다.

한편 스웨덴은 노사 합의주의의 모델, 특히 1938년 스톡홀름 근교의 살트셰바덴에서 체결된 협약을 통해 사회적 조합주의 모형을 창출한다.

1929년 세계 대공황은 스웨덴 경제도 마비시켰다. 가장 심각한 곳은 제재업으로 65%의 노동자가 실업상태에 놓였다. 직장을 가진 노동자들도 거의 기아 수준의 임금이었다. 1931년에는 북부의 룬데 지방의 공장 폐업에 반대하는 시위에 군대가 발포하여 5명이 사망하는 사건이 발생한다. 이로 인해 전국에 걸친 대규모 시위와 항의가 일어났으며, 이는 스웨덴 정치에 거대한 전환점을 가져온다. 그다음 해인 1932년 한손이 이끄는 사민당이 LO(1898년 만들어진 노동조합 전국 조직)의 적극적인 후원에 힘입어 마침내 다수 의석을 차지한 것이다. 이는 정치권력의 변화 없이 노사관계의 변화를 가져올 수 없다는 공동의 문제의식을 가졌기 때문이다. 이를 계기로 사민당은 1928년 제출한 '국민의 집' 건설을 위한 근간을 만들었고, 이후 무려 44년간의 연속집권을 이어 나가게 된다.

LO는 정부가 노동시장을 규제하는 어떤 입법화도 반대했고, 이는 사측도 마찬가지였다. 이제 노사가 스스로 협력의 방법을 찾아야 했다. 스웨덴 모델의 단초가 되는 1938년 살트셰바덴협약은 이런 조건에서 만들어졌다. 노동자들은 조직할 수 있는 권리와 협상할 수 있는 권리를 확고히 보장받았다. 임금에 관한 문제는 정부의 개입 없이 노사 당사자들 간의 협상에 의해 해결하게 되었다.

1945년 제2차 세계대전 종전 이후 스웨덴은 1차 세계대전 이후 발생한 것과 같은 불황을 겪지 않았다. 사민당 정부의 LO는 입법부와 협상을 통해 완전고용, 고도성장, 복지국가의 틀을 만들어 냈다. 1966년에는 공무원들에게 노사협상과 파업에 관한 완전한 권리가 주어졌다.

이처럼 스웨덴은 사회민주주의에 기초한 복지사회 모델을 가지고 있으며, 이는 저절로 만들어진 것이 아니라 노동자들의 치열한 투쟁과 사민당의 유연한 실천의 결과였다. 이제 사회민주주의에 기초한 복지국가 스웨덴의 교육체제와 진로직업교육을 살펴보자.

2) 스웨덴의 청소년 진로직업교육

먼저 스웨덴의 교육체제를 이해할 필요가 있다. 연수에 임하면서 스웨덴 교육제도와 관련하여 재미있게 읽은 책은 『스웨덴 쑥쑥 교육』(2002)이다. 코모토 요시코라는 일본 여성이 스웨덴으로 이민 와서 겪은 이야기를 담은 책으로, 스웨덴의 학교 급별 교육체계를 이해하는 데 많은 도움이 되었다. 아래 내용은 이 책의 주요 내용을 요약한 것이다.

첫째, 스웨덴의 유아교육을 보자. 대부분의 유치원은 코뮌(중세 상인들이 만든 시, 읍, 면의 자치단체에서 유래했다고 한다)이 운영하며, 아이 5명 이상이 모여 유치원 시설로 허가되면 코뮌으로부터 보조금이 나온다. 민간 유치원의 운영방침은 공동 유치원과 다르지 않되, 차이점이 있다면 부모의 의견이 충분히 반영되는 만큼, 부모들이 교대로 보육이나 원내 청소를 책임진다. 유치원 이외에 '데이 마마'라고 해서 일반 가정의 어머니가 보모를 대신하는 시스템도 있다. 자택에 5명 정도의 아이를 맡아 유치원과 동일한 일을 하는 것으로, 급료는 일반 보모와 같은 수준이다. 1980년대 후반 베이비붐으로 유치원이 부족해져서 일시적인지만 이 시스템이 급증했으나 지금은 감소했다. 대부분의 유치원은 출산휴가나 육아휴가가 끝난 부모가 1세부터 6세의 아이들을 맡기고 있다. 6세 아동이 되면 초등학교에 부속되어 있는 '취학 전 학급'으로 옮긴다. 유치원은 통상 4학급이나 8학급 이상인 곳도 있으며, 유아교육 자격증을 가진 교사와 원아를 돌보는 두 사람의 보모가 한 조가 되어 한 학급(12~18명)을 맡는다. 보육 인원은 교사와 보모 외에도 청소부, 전문 영양사, 조리사 등이 있다.

둘째, 기초학교(종합학교)를 살펴보자. 스웨덴의 기초학교(종합학교)란 7세부터 15세까지의 아이들이 9년 동안 공부하는 의무교육을 의미한다. 이는 한국, 일본의 초등학교와 중학교에 해당하는데, 모든 학교는 학비, 급식비, 보건 의료비, 교과서, 재료비, 학용품 등이 공적 교육으로 무료이다. 지역의 코뮌은 교육의 직접 책임자인 교장과 교직원들에게 지역과 학생 개개인에 맞는 교육을 하도록 폭넓은 재량권을 보장한다. 또한 학생과 학부모가 함께 적극적으로 교육계획에 참가하도록 장려하고, 교장이 학생 개인에 대한 중대한 결정을 할 때 반드시 부모와 협의하에 하도록 학부모의 참가를 의무화하고 있다. 보충교육에 참여하지 않는 학생들을 위해 '여가센터'라는 이름으로 학교 안에서 약간의 회원비를 내고, 숙제를 하거나 게임이나 탁구 등을 하는 여가 장소를 운영한다. 스웨덴에서는 성적으로 아이들을 평가하는 대신에 1학기에 1번씩 학부모 면담을 통해서 학습과 학교생활 전반에 대한 공유와 칭찬, 충고를 해 준다. 학생의 자율을 최우선으로 하므로 학생들은 배우는 속도는 비록 느리지만, 대신 학습능력이 아주 견고하게 구축되어 간다. 각 지역에는 코뮌이 운영하거나 코뮌의 보조금으로 위탁 운영되는 스포츠클럽과 문화서클이 많이 있다. 회비는 상당히 싸며, 수영, 축구, 연극, 댄스 등 종류도 매우 다양하다. 클럽활동과 서클활동은 모든 스웨덴 사람들에게 생활의 한 부분이라고 할 만큼 중요하며, 이는 어린 시절부터 좋아하는 것에 몰두해 본 경험이 풍부하기 때문이다.

8학년부터는 2주간 사회실습(직업경험)이 시작된다. 급여는 없지만 여러 분야에 스스로 도전해 보는 기회가 된다. 사회실습 장소는 부모나 친한 사람과 상담하여 찾는다. 실습처를 찾지 못한 경우 학교에서 교내 청소나 교내 페인트칠을 하기도 한다. 사회실습을 통해 아르바이트를 하기도 하는데, 이 경험은 진로로 연계된다. 8학년부터 성적표가 나오며, 9학년에 열리는 마지막 '성장 간담회'(3, 4월)에서 성적 내용을 알려 준다. 이를 통해 다시 한번 노력을 할 수 있다. 중학교의 최종 성적은 고등학교 입학 여부를 결정하는데, 1지망에 떨어지면 2지망으로 입학할 수 있고, 학기가 시작되고 나서도 이동이 가능하다.

셋째, 고등학교이다. 스웨덴의 고등학교는 의무교육이 아니라 선택이다. 기초학교(종합학교)를 마치고 한때 사회에서 일하거나 유학이나 유급을 해도 20세까지는 고등학교에 입학할 자격을 주며, 20세가 넘으면 고등학교가 아닌 성인학교에서 고등학교과정을 이수하도록 한다. 고등학교 과정에서도 기초학교 '성장 간담회'를 통해 교사와 함께 교육과정에 대한 이해와 학교생활 전반에 대한 점검을 한다. 그런데 18세 이상이 되면 부모는 되도록이면 간담회에 참여하지 않는다. 스웨덴에서는 18세를 사회적으로 자립할 수 있는 한 사람의 성인으로 간주한다. 스웨덴에는 정치에 관심을 갖고 있는 고등학생이 제법 많다. 초등학교 때부터 이미 정치에 대한 관심이나 비판 정신을 기르는 등 밑바탕이 충분히 교육되었기 때문이다. 특권계급에 대한 반항, 환경오염에 대한 반대, 인종차별에 대한 반대 등을 주제로 고등학생들이 자신들의 견해를 주장하고 심지어 시위에 참여하기도 한다. 또한 스웨덴의 고등학생들은 학생회를 만들고 그 속에서 자신들의 권리를 실현하려 한다. 학교도 학생회의 의견을 최대한 반영하고, 학생들의 자주적 결정에 적극적으로 협조한다.

넷째, 대학과 성인교육이다. 스웨덴의 대학 입학은 고등학교 때의 성적을 기초로 한다. 따라서 특별한 시험은 없다. OECD 국가 중에도 스웨덴의 교육 연한은 길다. 만 5세부터 약 20년간 무상교육을 받는다. 19~24세의 젊은이가 대학에 진학하는 비율은 약 45%이다. 또, 고등학교 성적이 낮은 사람은 성인학교에서 한 번 더 고등학교 과정을 복습하여 새롭게 성적을 보충할 수 있다. 성인학교에서는 희망하는 대학의 학부에 필요한 특정 과목 성적을 집중적으로 올릴 수 있고, 모자란 학과의 지식을 보충할 수도 있다.

성인학교는 1968년 코뮌과 지방자치단체에서 도입한 것으로, 의무교육을 보충하는 과정, 고등학교 복습 과정, 이민자를 위한 스웨덴어 과정, 그 밖에 전문직업 과정 등이 주간과 야간으로 나누어 운영된다. 실직자나 직업병으로 병가 중인 사람이 재교육을 받을 수 있도록, 무급휴가 중인 사람이 전문지식을 높일 수 있도록, 직장에 다니면서 교육을 받을 수 있도록 다양하게 운영된다. 더구나 사회에 나와 일을 하면 노동 연수도 점수에 가산되기 때문에 대학에 들어가는 길은 별로 어렵지 않다. 대학에 입학하고 1년 정도 공부하면 학부를 옮기거나 휴학을 하고 사회에 나가 일해도 되고, 유학을 떠났다가 다시 대학으로 돌아와 공부할 수도 있는 등 매우 유연하다. 때문에 대학생의 연령이 높아져도 이상할 게 없다. 최근에는 대학 검정 시험 제도가 도입되어 누구라도 도전할 수 있다.

스웨덴의 교육제도, 특히 진로직업교육을 보기 위해서 살펴본 자료는 한국직업능력개발원이 발간한 『북유럽의 직업교육 실태 및 혁신사례』라는 연구 보고서이다.

스웨덴 교육제도의 특징은 고등학교나 대학과정이 일정한 연령층과 수학 기간을 정해서 주어지지 않고 본인의 필요에 따라 언제든지 직장과 학교교육을 번갈아 넘나들 수 있는 평생 순환교육 형태로 조직되어 있다는 점이다.

스웨덴의 고등학교 교육과정은 2001년 개정을 통해 2009년 기준 17개 프로그램을 운영한다(예술, 경영, 아동과 레크리에이션, 건설, 전기, 에너지, 식품, 수공예, 건강관리, 호텔과 레스토랑, 공업, 미디어, 자연자원활용, 자연과학, 사회과학, 기술, 운동). 이 가운데 직업교육은 13개이지만 어떤 프로그램을 이수하더라도 원하면 대학 진학을 할 수 있도록 각 프로그램이 설계되었다. 예를 들어 직업교육 프로그램에 분류된 과정에 참여하는 학생들도 모두 스웨덴어, 수학, 영어, 사회, 과학 등의 핵심 교과를 필수로 이수해야 한다. 이는 인문교육과 직업교육 과정 학생들 간의 차별을 없애기 위한 것이다.

고등학교 교육과정 핵심필수 교과는 스웨덴어, 수학, 영어, 사회, 과학, 종교, 예술, 체육, 보건이며, 총 750학점을 이수해야 한다. 또 프로젝트 학습 100학점을 포함하여 교과에서 1,450학점, 선택에서 300학점 등 총 2,500학점을 3년 동안 이수해야 한다. 고등학교 직업교육 프로그램 과정에 있는 학생들은 3년의 과정 중 최소한 15주 현장훈련을 의무적으로 이수해야 한다. 직업교육 프로그램 외 예술, 자연과학, 사회과학, 기술 등 4개 프로그램을 이수하는 학생은 현장훈련이 의무가 아닌 선택이다. 스웨덴은 고등학교 단계에서 일반 인문교육과 직업교육의 통합 체제를 도입하면서 도제훈련을 폐지했다. 그러다가 2006년 우파 정부가 집권하고, 2011년부터 고등학교 과정에 도제훈련 체제가 도입되었다.

스웨덴의 경우 우리나라 중학교에 해당하는 나이의 학생들을 대상으로 하는 직업교육은 프라오Praktisk Arbetslivsorientering(직업 실습 체험)를 통해 이루어진다. 이는 스웨덴 전역의 8, 9학년 학생들이 참여하는 직업체험으로 8학년이 2주간, 9학년이 1주간 학교에서 수업을 받는 대신 기업을 정해서 일을 경험한다. 프라오 체험 전에 교사와 학생은 함께 준비를 하는데, 기업 방문 이전에 그 기업에 어떤 직종이 있는지, 각 직종을 위해 어떤 교육을 받아야 하는지를 알아보고, 무엇을 배우고 싶은지 그쪽에서 요구하는 것은 무엇인지를 사전에 준비하는 방식이다. 직업체험 이후에도 그것의 결과에 대해 토론하고 체험의 내용을 각 과목에 통합시켜 보고서를 쓰게 되는데, 학생들은 체험 결과에 기초해서 이후 해당 직업에 대한 희망 여부를 밝히기도 한다. 한편, 전통적인 프라오 말고도 특정 기업과 협력해서 하는 직업체험 프로그램이 있다.

교육기본법 제2조에 따라 모든 학교는 진로전문 상담사 1명씩을 배치해야 하는데, 상담사는 행동과학과 사회과학을 공부한 이들로 구성된다. "학생이 자기 자신을 알고 주위 환경·사회에 대해서도 알면서 최선의 결정을 할 수 있도록 해 주는 것"이 진로전문 상담사의 역할이라고 한다. 물론 학생들의 진로와 정보 제공, 교과목 수업 등에 대해 전체 선생님들이 함께 책임을 진다.

스웨덴의 모델은 한국의 진로직업교육에 많은 시사점을 준다.

첫째, 직업교육의 패러다임이 바뀌어야 한다. 무엇보다 생산력 발달에 따라 살아가는 데 필요한 지식의 총량이 근대 초기와는 비교할 수 없을 정도로 늘어났기 때문이다. 과거에는 산업현장에서 일을 하는 데 필요한 최소한의 지식만 가르치면 되었지만, 지금은 작업공정 과정 자체가 달라졌다. 단순한 작업은 기계가 대체하고 있으며, 노동자에게 더 많은 지식과 기능을 요구한다. 잘 알려진 것처럼 스웨덴은 인구 대비 특허보유율이 가장 높은 나라로 꼽힌다. 그 이유는 성평등으로 여성들이 적극적으로 사회참여를 해서 창의성이 성별 차이 없이 발휘되고, 엔지니어 수가 일본 다음으로 많은 것에서 알 수 있듯 전체적인 노동자의 교육 수준이 높기 때문이다. 이런 점에서 직업체험이나 직업훈련만 강조하는 한국의 진로직업교육은 분명한 한계가 있으며 재편이 불가피하다.

둘째, 교육의 목적은 인간의 전인적 발달이라는 점에서 통합교육이 요구된다. 통합교육을 하는 이유는 교육의 목적이 전인적 발달에 있기 때문이다. 실제 청소년의 성장은 중학교 과정에서 멈추지 않는다. 고등학교 과정에서도 신체적 발달, 지적 발달, 감성 발달과정에 있다. 이런 점에서 우리처럼 중학교 졸업 단계에서 트랙을 나누는 것은 사실 매우 비합리적이다. 근대 교육의 탄생기에 형성된 학제, 즉 귀족과 부르주아 자녀들의 대학 진학 준비를 위한 인문계 고등학교와 블루칼라 노동자를 양성하기 위한 실업계 고등학교라는 이분법을 21세기에도 유지해야 할 이유가 전혀 없다. 왜 16세 정도의 학생들에게 이러한 선택을 강요하는가?

셋째, 개인의 지적인 차이가 사회적 차별을 낳는 것을 경계해야 한다. 그동안 인문교육과 직업교육을 나누는 것은 계층 분화를 확대재생산하는 결과를 낳아 왔다. 물론 아직도 '사회적 임금격차가 해결되지 않았는데 교육 개혁이 무슨 소용이냐'고 한탄하는 이들도 있지만, 사실은 학력(학벌)이 문화자본으로 기능하면서 학력이 임금과 지위의 격차를 정당화하는 도구가 되고 있다는 점에서, 고등학교 단계부터 학력 차이를 만드는 시스템은 지양되어야 한다. 다시 말해 사회적 임금격차를 줄이려면 사회 구성원 간의 지적 차이를 최소화하는 교육과정과 학제를 설계해야 하는 것이다.

넷째, 스웨덴의 프라오를 통해서 우리는 현재의 진로직업교육 중 자유학기제에 대한 비판적 성찰을 해야 한다. 현재의 자유학기제는 그 취지에도 불구하고 근본적인 한계를 안고 있다. 가장 큰 문제는 고등학교 서열체제 때문이다. 특목고, 자사고 출신들이 상위권 대학 진학을 독식하는 구조를 그대로 두는 한 자유학기제는 실효성을 갖기 어렵다. 불안이 영혼을 잠식한다. 현재의 교육체제에 불만이 있어도 경쟁에서 살아남아야 한다는 불안이 더 크기 때문에 사람들은 행동에 나서지 못한다. 더욱이 학력주의, 실력주의에 사로잡힌 대부분의 학부모에게 시험 없는 중학교 한 학기는 불필요한 시간 낭비나 영·수·국 과외를 시킬 수 있는 적기로 보일 수 있다. 아마도 정책 입안자들이 자유학기제 모델을 구상할 때, 아일랜드나 스웨덴 등을 참조한 것으로 보이는데, 교육개혁에 대한 전체적 구상이나 철학 없이 차용하는 경우 이런 결과를 초래하는 것이다. 그럼에도 스웨덴 프라오의 장점을 자유학기제에 활용하고자 한다면, 지금과 같은 단발성 직업체험 활동은 전면적으로 재구성되어야 한다. 즉, 하루 이틀의 요식행위 같은 일터체험으로는 제대로 된 직업체험이 이루어질 수 없다. 이는 교육과정 재구성, 일터와의 연계 확보 등 덴마크의 사례처럼 노·사·정·학의 협치와 파트너십을 통해서 만들어 나가야 할 것으로 보인다. 그리고 이를 위해서 현재 진행되는 자유학기제 일터체험 활동의 전면적인 검토와 문제점에 대한 공론화로부터 출발해야 한다.

4. 핀란드 사회와 핀란드의 직업교육

『북유럽의 직업교육 실태 및 혁신사례』에 따르면 핀란드에서는 9학년까지의 기초교육을 이수한 후, 학생들은 일반계 혹은 직업계 고등학교로 진학한다. 직업계 고등학교는 3년 과정(120학점)이며, 현장에서의 실제 근무가 20학점 정도 포함된다. 현장근무는 도제수업으로도 대체할 수 있다. 고등교육(대학)은 폴리텍 대학과 대학으로 나뉜다. 폴리텍 대학은 일반계, 직업계 모두에서 진학하여, 직업 분야의 전문가가 되는 것에 중점을 둔다. 대학 입학은 입학시험이나 직업자격증 소지 여부에 따라 결정되는데, 20개의 대학 중 10개는 종합대학이고 나머지 10개는 특수전문대학으로 경제경영대학, 기술대학, 예술대학이다. 대학 학사는 공학 의료를 제외하고 최소 3년이다. 석사는 최소 5년이 걸리며 약학, 치의학, 수의학은 5~6년이 소요되며, 석사 이후 박사는 약 4년을 요구한다.

핀란드의 직업교육은 고등학교에서부터 시작되는데, 일반계 고등학교는 주로 대학교육을 받기 위한 과정임에도 불구하고 일반교육과 직업교육을 융통성 있게 받을 수 있다. 학생들은 일반계의 대학입학시험과 직업계의 직업자격시험을 동시에 이수하기도 한다.

1990년대 초 핀란드의 실업률은 10%에 육박하고 경제도 침체되었다. 이를 극복하기 위한 방안으로 핀란드는 직업교육 시스템을 개혁했다. 이전에 핀란드의 교육은 한번 직업교육 경로에 들어서면 곧바로 노동시장으로 진입해야 하는 단절된 구조였다. 이에 1990년 교육개혁을 통해 직업교육 경로를 개방했다. 즉 폴리텍 대학을 증설하고 직업계 학생들이 폴리텍 대학이나 일반 대학을 갈 수 있게 했다. 또 일반계 고교와 직업계 고교 프로그램 간의 전환을 가능하게 했다.

이번 탐방에서 확인한 것처럼 핀란드 직업교육은 매우 엄격한 질 관리를 한다. 그래서 초기에는 중도 탈락률이 일반계보다 더 높았다. 직업계 고등학교를 성공적으로 이수하면 해당 분야의 직업자격을 받으며 이는 고등교육기관으로의 진학을 위한 기초자격도 되고, 실제 노동시장에서도 통용이 된다. 또한 졸업생의 취업률은 해당 직업교육기관을 평가하는 중요한 수단이 된다.

핀란드 정부는 직업교육과 직업교육의 재정에 관한 사항을 각 시도별 지자체에 일임하고 있으며, 이에 따라 지자체는 각 관할 구역에 있는 공립은 물론 사립 직업교육기관에 대한 대부분의 재정 지원을 담당하고 있다. 따라서 사립 직업교육기관도 공립과 같이 정부 정책의 영향을 받게 되며 동일한 기준에 의해 평가를 받는다. 그럼에도 각 교육훈련기관에 대한 질 관리, 평가를 통해 제대로 수행하지 못하는 기관은 통폐합을 하는 등 중앙정부는 강력한 영향력을 발휘할 수 있다.

핀란드 직업교육의 성공은 입시제도의 유연성이 한몫을 차지한다. 핀란드 중학교 과정을 이수한 학생들은 선택에 따라 1년을 더 이수할 수 있고, 고교 진학을 원할 경우 5개 학교까지 진학신청서를 낼 수 있다. 또 일반계고와 직업계고의 상호 전환도 얼마든지 가능하다.

또한 25세 이하의 청년이 취업이나 진학을 할 수 있는 체제를 조성하고 있다. 고졸자가 취업을 못한 경우 희망하는 학교에 원서를 넣을 수 있고, 폴리텍과 일반 대학에 진학하는 학생의 경우 등록금 외에 생계비를 지원하기 때문에, 독립은 원하지만 취업은 못한 경우 진학을 선택하게 된다. 이렇게 취업이나 진학을 하는 데 국가의 지원을 받아 경제적 독립을 이루게 된다.

일반계 고등학교는 대학교육을 받기 위한 준비과정임에도 일반교육과 직업교육을 융통성 있게 모두 받을 수 있게 했다. 그 결과 학생들은 일반계의 대학입학시험과 직업계의 직업자격시험을 동시에 이수하기도 한다. 여기에 앞서 언급한 것처럼 대학 서열이 없고, 직업 간의 임금격차가 적기 때문에 굳이 인문계고를 통해 대학에 가려고 학생들이 아등바등 애쓸 이유가 없다. 그 결과 종합학교(의무과정으로 초등학교, 중학교)를 졸업한 학생의 40% 이상이 직업교육을 선택하고 있다고 한다.

핀란드의 직업교육이 이렇게 유연성을 가지고 성공한 것은 정부, 특히 지자체의 노력이 매우 컸기 때문이다. 미성년자는 학비 및 급식비가 무료이다. 직업교육은 130개의 독립적인 직업교육 제공자에 의해 이뤄지는데, 이 직업교육 제공자는 지자체 또는 지자체 연합이 될 수 있다. 이번 연수 때 방문한 케우다 그룹은 헬싱키 주변 7개 지방자치단체(야르벤빠, 께라바, 만뜨샬랴, 누르미야르비, 뽀르나이넨, 뚜우쏠라, 시뿌)가 공동으로 설립한 직업학교로 12개의 훈련기관과 도제교육센터를 갖고 있었다. 핀란드 직업교육 성공의 또 다른 요인은 교사의 높은 질이다. 핀란드에서 학교 교사는 최소한 석사 이상(5년) 300학점 이상을 수료해야 하며, 직업학교 교사는 석사 또는 석사과정이 없는 경우 학사자격에 3년 이상 현장 경험이 있어야 한다.

5. 북유럽 진로교육에서 무엇을 배울 것인가?

이번 연수를 통해 느낀 것은 이들 나라의 진로직업교육이 성공할 수 있는 배경에는 다음과 같은 사회적 조건들이 형성되어 있기 때문이라고 판단된다.

우선, 남녀평등지수가 높다. 이들 나라는 여성의 권리를 일찍부터 사회적으로 보장하고자 노력했다. 현재 덴마크 의회는 약 40%가 여성이고, 스웨덴의 경우 스스로 페미니즘 정부를 표방했다. 실제로 장관 남녀 비율이 5 대 5이며, 국내 정책은 물론 외교정책에도 반영한다고 한다. 이들 나라에서는 출산 및 육아 정책이 여성 친화적이며, 남자에게도 육아휴가를 허용한다. 그 결과 덴마크의 경우 아이를 가진 78%의 엄마들이 직장으로 복귀하는데, 이는 OECD 평균인 66%보다도 훨씬 높다. 반면에 한국은 OECD 국가 중 출생률이 낮은 나라 중 하나이다. 이는 고용 불안정과 교육비 등의 부담으로 아이 낳는 것을 주저하기 때문이다. 이런 점에서 덴마크 등 북유럽의 사례는 배울 점이 많다.

다음, 무상교육 즉 권리로서의 교육을 통해 청소년들의 진로 설정 그것이 취업을 위한 직업교육이든 대학 진학이든 독립적으로 할 수 있게 만들어 준다. 북유럽에서 18세 이상은 성인으로 취급되어 부모로부터 독립하는 게 너무도 당연시된다. 이것이 가능한 것은 사회적인 뒷받침이 있기 때문이다. 고등교육 즉 대학교육이 무상일 뿐만 아니라 생활비도 보조를 받을 수 있다. 때문에 누구나 배울 수 있고, 원하는 직업이나 학업을 선택할 수 있다. 이러한 사회적 환경 덕분에 부모가 자녀의 진로 결정에 압박을 가하는 것은 매우 제한적일 수밖에 없다. 이렇게 자율성을 중요하게 여기는 사회 문화 덕분에 젊은이들은 대담하게 도전하고 자신의 길을 찾아 나선다. 이것이 이들 사회의 역동성과 지속가능성을 만들어 내는 것이다. 이렇게 청년에 대한 투자는 바로 미래를 만드는 원동력으로 기능한다.

마지막으로 이들 나라는 사회민주주의 국가로, 시민교육이 매우 발달되어 있다. 이것이 이들이 민주주의를 만들고 지탱하는 힘이 아닐까 싶다. 덴마크에는 프리스콜레(초등), 에프터스콜레(중등) 등과 연계되어 프리스콜라(자유학교군)라고 부르는 민중의 대안교육체계 안에 폴케호이스콜레라는 성인교육기관이 있다. 폴케호이스콜레는 19세기 중반 그룬투비와 그 제자 콜에 의해 제창된 성인(농민) 기숙 고등학교로 민중(국민) 대학이라고 할 수 있으며, 덴마크 교육체제 안에서 커다란 영향력을 발휘하고 있다.

스웨덴의 경우 시민학교(공민학교)는 전국적으로 154개에 달하며, 대부분의 학교가 기숙사 시설을 제공하고 있다. 이들 시민학교에는 학기제로 운영되는 과정에 매년 2만 8,000명이 입학하고, 주말에만 참가하는 속성 과정에는 매 학기 5만 명 정도가 참여하며, 고등학교 졸업장을 갖지 못한 학생들이 이곳을 통해서 대학진학자격증을 얻을 수 있다. 시민학교는 일반 학교보다 많은 교사를 보유하고 학생들에게 더 다양한 기회를 제공하는 데, 난민 자녀들에게도 기회가 주어진다. 학비는 무료이지만 기숙사를 이용하는 학생들은 실비를 부담하며, 일반학교 학생처럼 보조금과 대출이 가능하다고 한다. 이를 통해 누구에게나 언제든지 교육받을 기회를 제공한다. 스웨덴의 교육에서 더욱 놀라운 것은 학습 스터디서클 협회이다. 10개의 협회가 있는데, 노동자 교육기관을 포함해 전체 인구 990만 명 중 성인 100만 명이 27만 개의 스터디서클을 통해 활동한다고 한다. 이 스터디서클 협회의 프로그램은 취미활동 외에도 직업교육의 성격을 갖는 것, 인문학적 교양을 주제로 하는 내용도 있는 등 매우 다양했다. 그 외에도 민중의 집이 있어서 노동자, 도시민들의 소통, 문화, 여가 공간으로 자율적으로 운영된다. 이러한 시민들의 자발적인 학습과 시민주도형 교육은 민주주의를 확대하는 데 분명한 기여를 하고 있는 것으로 보인다. 시민교육에 참여하는 사람들은 협력과 협의의 과정을 통해 민주주의를 삶의 원리로 익히게 될 것이고, 교육을 통해 자신의 삶에 긍정적인 영향을 얻는 동시에 사회적 발전에도 참여하게 된다는 것이다. 이는 개인의 능력을 고양시키는 동시에 사회적 의식을 증진시키는 결과를 만들어, 사회 전체 민주주의 발전에 기여하는 효과를 가져올 것이다.

이런 점에서 한국의 평생교육, 민주시민교육 또한 패러다임의 전환을 모색할 때이다. 물론 일부 자치단체는 콘텐츠 공급자로서의 평생학습기관 운영에 시민참여형 프로그램으로 도입함으로써 변화를 꾀하고 있기도 하다. 덴마크나 스웨덴 사례에서 볼 수 있듯이, 정부는 지원은 하되 간섭은 하지 않는 원칙하에 프로그램의 입안과 집행 과정에 시민 참여를 보장해야 하며, 나아가 기관 운영을 거버넌스 즉 협치를 통해 민주적으로 운영하는 방식으로 전환해야 한다. 이는 위탁을 주는 것으로 등치되는 것이 아니라, 실질적 주민 참여의 확장을 의미한다. 동시에 시민 주체가 직접 시민교육기관을 설립 운영할 수 있도록 지원을 확대하는 것으로 고민과 실천이 확장되어야 한다. 스웨덴의 민중의 집 사례처럼 지역거점으로 지역민들이 자신들이 처한 지역적 과제에 참여하는 방식의 교육문화 활동이 활성화 될 수 있도록 지원하는 것이야말로 민주주의의 성숙에 기여하는 시민교육의 방향이 될 것이다.

4장
북유럽 교육 탐방기 2

1. 두 번째 탐방길을 나서다

2019년 1월 내 인생 두 번째 북유럽 교육 탐방을 다녀왔다. 2016년은 여름 탐방이었지만, 이번에는 겨울 탐방이다. 같은 곳인데도 계절에 따라 완전히 감흥이 달랐다. 지난번 탐방의 주제가 진로직업교육이어서 주로 진로직업교육기관을 방문했다면, 이번에는 학교 탐방과 핀란드교원노조의 교육박람회가 주된 탐방 대상이었다. 지난번은 방학 기간이라서 학교 방문을 하지 못했는데 이번에는 학교에 갈 수 있었다. 최근 내 관심사 중 하나가 학교공간의 혁신인데, 학교를 방문한다고 하니 이런 기회를 놓칠 수 없다는 판단에 결국 참여하기로 했다.

탐방 기간은 1월 22일부터 1월 28일까지였는데 비행시간으로 첫날 22일과 마지막 28일을 빼고 나니 주말을 포함하여 정말 빡빡한 일정을 소화해야 했다. 이번 탐방은 티앤씨 재단의 후원으로 이루어졌다. 탐방단은 안승문 서울시교육청 자문관, 강신만 북서울중학교 교사, 신동석 인디스쿨 공동대표, 윤정 실천교사모임 학술팀장, 이성원 거꾸로 캠퍼스 교장, 차선주 티앤씨 재단 사무국장 그리고 필자로 구성되었다. 이번 탐방기는 스웨덴에서는 프리후셋FRYSHUSET이라는 프리스쿨Free School과 프레네 학교인 미머mimer스쿨을 핀란드에서는 야르벤빠 공립고등학교를 중심으로 구성했다.

2. 교육체제와 사회체제는 공진화共進化한다

북유럽의 교육이 선진적인 것은 북유럽의 사회체제와 정치체제가 선진적이기 때문이다. 북유럽은 이른바 사회민주주의를 근간으로 한다. 왜 북유럽에서 사민주의가 등장하게 되었을까? 셰리 버먼은 『정치가 우선한다』에서 이렇게 자본주의의 문제를 설명한다.

전前 자본주의사회에서는 개인의 기본적 생계가 "인간 공동체에 소속되어 있다는 것 자체의 도덕적 권리"에 의해 보장될 수 있었던 반면, 자본주의 아래에서는 아사의 위협(굶주림이라는 경제적 채찍)이 사회적 제도들의 필요물이자, 심지어 바람직한 일부분으로 자리 잡았고 게임의 법칙이 이끄는 궁극적 유인이 되었다는 점이다. 바로 이 자본주의에 대한 반발이 북유럽을 사민주의로 이끌었다는 것이다.[1]

그렇다면 스웨덴 사민주의의 특징은 무엇인가? 버먼은 그중 하나로 '민주적 수정주의'를 주목한다. 예를 들어 스웨덴 사민주의를 이끈 '얄마르 브란팅'은 철두철미한 민주적 수정주의자로 그는 스스로를 마르크스주의 정당이라고 생각했지만, 마르크스주의가 시공간을 넘어서 사민당의 실천을 이끌어 줄 수 있는 완벽한 안내자라고 보지 않았다. 또 '악셀 다니엘손'의 경우 1890년대에 "우리는 전술에서는 회의주의자이며 기회주의자다. 특정 전술이 모든 정당에게 모든 조건에서 적합하다고 주장하는 것은 미친 짓이다"라고 주장했다. 흥미로운 점은 다원주의이다. 브란팅의 후계자인 페르 알빈 한손은 "우리는 결코 당원이 우리 강령의 조항 하나하나에 맹종할 것을 요구한 적이 없다"고 했다. 버먼은 이를 두고 이처럼 백화가 만발하도록 기꺼이 놓아 두는 태도는 자신들이 직면한 당대의 문제들에 대해 사민당 내에서 수준 높은 연구와 논쟁이 일어날 수 있게 해 주었다고 평가

---

1. 셰리 버먼 지음, 김유진 옮김(2010). 『정치가 우선한다』. 후마니타스, 14~15쪽.

한다.[2]

당시 스웨덴 사민당은 보통선거권을 쟁취하는 것에 집중했는데, 보통선거권을 얻는 것이 노동운동의 지위와 힘을 상승시킬 것이고 자연히 의회에서 사민당의 비중도 증가할 것이라고 기대했다. 시간이 지나면서 스웨덴 정치체제에서 민주주의는 수단으로서뿐만 아니라 그 자체가 목적으로 받아들여졌다. 그 결과 유럽의 다른 정당들과 달리 스웨덴 사민당은 민주주의를 부르주아적 체제로 매도하는 경향으로부터 벗어날 수 있었다고 평가된다.

북유럽의 교육체제를 연구하거나 탐방하는 사람들이 간과해서는 안 되는 것이 바로 이 지점이다. 민주주의가 작동하지 않는 학교는 지배 이데올로기를 주입하는 공간이 되거나, 지배체제에 순응하는 인력을 양성하는 공간이 되고 만다. 여기서는 창의성, 비판적 사고, 소통, 협력적 문제해결, 인성, 시민성을 기대할 수 없다. 그런데 중요한 것은 학교가 민주적으로 바뀌려면 사회와 정치체제가 민주적으로 바뀌어야 한다는 점이다. 또한 학교를 민주적으로 바꾸려는 노력은 사회의 민주적 발전을 견인할 수 있다. 즉 학교민주화와 사회민주화, 교육체제의 변화와 사회체제의 변화는 결코 따로 떨어져 있지 않다. 혁신교육을 말하면서 혹은 북유럽의 교육을 말하면서 민주주의를 의도적으로 회피하는 경향, 혹은 북유럽의 정치체제에 대한 언급을 축소하는 경향이 없지 않은데, 그런 방식으로는 그 내용을 온전히 이해할 수 없을 뿐만 아니라, 제목만 가져와서 교육현장을 더욱 피로하게 만드는 정책만을 남발하게 될 것이다.

강조하지만 교육체제와 사회체제는 결코 따로 작동하지 않는다. 교육체제는 사회체제의 산물이다. 교육체제의 변화가 사회체제의 변화를, 사회체제의 변화가 교육체제의 변화를 이끈다. 다시 말해 이 둘은 상호작용하며

---

2. 세리 버먼, 앞의 책, 228~230쪽.

진화한다. 조너선 하이트가 진화인류학을 근거로 주장하듯이 유전자와 문화는 공진화한다. 인간의 진화는 단지 자연환경 변화의 산물이 아니다. 인간이 만든 사회 문화 제도로부터 인간은 강력한 영향을 받는다. 심지어 인간의 유전자도 바뀐다. 즉 인간은 자신이 만든 문화와 함께 공진화한다.[3] 경쟁체제는 경쟁적인 인간을, 협력체제는 협력적 인간을 만든다. 사회체제와 교육체제의 관계도 마찬가지다. 인간의 전면적 발달을 중심에 놓는 교육체제, 민주시민 양성을 최우선의 과제로 놓는 교육체제는 사회의 민주적이고 지속가능한 발전을 담보할 수 있는 사회체제를 만들 것이다. 또 민주적인 정치체제, 평등한 사회체제는 역으로 거기에 맞는 교육체제를 산출할 것이다. 교육체제의 변화, 사회체제의 변화는 같이 간다. 조너선 하이트의 말을 빌려 내 방식으로 다시 정의하면 유전자와 문화가 공진화하듯 교육체제와 사회체제는 공진화한다.

3. 얼음창고가 마을 속의 학교로 변신하다

스웨덴에서 첫 번째 탐방은 걷기로 시작했다. 북유럽은 밤이 길다. 아침 8시가 되어도 어둡다. 그런데 오후 4시면 어두워지기 시작한다. 이번 탐방에서는 북유럽 겨울을 제대로 경험 중이다. 스마트폰 어플리케이션을 확인해 보니 오늘은 무려 22,482보나 걸었다. 스톡홀름 시내를 전철 이동을 제외하고는 하루 종일 걸은 셈이다. 외국에 나와서 이렇게 많이 걸어 보기는 처음이다. 북유럽이 춥다고 해서 한국에서 무거운 헤비다운 점퍼를 가지고 왔는데 막상 와 보니 스톡홀름은 영하 1도에서 3도 사이였다. 너무 걸어서인지 아니면 옷 때문인지 더워서 땀을 줄줄 흘렸다. 북유럽 춥다고 너무

---

3. 조너선 하이트 지음, 왕수민 옮김(2014). 『바른마음』. 웅진지식하우스, 374~382쪽.

겁내지 마시라. 한국의 살을 에는 듯한 칼바람 추위에 비하면 애교다.

1) 열정을 키우는 학교

우리가 방문한 곳은 프리후셋FRYSHUSET이라는 사립학교다. 스웨덴어로 FRYS는 얼음이고 HUSET은 집이라고 한다. 영어로 FREEZE는 얼다라는 뜻이고, HOUSE가 집이니, 뭐 얼음집쯤 되는 셈이다. 왜 얼음집일까? 그 이유는 이곳이 과거 얼음공장이었기 때문이란다. 즉 얼음공장이었던 곳을 학교로 만든 것이다.

공장 건물을 활용했다는 점에서 2016년 여름에 방문한 나카문화센터 NACKA KULTURCENTRUM와 닮았다.[4] 그런데 나카문화센터가 지방정부가 운영하는 청소년문화시설이라면 오늘 방문한 이곳은 사립학교였다. 사립 학교라고 하면 영미식의 귀족학교를 떠올리거나, 비리의 온상으로 지목 되는 한국의 사립학교를 떠올릴 수 있으나, 스웨덴의 사립학교 특히 오늘 방문한 FRYSHUSET은 완전히 달랐다. 그래서인지 이쪽에서는 사립학교 를 프리스쿨Free School이라 부른다고 한다. 스웨덴은 7세부터 16세, 즉 우 리 식으로 초등학교에서 중학교까지가 하나의 교육과정으로 운영되는 종 합학교 시스템인데 이를 GRUNDAKOLA라고 부른다. 스웨덴 전체로 보면 GRUNDAKOLA의 약 25% 정도가 사립(프리스쿨)이라고 한다. 사립이라고 하니 학부모들이 돈을 내는 것으로 생각할 수 있으나 교육과정에서 일정 한 자율성을 확보할 뿐 경비의 전부를 즉 급식까지 포함하여 모두 국가가 담보한다. 즉 비용이라는 측면에서는 국공립과 다를 바 없다.

---

4. 나카문화센터는 1800년대 디젤 공장으로 사용되던 건물을 개조하여, 2002년부터 문화센터 로 활용하고 있었다. 이 센터는 지역 역사박물관, 공연장(Nacka konsthall-the art gallery), 학교 극장(School courses & school cinema), 광장(The Arena-the plattform for social innovation)과 도서관을 갖추고 있었으며, 휴일 및 학기 과정, 일요일 과정(Verkstaden & Creating Sunday)을 운영하고 있었다. 나카센터는 나카코뮌(지역사회)의 학교들과 협약을 맺고, 지역의 학생들이 1년에 9개의 액티비티 프로그램을 경험할 수 있도록 하는데, 학교에서 경험할 수 없는 다양한 문화, 예술, 체육활동을 제공하고 있었다.

우리는 먼저 셸린이라는 이름의 교장으로부터 학교에 대한 설명을 듣고, 피터라는 직원의 안내로 학교 곳곳을 다녔다. 아래는 녹취한 내용을 근거로 하여 재구성한 것이다.

셸린은 2010년 학교가 개교할 때부터 근무했다고 한다. 처음 학교에 왔을 때는 교사로 일하고 싶었는데, 설립자가 교장을 하면서도 아이들을 충분히 만날 수 있다 하여 교장을 하게 되었다고 한다. 학교 전체에는 1,200명의 학생이 있고, 우리가 방문한 건물에는 약 300명의 학생들이 있는데, 스웨덴에서는 7학년에서 9학년, 우리 식으로 하면 중학생에 해당된다. 셸린은 학생 300명 모두를 알고 있다고 말했다. FRYSHUSET에는 다양한 인종, 다양한 지역, 다양한 계층의 아이들이 뒤섞여(셸린은 블렌딩이라는 표현을 썼다) 배우고 있는데, 그것이 이 학교의 강점이라고 한다.

셸린은 열정을 가진 교육적 리더가 되는 것을 강조했다. 그녀는 교장은 보스가 아닌 리더가 되어야 함을 강조했는데, 보스가 교사들에게 지시하는 사람이라면 리더는 교사들을 지원하는 사람이라고 설명했다. 한국의 제왕적인 교장, 군림하는 교장, 갑질하는 교장을 떠올려 보니, 한국 교육이 바뀌려면 무엇보다 교장제도부터 바꿔야 함을 다시 한번 깨닫게 하는 발언이었다.

피터라는 65세 된 직원도 배석했는데, 학생들은 그를 그랜드파(할아버지)라고 불렀다. 그는 핀란드 사람인데 현재 스웨덴에서 살고 있다고 한다. 그는 학생들과 교사 사이를 연결시키는 역할을 하고 있다. 그는 아이들의 배움을 위해서 학교 안과 학교 밖을 연결하는 역할도 했는데, 예를 들어 영화 만들기, 스포츠활동 등에서 외부의 전문가들을 수업으로 연결하는 역할을 한다고 했다. 그는 일종의 코디네이터였다. 원래 엔지니어였는데 일을 그만두고 나서 연극도 했었고, 나이가 들어 지금은 학교에서 일을 하게 되었다고 한다.

FRYSHUSET에서는 국가교육과정 외에 다양한 선택과목을 운영하고 있었는데, 학생들의 패션passion(열정)을 끌어내는 과목으로는 음악, 춤, 아트(비주얼), 타이복싱(킥복싱), 농구, 스케이트보드 등 6개를 일주일에 각 3시간씩 운영하고 있다고 한다. 그 외에도 여러 가지 프로젝트 수업이 있고 그중 '바카'라는 이름으로 타인을 지원하는 프로그램이 있는데, 최근에는 글로벌 지원 프로그램도 준비 중이라고 한다.

FRYSHUSET은 앞에서 언급한 여섯 가지 특기적성 과목 말고도 학생들의 열정을 이끌어 내기 위한 다양한 프로그램을 운영 중인데, 그중 하나가 한국에도 소개된 아쇼카 프로그램이다. 이 프로그램은 전 세계에 260개의 네트워크가 있는데 그 중심 목표는 미래를 향해서 세상을 바꾸기 위한 프로젝트라고 한다. 야쇼카 프로그램은 일종의 체인지메이커 프로그램으로 공감, 협력, 소통, 자기주도성, 내부로터의 변화, 책무성 등을 기르는 것을 목적으로 한다.

셀린은 학생들이 책임 있는 인간으로 성장하려면 스스로 선택할 수 있어야 하고 그 과정에서 생기는 실패는 중요한 배움의 과정이라고 말했다. 실패하는 것을 두려워하지 말아야 하며, 오히려 실패를 통해서 더 많은 것을 배울 수 있다고 강조했다. 셀린은 3개의 원을 그리면서 트리플 포커스를 강조했는데, 그것은 자아, 타인, 환경과의 상호작용이었다. 이를 통해 자기정체성, 자기주도성을 가질 수 있고 남과 공감하고 소통하고 협력하는 능력을 기를 수 있으며, 세상과 상호작용하고 사회에 기여할 수 있다고 했다. 셀린은 교사의 역할이 매우 중요하며 교사는 학생들에게 모델이 되어야 한다고 했다. 그녀는 오픈 하트와 클로즈 하트를 그리며 설명을 했다. 열린 마음(하트)을 가진 교사는 호기심을 가지고 공감하고 소통하는데, 닫힌 마음(하트)을 가진 사람은 의심하고, 방어하고, 지시하려 한다고 했다. 즉 교사는 늘 열린 마음을 가지고 학생들을 대해야 함을 강조했다.

그렇다면 FRYSHUSET의 교사는 어떻게 선발될까?

교사로 채용되기 전에 6개월 수습기간을 갖는데, 위에서 언급한 오픈 하트와 클로즈 하트를 비교하면서 자신이 어떤 하트를 가졌는지 확인하게 한다고 한다. 이때 액티브 리더십이 매우 중요한데 이것은 권위적이고 엄격한 스타일과 자유로운 스타일을 택일하는 것이 아니라 양자를 융화시키는 것을 요구한다. 이 6개월의 연수는 액티브 리더십 외에도 학생들의 행동(행위)를 이해하는 능력, 자존감을 형성하는 것, 책무성을 기르게 하는 것, 소통능력, 가족과 같은 공동체성 등의 능력을 함양하는 것에 주력하고 있다고 한다. 여기서 책무성을 기를 때는 개인적 책무성과 사회적 책무성을 모두 강조하며, 그것은 개인적 책무성을 기초로 한다.

그러면 어떤 사람이 FRYSHUSET의 교사가 될까? 프리스쿨Free School이라고 해도 국가교육과정을 운영해야 하기 때문에 교사자격증을 요구하는 교과목은 교사자격증이 필요하다고 한다. 그 외의 다른 선택 교과목에는 다양한 사람들이 교사로 들어올 수 있다. 예를 들어 농구 선수나 격투기 선수도 교사가 될 수 있다. 이 지점은 우리보다 상당히 개방되어 있다고 할 수 있다. 또 사립이라서 재단 이사장 같은 사람이 있지만 학교운영은 교장과 교사에게 전적으로 맡긴다고 한다.

FRYSHUSET 커리큘럼은 어떻게 운영되고 있을까? 우리나라의 중학생 즉 7학년에서 9학년까지 교과목 시간을 보면 다음과 같다. 수학 3시간, 스웨덴어 3시간, 뉴로사이언스(과학) 3시간, 사회과(지리, 사회, 역사 등) 3시간, 체육 2시간, 제2외국어modern language 2시간, 영어 2시간, 음악 1시간, 미술 1시간, 공예 1.5시간, 학급회의 1.5시간, 실과home knowledge 70분 등으로 구성되는데, 우리(45분)와는 달리 교과는 1시간이 60분, 실습수업은 70분이 기준이라고 한다. 이런 교과목 시간 외에 앞서 언급한 선택과목 음악, 춤, 아트(비주얼), 타이복싱, 농구, 스케이트보드 6개가 존재하는 셈이다. 그런데 최근에는 피사PISA 결과 때문인지, 다른 이유 때문인지 정부로부터 수학의 시수를 현재 3시간에서 4시간으로 늘리라는 압박을 받는다고 한다. 이는 스웨덴에도 우파 정부가 집권하면서 나타나는 현상으로 볼 수 있을 것이다.

　교육과정에 대한 설명 중 가장 흥미로운 것은 국가가 지정하는 교과목을 아예 진행하지 않는 기간이 총 3주 있다는 것이었다. 스웨덴은 개학을 3월이 아니라 8월에 한다(3월에 개학을 하는 나라는 한국과 다른 몇몇 나라 정도라고 한다). 1월, 5월, 10월에 1주일씩 프로젝트 수업을 하는데, 그것은 앞에 셀린이 말한 자아, 타인, 환경과 맞물려 있다. 즉 학기가 시작된 10월에는 타인에 대한 이해, 인간에 대한 이해, 5월은 자신에 대한 탐색, 내가 좋아하는 것, 1월은 환경과 사회를 주제로 하는데 예를 들어 최근에는 기업가 정신 등을 주제로 진행하고 있다고 한다. 10월은 학생들이 들어온 지 얼마 안 되는 시점으로 FRYSHUSET의 비전 공유라는 성격을 갖는 것으로 보인다. 이 기간의 수업은 교사가 전체적으로 진행하면서 학생들은 의견과 아이디어를 내고 함께 진행한다. 우정, 책무성, 학교의 정신 등을 배운다고 한다.

　총 수업 일수는 1년에 189일 정도인데, 1월, 5월, 10월 각 1주일의 프로젝트 수업을 위해서는 평소 수업시간을 줄여서 시간을 확보해야 한다고 한다. 이 각각의 1주일은 전인적인 인간으로의 발달을 위해 매우 중요한 시간이라고 한다. 하지만 이 기간에도 학생 스스로 판단하여 다른 교과목을 들을 수 있다고 한다. 예를 들어 수학이 필요하면 그것을 하면 된다.

　탐방 일행 중 한 명이 혹시 이 프로젝트 기간 중에 평가는 어떻게 하느냐고 물었다. 셀린은 왜 그런 것을 하느냐고 반문했다. 실패를 통해 배우는 것이 가장 중요하기에 다른 교과목에서 수행하는 그런 형식적인 평가는 불필요하다는 것이다. 학생 스스로 선택하고 실패로부터 배우는 것을 강조하는 것과 같은 맥락의 답변이었다.

　기타 질문으로 탐방단원들이 수업시간을 물었더니 학생들의 수업시간은 오전 8시 30분부터 오후 2시 30분까지이며, 교사들은 오후 3시 30분이나 4시까지 일한다고 답했다. 교사들의 근무시간은 주 45시간인데 그중 10

시간은 자유시간이며 나머지 35시간 중 3시간 정도는 회의를 한다고 한다. 교사 1인당 수업시수는 18시간으로 우리와 비슷했다.

가장 놀라운 것은 중학생 과정의 300명을 포함하여 우리 식으로 초등학생과 고등학생까지 모두 학생 수가 1,200여 명이었는데 이들을 위한 교직원은 400명이라고 한다. 3명당 1명의 교직원이 있는 셈인데, 400명 교직원 중 1/3은 교사가 아닌 행정인력이라고 한다. 한국의 교사 1인당 학생 수와 비교해 볼 때 정말 부럽지 않을 수 없다.

교장 셀린에게 이 학교의 비전이 무엇이냐고 물으니 '당신의 열정이 세상을 바꾼다'라고 한다. 즉, 이 학교는 학생들이 열정을 갖게 하는 것에 주안점을 둔다는 것이다.

또 교사들에게 불만이 무엇이냐고 물으니, 자신을 포함해 교사들의 가장 큰 스트레스는 '아이들을 돕고 싶은데 그것을 채울 수 없는 자신에 대한 스트레스'라고 답했다. 그러면서 이것은 모든 교사들의 공통점이 아니냐고 오히려 반문했다. 한국의 교사들이 행정업무 스트레스, 관리자로 인한 스트레스, 학부모 민원으로 인한 스트레스를 주로 언급하는 것과는 차이가 있는 대목이다.

2) 이곳은 학교인가? 놀이터인가?

셀린의 설명이 끝난 후 피터의 도움을 받아 학교 건물을 돌아보았다. 한국의 전통적인 학교 건물과 근본적으로 달랐다. 아마도 거대한 얼음창고를 개조하여 만들어서 그런 것일 수도 있겠지만, 설계부터 한국의 학교공간과는 발상 자체가 다르다는 것을 알 수 있었다.

건물의 맨 아래층 지하에 거대한 스케이트보드 연습장이 있었다. 정말 입에서 '헉' 소리가 나는 규모였다. 합판으로 다양한 연습을 할 수 있는 공간을 만들어 주었는데 그 길이가 작은 운동장 크기였다. 연습장은 2개로 구분되어 있었다. 큰 곳은 초보적인 단계에서 연습을 하는 공간으로 구배句配

나 낮았으며, 그보다 작은 곳은 좀 더 난이도가 있는 다양한 묘기를 연습하는 곳으로 구배가 매우 높았다. 흥미로운 것은 두 개의 연습장을 오고가는 사이에 조그만 가게가 있었는데 그곳을 학교가 아닌 민간에서 운영한다고 한다. 에너지음료 등과 스케이트보드 관련 장비를 팔고 있었다. 주목할 것은 이 공간을 학생들만 이용하는 것이 아니라 학생들의 수업시간 외에는 지역 주민들도 와서 연습을 할 수 있다고 한다. 한편, 스케이트보드를 가르치는 교사는 실제로 스케이트보드 선수 출신이라고 한다. 아이들은 외국에서 온 우리들을 잠시 신기하다는 듯 바라보더니 이내 보드 타는데 몰두했다. 수업은 다양한 연령대의 학생들이 뒤섞여 진행했으며, 학생들의 숫자도 10명이 안 되어 거의 개별 지도 수준이었다.

지하 공간에는 스케이트보드 연습장 말고도 체육활동을 위한 공간이 구획되어 있었는데, 전형적인 서양의 짐Gym과 같은 운동 공간이었다. 헬스기구들이 즐비하게 구비되어 있었고 학생들이 기구를 활용해 근력운동을 하고 있었다. 다른 쪽에는 샌드백들이 매달려 있고 한 면이 거울로 된 연습공간이 있었는데, 남녀 학생들이 타이복싱(킥복싱)을 배우고 있었다. 힘차게 샌드백에 발차기를 하는 모습이 인상적이었다. 앞에서 언급했듯이 학생들의 열정을 끌어내기 위한 6가지 특기과목 중 하나가 타이복싱이다. 이 종격투기를 아는 사람들이라면 킥복싱의 무서움을 알 것이다. 그래서인지 이 수업은 전문가가 결합해서 진행하는데, 놀랍게도 코치가 스웨덴 국가대표 출신이라고 한다.

지하공간은 복층이었는데 앞에서 운동을 하는 층 바로 위에는 음악과 댄스를 배우는 층이 있었다. 학생들이 좋아하는 것이 대중음악이고 대중적인 춤이기 때문에 그것을 중심으로 공간이 구획되었다. 방음이 잘되는 각 방에서는 다양한 음악연습이 이루어지고 있었는데, 건반을 연주하는 학생, 보컬 연습을 하는 학생, 기타와 드럼을 기본으로 하는 밴드 연주 연습을 하는 학생 등 다양했다. 각 공간에서는 교사들이 학생을 개별적으로 세심하게 지도하고 있었다. 연습 공간 외에 녹음할 수 있는 공간도 있었는데, 학생들은 매우 즐겁게 그러면서 진지하게 노래를 부르고 있었다. 댄스를 연습하는 공간은 대중적인 춤이라서 그런지 마치 클럽에 들어온 느낌이었다. 요란한 사이키 조명이 돌고 있었고 음량도 매우 크고 우퍼사운드가 쿵쿵 울려 나도 모르게 학생들의 춤사위를 따라 하게 되었다. 전문적인 안무가가 맨 앞에서 지도를 하고 아이들은 땀을 흘리면서 연습에 집중했다. 마치 한국의 연예인을 배출하는 기획사의 연습실 같은 분위기였다.

지하층 위에는 체육관을 중심으로 식당과 휴식을 위한 로비 등으로 구성되었다. 커다란 체육관은 농구, 배구 등 실내 구기 종목을 연습할 수 있는 공간이었는데, 흥미롭게도 종목별 연습을 위해서 검정색의 커다란 장막이 거대한 커튼처럼 쳐져 있었다. 만져 보니 단지 비닐이 아니라 안에 스폰지 같은 게 들어 있어서 부딪쳐도 다치지 않고 일정한 두께나 무게를 가지고 있어서 옆 공간으로 이탈할 위험도 없었다. 평소에는 이 커튼을 이용하여 3개의 공간을 구획해 농구, 배구 등을 연습하거나 수업을 진행하지만, 대규모의 경기가 있으면 그 장막을 걷는다고 한다. 양옆으로 계단형의 접이식 좌석이 있어 펼쳐지면 전용경기장 수준의 구조로 변신한다고 한다. 앞서 스케이트보드나 타이복싱처럼 농구와 배구 수업에도 그 분야의 전문가들이 아이들을 가르치는 모습을 보았는데, 농구는 국가대표를 지도했던 운동선수들이 가르치고 있었다.

실내 체육관을 나오면 학생들이 마음껏 이야기를 나누거나 작은 모임을 할 수 있는 로비가 있었다. 창문과 벽면으로는 1~2명이 들어갈 만한 마치 다람쥐 쳇바퀴 같은 좌석이 있었고, 가운데 테이블을 중심으로 한쪽 면에는 작은 무대가 있어서 소규모의 행사도 가능하게 공간을 배치해 놓았다.

1층의 식당은 카페테리아 같은 공간인데, 교직원은 물론이고 학생들도 이용할 수 있고 심지어 지역 주민들을 위해서 개방한다고 한다. 학생들의 식당은 무료이나 이곳은 유료로 운영되었는데, 음식의 질이 여타 식당과 다르지 않았다. 가격도 그리 높지 않았다.

 2층부터는 도서관과 교실 등이 층층이 배치되었는데, 국가가 요구하는 정규교육과정을 운영하기 위한 교실, 이 학교가 강조하는 교과 외 특기적성을 위한 수업, 예를 들어 공예활동, 미술활동을 위한 교육공간을 별도로 갖추고 있었다. 또한 교과별로 독립적인 교실이 있었는데, 이는 교과 담당 교사들이 독립적인 공간을 가지고 있음을 의미한다.

 교실과 교실을 연결하는 복도는 학생들의 창작물이 전시되는 갤러리 역할을 했으며, 학생이 그린 그라피티graffiti도 있었다. 그라피티는 벽이나 그 밖의 화면에 낙서처럼 긁거나 스프레이 페인트를 이용해 그리는 그림인데, 이것이 허용되는 것만으로도 이곳이 어떤 학교인지 그대로 확인되는 지점이었다. 교실과 교실 사이에는 빈 공간이 있는데 탁자와 의자를 자유롭게 움직일 수 있게 두었다. 물어보니 학생들이 삼삼오오 모여서 이야기도 하고 쉬는 휴게 공간이라고 한다.

 FRYSHUSET은 학교 자체가 아이들을 위해 최적화된 방식으로 공간을 설계했을 뿐만 아니라 폐쇄적인 공간이 아닌 지역사회를 위한 교육문화체육 복합 공간으로 기능하고 있었다. 어떻게 이런 발상이 가능했을까? 그것은 국가가 단위학교를 통제하고 관리하는 시스템이 아니기 때문이다. 물론 스웨덴의 교육은 우파 정부의 집권 이후 신자유주의 교육시장화가 진행되었고, 지금도 그 영향하에 있는 것이 사실이다. 스웨덴의 사립학교는 이 맥락과 분리될 수 없다.

 1960년대 초 스웨덴에서 사립학교는 매우 소수였다. 그런데 1990년부터 공적 재원 지원을 사립학교에 허용하면서, 1996년 이후 대도시와 대도시 주변에서 사립학교가 늘어났다. 스웨덴에서는 사립학교가 주식회사, 민간 회사/기업, 협동조합, 신뢰를 기반으로 한 단체, 재단 등 행정적 법적 사법적 형식으로 다양하게 설립될 수 있다. 이 학교들은 지방자치단체 학교로 공립학교와 동일하게 경제적 조건이 부여된다. 그런데 문제는 이 사립학교에 수익을 창출할 수 있는 권리가 부여된 것이다. 그러다 보니 영리행위 문제가 쟁점이 되고 있다고 한다. 그나마 다행인 것은 이들 학교는 학부모나 다른 당사자에게 추가적인 자금을 요구할 수 없으며, 이들 학교는 자신들이 사용하는 건물을 소유하지 않으며, 건물은 일반적으로 지방자치단체가 제공하는 형태이다.[5]

탐방에 함께한 일행이 버스에서 우연히 만난 스웨덴인(그녀는 사립학교 근무 경험이 있었다)의 말에 의하면, 이와 같은 사립학교는 FRYSHUSET 하나뿐이라고 했다고 한다. 이는 스웨덴의 신자유주의교육개혁이 모두 FRYSHUSET과 같은 지역사회학교로 작동하지 않을 수 있음을 시사하는 대목이다. 그럼에도 불구하고 지방정부가 학교공간을 이렇게 만들어 제공하고, 학교가 학생들을 위한 공간을 구성하고 그 공간을 지역사회와 함께 공유하는 이런 사례는 분명 의미 있게 검토될 필요가 있다. 학교는 지역사회의 구성적 요소이고, 학교와 지역사회는 함께 갈 수밖에 없기 때문이다.

4. 프레네 학교를 탐방하다

탐방 둘째 날은 프레네 학교 미머mimer스쿨을 방문했다. 숙소를 나와 전철을 타고, 다시 버스를 타고, 또 버스로 환승하여 약 1시간 30분 만에 한적한 시골 마을에 도착했다. 파아란 하늘, 눈 내린 하얀 들판이 펼쳐진 이국적인 풍경이었다. 날씨도 어제보다는 제법 차가워서 겨울 공기만이 주는 상쾌함을 제대로 만끽하면서 학교 안으로 들어섰다.

미머스쿨 안에 우리나라와 같은 병설유치원이 있는데, 아이들이 벙어리장갑을 낀 채 눈밭에서 뒹굴며 웃고 있었다. 파란 하늘만큼이 파란 눈동자

---

5. 린다 딜링-해먼드·프랭크 애덤슨·비에른 오스트랜드 엮음, 심성보 외 옮김(2017). 『세계교육개혁: 민영화 우선인가 공적 투자 강화인가?』. 살림터, 168~171쪽.

를 가진 아이들을 보니, 내 마음이 정화되는 느낌이었다. 운동장에 들어서니 트램펄린에 올라가 뛰는 아이들, 작은 언덕 같은 데서 썰매를 타는 아이들, 정글짐 비슷한 밧줄로 만든 놀이기구에 올라간 아이들이 우리를 웃는 얼굴로 맞이해 주었다. 우리나라 초등 저학년 정도의 연령으로 보였는데 추위에도 아랑곳하지 않고 활동을 하고 있었다. 운동장을 중심으로 작은 움막 같은 것도 있고 1층 건물들로 둘러싸여 있었는데 건물마다 용도가 달랐다. 식당과 교무실, 노작활동이나 문화예술창작활동을 하는 긴 건물과 그보다 작은 건물들이 있었는데, 물어보니 연령대에 따라 공간이 나뉘어 있다고 한다. 예를 들어 우리 식으로 중학생 정도의 나이 학생들을 위한 건물이 따로 있다. 하지만 식당과 창작 공간인 음악실 같은 곳은 여러 연령대가 공유한다고 한다.

이 학교에서는 30분 정도 프레네 교육철학과 미머스쿨에 대해 설명을 들은 후, 이어서 다른 건물로 이동하여 Thematic units, 즉 우리 식으로 하면 프로젝트형, 범교과통합수업의 사례를 들었다. 이후 급식을 먹고 나서 8학년 학생 두 명의 안내를 받으면서 학교 곳곳을 둘러보았다. 미머스쿨은 FREINETSKOLA라는 부제가 붙는다. 즉 프레네 학교이다. 그렇다면 프레네와 그의 교육철학을 검토하지 않을 수 없다.

1) 프레네와 프레네학교

우선 프레네가 누구인지 알아보자. 정훈의 『자발성과 협력의 프레네 교육학』을 기초로 프레네의 삶과 프레네 학교에 대해 소개하면 다음과 같다.

프레네는 당시 1, 2차 대전 사이의 많은 지식인이 그랬던 것처럼 아나코생디칼리스트 교사 연합에 가입했으며, 프랑스 공산당의 한 정파에서 활동했다. 이때부터 그는 정치 참여와 사회혁명의 과정에서 교육의 역할에 대한 공적인 논의에 참여하기 시작했다. 프레네는 신교육에 관심을 가지는 동시에 마르크스-레닌의 좌파정치 사상을 받아들였다.

그는 루소와 몬테소리, 페스탈로치, 듀이, 드크롤리 등의 이론을 연구하면서, 1922년에는 함부르크의 생활협동체학교를 방문했다. 그는 여기서 교과를 구분하지 않고 수업을 하는 모습에 강한 인상을 받았다고 한다. 1923년에는 몽트뢰 국제 학술모임에 나가 페리에르, 보베, 클라파레드와 쿠지네 등을 만난다. 1925년에는 소비에트연방을 여행하면서 교육에서 생산노동의 문제와 학교에서 실질적인 노동의 의미 문제, 그리고 학교 벽신문 등과 같은 원칙과 기술을 찾아내고, 교육의 본질에 대해 성찰했다고 한다.[6]

1932년에서 1934년까지 프레네는 그의 혁신적인 교수 방법과 공산주의적 성향에 반대하는 선전원, 정치가, 공무원들로부터 많은 어려움에 부딪쳤다. 그 결과 프레네는 1934년에 결국 '생 폴'의 공교육 체제에서 쫓겨났으며, 인근의 '벙스'로 가서 1935년에 '프레네 학교'라고 명명한 새로운 학교를 열었다. 이 학교는 이웃의 아이들, 스페인 내전을 피해 온 고아들을 받아들였다. 프레네는 이곳에서 주간 학습활동 계획, 공동생활의 조정과 갈등을 관리하는 협력적인 집회(또는 학급위원회), 벽신문, 자가 수정카드, 그리고 읽기의 합자연적인 방법과 같은 새로운 기술을 창안하고 실천했다. 1931년부터 발간하기 시작한 새로운 학습총서 역시 이곳에서 풍성해졌다.

프레네는 교사이면서도 많은 글을 남겼고, 학급 규모의 문제와 적절한 교육 자료의 부족, 동의 없이 교사를 이 학교에서 저 학교로 보내거나, 근거 없이 계약을 종료하는 일, 교사들에게 시대에 뒤떨어진 지침을 지키도록 강제하는 일, 그리고 열악한 노동조건과 같은 당대의 교육과 사회 문제에 대해 매우 강력하게 발언하고, 참여하고, 개입했다.

프레네 교육철학의 특징은 무엇일까?

프레네 교육론의 특징은 일을 아동의 본성으로 보았다는 것이다. 프레

---

6. 이영주(2013). 「배움의 의미에 비추어 본 프레네 교육론」.

네는 『일을 통한 교육』이라는 저작에서 아동이 놀이보다 일을 좋아한다는 '일 애호愛好'라는 개념을 제시한다. 그는 일, 즉 노동을 인간 활동을 생성하는 근본적인 심리적 특성이자 원리로 이해했다.

때문에 프레네는 당시 지배적이었던 신교육운동(진보교육운동)의 경향 중 하나인 '놀이가 아이들에게 자연스러운 것이자, 아이들을 끌어당기고, 흥미를 갖게 하여 그들을 열중하게 한다'는 견해에 대해 비판했다. 당시 신교육운동 즉 진보주의로 불린 교육 실천가들은 '교육이란, 미래의 생활을 준비시키거나 아동들에게 필요하다고 어른들이 생각한 것을 주입시키는 것이 아니며, 교육은 아동의 성장을 도와주기 위한 것이며, 아동의 성장이란 경험의 지속적인 재구성에 의하여 이루어진다'고 보았다.[7]

아동중심성을 강조한 신교육운동은 놀이를 아동의 근본적인 욕구로 이해하는 경향이 있었다. 예를 들어 드크롤리는 아동을 행동하게 하고 아동을 성장하게 만드는 동인을 놀이에서 찾았다. 아동이 자신의 삶과 충분히 관련을 맺게 하는 것이 바로 놀이며, 놀이는 정신활동을 자극하는 데 가치가 있고, 아동이 자신의 학교생활에서 삶의 현실로 나아가게 하는 다리 역할을 한다고 본 것이다.

이에 대해 프레네는 '일보다 놀이를 더 중요하게 생각하는 경향은 일의 창조적이고 형성적인 능력을 제대로 이해하지 못하고, 일이 일깨우고 자양분을 주고 자극하는 우리 힘의 탁월한 생식력을 망각하는 것이며, 일을 인정하지 않고 일의 가치를 낮게 평가한다'고 문제를 제기했다. 즉, '놀이를 모든 교육의 토대로 삼는 것은 놀이보다 일이 더 무능하다는 점을 암묵적으로 인정하는 것으로 그 결과 아이들을 더 이상 일하고 싶어 하지 않는 존재로 만들었고, 놀이가 아이들을 목적으로 인도하는 가장 효과적인 자극제이자 가장 해롭지 않은 자극제라는 점을 인정할 수밖에 없게 만들었

---

7. 조욱현(2013). 「프레네의 교사상과 진보주의 교사상의 비교연구」.

다'고 비판했다.

프레네는 동기와 목적이 있고 만족감을 주는 일이라는 관점에서 아이들에게 깨달음을 주고, 성장과 앎에 대한 갈증을 유발하며, 행복의 원천을 강조할 수 있는 일을 학교 활동의 핵심 토대로 설정했다. 이는 프레네 학교에서 노작교육이 강조되는 철학적 기반이 된다고 할 수 있다.

2) 프레네 학교 미머스쿨

교장은 우리에게 다음과 같이 학교를 소개했다.

미머mimer스쿨은 1997년 학생과 일부 교사에 의해 만들어졌다. 스웨덴에는 한국과 같은 사립학교는 없고 차터스쿨이라 할 수 있는 프리스쿨이 있다고 한다. 그러나 이 학교들은 지방자치단체로부터 예산을 받는다. 이 학교는 260명의 학생이 있는데, 연령대는 1~16살까지이며 이들을 위해 45명의 노동자들(교사, 교직원)이 있다. 이 학교가 잘 운영되면서 자매학교로 '휴긴'이라는 학교가 2006년에 만들어졌다. 교장은 이 학교가 개교할 때부터 교사로 근무했으며, 교장이 된 지는 약 11년이 되었다고 한다.

교장은 다음과 같이 프레네에 대해 소개했다. 프레네는 프랑스의 진보적인 교육학자이다. 그는 무엇을 아이들로 하여금 배우게 하고 싶은가에 중점을 두고 교육 실천을 한 분이다. 그는 아이들이 현장을 통해서 배우는 것을 중요하게 여겼고, 그 결과를 글로 쓰게 하고 그것을 인쇄기(활판인쇄기)를 통해 발간하게 했다. 프레네는 머리로 공부하는 것뿐만 아니라 손으로 만지고 뭔가 만드는 것을 중요하게 여겼다. 그는 머리로 공부하는 것과 손으로 만드는 것이 함께 가야 한다고 말했다. 그는 1966년에 사망했는데 생전에 교사들의 조직과 프레네 교사들의 연합활동을 강조했는데, 그 결과 지금 피멤이라는 국제적인 프레네 교사들의 단체가 있다.

프레네 교육의 핵심은 민주시민을 기르는 교육이다. 학교 안과 학급 안의 다양한 교육활동은 민주시민을 기르는 것이고, 아이들이 민주주의를 배우는 과정이다. 프레네는 교육에서 불변의 원칙 30개를 발표했는데, 그 첫 번째는 아이는 어른과 같다는 것, 어른처럼 대우해야 한다는 것이다. 그래서 프레네가 교사들에게 강조한 것은 '내가 만일 아이라면'이라는 관점에서 학생들을 대하라는 것이다. 프레네의 30가지 원칙은 지금 다양하게 해석될 수 있는데, 현재의 프레네 학교에서는 아홉 가지 중요한 원칙을 다시 세우고 실천하고 있다. 그 내용은 다음과 같다.

1. 배움의 즐거움, 삶에서의 즐거움(학교교육과 일상생활의 연계)
2. 소통(이웃과 자연과의 소통)
3. 실험(실습)
4. 손으로 하는 작업과 자유로운 표현
5. 상호 존중, 상호 영향 주기, 책임성
6. 형성적인 평가
7. 학교와 학급에서의 사회적 삶
8. 교사들의 역할의 중요성(서열이 없는 교사들의 협력, 학생과 교사의 협력)
9. Thematic units(교과통합 프로젝트 수업)

교장은 평가와 관련해 추가적인 설명을 했는데, 스웨덴이 신자유주의 영향을 강하게 받았음을 알 수 있었다. 교장은 프레네는 점수 매기는 것을 반대했으나 지금은 스웨덴 국가가 강조하고 있다고 했다. 이전에는 중학교 2학년부터 했는데 이제는 6학년부터 매기라고 한단다. 그래서 어쩔 수 없이 평가를 하지만 대신 미머mimer에서는 형성평가를 한다고 한다.

프리스쿨이지만 스웨덴 국가교육과정을 따라야 하는데, 국가교육과정에서는 다음 다섯 가지의 핵심역량을 강조하고 있다.

1. 분석
2. 소통
3. 초인지
4. 정보활용력
5. 포용(이해)력

프레네 학교로 미머스쿨은 확고한 다섯 가지의 원칙을 가지고 있다고 한다.

1. 모든 어린이는 승자(성공자)이다
2. 모든 어린이는 성장하고 희망을 가지고 즐기고 자신의 의지를 가져야 한다
3. 모든 아이는 다르다.
4. 삶은 바로 지금이다.
5. 좋은 아이디어는 나누고 전파해야 한다.

이어 한 교사의 안내에 따라 Thematic units에 대한 설명을 들으러 다른 건물로 갔다. 설명은 아서 해멀란드라는 영어와 스웨덴어를 가르치는 교사가 했다. 다음은 아서 해멀란드의 설명을 요약한 것이다.

스웨덴 교육과정에는 Thematic units이라는 주제수업 혹은 프로젝트 수업이 있다. 그 핵심은 체인지 메이커(변화), 삶을 위한 교육을 하라는 문제의식이다. 이전에는 교과목별로 가르치던 것을 넘어서 각 과목들이 직물처럼 짜이는데, 그 방법이 Thematic units이다.

스웨덴은 교육과정을 매우 강조하는데, 그것은 획일적인 것이 아니라 모든 교육은 같은 수준으로 제공되고 모든 아이들이 일정 수준 이상의 배움

을 얻어야 함을 의미한다. Thematic units 주제 하나당 약 10주 정도의 시간이 소요된다고 한다. 그 과정은 다음과 같다.

첫째, 교사가 계획을 세우는 것이다. 이때 고려할 것은 국가교육과정, 당시의 시대적 요구나 쟁점, 학생들의 요구, 교사 간의 브레인스토밍 등이다.

둘째, clue(단서, 실마리)를 제시하는 것이다. 이는 호기심을 자극하기 위한 도구이다. 그런데 실마리는 한 개가 아니라 여러 개이다. 이날 설명에서 예시된 것은 나뭇가지, 자갈(굵은 모래), 커피가루, 호른(관악기), 금 등이었다. 이것을 매일 다르게 각각 제시한다고 한다. 5개면 총 5일이 걸리는 셈이다. 실마리는 매우 다양한데 그날 우리 앞에 제시된 것은 아프리카와 관련된 것이다. 주제에 따라 실마리를 다양하게 제시하는 것이 필요하다고 한다.

셋째, 본격적인 시작인데, 아프리카 프로젝트를 중심으로 예시안을 공유해 주었다.

① 음악을 매개로 했다. 그녀는 스웨덴에서 대중적으로 인기 있는 가수의 노래 〈rings on the water〉를 들려주고 변화에 대해 생각하게 했다고 한다.

② 소크라틱 세미나는 철학적인 사유를 돕는 것인데, 이는 여러 연령대 즉 10살부터 16살 사이의 아이들이 모여서 연령 통합형 세미나를 하는 것이었다. 그 방식은 노래나 시, 소설에서 어떤 부분이 자신들에게 의미를 가지는지 말하게 하고 그것이 질문과 답으로 이어지게 한다고 한다.

③ 한편, 집에서 가져온 옷을 잘라서 그것들을 묶어서 퀼트처럼 천을 연결하여 카펫을 만들고, 음악을 듣고 그림을 함께 그리는 창작활동creative workshop도 했다고 한다.

넷째, 아이들이 모여서 생각을 나누는 것인데, 이때는 학년을 섞어서 그룹을 만들고 브레인스토밍을 한다. 제시된 실마리가 무엇일까를 두고 생각을 나누는 것이다. 이때 운동장 마당에 있는 움막에서 쌀로 밥을 지으면서 이야기를 나누게 했다고 한다. 이 과정을 통해 학생들은 질문들을 만들고, 아프리카에 대해 생각하고, 아프리카를 위해 무엇을 할 수 있는가 생각한다. 이때 주의할 것은 교사의 일은 관찰하고 지원하는 것이라는 점이다. 앞의 활동들이 모이면 일종의 마인드맵이 그려지는데, 거기에는 물 부족, 질병 등 아프리카가 처한 문제들이 드러나게 된다. 그리고 이 질문과 답을 만드는 데 여러 교과들이 참여하게 되고, 이것은 다시 교과로 연결된다.

다섯째, 이것을 다시 자신의 교과로 가져와서 다양한 교육과정으로 이어 간다. 예를 들어 화학은 물, 실과에서는 아프리카 진저 쿠키, 영어에서는 노래 〈We are the world〉, 스웨덴어 시간에는 시를, 음악에서는 아프리카 댄스를 미술에서는 3D 애니멀 만들기 등으로 연결한다는 것이다. 사회 시간에는 다양한 뉴스를 활용하는데 북아프리카(자스민) 혁명, 기아, 소말리아 해적, 노벨상을 탄 아프리카인 등 다양한 최신 의제와 뉴스를 다룬다. 아프리카 댄스를 배울 때는 가나에서 스웨덴으로 온 교환학생(대학생)들이 학교로 오기도 했다고 한다. 이때 교사는 학생들이 수행할 수 있도록 촉진한다. 또 과정에서 필요하면 박물관을 가거나 주제와 연관된 곳을 탐방하기도 한다.

여섯째, 10주간의 활동이 끝나면 그 결과를 발표하는데 학부모도 오고, 지역 주민도 온다고 한다. 언론사와 정치인도 초대한다. 이는 프레네 교육에서 학교가 울타리 안에 갇히지 않고 지역(사회)과 소통하고 함께해야 한다는 정신에 근거한 것이라 한다. 활동의 결과는 사진, 음악, 그리고 시를 매개로 표현하게 한다. 또 이 발표회에는 벼룩시장(알뜰시장)이 서기도 하고 공연도 하며 모금활동(주로 8학년이 담보)도 하는데, 그 모금된 돈은 국경없는의사회나 적십자 등에 기부한다고 한다.

발표가 끝난 후 질의응답 시간에는 유의미한 토론이 이어졌다.

일행 중 한 명이 아프리카에 대한 인식을 너무 불쌍하고 도와줘야 할 대상으로 설정하는 것 아니냐고 문제제기를 했다. 그러면서 그 나라의 전통 문화와 역사를 다루는 것이 어떤가라고 의견을 제시했다.

이에 대한 답변은 그것은 5년 전에 진행한 하나의 모델일 뿐이며, 매번 프로젝트 주제가 바뀐다고 했다. 또 당시는 사회적으로 펀드(모금)를 하여 지원하는 것이 중요했다고 한다. 주제는 매우 다양하여 과학적 주제, 사회적 주제들이 선정되는데, 예를 들어 크리스마스에는 이슬람이나 유대교와 같은 종교를 다루기도 하고, 1차 대전과 같은 주제가 선정되기도 한다. 주제에 따라 주도하는 교과가 달라지는데 1차 대전과 같은 주제는 사회과가 주도한다. 또 주제에 따라 결합하는 연령대가 달라지는데 항상 10세에서 출발하는 것이 아니라 때에 따라서는 5살짜리도 참여한다. 또한 이런 수업을 하려면 교사들이 사전에 교과를 넘어서 협의를 하는 구조가 매우 중요하고 한다.

질의응답 과정에서 우파 정권이 집권하면서 학교에도 신자유주의적 요소가 도입되어서 적지 않은 어려움을 주고 있음이 드러났다. 이런 활동에 대한 기록은 어떻게 하느냐는 질문에, 그녀는 기존에 없는 평가, 즉 6학년과 9학년에 일제고사가 생겼다고 한다. 원래 6학년은 없었는데, 물론 우리와 같은 선다형은 아니지만 이제는 일제고사가 존재한다고 한다.

6학년부터 평가가 되는데, 10주간의 활동 이후 교과별로 성취기준에 따라 매겨지며, 일반 교과별 성취기준에 맞춰서 한다. 성취기준은 5단계이며, 우리나라 나이스NEIS처럼 기록을 한다고 한다.

또 10주간의 수업시간 확보를 위해 1주 45시간 기준으로 교육과정에서 조금씩 시간을 모아서 운영하기도 하지만, 이것 자체가 교과시간으로 배정되어 그 안에서 산입하여 시수가 확보된다고 한다. 이는 한국의 혁신학교에서 프로젝트 수업을 하는 것과 다르지 않다고 한다.

교사 평가에 대해 질문하니, 우리나라처럼 평가를 하지 않는다고 했다.

교장하고 매년 한 번의 대화를 통해서 평가하는데, 그것은 교장이 교사를 발달시키기 위한 활동의 일환으로 보면 된다고 한다. 학급에 대한 것을 분석하여 그것을 교장에게 알리기도 한다. 문제는 우파가 집권하면서 장학청이라는 것이 만들어졌는데 그로 인한 문서작업 때문에 교사들이 힘들어한다고 한다. 즉 아이들을 가르치고 해야 하는데 도큐멘트(기록)에 시간을 많이 뺏긴다는 것이다.

학생들이 어디서 오느냐는 질문에, 미머스쿨이 시골에 있어서 주로 근교에서 오는데, 이민자 등의 자녀가 입학하고 있지 않다고 답했다. 학교 적응에 어려움을 겪는 친구들은 쉬는 시간에 조력자가 돌봄을 하며, 복지팀(간호사, 심리상담사)이 지원을 하고 있다고 한다. 또한 아주 특이한 경우를 제외하고는 교사와 학부모들의 큰 갈등은 없다고 답을 했다.

5. 학교공간은 누구를 위해 만들어져야 하는가?

세 번째 날은 핀란드 야르벤빠 고등학교로 갔다. 스톡홀름에서 핀란드로 오는 배에서 내리자마자 헬싱키 중앙역 앞 호텔에 짐을 내리고는 바로 다시 중앙역으로 가서 열차를 탔다. 헬싱키역은 교통의 요지이다. 외곽으로 나가는 기차, 시내외를 연결하는 전철과 버스가 있다. 뿐만 아니라 조금만 걸으면 '트램tram', 즉 전차를 탈 수 있다. 또한 이 역을 중심으로 도보 10~30분 사이에 핀란드 의회, 국립박물관과 국립미술관, 현대미술관, 자연사박물관, 대형 도서관(오디라는 거대한 배 형태의 복합문화공간), 헬싱키 대성당, 암석교회, 백화점, 호텔, 상가 등이 있기에 이곳들만 다 돌아다녀도 하루가 부족하다(핀란드 헬싱키에 가시면 한번 가 보시길 강력 추천한다).

1) 왜 학교에 외투 보관 장소가 따로 있을까?

기차를 타고 간 곳은 소도시 야르벤빠에 있는 고등학교이다. 헬싱키역에서 열차를 타고 30분 정도 지나니 아담하고 예쁜 역사가 우리를 맞이해 주었다. 처음에는 커피숍 건물인 줄 착각할 정도였다. 10분쯤 걸어서 다시 버스를 타고는 학교로 갔다. 눈이 얼마나 많이 내렸는지 이 도시는 온통 눈옷을 입고 있었다.

버스에서 내려 학교를 찾는데 흔히 말하는 정문이 보이지 않았다. 야르벤빠 고등학교라는 작은 글귀가 있을 뿐 우리처럼 커다란 기둥과 철문으로 된 정문 같은 것이 없었다. 일반 건물에 들어가듯 유리로 된 문을 통과하니 마치 옷가게처럼 옷들이 진열되어 있었다. 처음에는 이게 뭔가 싶었는데, 이후 다른 곳을 가면서 대부분의 공공기관에는 이 학교처럼 겉옷을 맡겨 두거나 걸어 놓은 장소가 있음을 알게 되었다. 로비에 겉옷을 걸어 두는 공간을 확보하는 이유는 무엇일까? 핀란드의 겨울이 유독 춥기 때문일까? 추위로 따지면 한국이 더 춥다. 그렇다면 왜 이런 공간을 마련한 것일까? 그것은 학교 안의 모든 공간이 외투를 입고 다닐 필요가 없을 만큼 따듯하기 때문이다. 그만큼 학교 건물이 잘 지어졌다. 난방은 물론 공기정화 시설이 아주 잘되어 있었으며, 무엇보다 모든 출입구와 창호가 정말 두껍고 튼실했다. 문을 닫으면 차가운 공기는 물론 소리까지 거의 완벽히 차단되는 수준이었다.

한국의 학교가 겨울에는 춥고 여름에는 더운 것과 비교한다면, 이 차이가 발생하는 이유를 찾아야 한다. 단지 건축 기술력의 차이인지, 아니면 부실한 건축이 반복될 수밖에 없는 또 다른 요인(예를 들면 구조적·관행적 비리)이 있는지 찾아야 한다. 건물 자체를 튼튼히 그리고 제대로 짓지 않은 상태에서 아무리 에어컨을 켜고 난방을 돌려도 효과를 얻을 수 없을 것이다. 김영삼 정부 이후 수십 년간 세계화를 그리 강조했건만 왜 우리 학교는 이리 냉난방에 취약할까? 그 원인을 이제 제대로 찾아야 한다. 그것이 기술력의 차이라면 기술을 배워서 보완해야 할 것이고, 만일 그 원인이 부실 건축 때문이라면 감리 등에 허점이 없는지 범사회적으로 성찰하고 대책을 마련해야 할 것이다. 어떤 분들은 이명박 정부 시절 40조 원이 넘는 돈을 강바닥 파헤치는 데 썼는데, 그 정도 돈이면 대한민국 학교를 상당 부분 현대화했을 것이라고 한다. 학교 하나 새로 짓는 데 150억 원 정도 든다고 하니, 모두 신설할 것이 아니고 상당수 리모델링한다고 생각하면 그리 허풍은 아닌 듯하다.

또 대한민국의 정부의 1년 예산이 400조 원에 육박하고, 복지비용은 독일과 비슷하다는데 그 효과가 독일과는 비교도 안 된다. 그 이유는 무엇일까? 바로 국민들의 혈세인 세금이 제대로 쓰이지 않기 때문일 것이다. '우리 아이들'이 덥고 추운 곳에서 공부하는 것에는 관심을 기울이지 못하고, 그저 '내 아이'에게 비싼 롱패딩점퍼를 사 줄지 말지에만 신경 쓴다면 앞으로도 학교시설은 개선되지 않을 것이다. 어쩌면 우리는 세금 낭비를 무관심과 침묵으로 방조하는 것인지도 모른다. 민주시민이라면 4대강 사업 같은 국가적 '삽질'을 하는 대신에 미래를 위해서 학교 건물을 제대로 짓는 것에 관심을 가져야 할 것이다.

2) 학생들을 위한 공간인 원형 홀을 중심으로 한 학교공간 배치

야르벤빠 학교에서 가장 충격적인 것이 대형 홀이었다. 가는 날이 장날이라고 이날은 졸업식 날이었다. 한국의 졸업식을 생각하면 아마 운동장이나 체육관, 대강당에서 오와 열을 맞추어 학생들이 서거나 앉아, 교장과 관리자들이 학생들에게 표창장 같은 것을 나눠 주는 모습이 떠오를 것이다. 요즈음 혁신학교가 늘어나면서 이런 식의 졸업식 행사는 많이 사라졌다고는 하나, 여전히 기본 포맷은 학생들은 졸업식 날까지도 학교의 관리통제 대상이다.

야르벤빠는 달랐다. 형형색색의 장식물과 화려한 옷을 입은 학생들이 테이블에 앉아서 식사를 하고 있었다. 록 음악이 울려 퍼지는 가운데 자유롭게 웃고 말하면서 노는 모습이 마치 대학교 축제나 파티장의 모습이었다. 식사가 끝나자 무대 위에 학생들이 올라가서 스스로 사회를 보면서 퀴즈를 내고 맞히는 등 일종의 퍼포먼스가 있었는데 이 또한 인상적이었다. 졸업식 무대 자체를 학생들이 꾸미고 진행했다.

3층으로 이루어진 원형 홀의 건물 가운데는 평소에는 식당으로, 그리고 공연장, 집회장으로 사용된다고 한다. 각 층마다 그 원형 홀 주변으로 탁자와 의자가 배열되어 있는데, 여기서 차도 마시고 공부도 한다고 한다. 실제로 행사가 끝난 후 학생들 중 일부는 그곳에서 노트북으로 뭔가 작업을 하고, 친구들과 이야기를 나누기도 했다. 나도 앉아서 아래를 내려다보았는데 마치 고급 카페의 탁자에 앉은 느낌이었다. 안전을 위한 유리벽의 높이가 1미터 50센티나 되어서 일부러 넘지 않는 이상 사고 위험은 없을 것 같았다.

이 원형 공간의 의미는 무엇일까? 그것은 학생을 위한 공간, 학생들이 주인이 되는 공간을 건물 중심에 배치한 것으로 해석할 수 있다.

이에 비해 한국의 학교는 최근에 지어진 일부 학교들을 제외하고는 여전히 군대 연병장 같은 운동장 구조에, 감시와 통제에 최적합화된 감방 같은 교실과 복도를 가지고 있다. 최근에는 학교 현대화 사업으로 다용도 공간을 만들고 복합체육시설을 짓고 있다지만, 이곳 핀란드의 야르벤빠 고등학교처럼 뻥 뚫린 원형의 공간, 마치 그리스 시대의 아고라와 같은 공간을 마련하고 있지 못하다. 왜 한국의 학교는 군대나 감옥과 같은 구조일까? 그것은 현재의 학교가 일제강점기의 산물이기 때문이다. 또 근대 학교의 탄생이 자본주의 국가가 요구하는 노동인력을 양성하는 곳이었기 때문이다. 그 노동력을 훈육하고 통제하는 데 적합하게 학교공간이 설계되었던 것이다. 과연 이런 공간에서 미래 사회를 살아갈 역량을 기를 수 있을까? 왜 내 아이의 방은 열심히 꾸며 주려고 하면서, 정작 아이들이 가장 오래 머무는 학교공간에 대해서는 이토록 무심하단 말인가? 모든 학교를 일거에 바꿀 수 없다면 일단 신축 학교 건물부터 과감한 공간혁신을 이룰 필요가 있다.

야르벤빠 고교 원형 공간이 주는 의미는 크게 세 가지로 해석할 수 있다.

첫째, 소통의 광장을 만들었다는 것이다. 1,000명이나 되는 학생들이 서로 만나는 것은 사실 쉽지 않다. 그런데 이 원형 공간을 중심으로 그들은 함께 밥을 먹고, 만나게 된다. 이 원형 공간을 관통해서 다른 건물로 이동하도록 설계되었기 때문에 학생들은 물론 교사들도 서로 만날 수밖에 없다. 이에 비해 우리의 학교는 학년별로 층이 나뉘어져서 서로 만난다는 것이 결코 쉽지 않다.

둘째, 민주주의를 배우는 공간으로 기능할 수 있다. 커다란 원형 홀에서 학생들은 공연을 하고, 영화도 보고, 음악을 듣고, 모여서 이야기를 나눌 수 있다. 여기서는 각종 포럼이나 컨퍼런스 등도 진행되는데, 이런 공간을 매개로 학생들은 자신의 생각과 주장을 펼칠 수 있는 것이다. 민주주의는 광장을 필요로 한다. 광장에서 사람들은 교류하며, 자신들의 사상과 요구를 주장한다. 때문에 대부분의 독재자들은 이 광장을 막기에 분주히 움직였다. 이는 한국도 예외가 아니다. 사람들이 모일 만한 곳은 화단을 조성하고, 나무를 심거나 거대한 조형물을 두고, 심지어 차도로 만들기도 했다. 감옥 같은 학교에서 주어진 교과서, 주어진 문제의 정답을 주어진 시간 안에 찾는 훈련을 강요받는 학생들은 제대로 된 민주적인 토론, 민주적인 의사결정 방법을 배울 수 없다. 그러나 야르벤빠의 거대한 원형홀과 같은 공간은 학생들이 모여서 이야기하고 토론하고 주장하고 대표를 선출하고 자신들의 생각과 주장을 펼칠 수 있는 가능성을 높여 준다. 우리가 진정 학교에서 민주시민이 자라나도록 돕고 싶다면, 이런 광장의 기능을 하는 공간을 만들어 주어야 한다.

셋째, 쉼의 공간, 문화의 공간으로 기능할 수 있다. 사실 제도교육에서 이루어지는 학습, 특히 후기중등교육(고등학교)에서 이루어지는 학습은 학습노동의 성격을 갖는다. 왜 학습이 아니고 학습노동인가? 그것은 후기중등교육은 어떤 식으로든 사회가 요구하는 노동력 재생산과 맞물려 있기 때문이다. 특성화고만 그런 것이 아니라 일반고 또한 자본(기업)이 요구하는 전문 엔지니어와 중간관리자 혹은 그에 준하는 전문직의 배출과 맞물려 있다. 때문에 이 단계에서의 학습은 그 물리적 시간은 물론이고 노동시장으로의 진출이라는 사회적 압박을 받기에 학습자에게 상당한 강제력을 갖는다. 그리고 이들이 획득한 지식, 혹은 숙련은 사회 전체적으로 보면 자본(기업)가의 이익은 물론이고 그 사회의 지속가능한 발전과 밀접한 연계성을 갖는다.

따라서 이들의 학습은 지금 당장은 상품이나 서비스를 창출하지 않지만 향후에는 자본(기업)이 요구하는 노동을 수행하기 위한 훈련 기간이란 측면에서 학습노동이라고 부를 수 있다. 또한 이 노동은 부불노동으로 자본(기업)가의 입장에서는 자신들이 비용을 지불하지 않는다는 장점이 있다. 그런데 다른 노동이 그런 것처럼 이 학습노동 역시 매우 고되다. 자본주의 사회의 노동소외가 발생하듯 여기서도 노동소외가 나타난다. 강요되는 학습은 배움으로부터 학생들을 소외시킨다. 즉 학습이 즐겁지 않기 때문에 학생들은 학습노동에 몰입하기보다는 다른 형태의 활동이나 쉼을 원한다. 학생들에게 설문조사를 하면 휴게공간을 만들어 달라는 응답이 많이 나오는 것도 이 같은 맥락에서 이해할 수 있다.

우리가 노동자들에게 노동력 재생산에 요구되는 충분한 임금과 휴식시간을 제공해야 한다는 것에 동의한다면, 학생들에게 적절한 쉼의 시간과 공간을 제공해야 한다. 또한 학습 외에 다양한 문화활동을 영위할 수 있게 해 주어야 한다. 음악을 듣든, 춤을 추든, 영화를 보든 재충전의 계기를 마련해 주어야 한다. 또한 학습노동으로 인한 스트레스를 건강한 방식으로 해소할 수 있어야 한다. 이런 점에서 야르벤빠의 원형홀과 같은 쉼의 공간이자 문화의 공간을 제공하는 데 더 이상 인색해서는 안 된다. 물론 근본적으로는 학습이 강요된 학습노동이 아니라 자아를 실현하는 배움이 될 수 있는 사회를 만들어야 한다. 당장 그것이 가능하지 않다면 적어도 학습노동으로 인해 지친 육체와 정신을 달랠 수 있는 시간과 공간을 확보하는 것이 사회의 책무이지 않겠는가?

6. 학교공간을 바꾸어야 교육이 바뀐다

요즘 건축심리학이 관심을 받고 있다. 이에 따르면 어른들은 탁 트인 공간이 심리적으로 더 안정되고 집중도 잘되지만 어린아이들이 좋아하는 공간은 후미지고 구석진 자기만의 공간이다. 이런 공간이 많을수록 아이는 안정감을 느끼고 상상력도 기를 수 있다. 창의적인 공간이 창의적인 생각을 만든다고 한다.[8]

우리의 현실은 이와 반대이다. 인구의 도시 밀집은 각박한 도시환경을 만들고, 이는 마음의 병을 만든다. 인간은 높은 수준의 위협이 느껴지는 불편한 장소에서 살면 신경계 반응과 내분비계 반응이 폭발해서 정신병을 앓거나 건강이 악화되기도 한다. 불안과 관련된 정신장애는 도시 환경에서 더 많이 발생한다. 그런데 지역사회의 응집력, 사회적 관계망이 높은 지역은 불안과 우울증이 낮은 것으로 나타나며, 특히 자연공간과의 접근 가능성이 정신장애의 위험을 줄일 수 있음이 확인되고 있다. 이를 반영하여 최근 건축학자들은 자연에 가까운 곡선을 옹호한다. 인간은 심리학적으로 곡선을 부드럽고 유혹적이며 아름답다고 생각하는데, 이에 비해 삐쭉삐쭉한 테두리는 딱딱하고 혐오스럽고 위험을 알리는 신호로 여기기 때문

---

8. 김경인(2014). 『공간이 아이를 바꾼다』. 중앙북스, 33쪽.

이다.[9]

최근 학생들이 참여하여 학교공간을 재구성하는 프로젝트 사업이 주목을 받고 있다. 일례로 '씨프로그램'이라는 벤처 기부펀드를 들 수 있는데, 이들은 '새로운 배움을 담아내는 공간은 어떤 모습이어야 할까?'라는 주제로 '배움의 공간' 프로젝트를 수행했다. 그 결과 경북 구미 봉곡초, 강원도 평창 진부고 등이 이 프로젝트에 선정되어 학생들이 참여하여 학교공간을 바꾸는 활동을 펼친 바 있다.[10]

몇 년 전 나는 훈데르트바서라는 화가이자 건축가의 전시회를 다녀와서 상당한 충격을 받았다. 그의 자연 친화적인 공간, 특히 건축물을 보면서 우리는 왜 학교 건물을 이렇게 만들지 못했을까 하는 성찰을 하기 시작했다. 즉, 직선 중심의 건물구조 특히 사각형 건물과 교실 그리고 긴 복도는 감옥이나 병원과 같은 통제에 유효한 공간일 수는 있지만, 그 안에서 생활하는 사람들 입장에서는 결코 창의력과 비판적 사고, 협력적 문제해결, 공감과 소통 능력을 기르는 공간으로 여겨지지 않을 것이다.

만일 공부에 지친 학생들이 학교라는 공간으로부터도 심리적 압박을 받는다면, 과연 우리 아이들이 제대로 성장하고 발달할 수 있을까? 이런 측면에서 보자면 학교공간을 회색빛 콘크리트 건물이 아니라 최대한 자연에 가깝게 바꾸려는 노력이 필요하다. 현대의 뇌과학이 밝혀내었듯 인간의 지능은 총체적이다. 인지적인 능력과 감성적인 능력은 교차되며 상호 영향을 줄 뿐만 아니라, 인간은 감정에 상당한 영향을 받는다. 즉 심리적 안정이 인지발달에 영향을 준다.

예를 들어 우리를 둘러싼 벽의 색, 우리가 보는 물건의 색은 우리를 둘러싼 빛의 다양한 파장과 함께 우리의 감정에 영향을 미친다. 진화의 역사에서 가장 먼저 등장한 광수용체 색소유전자는 햇빛의 분광분포와 녹색

---

9. 콜린 엘러드 지음, 문희경 옮김(2016). 『공간이 사람을 움직인다』. 더퀘스트, 182~193쪽.
10. 한겨레(2017. 5. 30). 「학생이 공간 디자이너로 변신⋯ 엄숙했던 학교에 재미가」.

식물에서 반사되는 빛의 파장에 가장 민감하다. 그러므로 적절한 햇빛과 녹색환경을 제공하는 것은 매우 중요하다. 녹색은 심리적 안정을 가져오며, 햇빛은 기분을 좋게 하고 생리적 반응을 가져오기 때문이다.[11] 우리는 학교 공간을 이런 심리학적 성과에 기초하여 바꾸어야 한다.

흔히 교육을 백년지대계라고 한다. 진짜 백년을 내다보는 교육개혁을 하고자 한다면, 학교공간을 어떻게 재구성할 것인가를 고민해야 한다. 교실공간 재구성은 물론 휴식, 도서관, 식당 공간 등을 효과적이면서 친환경적으로 바꾸어 나가야 한다.

이런 시도의 선구자로 우리는 셀레스탱 프레네를 언급하지 않을 수 없다. 이 프랑스의 혁신적인 교육운동가는 자신의 학교를 만들어서 기존의 학교와는 다른 공간을 만들었다. 그는 전통적인 학교와 달리 건물 중앙에 학생들이 가능한 한 자주 모일 수 있고, 일터교실과 자료조사활동을 하는 교실, 실험하기를 하는 교실을 자유롭게 오갈 수 있는 공간을 만들었다. 또 외부 활동 구역으로는 동물을 기르는 축사, 텃밭과 과수원, 운동장 그리고 개울을 조성하고자 했다.[12]

함께 모이는 공간은 공유 공간으로도 부를 수 있는데, 이는 협력적 활동을 자연스럽게 만든다. 예를 들어 스티브 잡스는 드림웍스라는 영화사의 CEO가 되었을 때, 건물 중앙에 공유 공간을 만들고 사람들의 동선을 이 공간을 통해서만 식당과 화장실 그리고 다른 사무실 공간으로 이동할 수 있도록 설계했다고 한다. 그 결과 다양한 팀에서 일하는 사람들이 서로 알게 되고 자연스럽게 소통하면서 창의성을 높일 수 있었다. 야르벤빠의 원형 홀은 이와 매우 유사하다.

정말 공교육을 혁신하고자 하는가? 진정 장기적인 안목으로 교육개혁을 하고자 하는가? 그렇다면 입시폐지 대학평준화와 같은 제도적 변화와

---

11. 애스더 M. 스턴버그 지음, 서용조 옮김(2013). 『공간이 마음을 살린다』. 더퀘스트, 83~93쪽.
12. 정훈(2009). 『자발성과 협력의 프레네 교육학』. 내일을여는책, 132~133쪽.

함께 우리는 학교공간을 바꾸는 것에 관심을 가져야 한다. 최근 교육부도 이에 관심을 가지고 관련 예산을 마련 중이라는데, 사실 이는 민주진보 교육감들의 공약과 다양한 실천을 뒤늦게 반영한 것이라 할 수 있다.

학교공간을 정말 혁신하고자 하는가? 그렇다면 여기서도 민주주의 원리가 작동되어야 한다. 가장 중요한 것은 그 공간에서 가장 많은 생활을 하는 교육 주체들의 목소리가 반영되는 것이다. 그것이 과거 통제의 공간에 익숙했던 꼰대들의 목소리가 주도하는 것이 아니려면 건축심리학, 공간심리학 등 더욱 다양한 분야 전문가들의 목소리가 첨가되어야 한다. 이번 스웨덴, 핀란드 탐방에서 나는 다른 많은 관심사와 함께 학교공간이 어떻게 바뀌어야 하는지도 집중해서 보고자 했다. 그리고 이를 한국에서도 반드시 적용할 것이다.

저자는 실천가로서의 경험을 바탕으로 마을교육공동체의 시대적 흐름을 조명하고 있다. 하지만 이 책이 실천가의 경험에만 근거하고 있는 것은 아니다. 깊은 사회과학적 통찰이 글 면면에 드러나고 있다. 마을교육공동체 구축을 위한 실천적 대안은 물론이고 정책적이면서도 이론적인 접근을 제시하고 있다.

_김용련 • 한국외국어대 교수

마을교육공동체를 통해 새로운 거버넌스를 만들고 결국은 교육을 바꿔 내보겠다는 어느 '어공'의 고군분투가 때론 짠하고 자주 감탄스럽게 목격되었다. 이 책은 일차적으로 그 기록이지만 활동가로서 이론과 연구도 놓치지 않으려는 치열함의 발현이기도 하다. 앞으로의 이야기가 더욱 궁금해진다.

_하태욱 • 건신대학원대학교 대안교육학과 교수

이 책은 "교육이 사회를 바꿀 수 있을까?"라는 근본적인 질문을 교육현장에서 온몸으로 실천하였던 생생한 도전을 기록하고 있다.

_양병찬 • 공주대학교 교수

저자는 너무 가깝지도 멀지도 않은 지점에서 우리 교육과 삶을 바라보고 있다. 그리고 경험과 실천을 바탕으로 대안을 제시하고 있다. 이 책은 혁신교육지구와 마을교육공동체를 진행하고 있는 지역이나 새롭게 준비하는 지역 모두에게 큰 도움을 줄 것이다. _추창훈 • 소양중학교 교감이 책은 왜 학습생태계가 확장되어야 하는지, 마을교육공동체는 어떤 역할을 해야 하는지에 대해 빼곡히 담아 두었기에 마을교육공동체에 대한 공부가 부족한 사람들에게 좋은 교과서가 될 수 있을 것이다.

_서우철 • 경기도교육청 장학사

김태정 선생님은 때론 관에서 때론 관과 민을 연결하는 중간지원조직에서 혁신교육지구와 마을교육공동체운동을 인큐베이팅하고 전국의 마을 단위에 여러 사례를 전파하는 역할을 자임해 온 분이기에 이 책은 더 의미가 있다.

_나명주 • 참교육학부모회 회장

이 책은 교육개혁의 정책과 활동 방향을 이끌어 온 현장 활동가가 '어공'으로서 사무관이 되기까지 현장에서 실천하며 연구했던 내용을 담았다. 교육운동가와 마을교육활동가들에게 필독서로 추천한다.

_이빈파 • 평등교육실현을 위한 전국학부모회 대표

교육운동가로, 어쩌다가 공무원으로 마을교육공동체를 위해 오랜 시간 현장에서 실천한 이야기와 변화가 필연적인 경계선에서의 고민들이 생동감 있게 느껴진다. 전국의 학교사회복지사 동료들에게 이 용기 있는 활동가의 이야기를 추천한다. _최웅 • 한국학교사회복지사협회장

학교와 마을을 오가며 다양한 단체활동, 진로활동, 삶의 고민을 풀어놓을 어린이 청소년의 행복을 위해 우리 교육에 마을교육공동체운동이 필요한 지금, 김태정 선생님의 이 책은 가문 날의 단비라고 생각하며 감사한 마음뿐이다.

_조대진 • 서울시교육청 참여협력담당관 장학사

이 책은 '교육'과 '혁신'과 '공동체'를 넘나든다. 현장의 '실천'과 '정책'의 흐름도 변증법적으로 펼쳐진다. 우리 모두가 안고 있는 '사회적 고통', '교육적 고통'을 마을교육공동체라는 실천적인 대안으로 풀어 가는 모습은 도도하게 흐르는 강물 같다. _서용선 • 교육부 지방교육자치강화추진단 교육연구사

책상물림이 아니라 현장에서 발로 뛰는 활동가, 몸이 열 개라도 모자랄 정도로 방방곡곡을 누비는 열정적인 실천가, 잠을 자면서도 마을교육공동체를 고민할 것만 같은 그가 어쩌다 공무원이 되어 민·관·학을 넘나들어 온 과정이 오롯이 담겨 있다. _김익록•강원도교육청 교육연구사

왜 학교교육을 굳이 학교 밖 마을에서 해야 하는가? 혁신교육지구가 궁극적으로 지향하는 바는 무엇인가? 이 책을 통해 우리가 처한 교육 현실을 돌아보고 대안을 찾기 위한 치열한 고민을 엿볼 수 있을 것이다.

_이덕우•충청북도교육청 장학사

김태정 선생님은 서울에 혁신교육지구가 본격적으로 태동할 시기에 양천에서 혁신교육지구를 만드는 데 헌신했던 분이다. 지금은 그 역할을 확대해 인천시교육청에서 인천의 마을교육공동체를 위해 동분서주하고 있다. 김태정 선생님의 경험과 고민을 고스란히 담은 이 책으로 한국의 마을교육공동체가 한발 한 발 더 나아가기를 소망한다. _박동국•서울시교육특별보좌관

교육개혁가이자 동시에 교육행정가로서 저자의 경험과 성찰이 우리에게 이론과 실천의 균형 잡힌 시각을 제공해 줄 것이다. 동시에 공동체적 존재, 협력적 존재로서 인간에 대한 희망을 발견하게 될 것이다.

_하동협•전국교직원노동조합 인천지부 지부장

마을교육공동체에 대해 저자의 경험을 바탕으로 활동가, 정책입안자, 연구자라는 다중적 정체성을 바탕으로 쓴 입체적인 책이 나왔다. 마을교육공동체를 시작하는 이들, 고민에 빠진 이들이 꼭 읽어야 할 책으로 추천한다.

_주수원•전국학교사회적협동조합연합회 정책위원

삶의 행복을 꿈꾸는 교육은 어디에서 오는가?

● **교육혁명을 앞당기는 배움책 이야기** 혁신교육의 철학과 잉걸진 미래를 만나다!

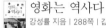

4·16, 질문이 있는 교실 마주이야기 통합수업으로 혁신교육과정을 재구성하다!

통하는 공부
김태호·김형우·이경석·심우근·허진만 지음
324쪽 | 값 15,000원

내일 수업 어떻게 하지?
아이함께 지음 | 300쪽 | 값 15,000원
2015 세종도서 교양부문

인간 회복의 교육
성래운 지음 | 260쪽 | 값 13,000원

교과서 너머 교육과정 마주하기
이윤미 외 지음 | 368쪽 | 값 17,000원

수업 고수들
수업·교육과정·평가를 말하다
박현숙 외 지음 | 368쪽 | 값 17,000원

도덕 수업, 책으로 묻고 윤리로 답하다
울산도덕교사모임 지음 | 320쪽 | 값 15,000원

체육 교사, 수업을 말하다
전용진 지음 | 304쪽 | 값 15,000원

교실을 위한 프레이리
아이러 쇼어 엮음 | 사람대사람 옮김
412쪽 | 값 18,000원

마을교육공동체란 무엇인가?
서용선 외 지음 | 360쪽 | 값 17,000원

교사, 학교를 바꾸다
정진화 지음 | 372쪽 | 값 17,000원

함께 배움
학생 주도 배움 중심 수업 이렇게 한다
니시카와 준 지음 | 백경석 옮김 | 280쪽 | 값 15,000원

공교육은 왜?
홍섭근 지음 | 352쪽 | 값 16,000원

자기혁신과 공동의 성장을 위한
교사들의 필리버스터
윤양수·원종희·장군·조경삼 지음 | 280쪽 | 값 14,000원

함께 배움 이렇게 시작한다
니시카와 준 지음 | 백경석 옮김 | 196쪽 | 값 12,000원

함께 배움 교사의 말하기
니시카와 준 지음 | 백경석 옮김 | 188쪽 | 값 12,000원

교육과정 통합, 어떻게 할 것인가?
성열관 외 지음 | 192쪽 | 값 13,000원

학교 혁신의 길, 아이들에게 묻다
남궁상운 외 지음 | 272쪽 | 값 15,000원

미래교육의 열쇠, 창의적 문화교육
심광현·노명우·강정석 지음 | 368쪽 | 값 16,000원

주제통합수업,
아이들을 수업의 주인공으로!
이윤미 외 지음 | 392쪽 | 값 17,000원

수업과 교육의 지평을 확장하는 수업 비평
윤양수 지음 | 316쪽 | 값 15,000원
2014 문화체육관광부 우수교양도서

교사, 선생이 되다
김태은 외 지음 | 260쪽 | 값 13,000원

교사의 전문성, 어떻게 만들어지나
국제교원노조연맹 보고서 | 김석규 옮김
392쪽 | 값 17,000원

수업의 정치
윤양수·원종희·장군 지음 | 280쪽 | 값 14,000원

학교협동조합,
현장체험학습과 마을교육공동체를 잇다
주수원 외 지음 | 296쪽 | 값 15,000원

거꾸로 교실,
잠자는 아이들을 깨우는 수업의 비밀
이민경 지음 | 280쪽 | 값 14,000원

교사는 무엇으로 사는가
정은균 지음 | 292쪽 | 값 15,000원

마음의 힘을 기르는 감성수업
조선미 외 지음 | 300쪽 | 값 15,000원

작은 학교 아이들
지경준 엮음 | 376쪽 | 값 17,000원

아이들의 배움은 어떻게 깊어지는가
이시이 준지 지음 | 방지현·이창희 옮김
200쪽 | 값 11,000원

대한민국 입시혁명
참교육연구소 입시연구팀 지음 | 220쪽 | 값 12,000원

교사를 세우는 교육과정
박승열 지음 | 312쪽 | 값 15,000원

전국 17명 교육감들과 나눈 교육 대담
최창의 대담·기록 | 272쪽 | 값 15,000원

들뢰즈와 가타리를 통해 유아교육 읽기
리세롯 마리엣 올슨 지음 | 이연선 외 옮김
328쪽 | 값 17,000원

학교 민주주의의 불한당들
정은균 지음 | 276쪽 | 값 14,000원

프레이리의 사상과 실천
사람대사람 지음 | 352쪽 | 값 18,000원
2018 세종도서 학술부문

혁신학교, 한국 교육의 미래를 열다
송순재 외 지음 | 608쪽 | 값 30,000원

페다고지를 위하여
프레네의 『페다고지 불변요소』 읽기
박찬영 지음 | 296쪽 | 값 15,000원

노자와 탈현대 문명
홍승표 지음 | 284쪽 | 값 15,000원

선생님, 민주시민교육이 뭐예요?
염경미 지음 | 244쪽 | 값 15,000원

어쩌다 혁신학교
유우석 외 지음 | 380쪽 | 값 17,000원

미래, 교육을 묻다
정광필 지음 | 232쪽 | 값 15,000원

대학, 협동조합으로 교육하라
박주희 외 지음 | 252쪽 | 값 15,000원

입시, 어떻게 바꿀 것인가?
노기원 지음 | 306쪽 | 값 15,000원

촛불시대, 혁신교육을 말하다
이용관 지음 | 240쪽 | 값 15,000원

라운드 스터디
이시이 데루마사 외 엮음 | 224쪽 | 값 15,000원

미래교육을 디자인하는 학교교육과정
박승열 외 지음 | 348쪽 | 값 18,000원

흥미진진한 아일랜드 전환학년 이야기
제리 제퍼스 지음 | 최상덕·김호원 옮김 | 508쪽 | 값 27,000원
2019 대한민국학술원우수학술도서

폭력 교실에 맞서는 용기
따돌림사회연구모임 학급운영팀 지음
272쪽 | 값 15,000원

그래도 혁신학교
박은혜 외 지음 | 248쪽 | 값 15,000원

학교는 어떤 공동체인가?
성열관 외 지음 | 228쪽 | 값 15,000원

교사 전쟁
다나 골드스타인 지음 | 유성상 외 옮김
468쪽 | 값 23,000원

시민, 학교에 가다
최형규 지음 | 260쪽 | 값 15,000원

교육과정, 수업, 평가의 일체화
리사 카터 지음 | 박승열 외 옮김 | 196쪽 | 값 13,000원

학교를 개선하는 교장
지속가능한 학교 혁신을 위한 실천 전략
마이클 풀란 지음 | 서동연·정효준 옮김 | 216쪽 | 값 13,000원

공자뎐, 논어는 이것이다
유문상 지음 | 392쪽 | 값 18,000원

교사와 부모를 위한
발달교육이란 무엇인가?
현광일 지음 | 380쪽 | 값 18,000원

교사, 이오덕에게 길을 묻다
이무완 지음 | 328쪽 | 값 15,000원

낙오자 없는 스웨덴 교육
레이프 스트란드베리 지음 | 변광수 옮김
208쪽 | 값 13,000원

끝나지 않은 마지막 수업
장석웅 지음 | 328쪽 | 값 20,000원

경기꿈의학교
진흥섭 외 지음 | 360쪽 | 값 17,000원

학교를 말한다
이성우 지음 | 292쪽 | 값 15,000원

행복도시 세종,
혁신교육으로 디자인하다
곽순일 외 지음 | 392쪽 | 값 18,000원

나는 거꾸로 교실 거꾸로 교사
류광모·임정훈 지음 | 212쪽 | 값 13,000원

교실 속으로 간 이해중심 교육과정
온정덕 외 지음 | 224쪽 | 값 13,000원

교실, 평화를 말하다
따돌림사회연구모임 초등우정팀 지음
268쪽 | 값 15,000원

학교자율운영 2.0
김용 지음 | 240쪽 | 값 15,000원

학교자치를 부탁해
유우석 외 지음 | 252쪽 | 값 15,000원

국제이해교육 페다고지
강순원 외 지음 | 256쪽 | 값 15,000원

선생님, 페미니즘이 뭐예요?
염경미 지음 | 280쪽 | 값 15,000원

평화의 교육과정 섬김의 리더십
이준원·이형빈 지음 | 292쪽 | 값 16,000원

학교를 살리는 회복적 생활교육
김민자·이순영·정선영 지음 | 256쪽 | 값 15,000원

수포자의 시대
김성수·이형빈 지음 | 252쪽 | 값 15,000원

교사를 위한 교육학 강의
이형빈 지음 | 336쪽 | 값 17,000원

혁신학교와 실천적 교육과정
신은희 지음 | 236쪽 | 값 15,000원

새로운학교 학생을 날게 하다
새로운학교네트워크 총서 02 | 408쪽 | 값 20,000원

삶의 시간을 잇는 문화예술교육
고영직 지음 | 292쪽 | 값 16,000원

세월호가 묻고 교육이 답하다
경기도교육연구원 지음 | 214쪽 | 값 13,000원

혐오, 교실에 들어오다
이혜정 외 지음 | 232쪽 | 값 15,000원

미래교육, 어떻게 만들어갈 것인가?
송기상·김성천 지음 | 300쪽 | 값 16,000원
2019 세종도서 교양부문

혁신교육지구와 마을교육공동체는 어떻게 만들어지는가?
김태정 지음 | 376쪽 | 값 18,000원

교육에 대한 오해
우문영 지음 | 224쪽 | 값 15,000원

선생님, 특성화고 자기소개서 어떻게 써요?
이지영 지음 | 322쪽 | 값 17,000원

혁신교육지구 현장을 가다
이용운 외 4인 지음 | 344쪽 | 값 18,000원

학생과 교사, 수업을 묻다
전용진 지음 | 344쪽 | 값 18,000원

배움의 독립선언, 평생학습
정민승 지음 | 240쪽 | 값 15,000원

혁신학교의 꽃, 교육과정 다시 그리기
안재일 지음 | 344쪽 | 값 18,000원

교육혁신의 시대 배움의 공간을 상상하다
함영기 외 지음 | 264쪽 | 값 17,000원

학습격차 해소를 위한 새로운 도전
보편적 학습설계 수업
조윤정 외 지음 | 225쪽 | 값 15,000원

서울의 마을교육
이용운 외 지음 | 352쪽 | 값 18,000원

물질과의 새로운 만남
베로니카 파치니-케처바우 지음 | 240쪽 | 값 15,000원

평화와 인성을 키우는 자기우정
따돌림사회연구모임 우정팀 지음 | 240쪽 | 값 15,000원

미래교육을 열어가는 배움중심 원격수업
이윤서 외 지음 | 332쪽 | 값 17,000원

● 살림터 참교육 문예 시리즈 영혼이 있는 삶을 가르치는 온 선생님을 만나다!

꽃보다 귀한 우리 아이는
조재도 지음 | 244쪽 | 값 12,000원

선생님이 먼저 때렸는데요
강병철 지음 | 248쪽 | 값 12,000원

성깔 있는 나무들
최은숙 지음 | 244쪽 | 값 12,000원

서울 여자, 시골 선생님 되다
조경선 지음 | 252쪽 | 값 12,000원

아이들에게 세상을 배웠네
명혜정 지음 | 240쪽 | 값 12,000원

행복한 창의 교육
최창의 지음 | 328쪽 | 값 15,000원

밥상에서 세상으로
김흥숙 지음 | 280쪽 | 값 13,000원

북유럽 교육 기행
정애경 외 14인 지음 | 288쪽 | 값 14,000원

우물쭈물하다 끝난 교사 이야기
유기창 지음 | 380쪽 | 값 17,000원

시험 시간에 웃은 건 처음이에요
조규선 지음 | 252쪽 | 값 15,000원

오천년을 사는 여자
염경미 지음 | 272쪽 | 값 16,000원

다정한 교실에서 20,000시간
강정희 지음 | 296쪽 | 값 16,000원

밥상혁명
강양구·강이현 지음 | 298쪽 | 값 13,800원

좌우지간 인권이다
안경환 지음 | 288쪽 | 값 13,000원

도덕 교과서 무엇이 문제인가?
김대용 지음 | 272쪽 | 값 14,000원

민주시민교육
심성보 지음 | 544쪽 | 값 25,000원

자율주의와 진보교육
조엘 스프링 지음 | 심성보 옮김 | 320쪽 | 값 15,000원

민주시민을 위한 도덕교육
심성보 지음 | 500쪽 | 값 25,000원
2015 세종도서 학술부문

민주화 이후의 공동체 교육
심성보 지음 | 392쪽 | 값 15,000원
2009 문화체육관광부 우수학술도서

교과서 밖에서 배우는 인문학 공부
정은교 지음 | 280쪽 | 값 13,000원

갈등을 넘어 협력 사회로
이창언·오수길·유문종·신윤관 지음
280쪽 | 값 15,000원

오래된 미래교육
정재걸 지음 | 392쪽 | 값 18,000원

동양사상과 마음교육
정재걸 외 지음 | 356쪽 | 값 16,000원
2015 세종도서 학술부문

대한민국 의료혁명
전국보건의료산업노동조합 엮음 | 548쪽 | 값 25,000원

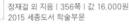
교과서 밖에서 배우는 철학 공부
정은교 지음 | 280쪽 | 값 14,000원

교과서 밖에서 배우는 고전 공부
정은교 지음 | 288쪽 | 값 14,000원

교과서 밖에서 배우는 사회 공부
정은교 지음 | 304쪽 | 값 15,000원

전체 안의 전체 사고 속의 사고
김우창의 인문학을 읽다
현광일 지음 | 320쪽 | 값 15,000원

교과서 밖에서 배우는 윤리 공부
정은교 지음 | 292쪽 | 값 15,000원

카스트로, 종교를 말하다
피델 카스트로·프레이 베토 대담 | 조세종 옮김
420쪽 | 값 21,000원

한글 혁명
김슬옹 지음 | 388쪽 | 값 18,000원

일제강점기 한국철학
이태우 지음 | 448쪽 | 값 25,000원

우리 안의 미래교육
정재걸 지음 | 484쪽 | 값 25,000원

한국 교육 제4의 길을 찾다
이길상 지음 | 400쪽 | 값 21,000원
2019 세종도서 학술부문

왜 그는 한국으로 돌아왔는가?
황선준 지음 | 364쪽 | 값 17,000원
2019 세종도서 교양부문

마을교육공동체 생태적 의미와 실천
김용련 지음 | 256쪽 | 값 15,000원

공간, 문화, 정치의 생태학
현광일 지음 | 232쪽 | 값 15,000원

교육과정에서 왜 지식이 중요한가
심성보 지음 | 440쪽 | 값 23,000원

인공지능 시대의 사회학적 상상력
홍승표 지음 | 260쪽 | 값 15,000원

식물에게서 교육을 배우다
이차영 지음 | 260쪽 | 값 15,000원

동양사상과 인간 그리고 사회
이현지 지음 | 418쪽 | 값 21,000원

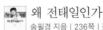
왜 전태일인가
송필경 지음 | 236쪽 | 값 17,000원

장자와 탈현대
정재걸 외 지음 | 424쪽 | 값 21,000원

한국 세계시민교육이 나아갈 길을 묻다
유네스코태평양 국제이해교육원 지음 | 260쪽 | 값 18,000원

놀자선생의 놀이인문학
진용근 지음 | 380쪽 | 값 185,000원

코로나 시대,
마을교육공동체 운동과 생태적 교육학
심성보 지음 | 280쪽 | 값 17,000원

포스트 코로나 시대, 예술과 정치
현광일 지음 | 288쪽 | 값 16,000원

● 평화샘 프로젝트 매뉴얼 시리즈 학교폭력에 대한 근본적인 예방과 대책을 찾는다

 학교폭력 어떻게 만들어지는가
문재현 외 지음 | 300쪽 | 값 14,000원

 아이들을 살리는 동네
문재현 · 신동명 · 김수동 지음 | 204쪽 | 값 10,000원

 학교폭력, 멈춰!
문재현 외 지음 | 348쪽 | 값 15,000원

 평화! 행복한 학교의 시작
문재현 외 지음 | 252쪽 | 값 12,000원

 왕따, 이렇게 해결할 수 있다
문재현 외 지음 | 236쪽 | 값 12,000원

 마을에 배움의 길이 있다
문재현 지음 | 208쪽 | 값 10,000원

 젊은 부모를 위한 백만 년의 육아 슬기
문재현 지음 | 248쪽 | 값 13,000원

 별자리, 인류의 이야기 주머니
문재현 · 문한뫼 지음 | 444쪽 | 값 20,000원

 우리는 마을에 산다
유양우 · 신동명 · 김수동 · 문재현 지음
312쪽 | 값 15,000원

 동생아, 우리 뭐 하고 놀까?
문재현 외 지음 | 280쪽 | 값 15,000원

 누가, 학교폭력 해결을 가로막는가?
문재현 외 지음 | 312쪽 | 값 15,000원

 코로나 19가 앞당긴 미래,
마을에서 찾는 배움길
문재현 외 지음 | 308쪽 | 값 16,000원

● 남북이 하나 되는 두물머리 평화교육 분단 극복을 위한 치열한 배움과 실천을 만나다

 10년 후 통일
정동영 · 지승호 지음 | 328쪽 | 값 15,000원

 선생님, 통일이 뭐예요?
정경호 지음 | 252쪽 | 값 13,000원

 분단시대의 통일교육
성래운 지음 | 428쪽 | 값 18,000원

 김창환 교수의 DMZ 지리 이야기
김창환 지음 | 264쪽 | 값 15,000원

 한반도 평화교육 어떻게 할 것인가
이기범 외 지음 | 252쪽 | 값 15,000원

 포괄적 평화교육
베티 리어든 지음 | 강순원 옮김 | 252쪽 | 값 17,000원

● 창의적인 협력 수업을 지향하는 삶이 있는 국어 교실 우리말 글을 배우며 세상을 배운다

 중학교 국어 수업
어떻게 할 것인가?
김미경 지음 | 340쪽 | 값 15,000원

 토론의 숲에서 나를 만나다
명혜정 엮음 | 312쪽 | 값 15,000원

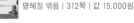 토닥토닥 토론해요
명혜정 · 이명선 · 조선미 엮음 | 288쪽 | 값 15,000원

 인문학의 숲을 거니는 토론 수업
순천국어교사모임 엮음 | 308쪽 | 값 15,000원

 어린이와 시
오인태 지음 | 192쪽 | 값 12,000원

 수업, 슬로리딩과 함께
박경숙 외 지음 | 268쪽 | 값 15,000원

 언어던
정은균 지음 | 268쪽 | 값 15,000원
2019 세종도서 교양부문

 민촌 이기영 평전
이성렬 지음 | 508쪽 | 값 20,000원

 감각의 갱신, 화장하는 인민
남북문학예술연구회 | 380쪽 | 값 19,000원

참된 삶과 교육에 관한
생각 줍기